大学 学科地图 丛书

丛 书 总 策 划　　周雁翎

社会科学策划　　刘　军

人文学科策划　　周志刚

自然科学策划　　唐知涵

大学 学科地图 丛书

管理学系列

A GUIDEBOOK FOR STUDENTS

战略管理
学科地图

金占明 著

图书在版编目(CIP)数据

战略管理学科地图/金占明著. —北京：北京大学出版社，2016. 10
（大学学科地图丛书）

ISBN 978-7-301-27502-3

Ⅰ. ①战…　Ⅱ. ①金…　Ⅲ. ①战略管理—高等学校—教材　Ⅳ. ①C931. 2

中国版本图书馆 CIP 数据核字(2016)第 216346 号

书　　名	战略管理学科地图 ZHANLÜE GUANLI XUEKE DITU
著作责任者	金占明　著
责任编辑	刘　军
标准书号	ISBN 978-7-301-27502-3
出版发行	北京大学出版社
地　　址	北京市海淀区成府路 205 号　100871
网　　址	http://www. pup. cn
电子信箱	zyl@pup. pku. edu. cn　　新浪微博：@北京大学出版社
电　　话	邮购部 62752015　发行部 62750672　编辑部 62767346
印 刷 者	三河市北燕印装有限公司
经 销 者	新华书店
	730 毫米×1020 毫米　16 开本　20. 5 印张　315 千字
	2016 年 10 月第 1 版　2016 年 10 月第 1 次印刷
定　　价	50. 00 元

编写说明

“大学学科地图丛书”是北京大学出版社组织编纂的一套包括人文学科、社会科学以及自然科学诸学科的简明学科指南。

这套丛书试图通过提炼各学科的研究对象、概念、范畴、基本问题、致思方式、知识结构、表述方式，阐述学科的历史发展脉络，描绘学科的整体面貌，展现学科的发展趋势及前沿，将学科经纬梳理清楚，为本科生和研究生提供进入该学科的门径，训练其专业思维和批判性思维，培养学术兴趣，使其了解现代学术分科的意义和局限，养成整全的学术眼光。

各分册内容主要包括如下板块：(1) 学科综述或学科历史；(2) 学科基本理论体系及流派；(3) 学科关键术语、核心概念；(4) 学科主要研究方法；(5) 学科前沿；(6) 学科代表人物、重大事件；(7) 学科必读文献(重要著作、国际刊物)；(8) 学科的重要学术组织等。当然，考虑到各学科的特点，各分册在写作结构上又有所调整或变通。

“大学学科地图丛书”的作者不但熟谙教学，而且在各学科共同体内具有良好的声望，对学科历史具有宏观全面的视野，对学科本质具有深刻的把握，对学科内在逻辑具有良好的驾驭能力。他们在繁忙的工作中，以巨大的热情投入到书稿的写作中，对提纲反复斟酌，对书稿反复修改，力图使书稿既能清晰展现学科发展的历史脉络，又能准确体现学科发展前沿和未来趋势。

近年来，弱化教学的现象在我国大学不断蔓延。这种倾向不但背离了大学教育的根本使命，而且直接造成了大学教育质量的下滑。我国大学教育面临一场空前危机。因此，当前对各学科进行系统梳理、反思和研究，不但十分必要，而且迫在眉睫。

希望这套丛书的出版能为广大学子提供初登“学科堂奥”的进学指南，能为进一步提高大学教育质量添砖加瓦，并能为推动现行学科体系的发展与完善尽一份心力。

北京大学出版社
2016年1月

前　言

从1965年伊戈尔·安索夫发表《企业战略》一书，初步形成企业战略管理学科体系，距今已经半个世纪。几十年来，由于各国众多学者的共同努力，目前已经形成了比较完整的战略管理学科体系。有关战略管理的理论文章、案例和书籍越来越多，同时，越来越多的企业和组织实施战略管理，时至今日，几乎没有人怀疑战略管理对企业和其他组织的生存和发展的重要作用和影响。

虽然战略管理受到空前的重视，也早已从管理学科中分离出来，成为一个独立的学科，成为世界上多数商学院和管理学院MBA、EMBA以及管理类硕士生的必修课，但令人遗憾的是，由于战略管理是一门综合性学科，涉及市场营销、生产运营、财务管理、投资学、领导与组织以及国际化战略等多个学科，其学科边界比较模糊，加之战略管理的书籍在阐述战略问题和概念上各有侧重，与其他学科的概念也常有交叉和重叠，所以初学者往往对其中很多概念感到困惑与不解。在二十多年讲授战略管理这门课程的过程中，作者本人就常常被问及：企业战略与战略管理的区别是什么？企业战略与市场战略是不是一回事？战略管理与战略领导以及战略与策略有没有区别？

与此同时，由于外部环境的急剧变化和技术发展的日新月异，新的商业模式和管理手段、方法也不断出现，其中哪些模式和手段属于战略的范畴，哪些属于一般管理的范畴，也需要界定。出于上述原因，应北京大学出版社之约，作者承担了北京大学出版社“大学学科地图丛书”管理学系列中《战略管理学科地图》一书的撰写任务。

顾名思义，《战略管理学科地图》旨在帮助初涉战略管理的读者了解战略管理学科的基本理论和基本流派、战略管理学科核心概念和常用的分析工具以及主要研究方法等，进而帮助读者熟悉战略管理的基本框架和学科发展的逻辑，为以后的深入学习和研究奠定扎实的基础。与一般的战略管理教材不同,《战略管理学科地图》旨在帮助读者对学科发展的脉络、重点和未来走向有更全面的了解和透彻的把握,从而推动学科的建设和繁荣。

本书第六章由王克稳博士撰写,其余章节由金占明撰稿。全书由金占明统稿。作者由衷感谢北京大学出版社和刘军编辑提供的机会和帮助。

金占明
2016 年 7 月于清华园

目　录

第一章　战略管理学科综述

第一节　战略管理学科概述

战略管理是一门综合性学科，是世界上绝大多数商学院和管理学院的一门必修课。战略管理不仅是军事统帅和将领的核心技能，也是企业家和组织管理者常用的工具。一个组织的战略管理水平一定程度上决定了该组织的绩效水平和未来。掌握这样一门综合性学科，需要军事学、经济学、社会学以及工程学等方面的知识，同时要将这些知识融会、贯通和升华。

一、战略的起源与企业战略的内涵

虽然战略管理自20世纪70年代起才正式成为管理学科中一个独立的研究领域，还非常年轻，但是在军事史和战争史上，早在两三千年前就能够发现“战略”的概念及其应用，可以追溯到恺撒和亚历山大发表的军事学原理，以及我国伟大的军事家孙武在公元前360年撰写的《孙子兵法》。“战略”英文strategy一词来源于希腊语strategos，是由stratus＋eg两个词根构成，意为covering everything＋lead/do/act（覆盖一切＋做），合在一起的含义是“将军指挥军队的艺术”。在中国，“战略”一词历史久远，“战”指战争，“略”指“谋略”。克劳塞维茨在其理论巨著《战争论》中指出，战略是关于战争的经济学，并且是为了达到战争的目的而对战斗的运用。[①] 毛泽东同志在《中国革命战争的战略问题》中提出：“战略问题是研究战争全局的规律性的东西。”“凡属带有要照顾各方面和各阶段性质的，都是战争的全局，研究带全局性的战争指导规律，是战略学的任务。”[②]

《现代汉语大词典》对战略一词的解释是“指导战争全局的计划和策

---

① 卡尔·冯·克劳塞维茨著：《战争论》第一版，王小军译，安徽人民出版社2012年版，第145页。

② 毛泽东著：中国革命战争的战略问题，《毛泽东选集》第一卷，人民出版社1991年版，第175—176页。

略”。[①]《辞海》的解释更为具体：战略是对战争全局的筹划和指挥。它依据敌对双方的军事、政治、经济、地理等因素，照顾战争全局的各个方面，规定军事力量的准备和运用。

一直以来，“战略”都是一个军事名词，直到20世纪六七十年代，西方的一些学者开始尝试将战略的理念引申和应用于政治、经济和企业管理领域，其涵义演变为泛指统领性的、全局性的、左右胜败的谋略、方案和对策。1965年美国著名管理学家安索夫(Ansoff)发表《企业战略论》之后，“企业战略”一词获得了越来越广泛的关注和应用，大批学者、研究人员投入这一领域的研究中。随着企业战略管理理论研究的不断深入，企业战略的内涵也在不断丰富和完善。

实际上，企业战略并不是一个简单的概念，理解企业战略这一概念需要多维的视角，它不仅要确定企业的未来方向和使命，还涉及企业所有的关键活动，同时需要根据内外部环境的变化不断加以调整，以有助于战略变革的实现。由于研究的视角不同，不同学者和专家对企业战略的定义不同，因而在理论文献中尚不存在对企业战略共同认可的定义，但以下几种含义值得关注，它们比较完整地揭示了企业战略的内涵及其与其他管理职能的关系，是我们认识战略管理这门学科的有益的向导。

1. 企业战略作为确定组织使命的手段，要确定组织的长期目标、活动程序和资源分配的优先级

以上含义是有关企业战略最早和最经典的概念。在这里，战略被作为形成组织长期目的和目标、限定主要活动程序和调配资源的具体方法。这是一个切合实际和有用的定义。首先，企业应该确定自己的目标以反映对经营业绩的要求，只要外部环境和内部条件的变化并未要求组织改变其做出的长期承诺，企业就不应轻易修改既定的目标。大量的研究表明，如果一个企业的目标飘忽不定或经常调整，那么，将引起企业利益相关者尤其是顾客和雇员的思想混乱、行为表现不佳等消极反应，进而会危及企业的生存和发展。

但是，保持长期目标的稳定并不意味着不能对企业的活动做出必要而

① 《现代汉语大词典》，汉语大词典出版社2000年版，第2164页。

连续的调整，以增强战略的适应性。一般说来，这种调整应该是短期导向的，并应与长期目标保持一致。

最后，上述战略概念说明，作为最重要的战略实施步骤之一，资源分配（如人力、财力、技术和设备）不仅要与企业的主要活动相匹配，而且要符合战略目标一致性的要求。显而易见，如果一个组织确定了应达到的目标，但却没有具体的活动项目，或者明确了活动项目却得不到所需要的资源，或者是资源配置不合理，那么，实现战略目标就只能是一句空话。

2. 战略是一种事先的计划(Plan)，是对未来行动方案的说明和要求

明茨伯格（H. Mintzberg）指出，大多数人认为战略一种计划，是一种有意识、有预计、有组织的行动程序。从本质上来讲，战略具有“行动之前”的含义。[①] 根据这个定义，战略具有两个本质属性：一是前导性，即战略是在企业发生经营活动之前制定的，主要为企业提供发展方向和途径，包括一系列处理特定情况的方针政策；二是主观性，即战略是有意识、有目的地制定的，更多地反映了人们对未来行动的主观愿望。作为一种计划，战略需要充分体现出其预见性和意志性特征；作为对企业资源的统筹安排，战略需要体现其组织性特征，并按照一定的顺序（可以是时间序、空间序或逻辑序等），将企业的主要目标、方针政策和经营活动结合成一个缜密的整体。战略是解决一个企业如何从现在的状态达到将来位置的问题。任何企业的经营活动，都必须遵从企业的战略方针，使各部门、各环节步调统一、运行有序、协同合作，努力实现企业的战略目标。

3. 战略的主旨在于选择和限定企业的竞争范围

长期以来，人们已经认识到战略的中心议题之一就是确定正在哪一行业或打算进入哪一行业，这意味着战略强调和关注的是企业成长和多样化的问题。

一般说来，管理人员在战略计划过程中首先要解决的问题之一就是进行行业细分，无论从战略制定的角度还是从战略实施的角度上看，决定企业的业务单位多少都是一个重要的问题，这意味着企业必须明确其所在的是哪一种行业，为什么在那一行业而不是其他的行业。换句话说，企业要做出

---

① Henry Mintzberg, The Strategy Concept: Five Ps For Strategy, *California Management Review*, Vol. 30, No. 1, Fall 1987, pp. 11—24.

进入哪一行业和如何开展多样化经营的决策。

然而，回答上述问题并不容易，越来越多的研究表明，经理人员在处理这类问题时遇到来了很多困难，这不仅仅是因为在确定行业的标准、业务单位扩张的程度以及由谁来负责这些工作等方面存在分歧，而且业务单位划分对组织结构的显著影响使问题复杂化。虽然业务细分在业务分析、战略定位和资源分配方面都是关键因素，但并没有一个系统科学的方法来完成这一任务，只能较多地依赖经理人员的判断与经验。随着经济的全球化和国际竞争的加剧，企业在确定其业务单位应服务于哪些客户和面对哪些竞争对手方面，将会遇到更大的困难。

虽然明确和限定企业的竞争范围是一件困难的工作，但其对企业的影响却是显而易见的，现实中有很多企业因业务范围过宽而难以形成自己的核心竞争能力和竞争优势，同样也有很多企业因业务范围过窄而失去发展的重要机会。因此，明确竞争范围仍然是企业的一项重要工作。

4. 企业战略是为获得持久竞争优势而对外部机会和威胁以及内部优势和劣势的积极反应

按照这一含义，制定企业战略的主要目的是获得超过竞争对手的持久的竞争优势，即努力寻求有利的竞争地位。为此，企业需要对影响组织的内外部环境因素进行全面的了解和分析，这是建立竞争优势的基础。例如，在外部环境分析过程中，企业必须了解所在行业的吸引力大小、未来的发展趋势以及主要竞争对手的特点，它们既可以给企业带来重要的发展机会，也可能给企业带来严重的危机。在分析内部条件时，尤其要注意评价企业的竞争能力如何、优劣势在哪里，以便决定如何提高企业的核心竞争能力，并弥补自身的不足。毫无疑问，机会和威胁并不是绝对和静止的事物，对某些企业意味着机会，对另外一个企业却可能是一个威胁。优势和劣势更是相对的概念，是企业相互比较的结果，没有相互比较，也就没有所谓的优势或劣势。

虽然制定企业战略的目的在于使企业的内部条件与外部环境相匹配，但这并不意味着战略只是对外部环境及其带来的机会与威胁的被动反应，而应该使企业积极主动地适应环境的变化和要求。为了获得持久的竞争优势，企业尤其需要深入分析业务单位的特点和内部实力，它们决定了企业可以采取怎样的战略。此外，还需密切关注外部环境因素的变化趋势和所在行业的竞争结构，这些因素一定程度上决定了未来市场的潜力和企业的获利能力。总之，企业战略的这一定义强调从内外部环境分析入手来考虑企业的生存和发展问题，强调组织对环境的适应性。

5. 企业战略是一种连续一致的决策模式(Pattern)

如前所述，有很多人倾向于把战略作为一种事先的计划，但如果战略的确只是人们的一种主观设想，那么，它不仅应该能够实现，还意味着没有事先的设想，就不会有战略行为的发生。而事实上这样一种假设并不充分，为此，明茨伯格提出了战略的另一种定义："战略是一种模式。"[①]这一定义强调战略是一系列行为的结果。换句话说，无论企业是否事先对战略有所考虑，但只要有具体的经营行为，自然就会形成一种决策模式，进而会升华或固化为战略。通过考察企业目标的不连续性，人们可以对不同战略模式做出区分。这种方向性变化既可能是高层管理者人事变动的结果，也可能是重大外部事件诱发的产物。企业目标和方向上的阶段性可以用来分析战略模式的一致性。进一步说，当企业采取的行为表现连续一致性特征的时候，战略也就在这一过程中自然形成了。

战略作为一种事先的计划或作为一种模式这两种定义着眼点有很大的不同，前者强调战略是人类设计的结果，可能还没有实施或实现，但以后会加以实施。而后者强调战略是人类行为的结果，是已经实现或部分实现了的战略。无论人们如何看待战略，战略一经形成，总要留下企业过去采取的主要行动的"烙印"，而且也将影响未来的行动。换句话说，无论战略是人们主观事先设计的，还是在一系列行为演化后自然形成的，都会对未来的企业行为产生影响。明茨伯格将这两种模式形象地比喻为"向前看"与"向后看"(如图 1-1 所示)。[②]

6. 战略是一种定位(Position)

前几种战略的定义都没有准确地回答一个基本问题，即：战略到底是什

---

① Henry Mintzberg, The Strategy Concept: Five Ps For Strategy, *California Management Review*, Vol. 30, No. 1, Fall 1987, pp. 11—24.

② 亨利·明茨伯格、布鲁斯·阿尔斯特兰德、约瑟夫·兰佩尔著：《战略历程》，魏江译，机械工业出版社 2006 年版，第 9 页。

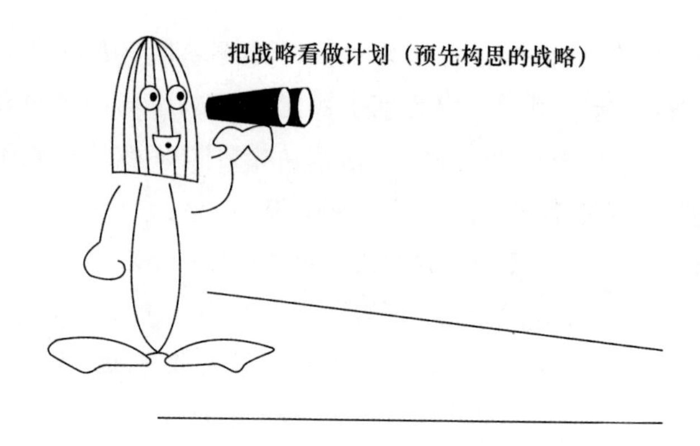

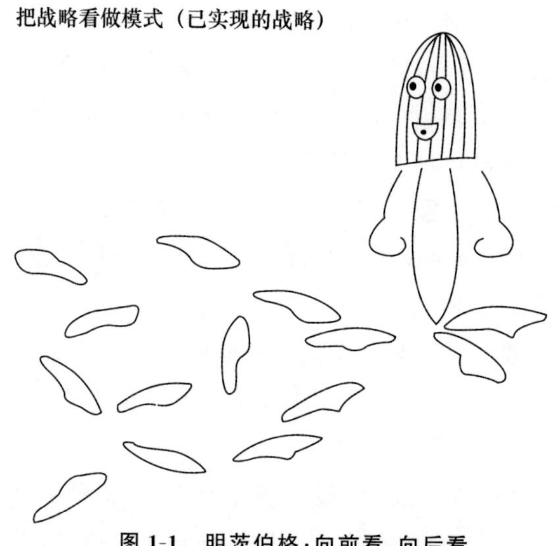

图 1-1　明茨伯格：向前看、向后看

么？鲁梅尔特(Rumelt)指出："一个人的战略会是另一个人的战术——一个事情是否是战略，主要取决于当事人所处的地位，它也取决于当事人所处的时间。"今天看来是战术的问题，明天可能就会被证实是战略的问题。有些细节问题在一定的时间、一定的程度上应该被视作是战略的。因此，战略是随时间变化而不断变化的，是一种动态的变动过程。

除了动态性，这一定义还强调企业或者组织应该明确其在自身环境或市场中的地位，即通过战略使其与外部环境相匹配和融合，也就是说，企业或组织应该通过对外部环境、行业结构以及竞争对手的分析，明确自己在行业中的相对位置，从而把企业的重要资源集中到合适的产品和市场上，形成一个有利的“生长圈”。

企业或组织对自身的“定位”虽然并不一定反映企业战略的全部内涵，但这种定位是非常必要的——有助于企业清醒地认识所处的环境、竞争对手的状况，不至于过高地估计自身的力量而盲目地“四面出击”，也不至于过低地估计自身的力量而轻易地放弃扩大市场份额和开发新市场的机会。事实上，正像对一个产品需要定位一样，企业同样需要这种定位，它可以帮助企业选择合适的细分市场和采取适当的营销组合。总之，把战略视为一种定位，有助于企业明确自身的特点和市场地位，从而采取合适的行为。

7. 战略是获得竞争优势的手段

过去，人们一直把战略分析的重点放在如何建立战略业务单位(SBU)上，现在这种分析方法受到了尖锐的批评。人们逐渐认识到，对战略业务单位的过度依赖已经导致了它的过分独立，进而形成了一种将业务仅仅局限于现有产品的公司结构。在这样的企业里，人们不适当地按每一项业务分配资源，因而忽视了对核心能力的创造和培育，而这种核心能力是不同业务单位所共同需要的。换句话说，对战略业务单位的过分重视，会使企业对核心能力和关键产品或业务投资不足，从而削弱其革新和适应环境变化的能力。解决这一问题的办法是将在公司范围内使用的技术和生产技能转化为各业务单位都需要的核心能力，以此增强它们的灵活性，这样当市场需求变化时，就可以快速做出反应并按新的需求组织生产，这种新的以核心能力作为依托的战略结构将逐步取代传统的 SBU 结构。

进一步说，制定战略的目的在于帮助企业获得整体的持久的竞争优势，而不是要服务于某一战略业务单位的目标，也不是借助战略使公司组织部门的划分合理化。战略是一种手段，而不是目的。

8. 战略是一种观念和意向(Perspective)

以上几种定义或者强调企业的外部环境对企业战略形成的制约和影响，或者重视企业内部资源和能力在创造和维持竞争优势方面的作用。“战略是一种观念”这一定义把注意力放在企业战略的思维上，认为战略就是企业家深思熟虑的过程，战略反映了企业家和管理者的世界观和价值观，体现了企业或组织对环境的价值取向和内部成员对客观世界的固有看法，进而

反映企业战略决策者的价值观念。

战略是一种观念，强调了战略是一种抽象的概念，只存在于需要战略的人们的头脑之中，尽管没有人见过或触摸过企业战略，但它却可以通过一定的方式被企业成员拥有和共享，从而变成一种集体意识，并可能成为组织成员保持行为一致性的思想基础。战略是一种观念的重要实质问题在于，如同价值观、文化和理想等精神内容为组织成员所共有一样，战略的观念也要通过组织成员的期望和行为而形成共享。在这个定义里，还需要强调的是集体的意识。个人的期望和行为是通过集体的期望和行为反映出来的。因此，研究一个组织的战略，要了解和掌握该组织的期望和行为如何在各个成员之间达成共识进而实现共享，以及如何在共同一致的基础上采取适当的行为。

依据这一观点，企业战略决策者在对企业外部环境及内部条件进行分析后作出的主观判断就是战略，因此，战略是主观而不是客观的产物，当企业战略决策者的主观判断符合企业内外部环境的实际情况时，所制定的战略就是正确的；反之，当其主观判断不符合环境现实时，企业的战略就是错误的。

作为战略是一种观念的进一步延伸，哈梅尔(Gary Hamel)和普拉哈拉德(C. K. Prahalad)提出了“战略意向”的概念。[①] 他们认为，如果一个战略仅仅是记录企业已经采取的行为或完成的项目，那么，它很难实现企业最终的目标。也就是说，它难以发挥组织成员的创造性并使企业处于更佳的状态。实际上，企业的资源和能力总是不充分的，但这并不妨碍其向更高挑战性的目标努力。因此，哈梅尔认为，一个杰出的公司战略应清晰地表明公司的战略意向。例如，可口可乐公司的战略意向是让世界上每个人都喝上可口可乐，美国宇航局阿波罗项目的战略意向是在苏联人之前登上月球，佳能的战略意向是击败施乐，等等。

以上我们介绍了企业战略的几种定义，但这并不意味着它们是彼此独立的。介绍这些不同的定义旨在帮助读者加深对企业战略的深刻理解，避免形成片面的理解并对行动产生误导。实际上，与其说以上对企业战略的

---

① Gary Hamel and C. K. Prahalad, Strategic Intent, *Harvard Business Review*, May—June 1989, pp. 1—14.

几种描述是定义，倒不如说是企业战略的几种含义，而且这些定义之间存在着内在联系或冲突。如第 3 种和第 6 种定义都强调企业必须认清自身所处的环境和相对地位，从而采取与环境和自身实力相适应的战略；第 4 种和第 7 种定义都强调企业建立持久竞争优势的重要性，但实现这种目标的途径却有所不同。前者关注行业结构和外部环境变化的趋势以及业务单位的选择，后者则强调在公司层次上构建资源基础和发展核心能力。再如，第 2 种和第 5 种定义对战略形成过程的认识有所不同，前者强调战略是一种事先筹划，而后者则认为战略是自然发生的或事后选择的结果。事实上，这些定义的形成和不断完善从侧面反映了战略决策的复杂性，同时也反映了人们对其认识和理解的逐步深化。

综合以上分析并考虑到军事战略的内涵，我们认为：企业战略是企业以未来为主导，为寻求和维持持久竞争优势而做出的有关全局的重大筹划和谋略。在理解上述概念时，应该把握以下几个要点。

第一，企业应该把未来的生存和发展问题作为制定战略的出发点和归宿，也就是说，一个好的战略应有助于企业实现长期生存和发展的目标。而要做到这一点，企业不仅需要了解本身及所处行业的过去与现在，尤其需要关注行业内外环境因素将来发展变化的趋势，从而把握自身的未来。在政治、经济和其他外部环境因素急剧变化的时代，仅凭过去的经验和传统的分析方法，已经不能满足企业建立持久竞争优势的要求。失去对未来技术和社会动态的充分估计和把握，企业将失去目标和方向，反之，则可能抓住有利的时机，建立起自己的优势，从而加速获得发展。中国招商银行较早开展信用卡业务以及阿里巴巴较早开展电子商务和互联网金融业务，都是这方面的典型例子。

第二，战略应为企业确定一个简单、一致和长期的目标。大量研究发现，无论对于个人、军队还是其他类型的组织，成功者的一个重要特征就是矢志不渝地追求一种目标，并为此付出不懈的努力。对于一个企业来说，这种目标不仅决定未来的发展方向和引导资源的配置，而且有助于协调不同部门和个人之间的活动，增强组织的凝聚力。需要特别强调的是，企业战略所规定的目标应表明组织存在的合法性，并与主要利益相关者的期望保持一致。

第三，为了在日益复杂和动荡的环境中生存和发展，企业应该未雨绸缪，主动地迎接和适应环境变化所带来的挑战。换句话说，企业战略应该是在经营活动之前有目的有意识地制定的，应体现一种主动精神。虽然有人对这种事先筹划的科学性和有效性提出质疑，实际生活中也不乏战略自发形成的先例，但正如很多人愿意采用理想主义的分析方法一样，我们认为系统分析和理性判断对战略形成仍然是必要的。没有事先的科学分析，战略的形成过程尤其是在高层管理水平上可能就是混乱的。同时，某些关键决策可能变得易受个别管理人员选择偏好和流行时尚的影响，而且，对直觉和经验过分强调有可能使人们重新陷入神秘主义的泥潭。

第四，战略的实质是帮助企业建立和维持持久的竞争优势，即帮助企业保持强大而灵活的态势，这意味着战略有助于管理人员处理可预见的事件，也要有助于他们处理突发和不可预见的事件。事实上，由于管理人员很难预料各种重要影响因素之间相互作用的方式和程度，也很难预料竞争对手的反应以及企业本身不得不调整战略的时机和方法，所以，战略应为企业提供若干个可以实现其目标的途径，以应付外部环境可能出现的例外情况。进一步说，正像军事战略谋求“进可以攻，退可以守”的战略地位一样，企业战略应使企业在市场竞争中保持一定的灵活性和机动能力，保持良好的市场扩张和收缩通道。为此，企业的战略目标不应过分具体和数量化，有时可能仅仅表现为一种战略意向。要实现这样一种战略目标，就必须在公司层次上发展和培养核心能力，这也正是从 20 世纪 90 年代开始人们再次将目光转移到构建企业资源基础上的重要原因。

二、企业战略的四个层次

在军事上，习惯于用战略和战术来区分不同层次和范围的决策，前者多指最高统帅部对某场战争或某次重大战役的整体部署，后者则指某一级将领和指挥人员对某一次战斗行动的具体策划。在企业战略范畴内，通常并不是用战略和战术对上述问题做出处理，而是将战略分成四个层次：网络层战略、公司层战略、竞争战略和职能战略。

所谓网络层战略是指企业在战略集团或战略联盟内处理与其他企业既竞争又合作关系时采取的对策。随着经济的全球化和市场竞争的加剧，企

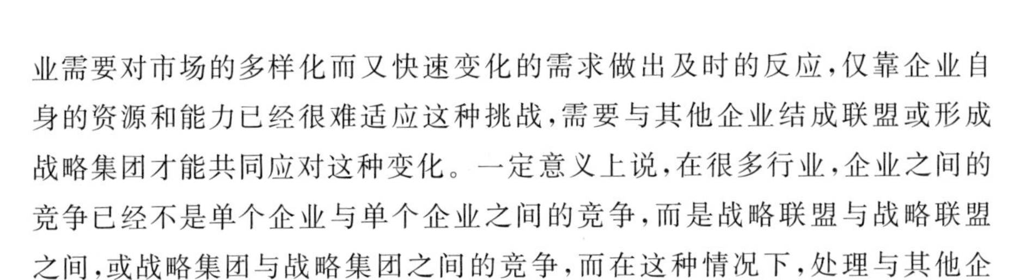

业需要对市场的多样化而又快速变化的需求做出及时的反应，仅靠企业自身的资源和能力已经很难适应这种挑战，需要与其他企业结成联盟或形成战略集团才能共同应对这种变化。一定意义上说，在很多行业，企业之间的竞争已经不是单个企业与单个企业之间的竞争，而是战略联盟与战略联盟之间，或战略集团与战略集团之间的竞争，而在这种情况下，处理与其他企业既竞争又合作的关系问题就是网络层战略要解决的关键问题。

所谓公司层战略主要是决定企业应该选择哪类经营业务以及进入哪些领域。如一个企业是造汽车，还是做钢铁，做汽车和钢铁的同时要不要进入房地产和建筑行业等。毫无疑问，公司层战略决定了一个企业的竞争领域和经营范围的大小，是公司高层需要重点关注的战略问题。

众所周知，在一个大公司内部，有两个或多个事业部和独立运营的子公司，每个事业部或子公司都有独立的产品和业务领域，要考虑在这种独立领域内如何和竞争对手争夺市场的问题，竞争战略或者叫业务层战略就是解决这样的问题。换句话说，竞争战略主要涉及如何在所选定的领域内与对手展开有效的竞争，其关心的主要问题是应开发哪些产品或服务，以及将这些产品提供给哪些市场，以达到组织的目标，如远期盈利能力和市场增长速度等。

职能战略是一个比较容易理解的概念，是企业各职能部门所采取的战略，主要涉及如何使企业的不同职能，如营销、财务和生产等，更好地为公司战略和竞争战略服务，以实现组织的目标。虽然这四个层次的战略都是企业战略的重要组成部分，但侧重点和影响的范围有所不同。高一层次的战略变动往往会波及低层次的战略，而低层次战略影响的范围则递减。

三、战略管理的主要内容与过程

前面我们将战略定义为对全局的筹划和谋略，意为战略是对重大问题的决策结果，以及组织将要采取的重要行动方案。而战略管理则是一种过程，不仅决定组织将要采取的战略，还要涉及这一战略的选择过程以及如何加以评价和实施。换句话说，组织战略的制定、评价和实施过程需要一定的技术和技巧，而且由于战略涉及组织的长远方向和更大的决策影响范围，因而所需要的技术也更加复杂，这正是战略管理所要解决的问题。

一般说来，战略管理包括三个关键环节：战略分析——了解组织所处的内外环境和相对竞争地位；战略选择——涉及对战略过程的模拟、评价和选择，进而确定组织的使命和任务；战略实施——采取这样的措施使战略发挥作用。

1. 战略分析

战略分析要了解组织所处的环境正在发生哪些变化，这些变化将给组织带来哪些影响——是给组织带来更多的发展机会，还是带来更多的威胁。实际上，对企业来说，上述环境不仅指宏观环境，如政治、经济、技术和社会文化等，还包括行业结构的特点、变化趋势和市场竞争格局等。战略分析还要了解组织所处的市场地位，以及企业具有哪些内部的资源与能力，正是它们决定了组织能够采取这样的战略。此外，还需要了解：与组织有关的个人和团队、相关利益者的价值观和期望是什么？对组织的愿望和要求是什么？在战略制定、评价和实施过程中会有哪些反应？这些反应又会对组织行为产生怎样的影响？

2. 战略选择

通过战略分析，管理人员对企业所处的外部环境和行业结构、企业自身的资源与能力以及利益相关者的期望和权力已经有了比较清楚的了解，接下来的任务就是为企业选择一个合适的战略。战略制定是一个复杂的决策过程，它将涉及产品和服务的开发方向，进入哪一类型的市场，以怎样的方式进入市场等。在产品系列和服务方向确定以后，还要决定是通过内部开发还是外部收购来拓展这些业务。在做这些决策时，管理人员应该尽可能多地列出可供选择的方案，不要只考虑那些比较明显的方案。因为战略涉及的因素非常之多，许多因素的影响往往是潜在的，因此，在战略选择过程中形成多种战略方案是一个首要的环节，它是战略评估的基础和前提。

提出多个战略方案以后，管理人员应根据一定的标准对它们进行评估，以决定哪种方案最有助于实现组织的目标。确切地说，首先要明确哪些方案能支持和加强企业的实力，并且能够克服企业的弱点；哪些方案能完全利用外部环境变化所带来的机会，而同时又使企业面临的威胁最小或者完全消除。事实上，战略评估过程不仅要保证所选战略的适用性，而且需要具有可行性与可接受性。前者意味着组织的资源和能力能够满足战略的要求，同时外界环境的干扰和阻碍是在可接受的限度内，后者意味着所选择的战略不致伤害利益相关者的利益，或者虽有这些障碍，但企业能够通过一定方式克服它们。

战略选择的最后步骤是在具有有效性、可行性和风险性的方案中选择一种或几种战略。在后一种情况下，还需要为这些战略排出一个优先级，同时明确它们适用的条件。在这一过程中需要明确的是：战略选择并不是一个完全理性的过程和纯逻辑的行为，它实际是一个管理测评问题；在另外一些情况下，它可能是不同利益集团讨价还价的产物和不同观点的折中。实际上，即使没有人为因素的影响，由于信息的不完整性，所选择的战略也不一定是最佳战略，何况任何战略都免不了有缺点和风险。因此，战略选择本质上是对各种方案比较和权衡，从而决定满意方案的过程。

3. 战略实施

所谓战略实施就是将战略转化为行动。大量研究说明，通过全面的战略分析选择一个好的战略固然重要，但同样重要的是通过切实可行的步骤和方法将战略转化为具体的可执行的行动。战略方向与其实施效率之间的关系很像重病患者的治疗方案与其疗效之间的关系，如表 1-1 所示。可见，有效地实施一个正确的战略将收到理想的结果，效率过低则只能在较长时期内达到目标，甚至错过“治疗”或发展的机会而引起其他病变或问题。同样，快速实施一个错误的战略只会加速“病人”的死亡，而低效率地实施一个错误的方案虽然比前者延缓了病情的恶化，但也没有使患者得到应有的治疗，最终还是会导致一样的结局。

表 1-1　战略方向与实施效率之间的关系

战略方向 / 实施效率	正确	错误
高	快速恢复“健康”	快速“休克”或“死亡”
低	缓慢恢复“健康”	慢性“死亡”

对于企业来说，战略实施主要涉及以下一些问题：如何在企业内部各部门和各层次间分配及使用现有的资源；为了实现企业目标，还需要获得哪些

外部资源以及如何使用，是在各部门间平均分配还是重点支持某些项目；为了实现既定的战略目标，需要对组织结构做哪些调整；这些调整会对各部门和有关人员产生怎样的影响等等。

战略实施的另一个重要组成部分是战略评价，与战略制定时的方案评价不同，这里的战略评价是指对既定的战略方案实施过程进行的控制和评价，包括重新审视企业内外的环境因素，衡量组织业绩并提出恰当的纠偏与控制措施等等。

四、战略管理的学科特点

前面几个部分我们介绍了企业战略的含义、战略的四个层次以及战略管理的过程和内容（战略分析、战略选择和战略实施）。它们涉及外部环境、行业结构、利益相关者、历史文化因素、企业的资源和能力、市场地位、适用性评价以及资源配置和结构设计等多方面的内容，涵盖了企业经营的方方面面和众多的管理职能。毫无疑问，它是一个综合性学科，理解这一学科需要多维的视角。深入洞察外部环境需要政治学、经济学和社会学方面的知识，还要了解技术变化的趋势；分析行业结构需要产业经济学和产业组织学方面的知识；分析文化和利益相关者的期望需要人文和心理学方面的知识；分析企业的资源和能力以及战略实施需要生产运作、财务管理和市场方面的知识等。从实践上看，战略管理目标的实现需要从高层管理者到各部门和全体员工的参与，没有他们的理解、支持和参与，实现企业的战略目标就是一句空话。笼统一点说，企业的所有管理问题都与战略有或多或少的关系，但这并不意味着战略管理就是其他管理职能的简单叠加或集合，而应该是一种高屋建瓴的融合和升华，要成为将其他职能管理整合为形成整体竞争优势的有效的工具。换句话说，如果说各种管理职能和工具是一串项链上的珍珠，而战略就是将它们穿连在一起的绳子。没有这些职能管理的支撑，战略很难体现为具体的经营行为，正像没有珍珠穿连其上绳子不能称为项链一样，同样，缺少战略的引导和融合，这些职能管理也很难发挥它们的作用，正像没有穿连在一起的散乱的珠子一样也很难引人注目。

由于管理者负责为自己的企业制定和实施战略，倾向于把战略管理看做一般的管理问题，而且战略管理涉及的范围与问题与一般管理确有很多交叉，所以很多管理人员往往忽略了战略管理与业务管理之间的显著差异，从而造成工作的被动。

一般说来，当管理者通过库存控制、利益分配和财务运算来提高组织的效率时，他所解决的是提高组织的效率问题，而战略管理主要解决组织行为的有效性问题，即更多地考虑组织的前途和方向性问题。

安索夫认为，在进行战略变革时，管理者承担变革者的角色，富于冒险，具有解决发散性问题的能力，并且善于引导他人和整个组织探索新的未曾尝试的途径和方法；而在进行业务管理时，管理者是变革的被动接受者，总是小心翼翼地避免冒险，习惯于按已有的或成熟的方法去解决收敛性问题，扮演的是协调者和控制者的角色。他们的领导才能与进行战略管理所要求的才能是不同的，他们所做的只是鼓励人们去改善和提高效率，而不是改变组织的方向。战略管理和业务管理的主要区别可以概括为表 1-2。[①]

表 1-2　战略管理与业务管理的区别

战略管理	业务管理
复杂性	
非日常性	日常性
整个组织范围	专业操作和经营
重要事情和重大变革	小范围变革
以环境和期望为动力	以资源为动力

应该指出的是，虽然战略管理和业务管理所涉及和解决的问题的影响范围、重要性以及复杂程度都有很大的不同，但也不能把它们完全割裂开来。一方面，战略决策是业务决策的基础和前提，即业务决策的方向应与战略决策的方向保持一致；另一方面，小范围的日常变革及其效果也会对战略决策形成制约，而且战略管理要解决的问题也要靠日常的管理行为逐步实现。

还需要说明的是，前面我们主要以企业为对象来探讨企业战略的内涵和战略的不同层次以及战略管理的过程和内容等，但其中所涉及的原理和

① 解培才、徐二明编著：《西方企业战略》，中国人民大学出版社 1989 年版，第 14—15 页。

步骤同样也适用于其他类型的组织，包括公共事业机构、志愿组织和非营利组织乃至个人，尽管这些组织的目标以及实现它们的举措有所不同。另外需要强调的一点是，由于战略来源于军事，人们很容易想到很多军事战略在企业竞争中的应用，但因为企业竞争和军事对抗的性质不同，所以必须注意到军事战略与企业战略的差异。

人们常说商场如战场，这说明了军事对抗和企业竞争之间的类似性。首先，军队和企业都有自己的目标和战略，无论什么时候，只要不同组织之间的目标存在不相容性，彼此之间就会产生对抗或竞争。在1990年，当时的伊拉克试图控制科威特，而美国则试图恢复科威特的主权，从而维护其在中东的利益，这种目标的尖锐对立导致海湾战争的爆发；再如，可口可乐和百事可乐都想成为软饮料行业的领导者，从而触发了一个世纪多的可乐之战。其次，在对抗和竞争活动中，商战和兵战一样，都需要组织、领导、管理和信息，同时有大量的资源消耗。最后，对抗和竞争双方面临的外部环境是由外生因素决定的，部分是由双方采取的战略决定的。

然而，如上所述，战争和企业竞争的性质毕竟存在重大差异。第一，战争的目的是打败甚至消灭敌人，而企业竞争很少具有这种侵略性和残酷性。一般说来，企业战略与外交战略更为类似，外交主要涉及和平关系的管理，只有外交手段难以解决重要争端和外交中断时才会求助于战争。类似地，企业之间的关系体现出竞争与合作的两重性。尽管企业之间的竞争有时是激烈的，但并不容易变成破坏性的。第二，多数战争主要涉及两个国家或利益团体，而企业竞争在多数情况下实际上是多方竞争，因而往往更为复杂。第三，军事对抗的结果总是有胜利者和失败者，或者其中一方损失巨大，或者两败俱伤，而企业竞争则可以实现双赢或多赢，或者各有所得。第四，由于战争的目的是消灭对手，所以采用的战略和手段比较隐蔽，有时甚至不择手段，而企业竞争是和平竞争，在绝大多数情况下要受到法律和商业伦理的约束，不能不加分析地就把军事对抗中经常使用的某些手段应用到企业竞争中来。

第二节　战略管理的历史沿革

一、战略管理在西方的发展

（一）军事战略学在西方的发展

如前所述，尽管战略管理作为一门独立的商业学科仅仅是上个世纪的事，但战略思维的应用和传承却有着非常悠久的历史。从这些丰富的战略思想中汲取精华，对我们建立新的、更加完善的战略管理体系大有裨益。无论在东方还是在西方，战略都是来源于军事。正是由于军事战略对企业管理有重要的借鉴作用，所以其中很多原理已应用于商业竞争，如进攻和防御战略的相对优势原理，侧翼进攻可以带来优势以及信息与情报的重要作用等。

在西方，古代希腊、马其顿、罗马、迦太基等进行的战争，对西方古代战略的形成和发展有较大的影响。考提雅（Kautilya）、亚历山大大帝（Alexander the Great）、尼可洛・马基雅弗利（Machiavelli）和冯・克劳塞维茨（Von Clausewitz）的思想和著述尤其引人关注。[①]

大约与孙武的军事论著《孙子兵法》同一时期，考提雅（大约在公元前350年）出版了著作《政事论》（*The Arthash astra*），用来帮助旃陀罗（Chandragupta）国王实现对印度次大陆的国家治理。其中包含了对国王所关注的每个方面的细节建议，从经济财政管理到保护收容大象。尽管大部分内容都针对当时当地的特定情况所设计，考提雅也讨论了一些永恒的话题，其中最为重要的是：国王应当如何处理与邻国的关系问题。基于对人性与行为习惯的客观分析，他采用了实用主义的观点。例如，考提雅认为邻国是潜在敌人，外交政策应当基于这一假设。因此他主张与别国君主打交道应当小心谨慎。他认为在保护自己王国利益的同时，需要与其他国家的君主建立起稳固的关系，无论这些国家距离远近。通过外交手段培养出的政治优势可以巩固一个强大的基础，这在重要关头会大有裨益。

亚历山大大帝在公元前334到前323年间致力于建立帝国，在此过程

① 金占明、杨鑫著：《战略管理》，高等教育出版社2011年版，第21—24页。

中，为战略思维留下了宝贵的历史财富。当时战略所解决的主要问题是：训练和装备军队，组织远征，组织协同，规定作战路线，实施机动，争夺交通线，筹集人力、物力，支持持久战争等。

5 世纪之后，欧洲各国先后进入封建时代，各国之间的战争长期在骑士制度支配下进行，战略管理的发展相对缓慢。15 世纪之后，欧洲一些中央集权国家形成，火药、火器的运用使西方各国军队装备编制及战略随之发生了较大变革。在这一时期，马基雅弗利与克劳塞维茨的战略建议和军事著作，在西方军事学术史上起到了承前启后的作用。

马基雅弗利的著作，尤其是《君主论》（The Prince，又译《霸术》或《邦主鉴》）一书，从问世起就令人们觉得作者受到了魔鬼的蛊惑，是政治家的邪恶导师，甚至一度被列为禁书。他强调：战争的目的必须是干脆利落地彻底打败敌人；军队必须是本国公民军队而非雇佣军；制定怎样的战略取决于战役和战争发生的具体环境；政治体制与军事体制紧密相连，要有优良的军队就须有优良的国家。《君主论》也阐释了战略终究是空洞的，只有人的坚定才能让战略成为真正的手段的思想。

克劳塞维茨的著作《战争论》（1889），则旨在尝试从理论和实践两个方面来诠释战争的本质。[①] 之前的军事家和统帅大多是把战争看作解决问题的一种强硬手段，克劳塞维茨在《战争论》中，则试图采用一种较为灵活的原则取代传统的军事战略观点来指导对战争的思考。他抵制为了战争而战争，并将军事行动看做是政治舞台的延伸：战争是为了达到政治目的而进行的演习，不论这一目的是否符合道德规范。如果战争是国家政治的合理工具，那么就要在军事行动的利益与代价之间加以权衡，这是有明确目的和目标导向的，旨在寻找并抓住机遇，通过削弱他国的方式提高自身国家的利益。军事行动是争取国家利益的工具，是追求强权的手段。

从强调战术构思到实际用兵采取果断行动，克劳塞维茨清晰而简明地阐述了自己的理论。他提倡在最短时间内集中必要兵力，在关键行动中投入最大力量。因此，一支军队作为政治工具，其目标只有一个：去夺取最终确定性的绝对胜利。

---

① 卡尔·冯·克劳塞维茨著：《战争论》第一版，王小军译，安徽人民出版社 2012 年版，第 3—39 页。

上述战争学中的战略思维与战略原则，伴随着资本主义工业革命而在企业中加以应用，促进了企业战略管理学科的兴起和发展。

（二）企业战略管理学在西方的兴起和发展

“企业战略”的概念是随着产业革命和经济的发展以及企业这种特有的社会经济组织形态的出现而逐渐形成的。18—19世纪，伴随着产业革命，欧洲产生了以亚当·斯密等为代表的欧洲企业管理思想，以后在美国又出现了以泰罗为代表的科学管理学派。这些学者和管理者都是将思考的重点放在组织内部活动的管理上。到20世纪初，法约尔对企业内部的管理活动进行整合，提出了管理的五项职能，这可以说是最早的企业战略思想，波特称之为企业战略的第一种观点。1938年，巴纳德在他的代表作《经理人员的职能》一书中，首次将组织理论从管理理论和战略中分离出来，提出了管理和战略主要是与领导人有关的工作的重要思想。另外，他在该书中提出管理科学的重点在于创造组织的效率，其他的管理工作则应注重组织的效能，即如何使组织与环境相适应。这种有关组织与环境“匹配”的主张成为现代战略分析方法的基础，波特称之为企业战略的第二种观点。1962年，美国企业经营史学家钱德勒发表了《战略与组织：工业企业史的考证》，虽然他没有对企业战略本身进行具体深入的分析，但是，他是有史以来第一次将企业和战略及组织概念联系起来的管理学家，指出了企业战略必须与环境相适应，而企业的组织结构必须与战略相适应。钱德勒的著作对后来企业战略理论的形成和发展起到了重要的启示作用。

上述企业战略的思想和观念的产生与当时的经济环境和企业面临的问题有密切的联系。众所周知，在20世纪二三十年代，由于第一次世界大战造成的物资匮乏以及产能不足、生产技术低下等原因，整个社会处于严重的供不应求的状态，“只有生产不出的产品，没有卖不出去的产品”。这一阶段企业的唯一目标是竭尽全力提高产能，此时成功的关键在十企业的生产效率以及由此决定的产品成本的高低，只要能生产出大量产品，就能够为企业带来丰厚的利润，企业关注的只有生产，没有也无须关注其他。这一时期管理学科关注的重点无疑是如何从内部入手提高组织效率。然而，到了20世纪四五十年代，产能与劳动生产率虽然得到了大幅提高，但人们的购买力没有得到相应提高，导致了严重的产能过剩和产品积压，买方与卖方的市场地位完全颠覆。为了生存，企业不得不将注意力由单一的生产转移到销售上，企业成功的关键也转为其销售渠道的完善程度和促销水平的高低，这一时期，销售学和广告学受到了重视。从19世纪末到20世纪50年代后期和60年代早期，当时管理人员面临着如何管理复杂的大企业的问题，即如何协调个人利益与整体利益以及怎样保持高层管理人员对全局的控制。在这种情况下，作为合作与控制的工具，年度财务预算获得了广泛的应用（见图1-2）。[①]但是在实际应用中，管理人员发现，协调资本投资决定需要长期计划的目光，因此，20世纪60年代企业开始强调长期计划，它反映了在经济扩张期间企业对合作和共同目标的关心。"二战"后一段时期是前所未有的稳定和增长时期，非常有利于大企业的扩张。

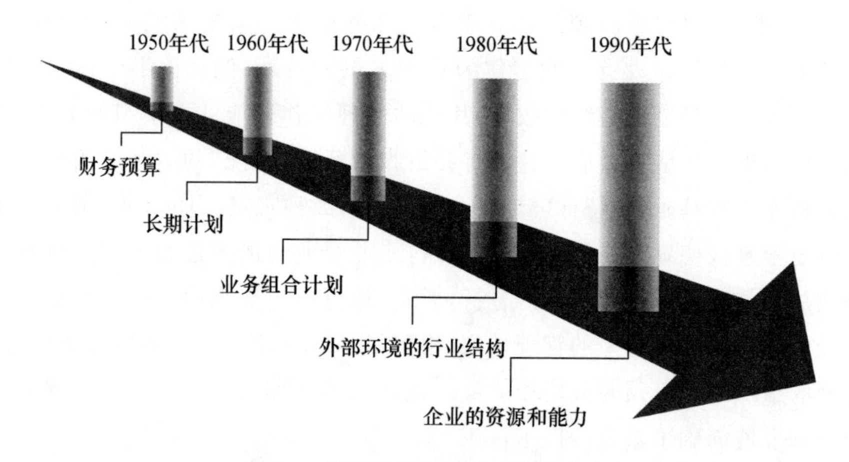

图1-2　近代战略管理的主要关注点

随着公司通过规模生产、批量销售、垂直一体化以及在技术上的大量长期投资来提高效率和控制风险，基于中期经济和市场预测的长期计划更为流行，其典型形式是公司五年计划任务书，这类任务书的内容包含了决定企业的目的和目标，预测关键的经济趋势，包括市场需求、公司的市场份额、销售收入和可能的利润，确定企业不同产品和经营业务的优先级并分配相应的资源等。调查显示，这一时期，绝大多数美国大公司都设有公司计划部。

在20世纪60年代后期至70年代初期，尤其是1965—1969年间的美国

① 金占明、杨鑫著：《战略管理》，高等教育出版社2011年版，第25页。

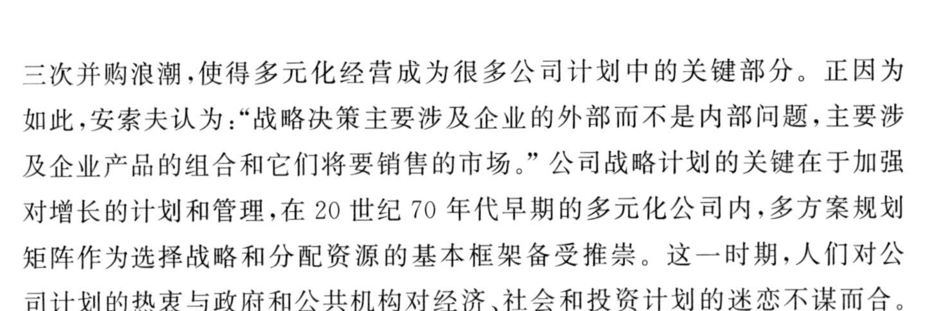

三次并购浪潮，使得多元化经营成为很多公司计划中的关键部分。正因为如此，安索夫认为：“战略决策主要涉及企业的外部而不是内部问题，主要涉及企业产品的组合和它们将要销售的市场。”公司战略计划的关键在于加强对增长的计划和管理，在20世纪70年代早期的多元化公司内，多方案规划矩阵作为选择战略和分配资源的基本框架备受推崇。这一时期，人们对公司计划的热衷与政府和公共机构对经济、社会和投资计划的迷恋不谋而合。在私有企业和公共部门，人们对计划的这种兴趣反映了决策过程中科学方法的发展，如成本效益分析、折现现金流分析、线性规划、计量经济预测和凯恩斯的宏观经济管理等。

然而，到20世纪70年代中期，环境开始发生变化。先前多元化经营的公司大多遭遇了滑铁卢，减缓了企业整体向混合公司发展的脚步，并增加了整个宏观经济的不稳定性。尤其是与1974年的石油危机相联系时，人们开始怀疑十年前精心设计的计划系统的合理性。20世纪70年代后期，环境动荡加剧，日益增加的国际竞争已进一步威胁到企业的生存和稳定。同时，美国公司在广泛的全球行业——从钢铁制造到银行业务——的领先地位面临来自全球的严重挑战，这些都迫使企业放弃其中长期计划，转而求助于更灵活的战略管理方法。于是，美国企业家和学者的兴趣开始从多元化经营、开发和规划新的产品和业务转向发展竞争能力，高层管理人员也开始从战略管理而不是从公司计划的角度来审视其业务。

正是由于上述变化，在20世纪70年代末期和80年代早期，战略管理主要集中在行业结构和竞争分析上。哈佛商学院的波特教授首创用行业结构来分析影响行业获利性的决定因素，在其名为“利润对市场战略的影响”的研究项目中，具体分析了行业结构和竞争定位对获利性的作用，并分别于1980和1985年发表了《竞争战略》与《竞争优势》两本有重要影响的著作。受他的思想启发，波士顿咨询公司还研究了市场份额在决定竞争优势和获利性方面的作用。

但是，随着研究的深入，学者们发现，仅仅依靠行业结构已经不能完全解释企业之间的绩效差别，在20世纪80年代后期和90年代早期，对竞争优势的分析又转向企业的内部。竞争优势被认为更多地依赖于独特的内部资源和能力而不是依赖于企业的市场定位。在这一阶段，人们开始更多地研究企业的内部资源和核心能力，从而将战略管理的注意力集中到如何建立动态竞争优势、革新和内部管理合理化的关键作用上。20 世纪 90 年代以后的战略管理理论更加注重强调核心价值、使命、组织层次的宏大远景目标等对企业变革与长期发展的激励作用，更加注重战略的未来导向和长期效果，这些也被视作未来一段时期企业战略管理理论的基本趋势。西方现代战略管理学科的历史沿革概括为表 1-3①。

表 1-3　西方现代战略管理学科的历史沿革

发展阶段	主要内容及贡献	代表人物及著作
萌芽期 （1960 年代初）	首次在企业管理中引入战略思想，启发人们对战略问题加以研究	巴纳德：《经理人员的职能》，1938 钱德勒：《战略与组织：工业企业史的考证》，1962
奠基期 （1960 年代中期至 1970 年代初期）	初步形成了企业战略管理研究的理论框架	安索夫：《企业战略论》，1965 安东尼：《计划与控制系统》，1965 安德鲁斯：《经营战略论》，1971
探索期 （1970 年代初期至 1980 年代初期）	战略管理进入繁荣时期，重视企业中物的要素和理性化的研究方法；战略管理开始由理论研究走向实际应用研究	安索夫：《从战略计划走向战略管理》，1976 安索夫：《战略管理论》，1979 霍弗：《战略制定》，1978 W. R. 金与克里兰：《战略规划与政策》，1978
争鸣与反思期 （1980 年代初期至 1980 年代末期）	整体分析方法与经验分析方法相结合、利用博弈论作为分析的理论基础；重视创新与企业家精神、人的心理因素、企业文化的战略管理的非主流学派迅速崛起	波特：《竞争战略》，1980；《竞争优势》，1985 霍格斯：《判断与选择：决策心理学》，1980 德鲁克：《创新与企业家精神》，1985 泰勒尔：《产业组织理论》，1988

① 金占明、杨鑫著：《战略管理》，高等教育出版社 2011 年版，第 24—25 页。

（续表）

发展阶段	主要内容及贡献	代表人物及著作
转折期（1980年代中期至1990年代中期）	着重研究企业内部的资源、能力对竞争优势的影响，对基于能力的战略和战略联盟的研究成为主流	沃纳菲尔特：《基于资源的企业观点》，1984 普拉哈尔德与哈梅尔：《公司核心能力》，1990 斯托克：《能力竞争：公司战略的新规则》，1992 哈梅尔、赫尼：《基于能力的竞争》，1994
知识管理（1990年代中期至21世纪初期）	知识成为企业最重要的资产，知识管理成为提高企业核心竞争能力的关键，知识管理战略是关系企业生死存亡的战略	彼得·圣吉：《第五项修炼》，1990 经济合作与发展组织（OECD）：《以知识为基础的经济》，1996
深入与扩展期（新世纪至今）	就战略管理的一些问题展开深入研究，如企业的战略意向与相关的驱动因素，管理者如何实现所有者利益（公司治理），企业可控资源的创造、获取与利用，企业绩效提升，企业经营模式，以及企业外部环境研究	亨特：《一般竞争理论：资源、能力、生产力与经济增长》，2000 纳特：《决策缘何失误》，2002 克劳奇：《竞争思维：在经营中取胜的战略》，2008

二、战略管理在中国的发展

（一）军事战略学在中国的发展

中国乃至世界战略思想的起源可以追溯到我国伟大的军事家孙武于公元前360年撰写的《孙子兵法》。它荟萃了我国古代战争经验的精华，也是世界上最早的军事理论著作，被誉为“兵学盛典”，在唐朝以后被列为“武经七书”之首，在近代更是被译成多国文字广为流传，是在海外发行量最大的中国图书之一。虽然有人怀疑《孙子兵法》并非孙武所著，但很少有人质疑《孙子兵法》对战略造成的深远影响。孙武的思想是在与敌国作战中不断思考与总结而逐渐演化形成的。孙武将战争看做一种重复的有意识行为，而不是偶然和失常的人类行为。这种合理性是构成他理论核心分析的基础。他详细论述了战胜敌人的用兵之道，并以抽象甚至诗意的方式表达一种战略思想，其中蕴含的战略思维不但意义深远而且简单易行。

《孙子兵法》中的比较原则（知己知彼，百战不殆）、领导原则（关于将帅五德的叙述:将者,智、信、仁、勇、严)、造势原则(善战者,求之于势)、审慎原则、主动原则、奇兵原则、迂回原则、集中原则和机变原则等在各方面影响后世至今。[①]

春秋战国是中国古代战略迅速发展的时期。随着战争规模的扩大和战争持续时间的延长,统帅们在筹划和指导战争全局时,重视政治、经济等多种因素对战争的作用,强调义兵、义战,注重变法图强,富国强兵,并从战争的长期性上着眼战略指导问题。齐桓公提出的"尊王攘夷"、晋文公的"联秦制楚"、吴国的"三分四军"等,都是这一时期战略运用的典型。战国时期,还出现了诸侯国"合众弱以攻一强"和"事一强以攻众弱"的联盟战略,如合纵抗秦、连横破纵、远交近攻等。秦为统一六国,还实施了一系列进攻战略。这一时期除《孙子兵法》这部经典著作外《吴子》、《孙膑兵法》、《司马法》、《尉缭子》、《六韬》等一大批著名兵书,奠定了中国古代战略理论的基础。《鬼谷子》是很有影响的一部书,其中尽书纵横捭阖、揣摩权术等计谋。像《孙子兵法》一样,这本书同样受到了政治界、军事界和商业界人士的广泛关注,日本学者、企业家大桥武夫把《鬼谷子》翻译成日语,并将其应用到经营活动中,写出了一部鬼谷子应用实例,取名《"兵法"与"鬼谷子"》。

在春秋末期,齐国人田穰直撰写了《司马法》,他在该书中强调了"智"、"勇"、"巧",主张因敌制胜,不用以前的老一套打法,并在书中表现出"相为轻重"的朴素辩证法、"以战止战"的战争观以及"以人为本"的治军思想。

战国初期,卫国人吴起编著了《吴子兵法》,主张搞好国内政治、经济,提高国家实力,才能取得战争胜利。该书强调指挥员应全面了解情况,正确判断敌情,灵活使用兵力,恰当选择作战方向,"因形用权"。战国时还有一些有影响力的兵书,如《尉缭子》阐述了政治与军事的关系,《孙膑兵法》发展了《孙子兵法》和《吴子兵法》的作战谋略,《六韬》、《三略》发展了孙武的"不战而屈人之兵"的思想与战略佯动的策略及用人主张。

三国时期的曹操和诸葛亮大量地使用并发展了前人的军事谋略。如曹操提出了"因势设奇,谲敌制胜",诸葛亮提出了"战欲奇,谋欲密"、"师出以律"、"法若一画"等。

---

① 孙武著:《孙子兵法》,刘仁译注,中国纺织出版社 2007 年版。

在唐代《唐太宗李卫公问对》中提出了奇兵和正兵的应用以及阵法变换等方面的问题。北宋前期的许洞撰写了《虎铃经》，阐述了先谋先胜的思想。论述更全面的是稍晚一些的《何博士备论》，由何去非所著，提出了战略决策要考虑根本"利害"、确定攻守要全面分析"形势"、作战要"出奇应变"等军事思想。

明朝的戚继光可谓集前人军事谋略之大成者。他撰写了《纪效新书》与《练兵实纪》，强调了主将要精通技术和武艺，据"真战"实效而"量才擢用"。清初对军事谋略的发展则主要体现在揭暄所著的《兵经百篇》中。

近现代中国兵法的发展可以说以毛泽东为代表，包括林彪、刘伯承等一代将领。毛泽东的《论持久战》被列为世界十大兵书之一。他的"敌进我退，敌驻我扰，敌疲我打，敌退我追"的"十六字诀"成为中外游击战的指导纲领，其"武装割据，农村包围城市"的战略思想更是军事发展史上灵活用兵的典范。[①]

值得强调的是，上述军事战略和思想是我国战略管理学科发展的历史渊源，也是世界战略管理学的重要组成部分。事实上，中外企业家从这些思想中汲取了丰富的营养，很多策略在管理中都有直接的应用。

（二）战略在宏观经济决策方面的应用

战略在我国宏观经济决策方面的应用主要体现在从"一五"开始的国家五年计划和远景规划上，明显地带有长期计划的色彩，但也起过非常重要的指导作用。

第一个五年计划（1953—1958 年）期间，国家提出的目标是逐步实现社会主义工业化，逐步实现对农业、手工业和资本主义工商业的社会主义改造，在发展生产和提高劳动生产率的基础上逐步改善人民的物质和文化生活。采取的措施是优先发展重工业，相应发展轻工业和农业，集中财力和物力搞好 156 个重点工程项目。

"大跃进"时期（1958—1960 年），我国提出了"赶美超英"的目标，以及总路线、"大跃进"和"人民公社"三面红旗。这一时期的战略性错误带来的恶果有目共睹，这也在另一方面体现了战略的重要地位。

① 金占明、杨鑫著：《战略管理》，高等教育出版社 2011 年版，第 20 页。

调整时期(1961—1965 年),国家提出了“调整、巩固、充实、提高”的八字方针,开始调整国民经济比例关系,恢复农业生产,克服“共产风”和平均主义。这一时期,中国经济处于迅速恢复阶段。

十年动乱期间(1966—1976 年),国家的经济和社会发展主要部署被全盘打乱。其间大搞“穷过渡”和闭关锁国,强调高速发展重工业,严重制约了我国的经济发展和社会的进步。

1979 年 4 月 5 日,中共中央提出了新的八字方针,即“调整、改革、整顿、提高”。中共“十二大”明确了我国 20 世纪末的战略发展目标,即在不断提高经济效益的前提下,力争使全国的工农业总产值翻两番。之后,在 1996 年的八届人大四次会议上,国家进一步明确了“九五”计划和 2010 年远景目标,标志着我国的经济发展战略逐渐成熟和完善。

2002 年中共第十六次全国代表大会上,中共在总结了十三届四中全会以来 13 年的经济发展经验的基础上,提出了全面建设小康社会的奋斗目标,并对 21 世纪前 20 年的国家经济发展做出了全面部署,所有以上这些都属于重大的战略部署。

同样需要说明的是,战略在宏观经济决策方面的应用对我国战略管理学科的发展产生了重要的影响。一方面,政府的宏观经济决策直接决定了企业的经营方向和目标。另一方面,很多决策方法,如五年规划等在各类企业中获得了广泛应用。事实上,直到今天,很多企业仍然没有摆脱计划思想的藩篱。

(三)企业战略管理学的发展

中国是从 19 世纪开始办近代企业的。以清末的洋务派为代表,他们以封建的方式办工业,思想渊源是“中学为体,西学为用”,但是实际上只是引进了西方的机械与技术,而没有引进管理方式。到了 19 世纪 70 年代,近代民族工业才开始引进西方管理方式,同时继承了中国的文化和管理思想。

从 1949 年新中国成立到 20 世纪 60 年代初,我国企业主要处于摸索和尝试阶段,以经验管理为主,尽管其间产生过“鞍钢宪法”这样很有影响的管理文献。从 1961 年到 1965 年,我国经济处于调整时期。这一时期正是西方企业战略理论形成时期,主要特点是通过长期计划来保证大企业的扩张和发展。因此,尽管计划的内容和重点有所不同,我国企业主要是在国家计划指导下制定生产作业计划，而美国的一些公司制定的实际上是综合发展计划并以市场占领计划为重点，但至少从形式上看，这一时期我国企业管理的主要方式与美国等发达国家的企业是相同的，即以计划作为主要管理方式。

从1966年“文化大革命”开始到20世纪80年代初期，中国经济基本上处于停滞和徘徊阶段。在国家经济发展部署被打乱的情况下，我国企业在战略管理实践、理论界在战略管理理论研究上与西方的差距也越来越大，这反过来又进一步制约了我国经济的发展和管理水平的提高。

从20世纪80年代开始，经过近三十年的努力，中国企业界和理论界在战略管理实践和理论研究上都有了很大进步，尤其是有很多企业通过战略管理取得了巨大进步和成功，如海尔、联想、华为、阿里巴巴、腾讯和中集集团等。我国的商学院从1991年开始培养工商管理硕士，同时将战略管理作为重要的必修课之一。在这一时期，大量的西方战略管理著作被译成中文出版，同时我国学者开始研究中国情境下的战略问题并发表学术论著，总结中国企业战略管理成功与失败的案例，与西方战略管理学科发展的差距在缩小。但另一方面，我们也清醒地看到，我国的战略管理学科还没有形成具有自己特色的完整的学科体系，学科的主要学术思想和核心概念以及研究方法都来源于西方，还处于跟踪、模仿和借鉴学习的阶段，理论滞后于企业实践的问题仍很突出，需要学术界做出更多的努力。

第二章　战略管理基本理论和基本流派

战略管理学要回答这样一些基本问题：战略是什么，或者说它的定义或基本含义是什么？战略的基本内容是什么？战略管理过程包括哪些主要步骤与环节？战略究竟是如何形成的，是管理者主观意志的产物，还是对外部环境的一种被动的反应？战略的推动力源自哪里？企业的竞争优势又是如何形成的，决定企业盈利的主要因素是什么？企业究竟应该选择什么样的战略参与市场竞争？关于前面3个问题，在第一章我们已经做了简要的阐述。在这一章，我们将重点介绍有关战略是如何形成的、战略的推动力以及企业的竞争优势源自哪里的基本理论和基本流派，而有关选择什么样的战略和选择原则和方法则在第三章和第四章介绍。

第一节　关于战略形成的十大学派

虽然经历了半个世纪的发展，战略管理已经形成了比较完整的学科体系，战略对决策的支持作用、作为合作和交流的工具、作为组织的目标和增强组织的灵活性和适应性的手段已经受到广泛重视和认可，战略也成为多数管理人员耳熟能详的常用的一个词汇，但令人遗憾和困惑不解的是，关于战略是如何形成的这样一个基本问题，人们至今并没有达成共识，以致它至今还是一个前沿问题，也许这正是战略管理学的魅力和影响所在。由于企业管理人员和学者们观察的角度不同，他们自身的阅历和立场不同，所以得出的结论也迥然不同。下面，我们就简要地介绍明茨伯格在其名著《战略历程》中总结的所谓“战略管理的十大学派”，实际上，它们是关于战略如何形成的理论和解释。

一、设计学派

设计学派认为战略形成是一个孕育过程，其基本模型如图 2-1 所示：[①]

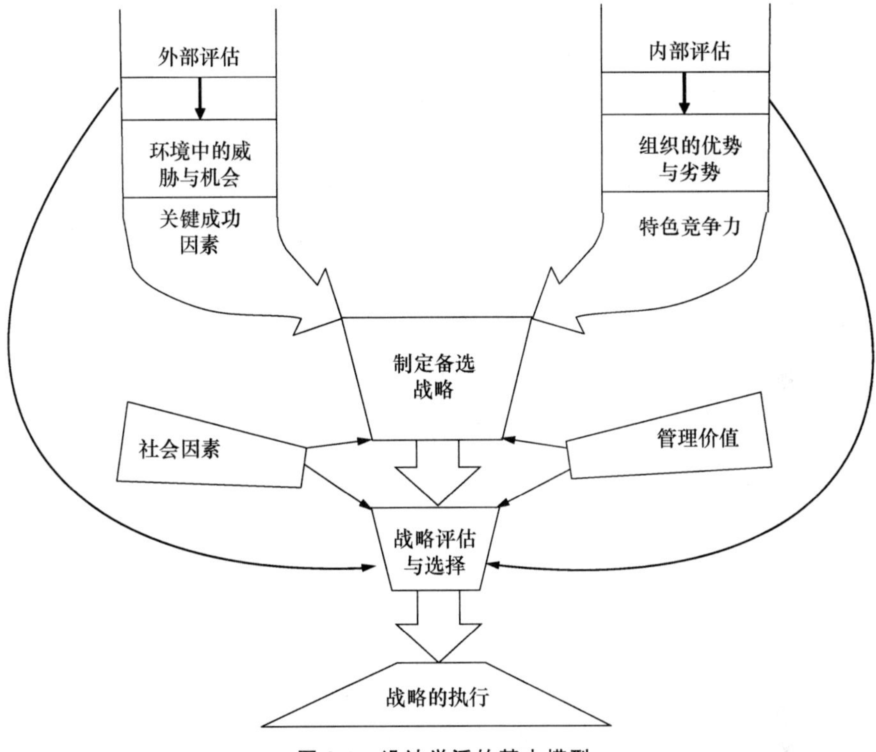

图 2-1　设计学派的基本模型

首先，企业需要对自身所处的外部环境和内部条件进行全面的分析，分析外部环境可能给企业带来哪些机会与威胁，企业自身与竞争对手相比又有哪些优势和劣势。优势（Strength）、劣势（Weakness）、机会（Opportunity）、威胁（Threat）分析统称为 SWOT 分析，直到今天仍然作为战略管理研究和企业实践的重要工具得以广泛应用。在进行上述分析的同时，企业还要明确所在行业的关键成功因素有哪些，企业自身是否能够形成独具特色的竞争力，进而要提出几种备选战略，在提出备选战略时，管理者和主要利益相

① 亨利·明茨伯格、布鲁斯·阿尔斯特兰德、约瑟夫·兰佩尔著：《战略历程》，魏江译，机械工业出版社 2006 年版，第 21 页。

关者的价值观必定会发生影响，同时要考虑社会因素的作用。提出备选方案以后，接下来的工作是根据企业目标并按一定的标准对它们进行评估，从中优选最佳或适合的战略。战略管理的最后一个环节就是战略的执行，要将拟定和选择的战略付诸行动。

由设计学派的这一基本模型可以看出，若要形成一个有实际指导意义的战略，必须满足以下几个条件，或者说，战略形成过程具备以下几个主要特征。

第一，企业家或最高管理者承担着战略家或设计者的角色。他们负责上述分析工作并为企业规划未来的蓝图，再通过详细的计划、预算和控制体系来监督下属以保证战略得以实施，这时的企业家或高层管理者很像蜘蛛，顽强地发挥着与众不同的才能，孤独地专心致志地编织自己的网。换句话说，设计学派把企业家或高层管理者置于战略形成过程的核心，突出了他们在战略形成上的重要作用。

第二，按照上述模型和第一条特征，战略形成过程应该是企业家或高层管理者一个有意识的、深思熟虑的过程。只有经过周密的思考和细致的安排，有充分的理由和把握后才能实际采取行动，这样才能避免盲目性和提高有效性。

第三，既然战略形成是一个由企业家精心设计的过程，那么，作为这一过程的产物，战略应当是企业家针对具体个案发挥个人能力而进行创造性设计的结果。换句话说，这一观点强调在战略设计过程中要因地制宜和量体裁衣，战略内容本身可能会千差万别，但无疑这种战略会适应特定企业或组织的情况，正像一个高级服装设计师会根据个体身材和要求的不同而设计出他们所满意的服饰一样。

第四，作为企业家个体设计的过程和产物，战略形成的模型和战略本身都要简单明了，对两者过于详细的描述和形式化的表述都会破坏其理论和实际应用价值。也就是说，战略思想应该是一种普通的概念性图解，易于被组织中的成员所理解和接受，也易于在实际工作过程中得以贯彻和执行。

第五，战略形成或设计过程结束的标志是产生了适合组织特点的独特的、明确而简单的战略，剩下的事情就是在实际经营过程中加以贯彻和落

实。换句话说，这一学派认为制定战略是一个阶段性的任务，它为企业未来一段时期内应该如何发展勾勒了一幅宏伟的蓝图，无须在以后加以调整和修改。战略观念一旦形成，就是完备和可以执行的方案了。

设计学派强调企业家针对具体经营情况，经过深思熟虑对战略进行个性化设计的重要作用，强调在执行活动之前形成一个易于被组织成员理解的简单明确的战略是提高战略有效性的关键。尽管在后来的研究中，包括明茨伯格在内的很多学者认为，设计学派忽视了在急剧变化的环境中不断学习和尝试的重要性，过早地明确战略并清晰地表述出来可能会使企业患上类似“营销近视症”的“战略近视症”，压抑下属人员的积极性和创造性，将战略制定和战略执行相分离可能无助于在执行过程中发现问题并对战略加以修正和完善，但它毕竟给出了战略形成的基本思路和框架，而且简单明了，在某些情况下，仍不失为一种基本的工具和方法。

二、计划学派

计划学派认为战略形成是一个程序化过程，其基本模型如图 2-2 所示。①

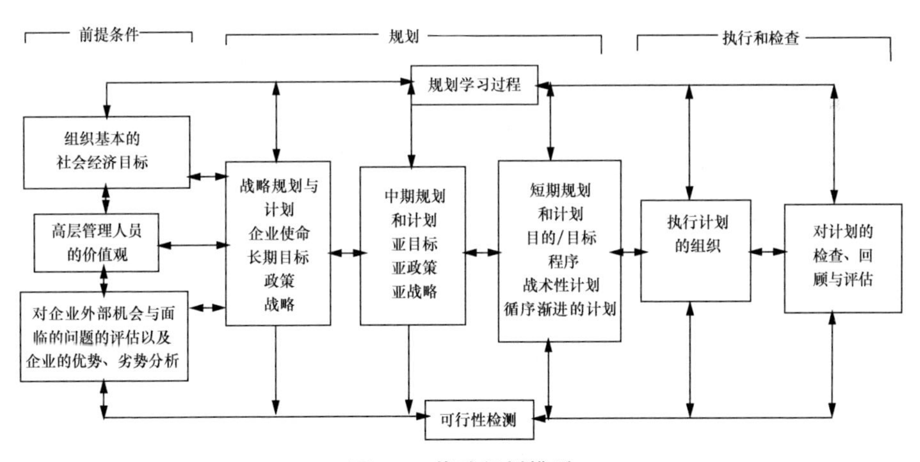

图 2-2　战略规划模型

① 亨利·明茨伯格、布鲁斯·阿尔斯特兰德、约瑟夫·兰佩尔著:《战略历程》，魏江译，机械工业出版社 2006 年版，第 39 页。

首先，企业要明确自己的使命、在某一时期内将要达到的目标以及将要采取的基本政策。然后，像设计学派一样，企业需要对自身所处的外部环境和内部条件进行全面的分析，明确外部环境可能给企业带来哪些机会与威胁以及企业自身的优势和劣势。进而要提出备选方案并运用各种技术工具对它们进行详细的评估，从中优选最佳或适合的战略。在战略实施阶段，要通过一个层级计划体系将目标层层分解，形成各个层次的亚目标、亚政策和亚战略，最后由各个层次的目标、预算、战略和程序形成了一个完整的计划体系，同时规定了达成目标的时限。

上述模型和分析说明计划学派描述的战略形成过程与设计学派有很多相似之处，不同之处在于计划学派认为除了由企业家和高层管理者负责整个战略方案制定外，企业计划人员要发挥专业化人员的作用，既要参与战略制定，同时还要负责和监督战略的实施。两者的最显著的区别在于设计学派认为战略思想应该是一种简单的概念性图解，而计划学派认为战略形成是一个自觉的、可控制的、正式的规划过程，其中包括很多清晰具体的环节和步骤，并可以借助各种分析技术来完成。在这种情况下，计划人员像松鼠，认真收集和整理自己的资源为未来的日子做准备，相信预先的准备和及时处理可以事半功倍。

计划学派认为计划人员不仅要为企业勾勒未来的蓝图，更重要的是按照正式的程序化的步骤并使用各种分析技术，如数学模型和预测工具等保证战略规划的合理性和可操作性。正是由于计划学派提出的规划步骤和程序详细而具体，所以在很长一段时期内广受企业界和商学院的关注和重视，往往被戴上兼具“科学性和实用性”的桂冠，并成为企业制定战略的重要工具。

然而，计划学派——尤其是较后阶段以其为基础发展起来的战略规划——在后期却受到了广泛的质疑，支撑这个学派的主要工具和方法在一定程度上恰恰成了其他学派攻击的靶子。在《战略历程》一书中，明茨伯格除了引述威尔逊(Wilson)指出的战略规划的以下缺陷——如设置专业的参谋部门来承担战略规划的职能加剧了他们与执行经理之间的对立；缺少了执行人员的积极参与，实际上战略规划成了空洞的躯壳，并不能发挥应有的作用；忽视文化的作用——还特别指出以硬数据为支撑的预测方法并不可

靠，预测的结果有时可能与实际情况大相径庭。这是因为硬数据本身或者其收集过程就有很多缺陷，程序化会忽视人们的洞察力、创造力和想象力以及环境和内部条件的动态变化，而这些恰恰是形成一个有效的战略最需要的东西。

三、定位学派

一些人持有这样的观点：定位学派认为战略形成是一个分析过程。然而，这样一种界定很容易引起读者的误会和混淆，前述的设计学派和计划学派不是同样也要借助分析这一基本的工具吗？而且后面我们将要看到，实际上，定位学派并没有偏离计划学派和设计学派的某些前提，如：专业的分析人员在战略形成过程中将起主导作用；战略形成过程是在分析计算基础上的一种选择，进而在后续的活动中加以实施，等等。所不同的是定位学派分析和强调的重点有所不同，前两个学派关注的重点在于战略形成过程本身的环节和程序是否简单和合理化，而定位学派不仅强调战略形成的过程，更加重视这一过程产生的结果，即战略的具体内容。

定位学派强调两个方面的分析：一是企业所在行业的竞争结构，它决定了企业可以选择的经营范围和竞争的激烈程度；二是企业在行业内的相对竞争地位，它决定了企业在行业内可以采取怎样的战略。一个好的战略应该有助于防御现在和潜在的竞争对手的进攻，同时保证企业可以获得高于竞争对手和行业平均利润的利润，这样就可以积累更多的资源，进一步巩固和强化企业的相对市场地位。

像设计学派和计划学派一样，定位学派同样认为战略形成应该是一个受控的、有意识的过程，是企业首席执行官和作为分析家的计划人员深思熟虑的产物，他们会借助于数据和模型得出最适合的战略方案，而且这种计算更加量化和具体。在定位学派形成和发展过程中，波士顿咨询公司（BCG）的市场成长/市场份额矩阵、PIMS（市场战略对利润影响）分析技术、波特的五力模型、价值链分析以及博弈模型等相继问世并获得了广泛应用。

明茨伯格等人后来对定位学派的某些观点和采用的分析方法提出了质疑，如过于重视经济因素而忽视了政治和文化因素，比较适合大而稳定的产业，过于重视外部环境因素，尤其是行业结构因素对战略选择的影响，没有关注到如何培育企业的动态竞争能力以及组织学习的重要作用等。但这一学派还是为我们认识战略形成提供了重要的框架，尤其是明确了战略分析的重点和方向，有益于企业明确自身在行业和市场中的地位。一旦清楚了这样一种定位，企业就可以像水牛一样无视周围的景象，只需心满意足地坐在自己精心选择的位置上。从这个意义上说，将战略形成看做是一个定位过程，正像学派本身的名称一样，也许更为合适和易于理解。

四、企业家学派（创意学派）

企业家学派认为战略形成是一个构筑愿景的过程。

如前所述，设计学派认为企业家或最高管理者承担着战略家或设计者的角色，他们负责为企业规划未来的蓝图。计划学派和定位学派在强调企业家作用的同时突出了计划人员或参谋机构的地位和作用，后面两个学派还进一步为战略形成设计和发展了程序化以及以行业结构和数据为基础的模型和方法，试图通过这些工具来说明战略的形成过程和有效性。但后来的研究发现，以上几个学派并不能解释很多企业战略形成的真实过程，也不能清晰地说明很多企业成功的事实。

正是因为以上原因，企业家学派认为体现领导能力尤其是体现战略思维的东西，恰恰是被前面几个学派有意淡化和忽视的软化、个性化的人性特征，如直觉、判断、经验和智慧等。一个企业能否制定出有效的战略，主要不是取决于硬性的数据和过程的程序化，而是取决于企业家对环境的敏感性，是否有远见和洞察力。

这一学派的核心概念是愿景，它是对企业家心理活动和状态的一种描述，既是一种灵感，也是一种对战略任务的主观感觉。一般说来，这种灵感是客观事物在人们头脑中的一种映像，它很难用文字和数字来详细描述，但却能昭示未来的方向和目标。它恰似海上的灯塔，成为企业家和员工心理的期盼和依托。毫无疑问，这样的愿景使得企业在总体思路和方向上是深思熟虑的，在具体环节和运作上又可以灵活多变，保持战略的柔性。

上面的分析突出了在战略形成过程中企业家个人的核心作用，但这并不意味着企业家在做出决策时完全放弃了理性思考和逻辑推理，只不过是这种思考和推理更多地依赖于自身过去的经验和直觉而不是数字和程序，

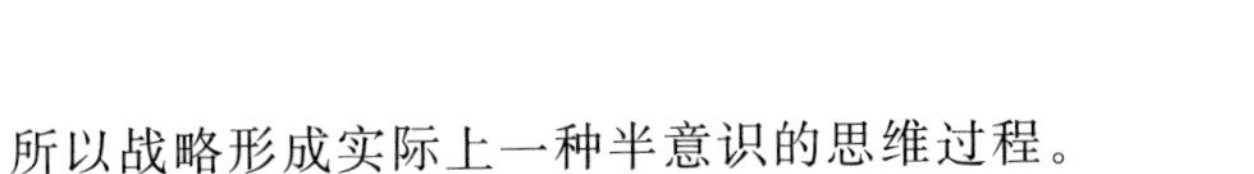

所以战略形成实际上一种半意识的思维过程。

这一学派所推崇的企业家都是那些极具天才和个性的人物，不仅富有远见，而且面对机遇和威胁时常常有惊人的“大手笔”，或者挽狂澜于既倒，或者促使企业有突飞猛进的成长，他们是经济舞台上长袖善舞的“英雄”。

无疑，这一学派突破了设计学派、计划学派和定位学派的某些框架和程序化的“教条”，强调和突出了企业家个性和远景的导向作用，解释了很多企业“大起大落”的现实。但这一学派容易使人们陷入对“英雄”的个人崇拜，将企业和组织的生死存亡维系在个别天才人物的身上，抑制其他人尤其是下属的积极性和创造性，难以形成组织学习和创新的氛围，使企业家成为孤立无援的狼，只能靠自己的远见和运气来闯荡满眼猎物也满布陷阱的丛林。

五、认知学派

认知学派认为战略形成是一个心智过程，换句话说，企业或组织形成怎样的战略取决于决策者在思考问题和决策时采用或固有的心智模式。

如前所述，无论设计学派把战略形成看做孕育过程，计划学派把战略形成看做程序化过程，还是定位学派把战略形成看做分析和定位过程以及企业家学派把战略形成看做构筑愿景的过程，这些学派关注的重点仍然是战略形成过程中分析步骤和程序的合理性（如计划学派）或者所形成战略内容的正确性（如定位学派）。设计学派尤其是企业家学派虽然关注到企业家在战略形成过程中的核心作用，尤其是其直觉、判断、经验和智慧等，但这种关注仍然是强调它们的作用及其发挥作用的前提和条件，还不是研究思考其战略本身是如何发生的，还没有从本质上揭示思考战略本身为什么在不同个体上产生巨大差异的原因。而认知学派正是借鉴人类认知学科，尤其是认知心理学的相关知识，探索思考战略本身如何发生并由此探索战略形成过程的本质。

按照认知学派的观点，作为一种复杂的创造性活动，战略的形成并不是一种可以量化的程序化的过程，也很难用某种模型和框架加以描述。换句话说，战略家的知识结构和思维模式主要来自于他们自身的直接经验，这种直接经验决定了他们所具备的知识，而知识又反过来决定了他们所采取的行为，行为又进而决定了他们后来的经验。毫无疑问，认知过程中这种二元性体现了人类认识世界过程的复杂性，并由此产生了认知学派的两个不同分支。①

认知学派的第一个分支倾向于实证主义，认为知识的处理和构建就是对客观世界的勾画和现实的反映。战略家的眼睛就像是照相机，观察和反映这个世界，有时可能扩大或缩小现实的东西。换句话说，世界上的事物是现实存在的，人们要做的就是如何准确地描述和反映这种存在。

认知学派的第二个分支认为所有的认知活动都是主观的，认知结果也是主观意识的体现，战略只是对世界的主观上的解释。在这种情况下，人们的观察视角转向战略家的内心深处，观察面对外界事物及其变化，战略家的思维是如何发生的，思维的方式有哪些特点，以及这种方式又如何决定了他们对世界的认识。

概括说来，认知学派的第一个分支认为认知是对世界的客观映像，而第二分支正好相反，它认为认知本身创造了世界。

认知学派认为战略形成作为一种心理认知过程具有以下几个特点。第一，认知本身是无序的，因此试图通过有序化步骤使战略合理化的努力不过是一些人的一厢情愿。按照西蒙的观点，世界上的事物纷纭复杂，而人类大脑处理信息的能力非常有限。事实上，人们在处理信息的过程中，不可避免地会产生认知偏见和认知歪曲，如：乐意寻求支持性证据而忽视反面的材料；偏好容易记忆的近期信息而忽视早期信息，尽管这种早期信息也许更为重要；倾向于保守主义和乐观主义，即不愿意随着新信息和新证据的出现而转变自己的思维，根据自己的偏好做出乐观的预测；以及低估不确定性和错误地进行成败归因，等等。

第二，认知是一个信息处理过程，要经由关注、编码化、储存/修复、选择和输出等步骤。在上述每一步骤中，都可能产生信息失真和误差，如：收集信息的人可能因自己的阅历和经验偏好关注某类信息；将新获得的信息按已有的信息分类标准相比较来加以解释；作为认知过程起源的个人记忆受组织形态、规则、程序和传统的影响，组织的惯例会成为个人记忆的一部分；将自发的反复比较的过程误认为一种果断的决策，等等。

① 亨利·明茨伯格、布鲁斯·阿尔斯特兰德、约瑟夫·兰佩尔著：《战略历程》，魏江译，机械工业出版社 2006 年版，第 120—135 页。

第三，认知是一个绘图过程，即任何组织因时间和经验积累都会形成一定的心智结构，这种心智结构对于人们的作用恰恰就像一张指示人们如何穿越复杂地形的地图。它指示人们在某种环境和条件下应该做出怎样的选择。在企业和组织中，这种地图可能表现为不同的形式，如计划、草案、设计图和心智模式等，但其作用都是为组织指引前进的方向和路径。事实上，每个人，尤其是经验丰富的决策者脑海里都有其心智模式，或者说各种因果地图，帮助他认识各种事物之间的因果关系，从而采取合适的行动方案。因此，战略形成作为一种心智过程就是绘图过程。

第四，认知是一种构建过程，即认知不仅仅是对现实的消极反映，人的内心世界也不是外部世界的简单复制。事实上，来自外界的各种信息流经大脑时会与认知模式发生相互作用，并受到认知的支配。换句话说，人们的心智模式将一些解释强加于环境和外部事物，它创造了自己的世界。在某种程度上，一个人的心智模式才是自己的主人，正是它们创造了其精神世界。这很像站在树上的猫头鹰把周围发生的一切都看在眼里，为自己编制一个幻想的世界。在企业和组织中，这种模式会随着人们的交流和互相影响而逐渐演进，并进而影响组织的文化和决策模式。

按照认知学派的观点，过去人们津津乐道的所谓外部环境以及机会和威胁等并不是一种客观存在，它们只是组织固有的心智模式和管理信条的产物，所以某些组织视为机会的东西却被另外一个组织视为威胁。事实上，不同的战略家对环境的感知并不相同。他们永远也无法摆脱有限理性和不完全认识的束缚，因此，独立客观的“环境”并不存在。相反，组织和环境都只是为了便于说明活动模式的受心智模式决定的主观概念，战略家通过创造这些概念将事件、客体和行动联系起来，正是认知本身创造了世界。

认知学派将关注的目光更多地投向个人和组织本身、自己的行动和对不确定性的反应，而不是所谓的“环境”并为自己的无所作为找借口，认为战略家的任务就是想象、创造和激发灵感从而改造“环境”。概括说来，认知学派认为，我们所看到的世界，可以被塑造，可以被设计，也可以被构建。

与前几个学派不同，认知学派将关注的目光从战略内容、制定过程和程序等移向人们的心理认知过程，试图从本质上揭示战略形成的内在逻辑和动力，这就要求我们不仅要了解组织决策的过程和理论，还要同时了解人类

的心理和大脑，只有这样，才能最后揭开战略形成之谜。

六、学习学派

学习学派认为战略形成过程是一个自发过程。换句话说，战略形成并不是人们事先经过精心设计的程序化过程或根据行业和企业自身的竞争地位而准确定位的过程，也不是企业家学派所描述的是企业家异想天开的产物，而是组织在处理复杂事物的过程中不断学习和修正已有的行为并持续改进的自然而然的逻辑渐进过程。

查理·林德布鲁姆(Charles Lindblom)在研究政府政策制定过程中发现：由于政策制定者们要应付一个对他们而言过于复杂的世界，因而政策制定过程并不是一个单纯、有序和可控的过程，而是一个"补救性质的"、"零乱甚至混乱的"过程。[①] 在这一过程中，对于任何一个问题都只能一点点地去"啃"，而不能一口吞下。他的这一观点从根本上否定了战略决策"理性"和"深思熟虑"的假设，一定程度上动摇了设计学派、计划学派和定位学派的基础，使人们质疑：战略制定和战略实施是否真的能够截然分开为两个不同的阶段？战略思考是否只是发生在企业家或最高决策者身上，还是更多下属人员的参与才触发了组织的变革过程？

后来，奎因(James Brian Quinn)提出了战略形成是一个逻辑渐进过程的观点，但与林德布鲁姆不同的是，他认为这一过程并不是完全凌乱和断续的，而是一种连续的改进和完善。一方面，战略家要不断地充实和完善自己的战略愿景，另一方面又要借助各种管理手段使战略愿景变为现实。这些管理手段包括：鼓励下属挑战和质疑组织已有的惯例和规则；参与解决组织面临的问题和矛盾；允许和鼓励不同层次，尤其是接触实际工作的人提出新的观点和备选方案；通过解决小的局部的问题逐步实现整体方案的优化以及建立弹性结构并保持战略的灵活性，等等。

明茨伯格认为很多情况下战略形成并不是一个"温室模型"描述的深思熟虑的过程，而是"草根模型"所揭示的自发的过程。在这一过程中，组织成员通过学习和试错找到合适的战略和组织模式。换句话说，只要组织成员

---

① 亨利·明茨伯格、布鲁斯·阿尔斯特兰德、约瑟夫·兰佩尔著：《战略历程》，魏江译，机械工业出版社2006年版，第142—145页。

拥有学习能力和相应的资源，在组织内任何部门或小组都可能产生战略构思或雏形，一旦这种构思被整个集体所接受，它也就成了整个组织的战略。正是因为这种构思是一个自发的繁衍过程，所以新的战略就会在组织中不断出现，因此，战略家的主要任务不在于预设战略，而是去识别哪些新的战略构思更好，从而加以引导、扶持和控制。

概括地说，学习学派认为由于组织环境具有复杂和难以预测的特点，因此，战略制定过程中需要不断学习，而且这种学习是以自发的方式反复进行并从中生长新的战略构思。战略管理过程就是巧妙地处理思考与行动、控制与学习、稳定与变革的微妙关系。此时的战略家和组织成员也许就是善于学习和灵活多变的猴子。

作为学习学派理论的自然延伸和发展，人们随后又提出了学习型组织、组织动态能力以及战略管理的混沌理论等（相关内容将在其他章节里介绍）。尽管这些理论所关注的主题和内容有所不同，但都强调学习、实验和调整在战略形成和实施过程中的作用，鼓励人们用变化的眼光看待变化的世界，而不是用僵化的教条束缚组织成员的思想和行为，从而实现组织目标和战略方案的不断优化。

学习学派为我们认识战略开启了一扇新的大门，扩大了我们的知识视野和想象的空间，但它也可能成为一些企业家碌碌无为的借口，还可能成为那些没有清晰的思路和目标而又盲目地乱闯的人借以攻击理性的工具，在缺乏有利引导和有效控制的情况下不仅会浪费大量的资源，甚至引起组织的混乱。学习固然重要，但不应该漫无目的和随心所欲，更不能因为鼓励学习而轻易放弃领导和控制，让组织的航船在茫茫的大海中长时间颠簸和漂浮。

七、权力学派

权力学派认为战略形成是一个协商过程，即涉及企业内部各个部门和各类人员对利益的争夺和协商，也涉及组织外部的各种利益相关者对组织的要求，因此，战略的形成不可避免地受到权力或政治的影响，是组织内外各种利益集团协商或讨价还价的产物。换句话说，这一学派把关注的视角从过程、内容、认知和学习移动到组织内外的利益相关者如何利用他们的

“权力”来影响战略的方向和组织的关切。

按照明茨伯格的解释，这里的“权力”影响是指在纯经济范围以外运用影响力的一种政治行为，如在我国具有人大代表或政协委员资格的企业家利用其身份来获得股民支持和政府政策扶持等。这种权力影响既可能体现在组织内部，也可能体现于组织外部。前者主要来源于组织内部成员之间的利益冲突和矛盾，而后者则与组织与外部利益相关者的矛盾和诉求有关。

权力学派认为，战略形成在组织内部也并非如前几个学派所描述的理想化过程，不可避免地要受到各种各样的“政治”因素的干扰，这是由于组织是不同个人的集合，个人的出身、阅历、信仰和价值观不同，由此在组织内部会形成小的派别和利益联盟，因此，在涉及稀缺资源的争夺和利益分配时必然要采用各种手段施加影响。例如，一些调皮和受到规则约束的下属可能联合起来抵制上级的领导和阻碍组织必要的变革，因为领导和变革可能会牺牲他们的既得利益；一群接近但不处于权力中心的激进分子可能联合起来，谋求对组织基本战略和大政方针的重新定位，在控制不利的情况下，这种政治行为容易引起组织的混乱；处于同一级别的直线经理或参谋人员通过私下协商来建立联盟，以谋求更多的资源占用或话语权；一些技术专家也可能利用自己拥有的专业知识和特殊技能来保护他们自身的利益，这种垄断有时会阻碍知识在组织中的扩散；身处高位的领导和直线经理利用手中握有的权力直接处分那些“不听话”的下属以及利用自己的影响力来孤立对手，等等。

毫无疑问，上面谈到的组织内各种权力斗争和利益争夺会引起组织的内耗，降低组织效率，浪费管理人员的时间和精力，甚至影响组织的正常活动。事实证明，权力争夺过于激烈和政治行为出现频率过高的组织很难有出色的组织业绩。但需要指出的是，组织中的政治行为也不是一无是处，有时也会给组织带来一些益处。例如，激烈的竞争和政治角逐可能会淘汰一些“政治庸人”而使强者走向前台；政治活动有利于对战略和决策的各个方面展开充分的辩论，不至于由个别人独揽大权并在没有争议的条件下做出错误的决定；在比较保守和追求稳定的组织中，正式的组织系统往往阻碍必要的变革，某些政治活动可能触发和推动变革；最后，一些精明的领导者可以利用政治来实现变革的目标和提高组织效率。

权力学派还认为，战略形成过程不仅受内部权力争夺和政治活动的深刻影响，还受外部利益相关者的制约。企业的外部利益相关者包括供应商、消费者、竞争对手、政府、银行、行业协会、社会公众等。供应商希望它所提供的高价格的供应品被企业接受，而且最好没有交货期的限制；顾客希望买到价廉物美的产品；竞争对手可能采取各种手段阻止企业战略目标的实现；政府希望企业上缴更多的税收和承担更多的社会责任；社会公众希望企业多为社会创造财富并是环境友好的组织。显然，这些要求增加了战略形成过程的复杂性，也给战略管理人员通过各种政治手段达到自己的目标带来了可能。例如，企业可以利用优势资源和能力来打击竞争对手，这种打击可能并不是市场上的直接竞争，而是借助政府的力量限制对手的参与。企业还可以通过组建各种联盟实现对行业的垄断和技术的封锁。

概括说来，权力学派认为，正是“权力”而不是其他因素主导了战略的形成过程，所以战略是握有权力的核心人物或集团的意志的体现，一旦有了这种权力，他们就像狮子一样大摇大摆地闯入猎物丰饶的丛林，当然，有时也面临被其他动物围攻和夹击的风险。

八、文化学派

文化学派认为战略形成是一个集体思维过程，涉及组织的历史和文化，是受社会文化和组织文化与传统驱动的过程。

文化存在于个人和组织生活的各个方面，从饮食、音乐、社交到谈判、冲突和斗争。每个组织和每个民族都有自己的标志性文化，每个人也都会打上文化的烙印，因此，作为有很多人参与其中的战略形成过程必然受到文化的制约和影响。即使表面上由企业家个人做出的决策，实际上也要考虑组织文化的影响，如会不会受到组织大多数人的抵制，执行过程中会有哪些障碍，等等。

文化学派认为，战略形成是组织成员或社会各方面思想融合和交互作用的过程，它建立在组织成员拥有共同信念和认识的基础上。如果组织的多数成员没有共同的思想认识和价值取向，就很难在组织整体层面上形成一致性的战略。

有趣的是，上述共同信念和认识并不是也不可能在领导者和上级管理人员的一两次思想灌输中获得，而是个人在经验积累和社会化过程中逐步感知到的，很多情况下组织成员甚至很难用明确的语言表达组织的信念和起源。换句话说，文化是以潜移默化的方式渗透到组织生活的各个方面并对组织成员的思想和行为产生影响，进而形成一致的思维和行为模式。这种模式将组织与其他组织区别开来，并给组织带来独特的竞争优势。

毫无疑问，组织文化一旦形成，尤其是对于历史悠久的组织，它就具有相当的稳定性或者说惰性，并由此带来了两方面的影响。一方面，当受到外部环境变化或新的思潮冲击时，具有强文化的组织比较能够抗击不利文化因素的冲击和影响，保持文化的纯洁性和原有的思维模式，并有利于保持目标的一致性和组织的稳定。另一方面，这种文化会阻碍组织的变革，这是因为强文化是在漫长的过程中逐渐形成的组织共识，给组织带来了竞争优势，组织成员担心变革会破坏原有的平衡，引起组织的混乱和业绩的下滑。毫无疑问，当环境发生急剧变化或组织面临重大挑战需要变革时，这种文化惰性会产生不利的影响。具有强文化的组织很像动物园里一个悠然自得的孔雀，对周围的变化毫不在意，仅仅关心且经常展示自己羽毛的漂亮。

作为一种重要的无形资产，文化对战略形成具有重要和不可替代的影响，但这种资产的价值和作用又很难计算和度量，它是以一种物理学中"场"的方式存在并弥漫在组织周围，时时刻刻以潜移默化的方式左右着人们的思想和行为。实际上，这种文化"场"会对外来的思想和组织成员的异见产生筛选和过滤的作用，一般情况下会固化原有的意识形态而排斥新的思想和观念，正是在这个意义上，文化学派认为战略形成是一个集体思维过程。

文化学派特别适合解释具有"传教士"性质的组织（如传销组织）和老牌大型组织的决策过程和行为，也提醒我们在这样的组织进行战略变革将会遇到更多的困难和挑战，必须掌握变革的时机和节奏，并要充分估计可能的风险。

九、环境学派

环境学派认为战略形成是一个适应性过程，即个人或组织要通过自我调节逐步适应和满足种群生态条件和制度压力的要求。在这一视角下，我

们常常称为“环境”的来自组织外部的力量，包括国内国际的政治趋势、经济发展、技术进步与变革、社会价值取向等，不再仅仅是一种次要的影响因素，而是一种决定组织战略和行为模式的关键力量。与前面几个学派不同，环境学派认为环境不再是领导和组织的附属物，而是处于支配地位，正是环境决定了组织的特点和未来。

环境学派认为，由于领导不能控制和影响环境，所以他们必须善于权变以适应环境。组织特性实际上反映了特定环境对它们的要求，例如，正式规范的组织结构对应着稳定的环境并倾向于采用计划的方式。环境学派中的一些组织理论家信奉“生物进化论”并自称为“种群生态学家”，认为组织要么按环境要求改变自己，要么被淘汰，并没有其他的选择。另外一些被称为“社会制度理论家”的人认为组织首先要承载制度压力，即要满足由政府和行业协会制定的各种各样的规则和标准，以及一个国家和行业的道德规范和商业习俗的要求等。这些规范和标准支配着组织的实践行为，违反它们可能会招致惩罚并带来不良的后果。

按照环境学派的观点，领导者和组织完全处于被动和从属的地位，只能消极地对环境变化做出反应。这无疑大大压缩了领导者和组织决策及主动选择的空间，而事实上，在很多情况下，他们可以通过战略反应来对付生态环境的变化和制度压力，如回避某些制度，积极地抵制社会习惯的压力，通过联合其他组织操纵行业协会等。

环境学派提醒我们必须关注环境的各个方面以及它们对战略形成可能产生的影响，尤其是重大的环境或重要的制度约束可能是单个组织无法改变或破除的，因此，领导者和组织必须小心从事。这对领导者具有重要的警示作用。同时，我们也要看到这一学派的局限性，领导者和组织面对环境变化也不是完全无能为力，还有选择和积极应对的空间。尤其是在垄断行业里处于统治地位的公司，可以通过自身的战略选择改变行业的竞争结构和行业环境。

环境学派提醒我们，组织在一定的生态环境中产生、成长和集聚，共同消耗环境拥有的资源，而当资源变得稀少或它们互相采取敌对行动而使生存条件恶化时，组织就会走向死亡。换句话说，组织虽然在某些条件下可以做出自己的选择，但这种选择受到环境和制度压力的限制，并没有很多自由的空间。重要的是,组织必须要像鸵鸟一样,善于调整自身而适应环境变化的要求和挑战。

十、结构学派

结构学派认为战略形成是一个变革过程,是从一种组织状态到另外一种组织状态的飞跃。换句话说,组织变革的目的就是希望从当前不太理想的状态达到比较理想的状态,以适应外部环境变化和组织发展的要求,正是在变革的过程中新战略得以形成。

结构学派认为,在大多数情况下,可以将组织描述为某种由自身特性所构成的稳定结构,如直线职能制和矩阵结构等。一般说来,组织在一段特定时期内,采用特殊的结构形式,与特殊的环境匹配,产生特殊行为,从而形成一套特殊的战略。如企业在规模较小和稳定的环境下宜采用直线职能制、数量控制体系和量化管理,比较易于实现成本领先战略。而当技术和环境急剧变化,企业采取差异化战略时,可能适合采用矩阵型组织机构,以便实现技术和产品创新的目标,以满足市场的多样化需求。

随着环境的变化和组织自身的成长,组织的稳定性会受到破坏,会逐步地向其他的结构形式过渡和变化。这种过渡和变化有时是缓慢发生的,有时是环境急剧动荡的产物;有时是自上而下,有时是自下而上。因此,战略管理人员在推动变革时必须审时度势,要在保持组织稳定和不损害组织的情况下辨识组织究竟需要怎样的变革,从而实现从一种状态到另外一种状态的平稳过渡。多数情况下,组织变革应该是适应性变革而不是革命性变革。

结构学派认为,组织结构的变化和变革过程可能会随着时间的推移而自发地形成一定的规律并形成组织的生命周期,处在不同生命周期阶段的企业表现出不同的行为特征,而处在同一生命周期的不同企业却可能有类似的行为特征。掌握上述规律有助于战略管理人员采取合适的方式推进变革并保持企业的平稳运行。

与其他学派相比,结构学派实际上更强调战略形成过程是一种综合的过程,既要有概念性的设计,也要有系统的分析和正式的计划,有时也要突出愿景的精神引领作用。一句话,战略要因地制宜,要随着时间和环境不断

地变化,因此,战略的形成过程也一定有不同的路径和方法。换句话说,企业应该是一条变色龙,随时随地要变换自己的身份和角色,以适应环境变化的要求,而不应该是一条锁在笼子里冻僵了的蛇。

按照明茨伯格等人的观点,以上十大学派可以分成三类。[①] 它们对战略形成过程认识上和方法上的侧重有所不同。从性质上看,最前面的三种属于说明性(prescriptive)的学派,它们关注的是战略应如何明确地表述以及程序化的步骤,其中设计学派勾勒了它们的基本理论框架,并重点讨论了作为非正式设计过程的战略形成。计划学派把战略制定看作是更加独立和系统的正式计划过程。但在20世纪80年代,它受到了第三种说明性的学派即定位学派的轻微冲击,这一学派更注重战略的实际内容而不是战略形成过程,一定程度上也许更能满足管理者的实际需要。

随后的六个学派可以称之为描述性学派,它们侧重于描述战略的实际制定和执行过程,而不是倡导什么样的行为才是理想的战略行为。

企业家学派认为战略形成过程就是企业家个性化的预测和远见在头脑中的沉淀和聚积,并在此基础上产生了一个很重要的学派——认知学派,这一学派引导人们从生理和大脑结构上剖析战略形成过程。

在学习学派看来,环境复杂和变化难以准确预测,因此,战略的形成不可能一蹴而就,必须通过不断地学习和试验才能趋于完善。权力学派认为战略形成是一个协商的过程,关注的重点移向组织内外各个不同利益集团之间的矛盾和诉求,认为权力决定了战略的取向。文化学派则认为,战略根植于组织的历史和文化当中,换句话说,组织成员的集体思维才是战略形成的基础。与此相反的是,环境学派认为所处的生态环境和制度压力才是组织面临的真正挑战,必须做出合适的反应。

最后一组是综合性学派,只有结构学派一个学派,认为战略形成是组织从一个状态到另一状态的变革过程,需要考虑多种因素的综合影响。

以上每个学派可能各自反映了组织战略形成过程的某些特征,但没有哪一个学派能准确地描述所有或大多数组织的战略形成的真实过程。重要的是,无论理论家还是管理实践者都不能盲人摸象,必须在吸收每个学派思

---

① 亨利·明茨伯格、布鲁斯·阿尔斯特兰德、约瑟夫·兰佩尔著:《战略历程》,魏江译,机械工业出版社2006年版,第5—6页。

想精华的同时超越其局限性。

第二节　竞争优势理论

战略形成的十大学派主要探讨的是由什么人采用什么样的方式做出战略以及这一过程要受哪些因素的影响。除少数学派外,它们很少涉及战略决策的本质是为了塑造竞争优势,怎样才能获得竞争优势,决定竞争优势的因素有哪些。而正是竞争优势的高低决定了企业的获利能力和长期发展潜力,所以,如何获得竞争优势就成为企业和组织最关注的话题。

所谓竞争优势泛指一个企业或组织在特定环境下和一定时期内超越其多数竞争对手而获得的超过行业平均水平的盈利能力或组织声望。在理解这一重要概念时,要把握其四个方面的含义。第一,竞争优势是一个相对的概念,是与多数竞争对手相比较而存在的,没有了比较对象也就无所谓竞争优势。当行业内只有一家企业时,该企业具有垄断优势。第二,企业是否具有竞争优势与特定的环境有关。在某一特定环境下具有竞争优势的企业在另外的环境条件下也许就丧失了竞争优势,如某一中国建筑公司在某一经济欠发达地区具有竞争优势,但在发达国家却可能失去了竞争优势。再比如,一个擅长于暗箱操作的企业在腐败猖獗的社会环境下可能得心应手,但在法治规范的国家或地区却可能寸步难行。第三,竞争优势会随着时间发生变化,在某一时期具有竞争优势的企业在另外一个时期可能却会失去竞争优势。同样,在某一时期没有竞争优势的企业在后一时期却可能获得竞争优势。例如,在我国计划经济体制下靠政府订单和优惠政策获得稀缺资源从而具有竞争优势的国有企业,在市场配置资源的市场经济环境下却丧失了竞争优势。第四,竞争优势最终表现为企业的获利能力和组织声望,仅仅在某一方面所具有的某些优势或产品服务特色并不一定转化为现实的竞争优势。例如,一个企业生产能力和技术水平很差,生产出的产品质量很差,即使其销售队伍力量很强,也很难将产品销售给理性的消费者并取得良好业绩。由此可见,竞争优势是对企业和组织的能力和市场地位的综合判断和衡量,是一个状态变量。

没有人怀疑竞争优势会给企业带来良好业绩和丰厚回报,也没有人怀

疑战略管理的核心在于塑造企业的竞争优势，但关于竞争优势源自哪里和企业绩效的差异又是如何形成的，学者们并未形成一致的意见。下面，我们就进一步来介绍相关的理论和假说。

一、SCP 范式

古典经济学理论认为，在完全竞争的理想市场状态中，行业之间不存在任何进入和退出壁垒，企业能够自由进出任何行业，企业是完全的价格接受者（price-taker），行业内所有企业的利润均为零，即行业之间不存在利润差异。但现实经济生活中的情况，却与完全竞争的假设大相径庭，企业不仅不能自由进出任一行业，不同的行业利润水平之间也存在巨大差异。在任何一个时间段内，都存在着盈利的行业和亏损的行业。这与完全竞争理论是矛盾的。

针对行业和企业中普遍存在绩效差异这一不争的事实，20 世纪 30 年代末，哈佛大学的梅森（E. S. Mason）首先提出了用市场结构、市场行为、市场效果这三个概念及关系来分析产业或市场的思想。他认为，结构—行为—效果之间是一个单向链状因果关系。一个行业或市场的效果如何，取决于该行业或市场中企业的行为方式，而企业的行为方式又取决于该市场的结构形态。市场结构是外生变量，由市场供给和需求方的基本条件决定。之后，经过深入的研究和探索，美国经济学家贝恩（J. S. Bain）于 1951 年第一次明确提出“结构（Structure）—行为（Conduct）—绩效（Performance）”的产业组织分析框架，简称“SCP”范式。以梅森和贝恩为代表的传统产业组织学的哈佛学派认为，大多数市场是不完全竞争的，行业结构（Structure）决定了厂商的行为（Conduct），而这些行为又决定了企业的产出（Performance）。[①]

二、波特的竞争战略理论以及对 SCP 范式的发展

SCP 范式从诞生起一直就伴随着反对与质疑，在 20 世纪六七十年代有关其合理与否的争论更是愈演愈烈。但是迄今为止，这一范式仍然被广泛地应用且影响深远，这主要得益于哈佛商学院的迈克尔·波特（Michael

---

① 金占明、杨鑫著：《战略管理》，高等教育出版社 2011 年版，第 29 页。

Porter)教授运用结构分析方法对传统的SCP范式进行的修改和提炼(如图2-3所示),他将SCP范式提升为从外部环境讨论企业绩效的经典范式。①

首先,在行业结构(S)层面上,传统的产业组织经济学中的垄断竞争和完全竞争模型中所描述的两个极端的理想的竞争状态,在实际经济生活中并不经常发生,为此,波特于1980年提出,将SCP范式中对企业行为与绩效起决定作用的行业结构因素,采用结构分子分析的方法进行具体化和显性化,认为一个行业结构中存在着五种基本的竞争力量——潜在的新进入者、替代品的威胁、买方力量(购买者的讨价还价能力)、卖方力量(供应商的讨价还价能力)以及行业内部现有竞争对手之间的竞争,并由此得到"五力模型"(Five Forces Model),该模型是沿用至今的最重要的战略管理分析工具之一。②

波特认为,对不同行业来说,这五种基本竞争力量的状况及其综合强度,决定着行业的竞争激烈程度,同时也决定了行业最终获利能力。在竞争比较激烈的行业,如美国的橡胶业、钢铁业和电子游戏业,我国的化工业、食品加工业和机械加工业,多数企业获利较低。而在竞争相对缓和的行业,如美国的医药业、软饮料业和数据库出版业,我国的通信业和银行业,许多企业都获利丰厚。一个行业的获利能力和水平并非单纯取决于产品的外观或其技术含量的高低,而是取决于其结构特征。例如,无论某一行业的产品技术含量有多高,只要其面临供应商强大的讨价还价能力或面临被其他产品替代的威胁,那么,这一行业的多数企业就很不容易经营。

从战略形成的角度看,五种竞争力量共同决定行业的竞争强度和获利能力。但在不同的行业或某一行业的不同时期,各种力量的作用是不同的,常常是某一种力量或两种力量起支配性作用,其他竞争力量处于较次要的地位。例如,对于远洋邮轮运输业,关键压力或许是来自买主(如石油公司)的讨价还价。对我国的核电站来说,降低费用与其他发电方式竞争的关键是降低外国供应商的讨价还价能力。对钢铁业来说,主要压力来自竞争对手之间的争夺和新型材料等替代品的威胁。

下面我们将就这五方面的力量分别展开说明。

① 金占明、杨鑫著:《战略管理》,高等教育出版社2011年版,第30页。
② 迈克尔·波特著:《竞争战略》,陈小悦译,华夏出版社1980年版,第3—31页。

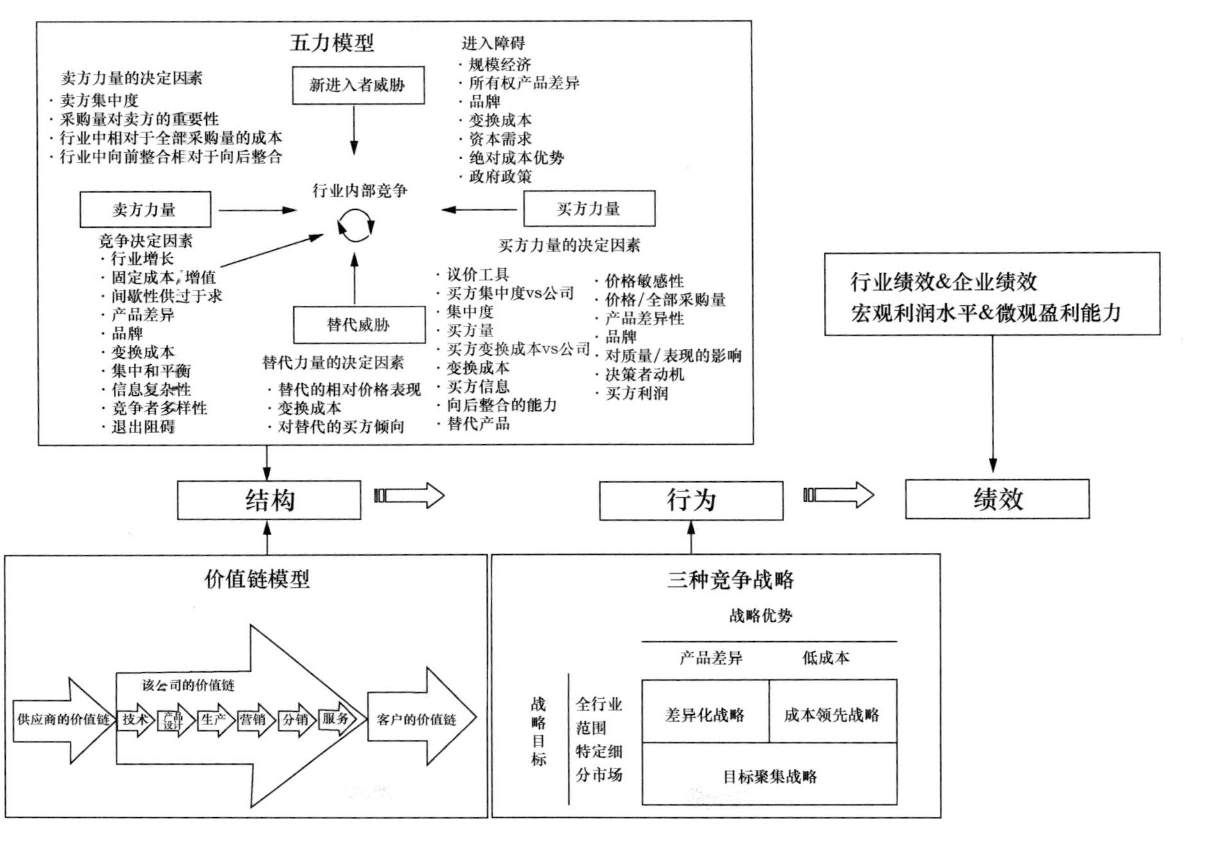

图 2-3 波特对于 SCP 范式的补充

（一）潜在的进入威胁

1. 可能的进入者和进入方式

对于行业内现有企业来说，当其某一产品或产品系列受到顾客的欢迎并获得较高的利润时，同时也就吸引了行业内一些竞争者和行业外一些企业的目光，这些企业统称为潜在进入者。所谓潜在进入者，可能是一个新办的企业，也可能是一个采用多元化战略的原本从事其他行业（跨行业经营）的企业。前者可以是生产完全相同产品的企业，也可以是生产其他产品系列的企业；后者既可能是与行业存在技术关联或市场关联的企业，也可能是完全没有任何联系的企业。无论什么时候，只要现有企业的产品有利可图而它们又具备相应的条件，以上几类企业都可能成为新的进入者。潜在的行业新进入者是行业竞争的一种重要力量，这些新进入者大都拥有新的生产能力和某些必需的资源，期待能建立有利的市场地位来获取超额利润。

从进入方式上看，新产品往往成为新的进入者向现有企业挑战的武器，尤其是当现有的产品存在某些方面的不足或者难以满足某些细分市场的特殊要求时，或者现有产品虽然满足市场的要求，但技术变化带来的产品革新或发明能降低成本或增多功能的时候。因此，企业管理人员必须全面了解行业内现有产品的状况，如技术含量、对其改进的可能性、它们满足顾客需要的程度等，尤其需要了解新产品的可能来源是什么——是来自现有产品的升级和提高，还是来自现有产品的组合。在做这种分析时，企业的设计人员、销售人员和顾客都可能提供重要的线索。

行业内两个企业的联合是另外一种重要的进入方式。一种情况是两个企业所具有的资源如技术、设备和人员具有很强的互补性，通过联合可以大大改善产品的技术先进性和可靠性，从而提高产品的竞争能力；另一种可能的情形是两家企业生产的产品品种和规格相同或相似，但产品组合的深度和宽度不够，而且缺少的产品项目正是现有企业盈利较多的产品。通过联合，一方面可以调整产品组合，另一方面可以提高规模经济效益。

行业内外两个企业的联合也可以对现有企业构成进入威胁。一般说来，寻求联合的行业外企业可能是一家实力强大的公司，正在寻找新的市场机会，它们可以通过收购或兼并现有的一些企业进入这一行业，当然也可能通过开发新技术来与现有企业争夺市场。无论是哪种新进入者，企业管理人员都要分析其动向及其对市场结构的影响，尤其要关注以下问题：

(1) 每个新的进入者对现有的产品市场具有怎样的影响？

(2) 现有的竞争对手对新的进入者将如何反应？

(3) 目标顾客对新的进入者有何反应？

(4) 每个新进入者有哪些竞争优势和弱点？

(5) 企业应该采取何种战略应对新进入者的威胁？

(6) 在采取措施之后，新的进入者会退出新的产品市场吗？

新进入者加入该行业，往往会带来生产能力的扩大，带来对市场占有率的要求，这必然导致与现有企业之间的激烈竞争，使产品价格下跌。另一方面，新加入者要获得资源进行生产，很可能导致原材料及其他相关资源价格的抬高甚至紧缺，使得行业生产成本升高，这两方面最终都会导致行业的获利能力下降。

2. 进入障碍与退出障碍

我们把一个行业内阻止新的企业进入该行业的各种阻止力量称为进入壁垒(enter barriers)，也称进入障碍，这是一个重要的产业特征。同理，阻止行业内的企业退出该行业的力量称为退出壁垒(exit barriers)，也称退出障碍。产业组织理论把行业之间持续性的利润差异归因于它们之间进入壁垒的不同，而市场势力(market power)则被认为是面临竞争时的结构性或行为性壁垒。贝恩把进入壁垒定义为“所有的允许在位企业获取超额利润而不至于吸引潜在竞争者进入的因素……是在位企业相对于潜在进入者的一种优势，使得在位企业能够长期把产品价格定在边际成本之上，而不至于导致新企业的进入”。

萨洛普(Salop)进一步将进入壁垒划分为结构性壁垒和战略性壁垒两类。结构性进入壁垒，也称无意的进入壁垒(innocent entry barriers)，是行业内的企业无意间形成的进入壁垒，是企业经营和获取利润时自然产生的结果；战略性壁垒(strategic entry barriers)是由于现有企业采取明显的、有针对性的行动来阻隔未来的竞争者而形成的。常见的战略性壁垒包括：提高潜在进入者的进入成本——如通过价值链上的垂直一体化、加大研发投入、扩大广告宣传力度、提高生产能力等措施，可以有效地提高竞争对手的进入成本；限制性定价——低价战略；掠夺式定价——将价格定在单位成本之下；创造超额生产能力，等等。

一般来说，能够成为进入障碍的大多数因素也是构成退出障碍的要素，但也不尽然。而将进入障碍和退出障碍综合起来进行分析，能够帮助我们更加清晰地分辨行业内的抗衡状况，如图 2-4 所示。

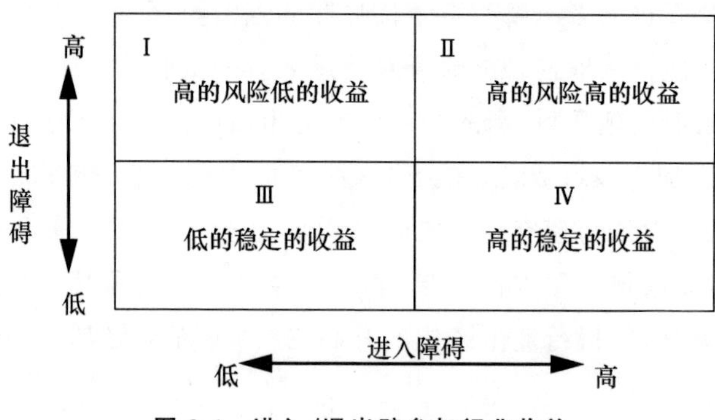

图 2-4　进入/退出壁垒与行业收益

从行业获利能力的角度看，对行业内现有企业最好的情况是进入障碍高而退出障碍低。在这种条件下，潜在进入者的进入会受到阻挡。不成功的竞争对手容易退出该行业而不致采取价格战等极端手段。但在一般情况下，这种情况较少出现，因为构成进入壁垒的因素往往也是构成退出壁垒的要素。

当进入障碍和退出障碍都比较高时，潜在的利润很高，但通常有较大的风险。在这种情况下，新进入者的进入虽被阻挡，但不成功的企业也不能轻易退出，仍要留在行业内参与竞争。资金密集型行业，如汽车、钢铁、摩托车等，往往具有这种特点。

当进入障碍和退出障碍都比较低时，企业容易进入也容易退出，虽然收益比较低但风险也较小。很多服务业如修理、大众餐饮等属于这类行业。

行业盈利性最差的情况是进入障碍低而退出障碍高。在这种条件下，新进入者进入行业很容易，也会因为经济条件好转或现有企业其他意外的获利而吸引更多的竞争对手进入该行业。然而，当市场条件恶化导致需求下降时，过剩的生产能力和在竞争中败北的企业也不能离开行业，导致行业整体的获利能力大幅度下降。在实际生活中，如前所述，由于降低进入障碍

的因素往往也降低退出障碍，所以这类行业并不多见。

值得注意的是，进入障碍和退出障碍的高与低都是一个相对的概念，并没有严格的数量界限。以自行车行业为例，与修理业相比，它是一个进入障碍高、退出障碍也高的行业，而与汽车行业相比，它又是一个进入障碍低、退出障碍也低的行业。此外，对于具有不同资金实力和技术水平的企业，同样的进入障碍对它们的阻碍作用却大不相同，因为自身的“身高”不同。至于一个企业究竟是喜欢具有高进入障碍的行业还是低进入障碍的行业，则完全取决于它所处的位置。当它已经处在某一行业中时，它可能希望借助高进入障碍来保护自己免受侵入的威胁，而当其不在行业中时，它可能更喜欢越过低进入障碍而进入该行业。在进入该行业以后，它又常常希望“低”的障碍转变为“高”的障碍以阻止其他企业的进入。

3．进入障碍的主要来源

进入障碍的主要来源主要有以下几方面。

（1）规模经济

衡量企业的一个重要经济技术标志是其规模经济程度。如果一个企业的单位产品成本(C)随着生产规模和产量的增加而下降，我们说该产品或企业存在规模经济效益；如果规模和产量增加而单位产品成本保持不变，则认为企业的利润率不随规模而变化；如果单位产品成本随规模扩大而上升，则认为该项产品具有规模不经济性。图 2-5 为典型的规模经济效应曲线。由图 2-5 可见，单位产品成本在一定时期内随着产量的增加而下降，然后稳定在一定水平上。这种 L 型曲线相当普遍。随着时间的延续和组织规模的扩大，规模所带来的优势会被部门之间、个人之间合作上的困难逐渐抵消，并

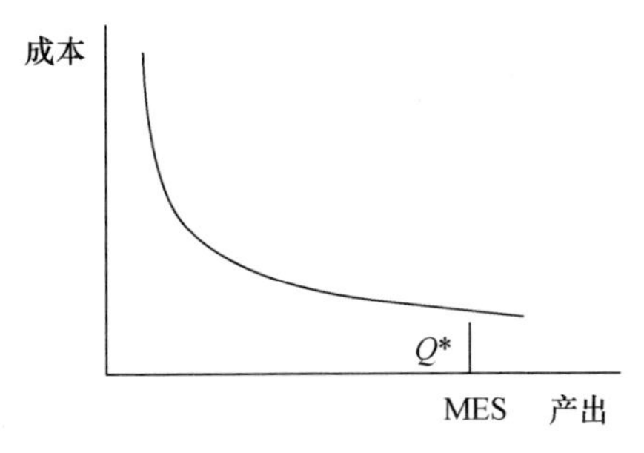

图 2-5　规模经济效应

使单位产品成本稳定在 Q^* 点的水平，Q^* 点所对应的产出成为最小有效规模(MES)，它在决定进入模式方面起着十分重要的作用。

最小有效规模是单位产品成本达到最小值时所要求的最小产出。一旦现有企业的规模达到该点，那么，它就会迫使新的进入者做出选择，要么以大的生产规模进入并冒着现有企业强烈反击的风险，要么以小的生产规模进入，但要忍受产品成本劣势。了解最小有效规模有助于新的进入者明确进入该行业所要求的生产规模和需投入的资金，但仅有这些信息还不够，还需要了解与行业动态有关的其他信息，尤其需要知道最小有效规模占整体市场规模的比重。这一比例可以说明要以低成本进入该行业所要求的市场份额。一般说来，明确这一市场份额比进入的绝对规模更为重要。例如，商业宇航工业的最小有效规模约占美国市场10%的份额，电信行业也是类似的情况。这些数字说明在上述一些行业，如果新的进入者要想使其单位产品成本像现有企业一样低，它必须获得10%或更大的市场份额。实际上，即使现有企业不对新的进入者做出强烈的反应，这样一种进入水平引起的供给增加也会导致产品价格的下降，除非新的进入者完全取代了现有企业。而事实上，试图完全取代现有企业并把价格恢复到以前的水平上是相当困难的。

还应该注意到，在其他条件不变的情况下，最小有效规模相对整体市场的比例越大，进入前后产品的价格差异越大，潜在进入者进入的可能性越小。实际上，最小有效规模占整体市场的比例因行业不同而有很大差异，计算机、化肥、钢铁、汽车等行业都是要求大规模生产的行业，而食品工业、服装等行业对生产规模的要求则要低得多。

很显然，一个行业的最小有效规模越大，新的进入者对价格的影响也越大。然而，在这种形势下，新的进入者可能采取其他的进入战略。例如，尽管某一行业规模经济效应很大，但新进入者决定以小的规模进入该行业，同时忍受较高成本的劣势，并以此为基础与现有企业进行竞争。在这种情况下，即使最小有效规模占整个市场的比例很高，但由于新进入者并没有达到最小有效规模，因此，它们对市场价格的影响较小。如果新的进入者的规模小于最小有效规模而又能赚钱，那么，较大的规模经济并不能稳定行业的利润水平。

至于在什么条件下一个企业会以低于最小有效规模进入新行业，取决于规模经济曲线的形状。在图 2-5 中，如果 L 型曲线很陡，那么小规模进入所带来的成本劣势就大。反之，若 L 型曲线的向下部分比较平缓，小规模进入所带来的成本劣势就小。换句话说，规模经济曲线越陡，小规模进入的可能性越小。当然，这并不意味着此类行业没有新的进入者，只要新进入者所选择的市场接受其高价，并足以弥补其高成本所带来的损失，那么，进入就会发生。例如，如果潜在的进入者靠近某一市场，而现有企业的产品运往该市场时运费很高，那么，新的进入者就可通过高价销售来弥补其劣势。通过差异化，在有地方性垄断的市场上，新的进入者也可以以较小的规模进入当前行业。

应该注意的是，几乎企业的每项职能，如制造、采购、研究和开发、市场营销、服务网络以及分销等，都存在规模经济效应。一些行业的企业需要在多个职能上实现规模经济，才能建立较强的优势，如彩色电视机等家用电器生产企业；另一些行业的企业可能只需在某一两项职能上实现规模经济就可以成功，如一家大型连锁店尤其需要实现大规模采购和分销。此外，规模经济可能与一项业务的全部领域有关，也可能只涉及其中一部分特定的经营业务与活动。例如，在电视机制造中，彩电显像管生产的规模经济意义大，而器件组装的规模经济意义不大。由于单位产品成本与规模之间的特殊关系，因此，有必要分别检测成本的每一个组成部分的特点。

(2) 差异化

对于那些存在产品差异的行业，现有的企业很可能因为第一个进入该行业或过去的广告和良好服务而赢得信誉和用户对品牌的忠诚，因而在面对来自新进入者的威胁时，拥有先动优势或在位优势。据统计，在美国，对电池、罐装蔬菜和垃圾袋具有品牌忠诚的用户在 30%以下，而对牙膏、蛋黄酱和香烟的品牌忠诚度比例分别为 61%、65%和 71%。随着收入水平的提高，我国的消费者，尤其是高收入阶层，除对汽车、家用电器等高档商品已形成品牌忠诚外，对服装、鞋等的品牌忠诚也在逐渐增强。在进入这种高度差异化的市场时，新进入者必须投入巨额广告和促销费用以增加用户对其品牌的认知和消除他们对原有产品的忠诚，而且还必须先从小的细分市场做起，或通过降价来竞争。这些努力通常会带来初始阶段的亏损，并且要延续一段时间。也就是说，新进入者建立新品牌和用户信誉的投资带有特殊的风险，因为如果进入失败，就会血本无归。

(3) 资金需求

如果生产某种产品需要投入大量的资金，或者因竞争需要而需大量投资，那么这种资金需求就是一种进入障碍。很显然，不同行业的资金密度不同，为实现规模经济生产所需的资金量也就不同，甚至有些行业永远不可能也没必要实现规模生产，但却投资巨大，如通信卫星行业。某一行业对资金的需求越大，其进入障碍越高。正因为如此，那些资金密度很高的行业的企业数量要比资金密度低的日用品行业少得多。当然，这种资金需求不仅仅是指生产所需的资金，在研究和开发（如计算机行业、软件行业）以及广告和促销（如软饮料行业）方面的大量投资，对新进入者同样是一种进入障碍。对资金的需求虽然主要是由产品特点和行业结构决定的，但企业也可通过适当的策略增加或减少一定时期内对资金的需求。例如，施乐公司在开始阶段是出租复印机而不是直接销售复印机，大大增加了对流动资金的需求，并以此为障碍来阻止其他公司进入复印机行业。

(4) 绝对成本优势

在所有产出水平上，现有企业可能都比新进入者具有成本优势。这种优势一般来源于领先一步的战略。通过较早地进入行业，现有企业可能已经获得了便宜的原材料，进入的时间越早，越能从经验或学习中获益。例如，在采油业，现有石油公司对世界主要低成本原油的拥有已对新进入者构成了障碍；再如，在小型节能发动机行业，日本本田公司的经验曲线非常之低，以致新的进入者很难在成本上与其竞争。

(5) 分销渠道

产品或服务的差异化对潜在进入者是否构成障碍，这与最终消费者对产品的选择偏好有关。然而，对多数消费品生产厂家来说，最大的进入障碍可能是分销商对现有产品的偏好。一般说来，由于有限的分销力量，以及分销其他产品的固定成本较高以及对风险的厌恶，分销商往往不愿意经销新厂家的产品。为此，新进入者要想确保其产品进入市场，就必须通过压价、分担广告费用等方法使已有的理想的分销渠道接受其产品，或者花大力气创造新的销售额，所有这些方法都会降低其利润水平。

很显然，一种产品的批发或零售渠道越少、现有企业对它们的控制越严，进入也就越困难。在某些行业或特定的地域，现有企业可能通过老关系或高质量服务垄断了这些渠道。在我国，这种垄断也可能是行业保护的产物。有时这种进入障碍高得难以逾越，以至于新进入者或者建立全新的分销网络，或者干脆放弃进入。

应该指出，除了一些特殊的行业，对多数消费品来说，随着电子商务和网上销售的广泛应用以及多媒体广告的迅猛发展，企业对传统销售和分销渠道的依赖性已经大大下降。传统中间商和实体店正面临越来越严重的挑战和生存危机。

(6) 转换成本

购买者是否接受新进入者提供的产品不仅取决于产品的价格、质量和功能，而且与转换成本有关。所谓转换成本是购买者将一个供应者的产品转换成使用另一个供应者的产品所支付的一次性成本。转换成本包括雇员再培训的成本、购置新的辅助设备的成本、检测费用以及产品再设计的费用等，甚至包括中断关系的心理成本。

不同的行业和产品，购买者的总转换成本及其构成也有明显的差异。对于技术含量高和复杂的大型设备，总转换成本和购置辅助设备以及检测的费用就高，而对比较复杂的操作系统，雇员再培训费用可能成为转换成本的最主要部分。同样，当某种产品的效用或功能与使用者的操作水平与熟练程度有关并影响使用安全时，心理成本可能成为决定转换购买是否发生的关键因素。例如，在 Windows 7 和 Vista 系统推出之后，很多原有的 Windows XP 系统的使用者不愿意更换系统。购买者的转换成本越高，新进入者进入现有行业的障碍也越高。因此，它们必须想方设法降低产品成本或提高产品的附加值，以弥补购买者因转换成本过高而带来的损失。

(7) 政府的有关法律和政策限制

一些经济学家认为，政府的有关法律和政策限制是一种最直接的进入障碍，通过制定有关的法规和政策，政府能够限制甚至封锁对某产业的进入。例如，过去很长一段时期里，我国政府限制非国有电信服务系统的企业进入通信行业，也限制私有企业进入银行和保险等行业。还有许多公共服务和基础设施行业如铁路等也受到类似的保护。政府也可以用许可证和限制接近原材料等控制手段来限制或阻止潜在进入者,例如,我国在对外贸易管理上采用的进出口许可证制度和进出口权审批制度,阻止众多企业直接从事进出口贸易。实际上,政府颁布的水资源保护法、大气污染防治法以及各种安全标准都有阻止进入的作用,这是因为在满足这些法规和标准的要求时需要大量增加投资,而且随着人们对环境和安全要求的提高,有关的法规和标准也越来越严格,这对新进入者是一个很大的障碍。例如,我国政府决定关闭5000吨以下的造纸厂,这就意味着若想进入造纸业,其生产规模必须在5000吨以上,从而遏制了小型造纸厂的进入。

(8) 专用资产投入

在服务某一市场时,企业需要相应的资产,这些资产既包括生产设备和实验室等有形资产,也包括一些无形资产,如有经验的管理者、与供应商和分销商建立的协作关系、发明专利等。对于在服务市场上的组织来说,无形资产也许更为重要。例如,投资银行虽然没有生产设备,但却控制有技能的雇员、企业信誉及与客户的良好关系等无形资产。这些资产不仅使组织为其股东赢得投资报酬,其特殊性还有助于了解组织对进入威胁的反应。在过去很长一段时期内,人们一直认为一个企业对市场的关注会随着其在该行业拥有的资产的增加而增加,但近来人们已经认识到,这种关注并不仅仅取决于组织资产的规模,而且还取决于这些资产是否为该行业所特有的。一般说来,资产的专有性越强,或者说其价值主要体现在某一市场,那么拥有这种资产的企业就会努力维持其在该市场的地位,并因而减少这一市场对新进入者的吸引力。

(9) 长期合同

众所周知,许多交易是通过长期合同完成的。合同上要注明一定时期内需要生产的产品或购买材料和设备的数量,如果哪一方不能履约,将受到经济上的处罚。这类合同使用最广泛,也常常是最有效的交易方式,它一旦签署,就使现有企业和潜在进入者处于不对等的竞争地位上,因而对潜在进入者形成阻碍。这种障碍体现在以下几个方面。

首先,现有企业通过长期合同,封锁了较好的原材料来源和渠道。例如,过去我国许多钢铁公司都有自己固定的铁矿石供应商,它们往往通过签署排他的长期合同来巩固与上游供应商的渠道,在获得稳定的原材料来源

的同时，也为潜在的新进入者设置了进入障碍。而近几年，随着这些合同期限的结束以及国外三大铁矿石供应商对原材料供应的垄断，我国多数钢铁企业面临着越来越大的挑战和生存的压力。

其次，现有企业和销售其产品的分销商之间的协议也可以阻止潜在进入者。例如，在尿片市场，宝洁公司与美国很多医院签署了免费分销其产品的合同，而当时医院以及其他竞争对手并未发现这种促销方式的巨大作用。这种分销网给宝洁公司带来了很大的竞争优势。事实上，在很多日用品行业，货位都是一个影响销售的重要因素，而且常常采用长期合同来确定。当然，这些合同能否成为进入的障碍，还取决于货位是否具有独特性，如果这种货位很容易获得，那么，长期合同就不会成为进入的障碍。

最后，现有企业与其购买者之间的协议也可以阻止进入者。从理论上讲，只要现有企业与其顾客签署一个注明将以最低价格提供优质产品的合同，就能阻止新的进入者。在现实中，确实有很多销售合同中有类似的"威胁进入价格"合同，承诺如果有第二家销售商向顾客以低价出售类似的产品，那么它也将降价或者同意无条件解除协议。由于新进入者常常希望通过初始让价来增加市场份额，所以这种合同就可以有效地阻止进入，使潜在进入者看到这种合同时望而却步。

(10) 专利和专有技术

现有企业持有的专利和专有技术也可以保护其免受进入的威胁。一般说来，发明一种技术或设计一种产品总要投入一定的资源。有些产品的发明投资巨大，而一旦这些产品或技术进入市场并开始赚钱，就会有假冒产品或仿制品跟着进入市场。例如，在医药行业，临床试验后的药品最终仅有10%能成功进入市场。如果允许自由进入的话，新进入者将很快进入这些市场，那么，用于新发明的巨额投资和试验过程中的费用将难以得到补偿。因此，必须对技术创新和发明予以保护，这就是世界各国普遍实行的专利权制度。专利主要是预防新进入者对产品和工艺的模仿。在专利保护期内，不允许其他组织或个人复制和模仿已有的创造和发明，以便专利发明人通过生产过程中的盈利来弥补在研究阶段的费用。

由于专利和专有技术阻止新进入者自由进入行业，因而它使现有企业和新进入者处于不对等的竞争地位上，然而，这并不意味着在所有情况下它都是不可逾越的障碍。例如,在一些行业,围绕专利进行一些发明和创新可能变得相对容易,因此,专利的实际有效期低于名义有效期。对于不同的行业,专利的功效有很大差异,如医药行业的专利比较有效,而在半导体行业,专利作为进入障碍的功效要低得多。

(11) 学习曲线效应

在很多行业,当生产某种产品时,随着人们经验的增多,单位产品的成本将下降。这是因为随着产量和经验的增加,劳动生产率会提高,同时一些个人和小组学会了生产窍门。近来的研究还发现,学习曲线的概念也可应用到其他职能,如随着工人经验的增加,机器运转将更加和谐,而且还将改善分销渠道。

典型的学习曲线如图 2-6 所示[①],左图是以成本表示的经验曲线效应,右图是以劳动生产率表示的经验曲线效应。其中左图横轴是整个生产周期的累积产量,纵轴是单位成本,这与规模经济效应曲线很类似。这一曲线说明,生产某一产品的成本随着经验的增加而下降。在生产早期,随着产量增加,单位成本迅速下降,而后期单位成本下降得非常平缓。

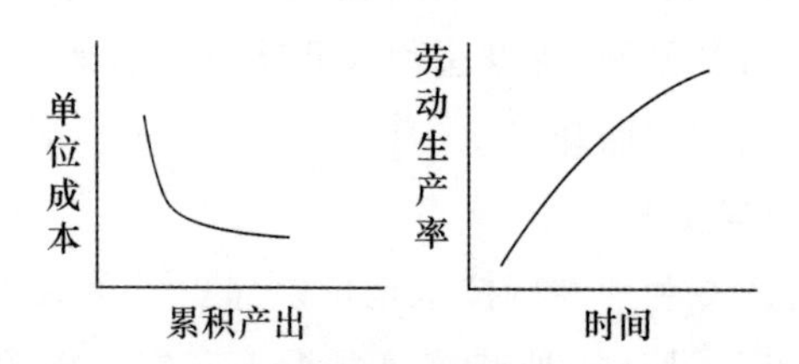

图 2-6 典型的学习曲线

单位成本随累积产量增加而下降的幅度大小随行业不同而有很大差异。例如,一条 85%的经验曲线意味着产量每增加一倍,单位成本下降 15%,而一条 90%的经验曲线则说明产量每增加一倍,单位成本仅下降 10%。一般说来,资金密集型行业的经验曲线的斜率较大。例如,人们发现,在化工行业,工厂生产规模每增加一倍,单位成本下降 11%,换句话说,这是一条 89%的学习曲线。在这一行业,学习曲线效应明显超过规模经济效应。在其他一些行业,包括石油化工和电子设备行业,人们也发现了类似

① 沙伦·奥斯特著:《现代竞争分析》,张志奇,李强,陈海威译,中国人民大学出版社 2004 年版,第 78—80 页。

的结果。

以上事实说明,规模经济效应与学习曲线效应之间存在着重要的关系,实际上,有时很难区分两者。如果企业一直在成长,那么,累积产量既随着时间的延续而增加,同时也随现有规模的扩大而增加。与此同时,单位成本随之下降,这种下降既是因为产量增加使得企业可以采用新的方法,同时也是因为企业已经取得了更多的经验。理想的话,我们希望对两者做出区分,以便强化来自经验曲线的优势,这种经验是大的新进入者所不能获得的。领先一步的优势来源于经验曲线效应而不是纯粹的规模效应。

在许多行业,尤其是资金密集型行业,的确存在学习曲线效应,但它并不总是产生领先一步的优势。这种学习曲线对进入的影响,很大程度上取决于现有组织对这种学习经验的独占性。如果所增加的经验仅仅被企业内部所掌握,那么,累积产量越大,单位成本就越低,有经验的企业与没有经验的竞争对手和潜在进入者之间的差别也越大。在这种情况下,学习曲线效应产生领先一步的优势。反之,若现有企业对学习经验没有独占性,或者说,学习经验已经泄漏,那么,新进入者可能很容易利用现有企业所获得的学习经验进入行业。一般说来,技术扩散对进入障碍有显著的影响,如果这种扩散相对容易,那么学习曲线效应作为进入障碍的作用将下降。

(12) 品牌优势

进入障碍不仅来源于成本有关的一些因素,还与顾客对品牌的认同有关。当然,这种品牌认同是否成为进入障碍,很大程度上取决于行业的特点。例如,在生物制药、香烟和计算机主机行业,首创品牌似乎可以带来持久的竞争优势。人们注意到,顾客在购买服务器时,宁愿花略高的价格买IBM的产品,而不愿冒险买其他公司的产品,这种品牌忠诚使其他公司包括很大的公司很难进入计算机主机市场与IBM竞争。

但在另外一些行业,一般的品牌和新进入者却可以做得很成功。那么,在哪种行业,首创品牌才能成为一种优势并阻碍新进入者的进入呢?首先,产品应该是实验品;其次,更换品牌导致买错产品需要付出高昂的代价;最后,顾客对现有产品比较满意,从而不愿意试用新产品。

尽管具有品牌的企业具有一定的优势,但品牌效应并不能完全阻止进入。新进入者可以向顾客免费提供样品,以鼓励其试用新产品,还可以采用让价策略与现有的产品竞争。有时,政府的资格认证也可以减弱品牌的优势,因为这种资格认证向顾客提供了质量保证。但在这些情况下,新进入者也要有一定的费用,并因而降低它们的获利。

4. 网络环境下行业壁垒的变化

在新的移动互联时代,由于信息的迅速传播,流通环节的大幅减少和地域限制的逐渐消失,行业的界限变得更为模糊,甚至消失,企业的市场选择更加自由。从表面上看,企业进入和退出一个市场所受到的限制的确少了很多,行业壁垒似乎显著降低了。但实际上,这种"无边界竞争"使得多数行业的进入壁垒反而升高了。在传统经济下,虽然新的市场进入者大多没有能力在短期内胜过现有竞争对手,但通常都能找准市场空隙分一杯羹。而在移动互联时代,虽然进入限制少了,但先行者优势却扩大了,有优势的企业可以覆盖整个市场,留给其他企业的生存空间很小,新进入者只有超越现有竞争者才能在行业内立足。因而,虽然有优势的进入者可以迅速在市场中占有一席之地,但不能超越现有竞争者的新进入者,想分一杯羹难度却更大。

与进入壁垒不同,退出障碍呈现出普遍下降趋势。由于信息化、虚拟运营的应用,企业在一个市场立足的初期投入明显减少,企业退出市场的代价也就相对变小,不会难以割舍。进入障碍和退出障碍的这种相反变化趋势,最终会导致行业集中度的上升。

(二)替代的威胁

替代产品是指那些与本行业产品具有相同或相似功能的产品,几乎所有行业都面临来自替代的威胁。有些替代是由经济因素引起的,如人造革代替皮革;有些替代是由原材料短缺引起的,例如混合动力和电动汽车代替传统的燃油汽车;也有一些替代是技术进步和人们健康意识提高的结果,如晶体管代替真空管,阿斯巴甜代替碳酸饮料中的普通蔗糖等。从替代品的作用看,有的只起补充作用,并不能完全替代,如上述第一种人造革对皮革的替代;有的可能是永久性替代并导致了行业的彻底衰退,例如上述的真空管制造行业。即使只是短暂的补充作用的替代,若替代品具有较大的赢利能力则会对本行业的原有产品形成较大压力,它把本行业的产品价格约束在一个较低的水平上,使本行业企业在竞争中处于被动地位。因此,来自替

代的威胁是决定行业利润率的五种竞争作用力之一。

1. 辨识替代品

对于一个给定的产品，怎样才能识别其可能的替代产品或服务？其中哪些替代品限制了现有产品的价格上扬？实际上，辨识替代品的本质在于寻找那些与该产品实现相同总体功能的产品或服务，而不仅仅是那些具有相同形式的产品。比如，汽车、火车与飞机完全不同，但是对于顾客来说，实现的是相同的基本功能——点对点运输。随着我国高铁的迅速发展，800 公里以内的短途航线的乘机人数已经大大减少，各航空公司不得不减少这些航路的航班班次。

在最简单的替代形式中，一种产品替代另一种产品的前提是能够在价值链中实现相同的功能，如洗衣粉与洗衣液、笔记本电脑与台式机等。即使在这种简单的替代中，最重要的还是要确定产品在活动中所实现的功能，而不要只关注产品实现功能的方式，过于关注后者常常会漏掉一些重要的替代品。例如，普通信函与电子信箱传输信息的方式完全不同，但却实现了相同的功能，而且随着信息化过程的加快，电子邮件可能成为普通信函最重要的替代品。实际上，由于普通信函实现的一般性功能是信息传输，因此，除电子信箱外，电话、短信也都是它的替代品。一般说来，产品的功能越具一般性，其潜在替代品的数目就越多。例如，卡拉 OK 实现的一般性功能是娱乐，所以电视、电影、剧院以及其他娱乐休闲活动都可能成为其替代品。

在较为复杂一些的替代形式中，替代品实现的功能与现有产品不尽相同，有的替代品实现的功能更多一些，有的更少一些。空调既可制冷又可升温，而传统的暖气设备只可用于升温，因而空调既是暖气的替代品，同时也是电风扇的替代品。与传统相机相比，数码相机既能够拍照，还能够摄像录像录音，因此不仅是相机与胶卷的替代，也是摄像机录像机甚至录音笔的部分替代。因此，在辨识替代品时，不仅需要注意那些在完成现有产品功能之外还有别的用途的产品，而且还要注意那些能够完成现有产品主要功能的产品。在很多情况下，以上两类替代品往往比单纯实现相同功能的替代品更有威胁，在现有产品质量较高或价格较低的情况下尤其如此。

从广义上讲，除以上两种形式的产品替代外，还有另外几种类型的替代。

第一种是买方根本不买任何东西来完成此功能。例如,空调的一个主要替代品是顾客根本不安装空调。这类替代在其他行业也不同程度地存在着,如加湿器的生产制造企业面临的最大困难之一是如何说服气候干燥地区的人们购买加湿器。

第二种,也是被经常忽视的替代品,是用过的回收品。例如在制铝产业,初级铝生产商遭遇的最具威胁性的替代品是次级铝(回收铝)。一般说来,某种产品所用的原材料占生产成本的比重越大,该种原材料越稀缺,同时回收率越高,回收品作为现有产品替代品的可能性就越大。例如,在我国的零售家具业,回收的旧家具不仅限制了木材供应商的价格,而且修整后的产品使低档家具面临直接替代的威胁。

第三种,形式的替代,即所谓的下游替代。例如,中型卡车既可以使用柴油发动机,也可以使用汽油发动机,如果生产柴油机的厂商获得供货权,那么,对汽油机零件的需求就会下降,尽管零件本身并未面临直接的替代品。再如,当消费者越来越多地购买数码相机时,胶卷的需求就会直线下降,而存储卡的需求则会加大。当买方的产品是互补性产品,且专有性和配套性很强时,下游替代也可能发生。在家电、仪表和其他行业,都可以找到下游替代的例子。

2. 替代的经济性

前面我们分析了对于一个给定的产品发生替代的可能性,或者说几种可能的替代形式,但这些替代是否真正发生,还取决于替代品和替代过程给顾客带来的利益是否足以补偿所造成的损失。也就是说,如果一种产品带给顾客的转换诱惑超过了顾客的转换成本,那么它就可以替代另一产品。转换诱惑的大小取决于替代品与当前使用的产品的相对价值/价格比。除了相对价值/价格比和转换成本外,替代的模式还受顾客转换欲望和其评价标准的影响。因此,替代的威胁程度大小主要取决于三个因素:(1) 替代品的盈利能力;(2) 用户的转换成本;(3) 顾客的转换欲望。

理论上,替代的经济性——相对价值与价格之比很容易度量,但实际上,影响替代品盈利能力和转换成本的因素非常多,而且会随时发生变化。同时,由于顾客的偏好和转换欲望也具有很大的不确定性,所有这些都给替代的经济性分析带来了现实的困难。

（1）替代品的盈利能力

一般采用相对价值/价格比——替代品的价值与实际价格之比与当前产品的价值与价格之比这两者的比值来表示替代品的盈利能力。一项产品的价值/价格比是其提供给顾客的价值与顾客为它支付的价格之比。替代品的相对价值，一方面取决于替代品向顾客提供的差异性的大小，另一方面还取决于顾客能否感知这种差异，并承认这种价值，主观判断的随意性比较大。因此在比较替代品与当前产品的价值时，要考虑诸多因素的影响，如替代品的使用率、交货和安装费用、价格的相对变动性及可得性、直接和间接实用成本、替代品相对当前产品功能差异的程度等。

（2）用户的转换成本

在前面分析新进入者的威胁时，我们曾给出了转换成本的概念及其主要构成，同样适用于对替代威胁的分析，即转换成本越高，替代发生的可能性越小。

（3）顾客的转换欲望

不仅处于不同环境和不同行业的顾客的替代欲望不同，即使面临同样的转换诱惑，处于同一环境和行业的不同顾客，因其文化、历史、年龄的不同，替代欲望也有很大差异。例如，不同的顾客的风险意识常常有很大差异，这是由他们的阅历、年龄、收入以及他们所处行业内竞争的性质等所决定的。敢于冒风险的顾客比愿意回避风险的顾客更乐于采用替代品。再如，对技术比较熟悉的顾客可能较少考虑由技术变化引起的替代风险。

实际上，同一顾客的替代欲望也会随竞争环境的变化而变化。例如，当一个用户，尤其是一个产业用户处于激烈竞争的压力下，并正在寻求某种竞争优势时，它可能比平时更乐于采用替代品。再如，在竞争对手互相压价竞争的情况下，它们可能更希望买到价格便宜的替代零配件，以减小它们产品的成本。

3. 替代和防替代战略

分析替代的可能性、经济性以及顾客替代欲望的目的，在于寻找可能的替代途径或者帮助现有企业制定反替代战略。下面我们主要讨论现有企业应该如何摆脱替代的威胁，反之，读者也可以从中获得如何促进替代的启示。

(1) 针对替代品的威胁,行业内的现有企业最好采取集体主义的反击行为,甚至可以寻求政府的支持。例如采用联合降价、封锁销售渠道等措施抵制替代品的进入,通过提高关税和贸易壁垒来抵制来自海外的替代品等。

(2) 通过降低成本或改进产品等措施来降低替代品的盈利空间。

(3) 通过各种办法来提高顾客的转换成本。

(4) 为企业的产品寻找不受替代品影响的新用途,尤其是替代品实现的功能比较单一时。

(5) 将目标转向最少受替代威胁的细分市场。例如,棉布生产企业将不断受到化纤和丝绸等替代品的威胁,为此,可将目标市场转向购买内衣、休闲服装或高档服装的顾客。

(6) 当替代品与企业产品之间存在很强的关联性时,不妨进入替代品的产业,以获取关联优势。这些关联可以是共同的销售渠道和买方等。实际上,进入替代品行业,"打入敌人内部"在某些情况下也是一种积极的防御战略。

(7) 当整个行业面临因技术进步等环境变化所带来的替代威胁,替代之势不可逆转时,寻求与替代品的共存与联合可能是更明智的策略。例如,在计算机生产制造行业,性能相似、便携式的笔记本电脑是传统台式机强有力的替代品,因此,台式机制造厂商能够采取的最佳策略就是将笔记本与台式机的生产与销售相结合。

(三) 供应商的讨价还价能力

供应商是向企业及其竞争对手供应各种所需资源的工商企业和个人。供应商的规模、在价值链上的地位会对企业的经营活动产生巨大的影响,尤其是在所购货物占生产成本比例很大的行业。无论是原材料的价格变化、短缺,还是原材料供应企业的合作态度,甚至原材料供应企业的工人罢工,都会影响产品的价格和交货期,并且会因而削弱企业与客户的长期合作以及信誉。因此,管理人员必须对供应商的情况有全面的了解和透彻的分析。一般来说,供应者对本行业的竞争压力表现在要求提高原材料或其他供应品的价格,减少紧俏资源的供应或降低供应品的质量等。供应者的压力总是趋向于从本行业中牟取更多的利润。根据与供应商的对抗程度,可以把供应商分为两类:作为竞争对手的供应商(寄生关系)和作为合作伙伴的供

应商(共生关系)。供应商管理的目的就是明确在哪些条件下对哪些原材料可以通过生产来解决,而哪些需要通过外购来解决,以达到企业资源的最优配置和效率的最大化。

1. 作为竞争对手的供应商

在传统的管理观念中,对供应商的管理意味着实现企业输入成本的最小化。对于供应商,企业主要关心原料的价格和数量,并想方设法维持面对供应商的强有力的议价能力和谈判地位。因此,当一个企业在对自行生产还是在开放的原料市场上购买所需资源作决策时,实际上是在计算哪种形式的投资能够节约更多的成本,获得更多收益。

把供应商作为竞争对手的观念实际上是倡导这样一种原则,即尽可能地减弱供应商的讨价还价能力以获得更大的收益。供应商在以下几种情形下具有较强的讨价还价能力:

(1) 所供应的原材料或零配件由少数几家企业所控制,即供应商的集中程度高于购买者的集中程度;

(2) 供应的原材料或零配件没有替代品,购买者只好接受供应商的价格和其他条件,以维持其生产和经营;

(3) 购买者或者某一行业并非供应商的主要顾客,或者说购买者所购数量占供应商总销售量的比例很小;

(4) 供应商提供的原材料或产品对购买者的生产制造过程和产品质量有重要的影响,而且购买者依赖于供应商的技术和咨询;

(5) 供应商提供的原材料或产品与众不同,或转换成本很高;

(6) 供应商可以与购买者的竞争对手实现前向一体化,或者供应商本身就是竞争对手。

针对以上这些情况,企业可以采取以下相应措施来维持与供应商的关系,并保证原材料的有效供应:

(1) 寻找和开发其他备选的供应来源,以尽量减少对任何一个供应商的过分依赖;

(2) 如果行业仅有很少几个供应商,可以通过积极地寻找替代品供应商而减弱它们的讨价还价能力;

(3) 向供应商表明企业有能力实现后向一体化,也就是说,企业有潜力成为供应商的竞争者，而不仅仅是一般的顾客。另外，如果企业获得自我生产的经验，就可以更好地了解供应商的制造过程和原材料成本方面的信息，从而使企业处于有利的讨价还价地位；

（4）选择一些相对较小的供应商，使企业的购买成为其收入的一个重要部分，增加供应商对企业的依赖性，从而降低其讨价还价的能力。

2. 作为合作伙伴的供应商

企业把供应商作为竞争对手来对待往往会引起一些消极的后果，因此，为了获得原材料或者其他货物的稳定供应和维护质量的一致性以及与供应商长期而灵活的关系，企业最好把供应商作为自己的伙伴，并在此基础上考虑自己的经营活动。这种管理模式的主要特点是更多地采用谈判而不是讨价还价的方式。为实现这一目标，可以考虑以下几种方案。

（1）与供应商签署长期合同，而不是采用间断式的购买方式，这对稳定将来的供应关系有很大的作用，它可能带来的优势是使供应商拒绝向竞争者提供货物。在许多情况下，供应商实际上也喜欢签署长期合同。签署长期合同，并不一定像人们抱怨的那样会使企业丧失灵活性。事实上，一个经过充分准备的长期合同需要考虑将来发生的偶然事件（如需求变化等），以及在这些偶发事件中考虑合同双方的期望。此外，签署长期合同也有助于企业更好地对库存、运输、供货的数量、组合以及供应商的地位进行规划，而这些正是战略管理所需要的。

（2）说服供应商积极地接近顾客，尤其是当企业处于下游生产过程，也就是更接近终端用户时，帮助供应商了解顾客是有益的，它有助于供应商更好地为企业提供服务。

（3）分担供应商的风险。例如，企业可以与供应商密切协作以改进原料、制造工艺和质量，并以此降低供应商的成本。在特殊情况下，企业甚至可以向供应商投资以促进其对新技术的采用。在必要的情况下，企业也可以与供应商联合或合资，并通过共同研究和开发来进入新的市场。

虽然将供应商视为竞争对手和将供应商视为合作伙伴这两种模式对于帮助我们认识不同的供应商是有益的，但在实际情况下，可能没有哪一家供应商的行为完全与其中一种模式相吻合，更多的是两者的融合。但无论对于哪种类型的供应商，管理人员都应该培养对其进行理性分析的能力。

（四）顾客的讨价还价能力

顾客是企业产品或服务的购买者，是企业服务的对象。顾客可以是个人、家庭，也可以是组织机构（包括其他企业和转售商）和政府部门。它们可能与企业同在一个国家和同一个地区，也可能位于其他国家和地区。用户和顾客对本行业的竞争压力主要表现为要求产品价格更低廉、质量更好、提供更多的售后服务。他们会利用各企业间的竞争来施加压力。由于来自用户的压力总是趋向于降低本行业的盈利能力，因此，限制顾客的讨价还价能力和分析他们的购买行为及特点是企业实现成功经营的基础和前提。

1. 顾客的讨价还价能力

对于一个企业来说，最令其不安的莫过于顾客采取了它所不期望的行为，如许多顾客突然转而购买对手的产品，或者要求其提供更好的服务或更低的价格等。实际上，顾客采取何种行为与其讨价还价能力有很大的关系。在以下几种情况下，顾客具有较强的讨价还价能力：

（1）顾客的集中程度。如果本行业产品集中供应给少数几个顾客，少数顾客的购买量占了企业产量的很大比例，那么，这少数几个顾客会对本行业形成较大压力。

（2）顾客从本行业购买的产品的标准化程度。产品标准化程度越高，顾客选择的余地也就越大；反之，顾客对具有特色的产品很难施加压力。

（3）顾客从本行业购买的产品在其成本中所占的比重。若顾客购买的本行业产品在其成本中占很大比重，则他们在购买时对价格和质量等问题就更为挑剔；反之，他们在价格上是不敏感的。

（4）转换成本。顾客的转换成本越低，越容易找到其他供应商或替代品，对本行业和企业的压力就越大。

（5）顾客的盈利能力。若顾客盈利能力低，则顾客在购买时对价格敏感；反之，则不敏感。或者顾客从供应商处购买的产品是标准化产品，缺乏差异化。

（6）顾客后向一体化的可能性。若顾客有可能后向一体化，则会增强其对本行业的竞争压力。

（7）本行业企业前向一体化的能力。若本行业企业前向一体化能力较强，会降低他们对顾客的依赖性，从而减轻顾客对本行业的竞争压力。

(8) 本行业产品对顾客产品质量的影响程度。若本行业产品对顾客产品质量有举足轻重的影响,则顾客对价格不敏感,对本行业企业的压力较小。

(9) 顾客掌握的信息。若顾客能够充分了解供应商的产品信息,如制造过程、成本和价格,甚至了解供应商与其他竞争对手交易的时间和条件,那么来自用户的压力就大。

2. 顾客的购买行为和特性分析

上面分析了影响顾客讨价还价能力的因素,那么,针对顾客的不同特点和市场环境的变化,企业应该做出怎样的反应,以避免失去最好顾客的风险呢?答案自然是应该做一个妥善的计划,以赢回失去的顾客并满足他们的需求。

顾客分析的目的在于了解顾客为什么选择某一产品或服务——是因为价格低、质量高、快速送货、可靠的服务、有趣的广告,还是推销人员能干?如果企业不知道是产品或服务的哪些特质吸引了顾客,以及他们的选择将来可能如何变化,那么,企业最终将会失去市场上的优势地位。有效的顾客分析应包括下列几个步骤。

第一,确定分析的目的。首先要收集有关顾客的全面信息,并仔细地加以研究,不能把顾客分析简单地作为一种短期的应急事务;其次,要把分析结果与实际的决策过程相结合。

第二,明确企业的顾客。这似乎是一个简单而不实在的问题,但事实上它经常被企业的管理人员所忽视。在这里,最重要的是了解以下几点:

(1) 产品对用户的最终适用性(如技术上的要求是否适合顾客的产品或工艺);

(2) 顾客的统计学特点;

(3) 地理位置;

(4) 顾客的购买方式;

(5) 顾客的需求特性(服务、质量和功能)。

第三,明确企业需要在哪些方面增进对顾客的了解。一旦初步选定了所要服务的顾客群体,下一步就是仔细地考察企业在对顾客的认识上仍存在着哪些待填补的空白,这些往往是随后数据收集的重点,其中包括:

(1) 产品满足了顾客的哪些需求?

(2) 顾客还有哪些需求未得到满足?

(3) 顾客对产品和技术的熟悉程度如何?

(4) 谁是购买决定者与参与者?

(5) 顾客的购买标准是什么?

(6) 顾客群体的范围和增长程度?

第四,决定由谁和如何分析所收集的信息。在这一过程中,至关重要的是将有关信息在企业各部门内广泛交流。同时要求市场、销售和研究开发部门的管理人员明确顾客分析的特殊意义,以及他们各自应采取哪些新的行动。企业高层管理人员应该判断企业的计划是否真正符合顾客的需要。总之,顾客分析的目的在于帮助企业作一些实际的决策,而不是将一大堆数据和报告束之高阁。

(五) 竞争对手分析

在普遍情况下,竞争被定义为两个或更多个人及组织之间相互追求更具优势地位的关系。在商业竞争中,由于为某一顾客群体服务的企业往往不止一个,企业实际上是在一群竞争对手的包围和制约下从事自己的经营活动。这些竞争对手不仅来自本国市场,而且也来自其他国家和地区。竞争不仅发生在行业内,行业外的一些企业也可能通过与行业内现有其他企业的联合而参与竞争。竞争对手之间的抗衡不仅决定了它们各自的市场地位,而且直接影响行业的获利能力,因此必须对行业的竞争状况进行分析。

1. 竞争对手的识别

在进行竞争者分析时,首先需要认清哪些企业和组织是现在或将来对本企业自身的战略可能产生重大影响的主要竞争者。这里的竞争者通常意味着一个比现有直接竞争者更广泛的组织群体,不仅包括现有的、已经浮出水面的直接竞争对手,还包括潜在的和在未来可能会对企业的经营领域和发展产生阻碍和威胁的竞争对手。在很多情况下是因为企业没有能够正确识别将来可能出现的竞争者,才导致了盲点出现,被突如其来的竞争对手打败。需要关注的竞争者主要有以下两类。

(1) 现有直接竞争者

企业应该密切关注主要的直接竞争者,尤其是那些规模相当、提供的产品与服务相同或相似、市场份额与销售收入与自己同速增长或比自己增长快的竞争者。一些竞争者的产品范围覆盖了企业所有的目标市场,而另外一些竞争者可能不是在每个细分市场都出现,而是出现在某个特定的市场中。因此不同的竞争者需要进行不同深度水平的分析,对那些已经或有能力对企业的核心业务产生重要影响的竞争者尤其要密切注意。

(2) 新的和潜在的进入者

当企业立足已稳或市场已经较为成熟时,现有直接竞争者可能会因打破现有市场结构而损失惨重,因此有时主要的竞争威胁不一定来自它们,而可能来自于新的潜在的竞争者。新的竞争者包括较容易进入本企业经营领域的企业、有明显经验效应或协同性收益的企业、前向或后向一体化企业、非相关产品收购者、具有潜在技术竞争优势的企业以及进入将给其带来财务上的协同效应的企业等。

值得注意的是,并不是所有竞争对手都是企业的敌人,都要置之死地而后快。大量研究发现,在很多行业中,合适的竞争对手能加强而不是削弱企业的竞争地位。好的竞争对手、良性的竞争反而有助于企业实现自身的战略目标,在竞争中不断提高自身实力,增加持久的竞争优势,并改善所处产业的结构。此外,竞争还有助于企业的市场开发以及扼制进入。

2. 产生激烈竞争的因素

(1) 行业增长缓慢

在行业增长比较缓慢的条件下,各企业为了寻求发展,不得不采用各种方法来争夺有限的市场需求。在这种情况下,往往容易触发价格战和促销战,进而导致激烈竞争。而在行业快速增长的时期,由于总体市场需求扩大,甚至可能产生供不应求的状况,因而,购买者关心的是能否买到所需要的产品而不是价格,所以竞争会比较和缓。一般说来,大多数企业都可从行业快速增长中获益。

(2) 众多的竞争对手

在其他条件相同的情况下,一个行业内的企业越多,竞争也就越激烈。这不仅仅是因为众多的企业都要在总需求确定的市场中占有一席之地,而且还因为每个企业都认为其本身不过是行业内一个微不足道的参与者,其降价或其他竞争举措对整个行业仅有非常小的影响,因此,它们会根据自身

的利益采取单独的行动。在这种情况下,企业之间的合作将变得更加困难。换句话说,行业内的企业越多,这些企业的相对成本以及其他经营指标的不确定性也越高,从而它们的合作机会就越少。很显然,合作机会的降低意味着竞争的加剧。

(3) 竞争对手实力相当

行业内企业的规模分布是影响竞争强度的一个重要因素。一般说来,在主要竞争对手尤其是众多竞争对手实力相当的行业,竞争往往比较激烈,而在一个或少数几个大企业主宰市场的行业,由于其相对地位很强大,所以可以通过调整其价格和其他方面的战略来影响其他企业。例如我国家电行业企业之间的激烈竞争就是如此,众多实力相当企业的存在,使得行业竞争空前激烈。

实际上,行业内企业的数量及其相对规模反映的是行业的集中度,通常用主要生产商所占有的市场份额来度量。行业的集中度越高,行业内的企业数量相对越少,一家或几家大企业所占的市场份额越大,竞争也相对和缓。例如可口可乐与百事可乐两强争霸的碳酸饮料市场,就是这种情况。

(4) 固定成本或库存成本高

竞争对手对市场份额争夺的激烈程度不仅取决于行业增长的快慢,而且与它们的成本结构有密切关系。简言之,竞争对手的固定成本与可变成本之比决定了其定价空间。例如,航空公司之所以愿意以 8 折、6 折甚至 2 折的低价售出航班上的空位,是因为这些空位的变动成本接近于零。同样,生产能力的大小直接决定了化工和钢铁行业内企业的利润水平,它说明这些行业的固定成本很高。当一个行业的固定成本很高时,会迫使企业进一步提高生产能力的利用率,其结果又往往导致价格迅速下跌和竞争压力的上升。

产品的库存成本对行业的盈利性和竞争激烈程度也有类似的影响。有些行业生产的产品很难储存或库存费用极高。在这种情况下,企业会因为必须尽快销售产品而遭受价格上的损失。这种压力使得一些行业,如生鲜食品、危险化学品等,始终停留在较低的利润水平上。

(5) 缺少差异化

当众多竞争对手向顾客提供的产品或服务缺少差异时,顾客可能选择一家的产品或服务代替另一家，这将刺激企业之间互相降价以扩展各自的业务。由于缺少差异，购买者将以产品的价格和服务作为选择的标准，因而就会导致激烈的价格竞争和服务竞争。粮油加工、钢铁、化工甚至一些计算机行业的产品基本上属于上述情况。

当然，产品和服务的差异化是否导致激烈竞争，不仅取决于各企业提供的产品和服务的差异化程度，而且与顾客能否识别这种差异有密切的关系。例如，管理咨询本来是差异化程度很高的行业。但由于目前我国很多企业的识别能力有限，因而许多“骗子”公司应运而生，并进而导致了激烈的价格竞争。香水、医药和餐馆业也出类似的情况。有时消费者的信息不对称和较差的鉴别能力是大量假冒伪劣产品得以流入市场的内在原因之一。

(6) 生产能力过剩

由于供给和需求的不断变化，许多行业的获利能力呈周期性变化。当市场能力过剩时，企业往往通过降价来拓展自己的业务。而生产能力过剩往往是市场需求下降引起的，这种需求下降既可能是长期的，也可能是周期性的。当然，过度投资也可能导致生产能力过剩。无论什么时候，只要生产能力大量过剩，就会打破行业的供需平衡，特别是在新增生产能力有较多风险的行业更是如此。这样，就会使行业生存在生产能力过剩和价格削减的周期性循环中，加剧企业之间的竞争。

(7) 退出障碍高

在需求长期下降过程中，过剩的生产能力为什么没有从现有行业转向其他行业而减缓竞争？这是因为该行业存在较高的退出障碍。例如，该行业使用大型的专业化的固定设备——这类设备购买价格高，但其清算价值低，如输油管路和水轮机组等。再如，政府和社会的限制——考虑到失业问题和对地区经济的影响，政府有时会出面反对企业或劝阻企业放弃退出所在行业的行动。这不仅在我国是破产法实施前的普遍现象，也是在西方许多国家普遍存在的现象。例如，2008 年全球金融危机爆发之后，美国国会已经批准了对于三大汽车公司总额 174 亿美元的援助，其中通用公司一家就获得了 94 亿美元援助，以避免其破产倒闭。英国财政部也陆续向银行体系注资约 500 亿英镑(相当于 870 亿美元)，由英国政府购买银行的优先股，并提供总额为 2500 亿英镑的债务担保。英国央行还为银行提供 2000 亿英镑的

借贷,以救助包括苏格兰皇家银行、巴克莱银行、渣打银行、汇丰银行等八家陷入危机的大型银行。在退出障碍很高时,过剩的生产能力不能离开行业,那些在竞争中处于不利地位的企业也不能放弃经营。这种企业存在明显的劣势,但又要顽强地活下去,所以自然要采取最有力的战术——降价,结果使得整个行业的获利能力一直保持在较低的水平上。

上面我们用较大篇幅讨论了波特教授提出的"五力"模型,它是认识行业结构特点的重要分析工具之一。在应用这一模型时,需要明确和注意以下一些问题。

第一,不同行业之间的获利性有很大的差别,因此,行业吸引力是决定企业经营绩效的关键要素之一。

第二,行业的行为和获利性随着时间的推移可能发生显著的变化,这意味着仅仅从静态的观点对行业结构进行分析是不够的,还必须通过纵向分析考察其随时间的演化。

第三,行业结构要受企业尤其是领先企业战略决策的影响和制约,同时与企业相互之间的竞争结果有密切的关系。换句话说,"五力模型"可能难以说明战略与行业结构之间的双向作用过程,这是应用这一模型时需要注意的。

第四,由于行业结构不可避免地随着环境的变化而变化,并且很可能以我们难以预测的方式发生变化,因此,必须承认行业结构具有动态性。

波特在其 1985 年的《竞争优势》一书中进一步提出了"价值链"模型(Value Chain Model)(将在下一章详细介绍),明确了从原材料供应商到终端客户的每个环节所创造的价值对企业最终绩效的贡献。他认为,企业成功是企业所在的行业吸引力和企业在该产业中的"相对位置"的函数。相对位置决定了企业的盈利能力是高于还是低于行业的平均水平。在行业结构并不理想、行业的平均盈利能力并不高的情况下,相对位置合适(或定位合适)的企业仍然可能获取很高的投资收益率。波特的"价值链"模型,是在"五力模型"决定了行业竞争结构和行业内企业平均利润水平之外对行业内企业之间绩效差异的解释,是对传统产业组织学将行业内部企业绩效的差异笼统地归结为规模或执行力的有力修正和补充。

波特还通过对企业行为的具体分解,提出三种竞争战略(将在下一章详细介绍)，特别强调企业制定和执行或运用战略能力大小的差异，将行业内企业之间的利润差异归结为企业自身的战略制定与执行的能力的差异上，这就在很大程度上弥补了SCP范式对于解释行业内不同企业之间的绩效差异力度较弱这一问题，也为后来的战略管理研究奠定了一定的基础。

最后，在企业绩效(P)层面上，传统的产业组织学关注的是宏观的整个社会的福利水平、效益最大化以及行业整体的盈利水平，与之不同，波特将对企业绩效的衡量从宏观落实到企业自身的微观层面上，更多地关注单个企业的盈利能力和利润水平。

波特从产业组织理论的角度分析了企业战略问题，提出了产业分析的基本框架及企业在产业内定位的三种一般竞争战略。该理论以哈佛学派的传统产业组织理论即SCP框架为基础，将产业组织经济学与企业战略研究相结合，从而将企业战略的研究推至一个新的高度。

三、资源基础观(RBV)

虽然波特的“五力模型”解释了不同行业由于吸引力不同会存在绩效差异，“价值链模型”说明了企业在产业中的相对竞争地位不同会导致同一行业内的企业也会存在绩效差异，但波特没有深入分析这种相对竞争地位差别到底是怎样产生的，以及企业为什么会采取不同的竞争战略，也不能解释同一行业内不同企业绩效之间存在巨大差异的广泛事实。在这种情况下，人们不得不将目光重新聚焦到企业的资源系统上。

1984年，沃纳菲尔德(Wernerfelt)发表了其有广泛影响的《企业的资源基础观》(A Resource-Based View of the Firm)一文，标志着资源基础理论的正式提出。[①] 此后巴内(Barney)等人也做出了重要贡献，以上这些学者共同构建了资源基础理论的基本框架，为后来这一理论的发展奠定了基础。

资源基础观假定企业是难以模仿的资源集合体，是一系列资源和能力构成的资源组合的有机体。企业的长期竞争优势源自于企业所拥有和控制的那些有价值的、稀缺的、不可完全模仿的、不可完全替代的、可持续的资源。

---

① Margaret A. Peteraf, The Cornerstones of Competitive Advantage: A Resource-Based View, *Strategic Management Journal*, Vol. 14, 179—191(1993).

所谓资源是有价值的是指企业利用这样的资源能够为顾客创造价值和利益，或者说，利用这样的资源可以满足客户的某些市场需求，在实现客户价值的同时有助于实现企业自身的目标。

所谓资源的稀缺性是指企业拥有某些特殊的资源，它们并不容易在要素市场上轻易买到或获得，如在特定区域内拥有的少量稀有金属矿的开采权以及在特定行业内政府的市场准入等。

所谓资源的不可完全模仿是指竞争对手在较长时期内在现有条件下很难模仿企业的某些经营行为，因为它们不具备同样的资源基础。一项资源的模仿成本和难度越大，它的潜在价值越大，越能限制竞争对手的竞争行为，如土地、技术专利、品牌和高水平研发能力等。

所谓资源的不可替代性和可持续性是指企业拥有的资源较长时期内难以被竞争对手的其他资源所替代和抵消，如企业以特殊技术开发的具有记忆能力的特殊合金可能对客户具有更高的价值，而仅有一般机械性能的钢铁材料可能很容易被其他塑料或陶瓷材料所取代。

资源基础观认为，外部的市场结构和市场机会对企业的竞争优势虽然也产生一定的影响，但它们并不是决定性因素。而具有上述特征的资源才真正构成了企业持续竞争优势之源。因此，企业竞争战略的选择过程是内生性的并且表现出路径依赖的特征。

从 20 世纪 90 年代开始，资源基础理论受到各个领域学者的广泛关注。越来越多的学者，从各自的研究角度出发，加入到资源基础理论的研究中来，使得这一领域不断发展壮大，成为战略管理学科中最重要的组成部分之一。

四、核心能力理论

1. 核心能力的概念和作用

资源基础观为我们认识企业绩效之间的差异，尤其是行业内企业绩效之间的差异打开了一个重要窗口，因为无论企业提供的是何种产品或服务、有形或无形，都需要消耗相应的资源。因此，具备一定的资源是任何企业开展经营活动的基础和前提。但是，拥有资源只是获得竞争优势的必要条件而不是充分条件，资源本身并不能创造价值，资源的实际利用效率和可实现的价值很大程度取决于企业整合、配置、应用一般资源和关键战略资源的能力。换句话说，一个组织可能具有独特而有价值的资源，但除非这个组织具有使这些资源有效发挥作用的能力并进而形成核心能力，否则资源就不能创造竞争优势并使这些优势维持下去，就很有可能捧着金碗讨饭吃。

美国学者塞兹尼克(Selznick)在1957年出版的《行政管理中的领导行为》一书中，首次提出了“独特能力”(*distinctive competence*)的概念。他认为，能够使一个组织比其他组织做得更好的特殊因素就是组织的独特能力。1965年，安索夫在其著作《公司战略概念》一书中对这一概念作了进一步的发展，并从企业战略的角度阐述了“独特能力”对于企业获得竞争优势的重要性。1990年，普拉哈拉德和哈梅尔在《哈佛商业评论》发表了著名的《企业核心能力》一文，明确提出了核心能力理论。[①] 他们认为，核心能力是分布于组织内部以及跨越组织边界的累积性学识，是人与物、人与人关联的复合体，是协调多种生产技能以及整合众多技术流的能力。换句话说，核心能力是一种知识和技能的有效聚合，它能给企业带来持久的竞争优势。

普拉哈拉德和哈梅尔给出了一个关于企业核心能力的形象化说明，如图2-7所示。

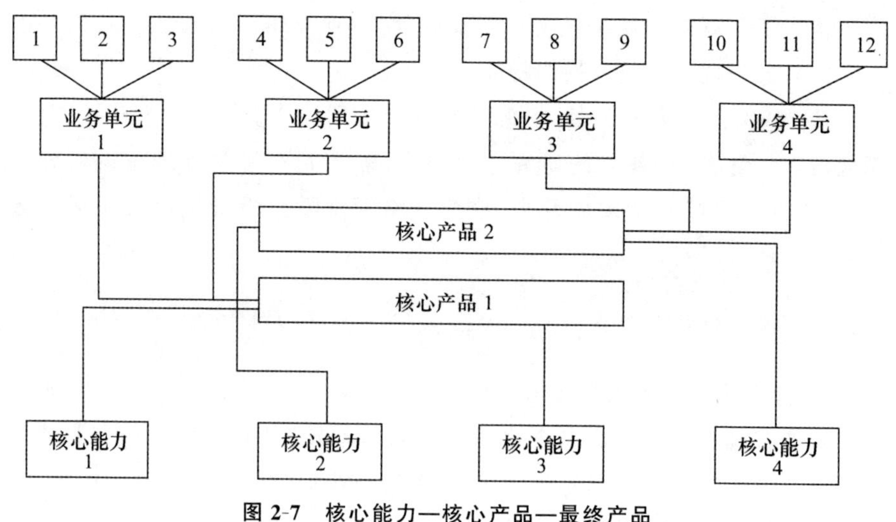

图2-7　核心能力—核心产品—最终产品

① C. K. Prahalad and Gary Hamel, The Core Competence of the Corporation, *Harvard Business Review*, May—June 1990, pp. 79—90.

如果说提供多种产品或者从事多元化经营的企业是一棵大树，那么，树干和主要分支是它的“核心产品”(core products)，较小的分支是不同的产品或业务单元(business units)，树叶、花和果实是它的“最终产品”(end products)，而为这棵大树提供营养并保持其稳定性的根系就是企业核心能力。以日本本田公司为例，该公司所生产的不同型号的汽车、摩托车等是其最终产品，汽车和摩托车、割草机等构成了其战略业务单位，发动机是其核心产品，而其全球闻名的引擎技术则是它的核心能力，如图 2-8 所示。

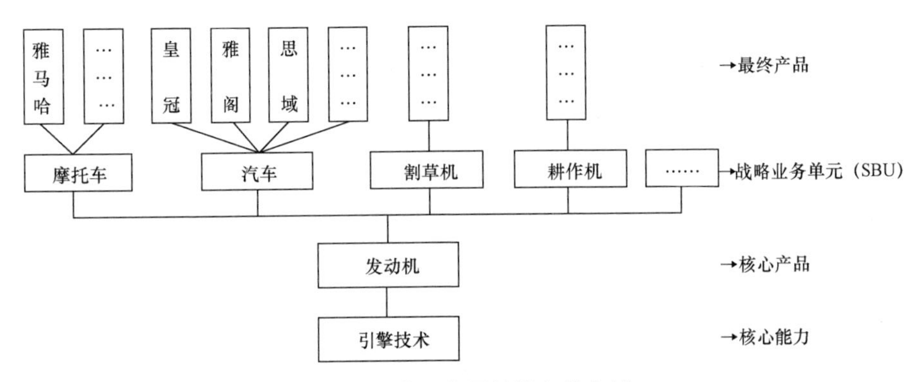

图 2-8 本田公司的核心能力树

虽然不同学者对于核心能力的认识和定义不尽相同，并且在概念上具有一定的模糊和交叉，但仍然形成了一些关于核心能力根本特点的共识，主要包括以下几点。

(1) 核心能力是指某些技能或知识集合而非产品和功能。毫无疑问，一个具体的产品或某项产品功能，包括那些受到专利保护的产品和特殊功能也很容易被他人复制，或为一些替代品所替代，而技能或知识集合可能掌握在一群人手中，而这群人的技能和知识集合又是通过组织协调才能发挥作用，所以它们才是竞争者难以模仿的核心能力。

(2) 企业核心能力不仅是产品生产技能的协调和技术集成，它也涉及组织文化和价值观的传递。如核心能力常常涉及跨组织边界的沟通、包容和深刻的承诺，核心能力往往是跨越各部门的知识和集合。

(3) 企业核心能力并不等同于“核心产品”，尽管它们之间有着密切的联系。核心产品只是企业核心能力在产品上的一种具体体现。例如，某一核心产品可能因市场环境的变化不再受消费者的欢迎，但具有核心能力的企业会根据需求的变化迅速采取行动，同时在不改变核心能力的情况下生产出差异化产品，满足顾客变化的需求。当然在大多数情况下，核心产品在一定程度上反映了企业的核心能力。

(4) 核心能力根植于整个组织系统，不是仅仅依靠一两个魅力型领袖或天才人物而存在，它是通过整个企业的组织系统和文化价值的传递而发挥作用。一旦形成这种以整个组织体系和共同的文化价值为基础的组织能力，竞争对手就难以通过简单模仿或挖走几个关键人物复制这种能力。

(5) 不存在外延方向上统一的核心能力，但存在内涵上统一的核心能力，关键在于“核心”和“能力”两个方面的统一。换句话说，不是所有成功的企业都拥有一种为大家所共同承认和易于识别的统一的核心能力，每一个企业都可以拥有自己的独特的核心能力，但这种能力一方面必须为企业带来相对持久的竞争优势，另一方面又不是一般意义上的组织或管理能力。如果一味地扩充核心能力涵盖的内容，那么核心能力也就失去了“核心”。

2. 一般能力与核心能力的区别

理解核心能力或核心竞争力与一般能力的关键在于区别“核心”与“非核心”。核心能力的概念中具有范围经济的含义，即是指核心能力某种程度能使竞争能力这种无形资产的范围经济得以实现。传统的范围经济思想主要是强调通过有形资源的共享而获得范围经济，事实上，随着技术、知识这类无形资源在企业创新生产经营中的作用日益显著，对技术、知识等无形资源的共享日益成为范围经济的重要来源。作为特殊的无形资源，核心能力实际上意味着竞争力的扩展性，即其范围经济的实现程度。一般来说，判断核心能力的标准之一就是看其是否可以提供进入多个市场的潜在途径，是否可以降低企业多个产品的生产成本等。怎样识别一种能力是企业的核心能力还是一般能力呢？一般认为核心能力有如下三个主要特征。

(1) 一个企业的核心能力应该为顾客创造可感知的价值。例如，日本本田公司在生产发动机和传动系统方面的能力就为用户提供了很多可感知的价值：省油、易发动、易加速、噪声低、振动小等。强调为顾客创造价值不仅是核心能力的本质，而且有益于帮助企业管理人员和技术开发人员从顾客和市场的角度评价一种能力和资源的优劣，而不是自身的主观好恶。事实

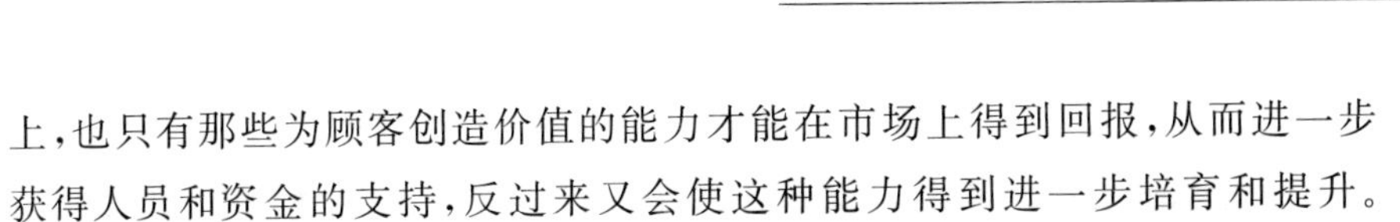

上，也只有那些为顾客创造价值的能力才能在市场上得到回报，从而进一步获得人员和资金的支持，反过来又会使这种能力得到进一步培育和提升。实际上，企业或组织也往往根据市场标准来判断一项能力和资源的优劣。

（2）一个企业的核心能力应该具有难以模仿性。当然，所谓难以模仿也是一个相对概念。实际上并不存在绝对不能模仿的技术和管理诀窍。只要企业在一定时期保持其某项技术的领先地位，竞争对手在短期内不能迅速开发出这种技术，或者企业掌握一项生产诀窍和秘方，而尽量保持它们不被泄露和传播，那么，企业也就在这一时段具有了竞争优势。实际上，除了某些特殊技术和药方外，多数企业的核心竞争能力都是在不断培育和提升的过程中产生的。例如 3M 公司的薄膜与黏合技术、尼康的光学成像技术等等。具有核心能力的企业由于处在技术和管理变革的前沿，积累了更多的经验和财富，因而也更易于创新和维持其拥有的核心能力。

（3）一个企业的核心能力不仅要为顾客创造可感知的价值和具有难以模仿性，同时应该是企业的各战略业务单位可以共享的能力。如果一种资源或能力仅仅是有关某一特定产品的特殊能力，根本不能向其他战略业务适当扩散，同时也不能在全公司范围内为企业增加价值，那么，我们认为这种能力不是一种核心能力。这就意味着，核心能力是一种具有适当应用范围同时又能给企业带来竞争优势的能力。大量研究发现，那些成功的公司不仅在前期经营过程中培养了自己的核心能力，而且更重要的是形成了以这种核心能力为基础的战略导向。

越来越多的研究表明，所在行业的特点和市场条件的差别以及核心能力的不同，会导致不同的公司拥有不同的战略导向。采取产品导向战略的公司要有目的地将精力集中在某一单一产品及其系列上，如可口可乐、波音公司等；采取用户导向战略的企业要有目的地将精力集中在自己有兴趣的客户群体上，这种战略成功的关键在于准确掌握用户需求的变化并作出迅速的反应，如强生公司、宝洁公司等；采取技术导向战略的公司应将重点放在某些核心技术的研究开发上，旨在较长时期内保持技术领先的地位，成功地实施这种战略需要对研究和开发有充足的资金投入并拥有高水平的尖端技术人才，如辉瑞制药、微软、华为等；采取销售或营销导向战略的企业关注的焦点是如何建立一个有特色的销售体系和网络，如前些年戴尔公司在美国推行的网上直销模式和亚马逊、淘宝等网络购物平台等。

上述的研究结果和企业实践还表明，一个组织，尤其是管理、技术和资金实力都不是很强的企业，不应该也不可能同时追求多方面的优势，或同时满足多个市场不同消费者的要求，而应该集中精力做好自己能做的事，或专注于培养一种核心能力，这是一种明智的选择和可行的战略。

3. 核心能力的培养和管理

组织的核心能力的形成是一个非常复杂的过程。形象地说，企业所具有的有形和无形的资源和能力是培育核心竞争力的土壤，而从这些土壤中汲取和提炼有价值的养分，加以吸收整合，才是形成核心能力的关键。

一个企业的核心能力可能指完成某项活动所需要的优秀技能，也可能是一项关键的技术诀窍，还可能是那些能够产生具有很大竞争价值的生产能力的一系列具体技能的组合。通常来说，核心能力的产生是组织各个不同部分有效组合的结果，是个体资源整合的结果。一般来说，核心能力存在于企业的人的身上，而不是存在于企业的资产本身。核心能力深深植根于技巧、知识和个人的能力之中。

总而言之，核心能力是一种能用于许多产品的、具有关键性的技术或技能的能力。例如，微软基于其核心能力——图形用户接口和面向对象技术，开发了 Windows95，98，2000，XP，Vista，Win7 等一系列操作系统。索尼公司正是因为掌握了小型化技术，才能生产多种小型元器件，并利用这些元器件支撑许多产品。虽然培养核心能力的过程是漫长的，但一旦拥有了核心能力，往往就能快速推出新产品。例如丰田、本田从摩托车到汽车，再到混合动力汽车。又如佳能在起初与施乐竞争时，主要针对的是照相机，但由于佳能认真研究了如何利用核心能力来建立多种产品生产线，因此在击败施乐时，在复印机研发上的花费就很小。

然而，企业辛苦培育的核心竞争能力，无论是多么稀缺和独特，最后也终将丧失，主要是因为两方面的原因。一是客观上随着时间的推移，核心能力可能会演变成一般的能力。如苹果公司因其“用户界面友好”的核心竞争力在 20 世纪 80 年代中期获得了巨大的竞争优势，但随着软件产业和技术的发展，如今“用户界面友好”已经成为所有软件公司参与竞争的基本前提条件。另一个是由于企业主观方面的原因，如没有专门的人员全面负责核心

能力的管理、部门之间的沟通或交流的障碍、缺乏进一步的资助等，都会导致核心能力局部或整体的丧失。

因此，为了尽可能持久地发挥核心竞争能力的作用，尽可能多地为企业创造价值，企业要建立起独特竞争力的保护和巩固机制。首先，企业必须做主观方面的努力。企业主观的努力是获得核心竞争力的必要条件，主观上不努力则是企业丧失核心竞争力的充分条件。随后，最关键的就是模仿障碍的建立。为了在时间、空间上减少或减缓竞争对手对本企业核心能力的复制，并尽可能大地发挥核心能力的效能，企业应该在其组织内部乃至可控的外部，在允许和可达的范围内，从一个区域到另一个区域，从一项产品到另一项产品，从一个业务单元、职能部门到另一个业务单元、职能部门，不断应用核心竞争能力，以实现最佳的范围经济。

资源基础观与核心竞争能力理论的蓬勃兴起标志着20世纪90年代战略管理的重点已经由对短期、外在的竞争优势的追求转向对持久的、内在的竞争优势的追求，已经由目前的行业与产品竞争转向为创造未来而竞争，战略管理的均衡与可预测范式开始被不均衡与不确定性所取代。

五、战略群组

如前所述，波特的“五力模型”虽然从宏观层面上解释了不同行业之间盈利水平的差异，但这一模型不能说明行业内的企业绩效之间的差异，尤其不能说明这种绩效差异为什么有时甚至大于行业间的平均绩效差异。资源基础观和核心能力理论否定了SCP范式和波特模型中企业同质性的假设，将独特资源和核心能力视为企业竞争优势的关键来源，将研究深入到企业内部，体现了对内因的重视。这些理论虽然能够从较大程度上解释同一行业内部企业个体之间的绩效差异，却在很大程度上忽略了产品和市场战略的重要地位。这种由内而外的战略思考逻辑在一定程度上从一个极端走向了另一个极端。例如，资源基础观在分析企业竞争优势的形成时，对产业演进规律与外部环境的重视不够，也没有分析在不同市场、行业竞争的背景下，不同类型的资源、能力的适用性和重要性的问题；同时，资源基础观也难以解释为何具有相似或相同初始资源禀赋的企业，为何在进入市场竞争后，往往会有截然不同的表现和结果。

随着研究的不断深入,产业组织学和战略管理领域的学者们都发现,仅用行业与企业这两个宏观与微观层次,并不能完全充分地解释企业的绩效差异和竞争优势的来源。两派学者都意识到,在竞争结构中,介于产业组织理论中将整体产业作为分析对象,和企业管理理论中将个体企业作为分析对象的这两个极端之间,很可能还存在着一个层次,即战略群组(strategic groups),并各自展开对于战略群组的研究,将行业和企业层次不能解释的部分绩效差异归为战略群组这一层次。

巴内和纽曼等基于对行业竞争的细致研究,观察到行业内的企业在战略上不是无规律地均匀分散着,而是在一系列关键战略维度上出现了几个比较集中的结合点,形成几个典型的战略模式。行业中的企业在战略上"扎堆"的结果就是行业中看上去是由几个企业群组成,学者把这种现象抽象出来,把行业内由相似企业在战略上聚集成的几个企业群称为"战略群组",如图 2-9 所示。①

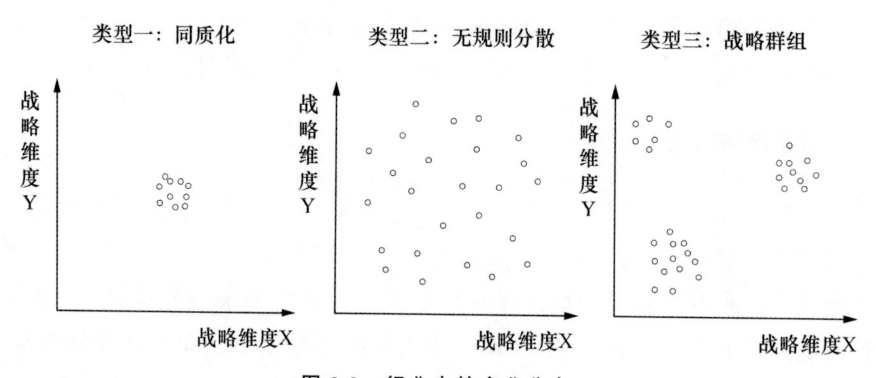

图 2-9 行业中的企业分布

图 2-9 中的小圆点表示一个企业,两条坐标轴表示的是某两个战略决策的维度,例如技术水平、主要市场区域、产品线宽度等。图 2-9 中仅使用两个战略维度是为了使图示清晰易懂,并不表示仅用两个维度就足以描述企业的战略类型。在第一种类型中,行业中的企业几乎采用一样的战略,在产品类型与质量、技术特征、细分市场等方面没什么实质差别。这种看法相当于

① 段霄著:战略群组结构以及移动壁垒对企业战略和绩效的影响研究,清华大学博士论文,第3页。

传统的经济学的假设，即认为行业内的企业是同质的，每个企业在重要的个体特征上不存在本质区别，在理论模型中也无须特别指明企业间的差异。现实中这类行业非常少见。

在第二种类型中，企业在行业中的位置就像夜空中的星星一样无规则地散布着。总体上来看各企业战略差异很大，但战略模式的分布无明显规律；任何战略维度上都没有不能跨越的鸿沟，每个企业四周都能找到相似的另外几家企业。这种分布模式下，各企业在多种战略变量的变化上比较连续，此时谈企业的战略“类型”或“模式”没有什么意义。实际上，资源基础观一定程度上内在地隐含着这样的假设。事实上，资源基础观描述行业内企业间差异的视角是企业所掌握的独特资源，并未关注企业所实施的战略以及战略上的差异，而后者却往往更能说明企业之间的经营行为和绩效差异。

在第三种类型中，企业在不同战略维度上的分布有比较明显的规律，在一些较小的战略空间内集中着大量的企业，另一些战略位置上则几乎没什么企业，有些位置甚至完全没有，现实中不少行业符合这种类型的分布。也即是说，很多行业实际上都存在着战略群组。

由以上分析可以看出，战略群组视角具有简明清晰的优点，既抓住了行业内各企业的主要异质性，有助于我们了解它们之间绩效差异形成的原因，又无须像资源基础观一样把行业内的每个企业都看作与众不同的独特个体，从而简化了对行业内企业进行划分的复杂程度，加深了我们对竞争优势来源的认识。

以上是对战略管理领域内有关战略和竞争优势形成的几派主流理论观点的概括介绍，它们在一定程度上反映了不同时期战略管理研究关注的重点与整个战略管理理论发展的脉络。

进入21世纪以后，战略管理理论发展也具有了新的趋势，主要体现在以下三方面。(1) 更加注重竞争的动态化，与以往以静态单一时点研究为主的情况不同，近年来管理研究者更多是从动态的角度和一个个时间区间来考虑战略问题，并初步形成了动态竞争理论。(2) 强调从实践中学习和建立学习型组织。由于外界环境在不断变化，组织要通过不断学习来更新知识以赶上时代发展的步伐和适应市场迅速变化的要求。这种学习不能只是为适应和生存而进行的单一的学习，而是要进行创造性的学习和系统思考。“学习型组织”使员工热衷于变革并有能力适应环境变化。（3）各理论学派之间呈现出融合的趋势。以往的很多研究都是从各自的角度出发来观察和分析管理问题并提出自己的解释，但是随着研究的不断深入和研究视野的逐渐开阔，各种理论学说开始逐渐融合，以求更圆满地解答现实中的管理问题。

第三章　战略管理学科核心概念(上)

在第一章战略管理学科综述中,我们已经介绍过战略的概念、企业战略的内涵以及战略管理过程——战略分析、战略选择和战略实施,还介绍了网络层、公司层、业务层和职能战略以及战略管理和业务管理的区别与联系,以上一些术语和概念都是战略管理学科的核心术语和概念,下面我们进一步介绍战略管理学科的相关概念,更多的重要概念和术语将在第四章讨论。

第一节　与战略相关的术语

除战略与策略容易引起读者的混淆外,在战略管理的相关书籍和文章中,还有一些高频出现的名词,如使命(mission)、愿景/远景(vision)、目标(goal)、具体目标(objective)、核心价值观(core value)和长期计划(plan)等。虽然这些名词并不像“战略”一词有众多的定义,但大多也还没有统一的定义。因此,对这些概念进行适当区分,了解它们之间的关系,对于我们深入把握公司战略的本质和内容具有重要的意义。

一、使命(Misson)

使命是对组织存在意义的一般表示,说明组织存在的理由。第一,它要表明组织存在的合法性,使企业及其生产的产品或其他组织所提供的服务易于得到社会公众的认可,并且要持续很长的时间。换句话说,组织的使命陈述实际上是反映其存在的原因或者理由,是对其生存的目的的定位,不论这种原因或者理由是“提供某种产品或者服务”,还是“满足某种需要”或者“承担某个不可或缺的责任”。如果一个组织找不到合理的原因或者连自己都不明确存在的原因,或者即使明确,但却连自己都不信服,那么这个组织一定存在非常严重的问题,甚至可以说这个组织已经没有存在的必要了。就像人一样,需要一日三省吾身,经常问问自己“我为什么活着”的道理一样,组织的领导者们更应该对自己的使命了然于胸。第二,它要与主要利益相关者和企业所有者的价值观或期望相一致,以便有效地调和他们之间的矛盾,或满足他们的不同需求。换句话说,组织的使命陈述要反映其基本指导思想、核心价值观以及形象上的定位:我们经营的指导思想是什么?我们如何认识我们的事业?我们如何看待和评价供应商、顾客、员工、伙伴和竞争对手?等等。第三,它应该是富有想象力的,对组织成员具有很强的感召力,换句话说,每当谈到公司的使命时,组织成员会感到震撼和鼓舞,充满为之奋斗的干劲。第四,它应以高度抽象的形式加以表述。

需要注意的是,使命是企业态度和展望的宣言,而不是对具体任务的陈述。它应该有助于产生和选择多种可行的目标和战略,而不会因为过于细化而抑制管理部门和下属人员的创造力。事实上,笼统的确有其优点,因为过分细致不仅会抑制人们的积极性和创造性,而且使命一旦被具体化,很容易导致僵化和教条,甚至招致激烈的反对。

使命陈述要满足上述几方面的要求,但也不能丧失针对性和组织自身的特色,成为一种毫无意义的文字游戏,如下例使命陈述就是一个不成功的例子:

“我们通过加倍努力确保我们的行动和股东的期望一致,从而使我们成为一个成功的、前进的公司。我们的主要‘愿景’是为股东创造财富。”

概括地说,使命就是要回答两个基本问题:(1) 我们的组织为什么存在?(2) 我们这个组织应该以什么样的姿态存在以区别于同类企业和组织。例如,英特尔(Intel)公司将其使命表述为“成为世界计算机行业的奠基石”。还有以下一些公司的使命陈述值得参考:“无论一小步,还是一大步,总是带动世界的脚步”——IBM;“我们出售的产品是进步”——GE;“塑造未来”——思科系统公司(CISCO);“致力于提供使工作、学习、生活更加方便、丰富的个人电脑软件”——微软;“通过化学为美好生活提供更美好的东西”——杜邦;“为人类的幸福和发展做出技术贡献”——惠普公司;“体验发展技术造福大众的快乐”——索尼公司;“给普通百姓提供机会,使他们能与富人一样买到同样的东西”——沃尔玛公司;“聚焦客户关注的挑战和压力,提供有竞争力的通信解决方案和服务,持续为客户创造最大价值”——华为公司;“创无限通信世界,做信息社会栋梁”——中国移动。

使命过去是一个对中国企业和多数组织来说多少有些陌生的管理名词。但是,在世界优秀的企业和机构的成长历程中,使命却一直发挥着重要的作用。成功企业的创立和发展过程往往是眼光远大的领导者与发展机遇相结合的过程,这种结合就是一群负有使命感的人才将正确的战略应用于企业合适的时间的过程,优秀的企业和组织往往能够激励员工以个人特有的方式将自己与公司崇高的社会使命联结在一起。

二、愿景(Vision)

英文词 Vision,通常翻译为愿景或远景(这里不做区分)。新《韦氏袖珍词典》将"愿景"定义为:(1) 一般视力所不能看见的事物(如梦或幻想);(2) 想象力创造的生动形象;(3) 想象的能力或行动;(4) 不寻常的远见和洞察力。而《现代汉语词典》的释义简洁明了:愿景是所向往的前景。[①]

我们认为,愿景是与企业的使命、战略导向保持一致的组织未来的目标,它具有前瞻性。一般来说,它所指的是较长时间内(10—30 年,甚至 50 年)企业或组织追求的重要目标,而非一般性的业务发展上的具体指标。与下面将要讨论的目标(Goal)的含义有类似的地方,但更为概括和宏观,可以说愿景是宏伟的、大胆的、有难度的目标,也可以称为"可见的未来",指的是组织对其前景所进行的广泛的、综合的和前瞻性的设想,是用文字描绘的企业未来蓝图。它勾勒了一个人人向往的将来的生动画面,它既是可以被描述的,又是具有挑战性的。它使人们产生对未来途径的向往,从而使人们团结在这个伟大的目标之下共同奋斗。同时,它只描述对于未来的期望,而不包括实现这些愿望的具体途径和方法。

那么愿景的作用究竟是什么呢?《孙子兵法》中的一句话非常完美地概括了愿景的作用——"道者,令民与上同意也,故可以与之死,可以与之生,而不畏危"。[②] 当人们将"愿景"与一个清楚的"现状景象"同时在脑海中并列时,心中便产生一种"创造性张力"——一种想要把二者合而为一的力量。这种由二者的差距所形成的张力,是一种能够凝聚并坚持实现共同理想的能力,能够鼓舞人心,会使人们自然产生解决问题的倾向,以消除理想与现实的差距。

---

① 中国社会科学院语言研究所词典编辑室,《现代汉语词典》,商务印书馆 2006 年版,第 1681 页。

② 孙武著:《孙子兵法》,刘仁译注,中国纺织出版社 2007 年版,第 2 页。

组织的愿景应该是基于未来的客户需求、目标市场以及竞争定位，具有一定时间跨度且与众不同的对于组织未来的陈述。以下这些企业的例子能更好地说明愿景的内容：微软的愿景是“让全球的人们以及企业发挥潜能”；万科的愿景是“成为中国房地产行业持续领跑者”；中国移动的愿景是“成为卓越品质的创造者”；宝洁公司（P&G）的愿景是“品质第一和正直的企业”；默克制药集团（Merck）的愿景是“帮助同疾病斗争的人”；通用电气公司（GE）的愿景是“以技术和革新来使生活丰饶”；诺基亚（Nokia）的愿景是“成为全球电信业的领导力量”；苹果（Apple）公司的愿景是“让每人拥有一台计算机”；海尔的愿景是“创中国的世界名牌，为民族争光”；麦当劳的愿景是“我们要占领全球的食品服务业，在全球范围内处于统治地位，以及在建立客户满意度标准的同时，通过执行我们的‘服务便利、增加价值、履行承诺’的业务使命，提高我们的市场占有率和利润率”；联想集团的愿景是“未来的联想应该是高科技的联想、服务的联想、国际化的联想”；腾讯公司的愿景是“成为最受尊敬的互联网企业”。

三、目标与具体目标

目标（goal）通常是指与使命相一致的对组织方向的一般描述，是组织活动在一定时期内所要得到的结果，多为定性的；具体目标（objective）则是对目标的进一步量化或更精确的描述，有时可能表明具体的完成时间或范围。

从时间跨度上看，目标可以分为长期目标和短期目标。长期目标，如五年计划所确定的指标既可以是定性的目标，也可以是定量的目标，如到2020年的销售额达到1000亿元人民币，员工人数达到150000，而短期目标则多为定量和具体的目标。

组织的目标是对组织活动预期取得的主要成果的期望值。确定组织目标的过程，也是将组织使命展开和具体化的过程，是对组织使命的进一步阐明和行为活动的界定。组织只有具有了明确的目标，并以其目标为核心在组织内部形成紧密合作的团队，为实现目标努力奋斗，才能取得成功。

一个成功的、适宜的组织目标，应该与组织的使命和愿景保持一致，并且更加具体和详细，同时可以依据外界的环境和组织的需要、按照组织实际的绩效和运作情况加以实时修订。具体来说，组织的战略和长期目标具有

以下几个特点。

(1) 稳定性。一般说来,战略目标(如五年战略计划)是一种长期目标,在其所规定的时间内是相对稳定的,这样才能保证企业员工的行动有一个明确的方向,员工对目标的实现才能树立起坚定的信念。长期目标不能朝令夕改,否则管理人员和下属会感到无所适从。当然,强调战略目标的稳定性并不排斥根据客观环境的需要和情况的发展而对战略目标作必要的修正。

(2) 综合性。战略目标要体现众多的利益相关者的要求,甚至是互为矛盾的要求,所以,它要体现的是对组织的一种综合的整体性要求。它虽着眼于未来,但却没有抛弃现在;它虽着眼于全局,但又不排斥局部。科学的战略目标,总是对现实利益与长远利益,局部利益与整体利益的综合反映。

(3) 可分性。综合的、整体的战略目标应该可以分解为实际可操作的具体目标和具体任务。这种分解即指在空间上把总目标分解成一项项职能和一个个产品业务单元上的具体目标和具体任务,又指在时间上把长期目标分解成一个个阶段和一个个时间区间内的具体目标和具体任务。

(4) 可检验性。无论是战略目标还是具体目标,都应该可以用一定的标准和方法来加以衡量和检验。也即是说,目标必须明确,要具体地说明预期在何时达到何种结果。如某企业的目标是在2020年进入世界500强,那么,则意味着到2020年该企业的销售额将达到或超过500亿元人民币。毫无疑问,目标的定量化是使目标具有可检验性的最有效的方法。对于那些时间跨度越长、战略层次高和难以数量化的目标,也需要找到合适的评价方法。

四、核心价值观

所谓价值观是人们看待社会事物的看法和价值取向,涉及一个人对什么是好与坏、美与丑的判断标准和态度,进而,这种价值观会成为人们行为的指南,左右人们的心理和活动。

核心价值观(core value)反映了一个人的根本信仰和行为处事的基本原则,反映其灵魂深处所坚持和追求的东西,一般不会轻易改变。有时,也许我们很难通过一个人对日常小事的态度和行为准确地判断其核心价值观,也就是我们常说的某人“深藏不露”,而那些在挫折和困苦中还坚守自己的信念和原则的人往往被称为“有信仰”的人。

相应地，组织的核心价值观是组织本质的、持久的、具有普遍性的指导原则，它是组织领导者和绝大多数组织成员认可和接受的价值观，向内部和外部利益相关者传递该组织做事的风格和原则以及哪些东西是不被组织所接受的等信息。

组织的核心价值观是难以量化和准确度量的属于意识形态范畴上的东西，是组织文化和行为习惯长期积淀的产物。它是把所有组织成员联系在一起的纽带，是组织生存发展的内在动力。它也是“一只看不见的手”和“一根无形的指挥棒”，虽然看不见摸不着，但却无时不在、无处不在，以潜移默化的方式影响组织成员的态度和行为，并向外界传递着组织的相关信息和引起人们对其更多的关注。

需要说明的是，不能将组织的核心价值观与具体的管理制度、写在墙上的条文混为一谈，也不能为了某种短期的目标而轻易放弃组织的核心价值观，那样做会使组织失去凝聚力和向心力，从而失去发展的内在动力。

下面列举了一些公司和组织的核心价值观表述：百事可乐公司的核心价值观是“身体力行、开诚布公、多元化、包容性”；沃尔玛公司的核心价值观是“尊重每一位员工，服务每位顾客，每天追求卓越”；杜邦公司的核心价值观是“安全、健康和环保、商业道德、尊重他人和人人平等”；飞利浦公司的核心价值观是“客户至上、言出必行、人尽其才、团结协作”；福特汽车公司的核心价值观是“客户满意至上，生产大多数人买得起的汽车”；丰田公司的核心价值观是“上下一致，至诚服务；开发创造，产业报国；追求质朴，超越时代；友情友爱，亲如一家”；星巴克公司的核心价值观是“为客人煮好每一杯咖啡”；统一集团的核心价值观是“三好一公道”——品质好、信用好、服务好、价钱公道。

五、战术和策略

在军事上，战略与战术（军事上有时也将战术成为策略）是两个完全不同层次的概念，前者是指为了获得有利的军事地位而调度兵力的总体计划和部署，而后者则是有关特定军事行动的具体方案。如果说战术考虑的是如何赢得战斗或战役的胜利，那么，战略考虑的是如何赢得战争的胜利。也就是说,为了实现既定的战略目标,下级指挥员要服从统帅的战略部署并制定具体的作战方案,即战术是围绕战略而制定的具体行动计划。

而在企业管理领域中,多用策略一词来表达战术的含义。例如,我们常常说职能策略而不说职能战术。英文 Function Strategy 一词可以译为职能战略,也可以译为职能策略,因为职能战略已经是一种策略而不是有关全局的战略了。换句话说,这里的战略与策略也是全局与局部的关系。一般来讲,先有战略,后有策略,策略必须服从和服务于战略。

在企业管理领域,战略要回答的问题是怎么想、做什么,而策略主要回答怎么做、从哪里开始以及具体步骤等问题,涉及更多的细节和具体措施。

还需说明的是,战略一词一般说来有两种含义,狭义上是指为达到组织目标和实现组织使命所要采取的行动方案,另外一种则是更广义的描述,即战略本身就包括确定组织的使命和目标等,同时,还要说明要采取的重大行动和方针。

具体目标一般通过一组行动或任务才能实现,或许与具体问题和具体个人有关。一般说来,可以根据目标完成情况对它们做出适时调整,只有多次调整或修正都不能奏效时才考虑战略调整。表 3-1 通过生产保健品的企业的例子说明了以上一些重要概念之间的关系。[①]

表 3-1　与战略有关的名词之间的关系

名词	举例
使命	帮助人们健美
愿景	全球一流
目标	减肥
具体目标	节食、锻炼
行为、任务	少吃饼干和黄油,少喝酒,每天游泳
控制	每早称体重,是否满意?

特别需要说明的是,使命说明组织存在的意义,愿景是组织未来很长一段时期,甚至是几十年内要实现的远景目标,这两者一旦确定不要轻易变动或修改,以免引起组织成员的思想混乱,动摇人们的信念和意志。而表格

① 格里·约翰逊、凯万·斯科尔斯著:《公司战略教程》第三版,金占明、贾秀梅译,华夏出版社 1998 年版,第 8 页。

3-1 中越是列在下面行中的项目,越需要根据环境和条件的变化适时加以调整和修正。

六、战略业务单元

除以上一些概念外,战略管理书籍中常出现的另一个名词是战略业务单元(Strategic Business Unit,SBU),它是指公司内的一个业务单位,其产品和服务具有一个有别于其他 SBU 的外部市场。当在特定市场层次上考虑竞争战略时,它是一个非常有用的概念,这也是 SBU 理论得到承认和流行的原因。

第二节　战略特征及其与长期计划的区别

一、战略特征

1. 全局性

所谓全局性是指以组织整体利益和影响全局的因素作为战略选择的基础,要通过对国际、国家的政治、经济、社会和技术环境变化的大趋势,以及战场形势或行业结构特征的深入分析,结合组织所具有的资源和条件,站在系统管理的高度,对未来的远景发展轨迹和大政方针进行全面的规划和部署。有时这种战略部署和调整可能会以牺牲某些局部和短期利益为代价。

实践中企业总会碰到各种各样的问题,需要针对各种问题进行决策。其中一些决策涉及整个组织范围,另外一些可能只与局部利益有关,而且在很多情况下,组织的总体利益与下层机构、部门以及个人的局部利益并不完全一致,有时甚至相互矛盾,这就要求领导者善于运筹,做出适当的决策。一个高明的统帅和企业家总是能在复杂的条件下把握全局,进而做出正确的战略部署。对于一个企业来说,不能“只见树木,不见森林”。高层管理者尤其是决策者切忌埋头于具体的经营性事务,而忽略了对企业大政方针和长远方向的考虑。此外,战略的全局性还意味着要妥善处理局部利益与整体利益的关系,在两者出现矛盾时要丢卒保车。例如,某一产品和销售部门设计或销售劣质产品的行为会严重损害公司的整体形象,尽管那样做可能增加部门的利益,但为了保持公司良好的整体形象也必须禁止这种做法。

2. 长期性与稳定性

战略的另一个重要特征是其主要涉及组织的远期发展方向和竞争范围选择的问题,因此,评价战略优劣的一个重要标准,是看其是否有助于实现组织的长期目标和保证长期利益的最大化。换句话说,战略更关注长远利益而非短期利益,这也是战略与战术和业务计划的重要区别。例如,如果一个产品或项目尽管在短期内会赚些钱,但长期市场潜力不大,而且无助于提高企业的核心能力,甚至后期会造成严重亏损,从战略的角度看,这样的产品和项目就不应该上马。相反,若一个产品或项目尽管短期内会造成一定亏损,但长期市场潜力巨大或适应技术发展的趋势,只要经营得当,将会获得长期稳定的收益或者有利于积累企业的核心能力,从战略的角度上看就应该上马。在处理这类问题时,我们曾有过沉痛的教训。例如,前些年有些地区或城市为了追求短期的经济指标,盲目上项目,扩大生产规模,不仅导致了严重的产能过剩,而且造成了严重的环境污染。有些地区当年为了扩大粮食生产,盲目地毁林开荒或围湖造田,严重地破坏了生态平衡;也有一些企业为了实现短期经济增长目标,而不惜以牺牲长期发展潜力和市场机会为代价,拼体力和设备,对研究和开发投入不足,以致失去长期发展的后劲。这些现象说明,一个好的战略应该是可持续发展的战略。

为了实现可持续发展,战略应具有相对稳定性。虽然战略需要根据环境和形势的变化做适当调整,但这种调整不应过于频繁,尤其是不能朝令夕改,因为战略体现的是组织的长远利益,而这种目标的实现本身需要较长的时期,甚至要以牺牲短期利益为代价。因此,若战略不能保持相对稳定,不仅难以实现长期目标,而且会使为此付出的努力付之东流,造成的损失无法弥补,尤其会使组织成员感到失望,进而会使组织的凝聚力和效率下降。

3. 适应性

虽然战略应该具有长期与稳定的特点,但是,时刻关注周围环境的变化,并适当保持组织的开放性与柔性也至关重要。

一个好的战略,其一致性首先体现在稳定性和适应性的统一上,前者意味着战略在较长时期内保持相对稳定,减少模糊性,提供有序性,从而可以协调和消除组织内各个层次、各个部门的认识差异,使整个组织的行动变得更加统一和一致。在遇到困难和危急时,战略的稳定能够稳定组织成员的情绪，增强他们的信心；而后者意味着所确定的战略目标既要简单明确，同时又不过分僵化和具体，保持适当的张力。换句话说，企业在制定战略时，应考虑建立资源缓冲地带，保证资源分配的灵活性，从而使本身具有一定的机动能力。这样当外部环境或内部因素发生变化时，就可以通过战术调整来适应这种变化，而不会导致大的战略变更，保持整个组织的协调和行为的一致性。通过观察现代著名的科学创举和伟大进步就能发现，非一致性才是创造力的源泉。上下完全一致容易导致组织的僵化和缺乏创造力，如果不采取措施进行预防，同样将产生巨大的风险，危害组织的创新思维和长远发展。

二、战略与长期计划的区别

除了要正确地理解战略、策略和战术的含义以及有关战略的相关名词和战略的特征外，对初学者来说，尤其需要注意战略与长期计划的联系与区别。事实上，由于战略和长期计划都涉及组织的长远发展问题，都要为组织确定总体目标，所以人们常常将两者混为一谈。通过深入的比较分析，不难发现两者之间存在明显的差异。

第一，正像很多企业和组织目前的状况一样，它们在制订长期计划时依据的是现在的计划或过去的计划，甚至就是现在的计划或过去计划的简单延伸。换句话说，长期计划更多的是与过去与现在的状态有关，而战略是基于对将来趋势、数据和变化的预测，着眼于未来，因而更具前瞻性。

第二，战略和长期计划的制定过程有所不同。一般说来，制订长期计划时倾向于由下而上，而不是由上而下。主要由组织的中层而不是上层决策者来提出长期计划，而战略决策往往由最高层来做并将信息传递给下层管理人员。

第三，管理人员在制订长期计划和战略时的心理状态并不完全相同。制订长期计划时一般有一种危险的乐观情绪，容易少考虑一些不利因素，而多考虑有利因素，并且常常是在经营比较顺利或业绩比较理想的情形下制定下一个长期计划。制定战略时则既评价最好的情况，也估计最坏结果发生的可能性和其他不利的因素，比较现实。当然，视管理人员的不同情况，他们的心理状态也会不同，同时也不能排除所有的偏见。

第四，从所反映的内容看，战略与长期计划的构成形式不同。一个企业的长期计划往往是其亚组织计划的合并与折中，事实上，很多企业常常先由各部门或分部做出自己部门的长期计划，提出各种指标，再将它们汇总成企业的长期计划的总指标。这样做虽然反映了各部门或分部的利益和要求，但却可能分散企业的资源，有损于整个组织的利益；相反，战略是为整个组织提供一个清晰和严谨的发展方向，保证组织整体效益的最大化。

第五，制定战略和长期计划的推动力不同。后者以数据和指标为基础，强调在多长时期内用多少资源投入获得多少产出；而前者主要强调经营理念和战略意向，认为关于将来的假设至关重要。

第四章　战略管理学科核心概念(下)

第一章中,我们曾经将企业的战略划分为四个层次:网络层战略、公司层战略、竞争战略和职能战略(如图 4-1 所示)。其中,网络层战略主要考虑在战略集团或联盟内与其他大公司的既合作又竞争的关系。公司层战略主要决定企业所经营的业务领域(范围)、进入的行业或市场领域,解决的是企业如何成长和发展的问题,因此,一般也将这一层次的战略统称为成长战略,即其指出了企业在发展过程中可选的成长方向。但实际上,公司战略的内容还包括在不利环境情况下的收缩和巩固战略以及应对危机中的问题。

竞争战略主要涉及如何在所选定的行业或领域内与对手展开有效的竞争,即主要解决竞争手段问题,有时也将这一层次的战略称为一般战略或基本战略,它是企业赖以生存和与竞争对手争夺市场的基本工具。

职能战略是企业各个职能部门根据总体战略目标要求所确定的职能领域的战略,它要满足网络层战略、公司层战略尤其是竞争战略的需要,同时也是前三种战略的支持性战略和细化,一般包括生产、营销、人力资源、财务、技术等各项职能。本章主要介绍竞争战略、公司层战略、网络层战略以及国际化战略的主要类型以及所涉及的核心概念,包括各项战略的类别、利弊、适用的条件及相配套的主要战略举措等。

第一节　竞 争 战 略

顾名思义,所谓竞争战略是在选定的行业内与竞争对手竞争时所采用的基本手段,是在企业正确地分析本企业面临的竞争环境和界定自身的竞争地位之后形成的战略。它是战略导向与目标的具体体现,并影响着企业的各项职能战略和具体的运营。目前普遍使用的竞争战略分类是波特教授在其经典著作《竞争战略》一书中提出的三种基本战略:成本领先战略、差异化战略、集中或称目标聚集战略,如图 4-2 所示。[①]

---

① 迈克尔·波特著:《竞争战略》,陈小悦译,华夏出版社 1980 年版,第 38 页。

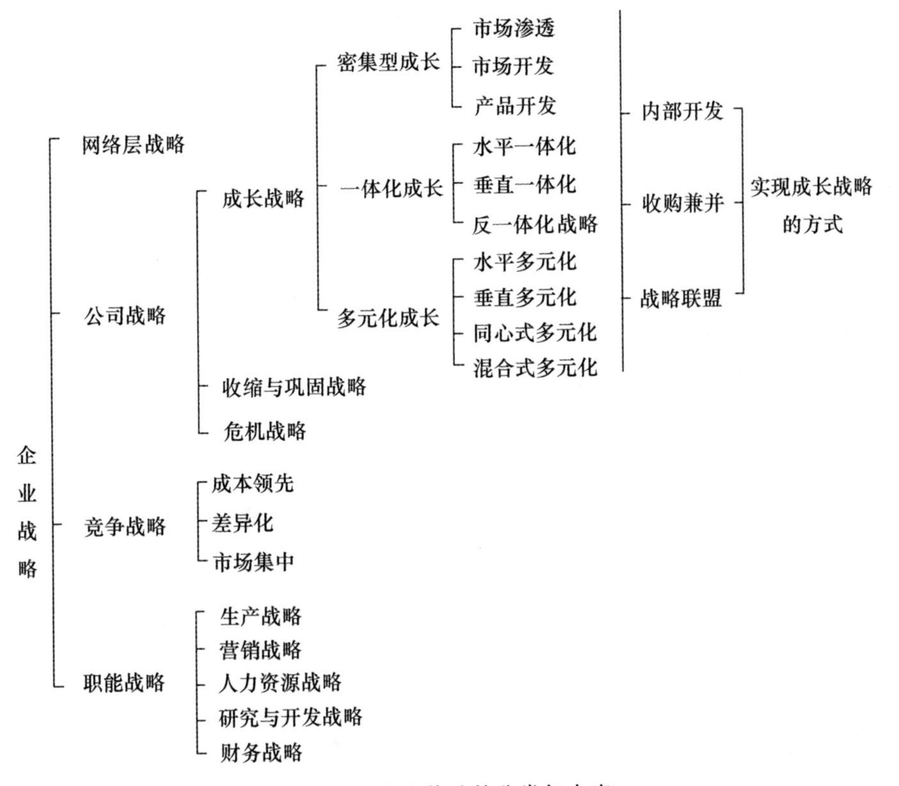

图 4-1　企业战略的分类与内容

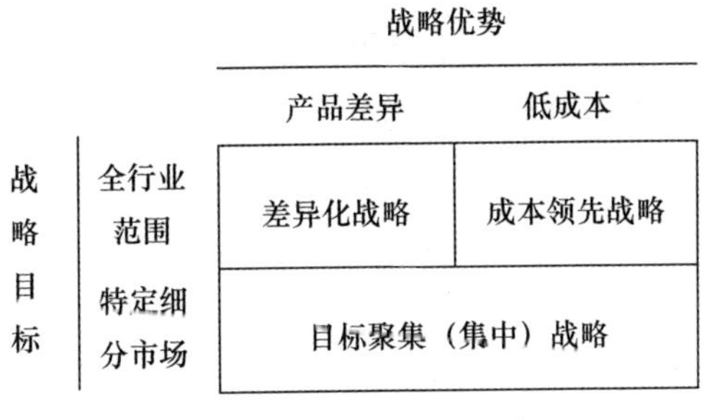

图 4-2　波特的三种竞争战略

一、成本领先战略

1．成本领先战略的定义

成本领先战略，也称低成本或总成本领先战略，是指企业努力发现和挖掘其所有的资源优势，想方设法加强成本控制，成为行业中的成本领先者，从而以廉价取胜的战略。企业凭借其成本优势，可以在激烈的市场竞争中获得竞争优势。

值得注意的是，采用成本领先战略意味着企业可以通过其低成本地位来获得持久的竞争优势，从而成为行业中的高水平经营者。需要注意的是，成本领先战略与一般的降价竞争并不相同，前者是通过适当的成本控制与运作管理手段降低成本，提高企业的收益，而后者往往以单纯的降价为手段，以牺牲企业利润为代价，有时甚至亏本运营。尽管爆发价格战时，具有成本领先地位的企业具有更强的压价能力，但成本领先是一种战略导向，降价只是一种竞争手段，其秉承的思想是不一样的。

2. 成本领先战略的优势

一旦企业在行业范围内取得成本领先地位，那么，它将拥有以下几个优势，或者说，成本领先战略将给企业带来以下的战略益处。

(1) 形成进入障碍。无论是在规模经济还是在其他成本优势方面，那些导致成本领先的因素往往同时也是潜在进入者需要克服的进入障碍。例如，在某些行业，大规模生产在降低了产品成本的同时，也提高了行业的进入障碍。企业的生产经营成本低，便为行业的潜在进入制造了较高的进入障碍。那些在生产技术尚不成熟、经营上缺乏规模经济的企业都很难进入此行业。

(2) 增强企业与客户的讨价还价的能力。显而易见，企业的低成本地位能对抗强有力的买方，因为买方的讨价还价能力只能迫使价格下降到下一个在价格上最低的对手的水平，也就是说，购买者讨价还价的前提是行业内仍有其他的企业向其提供产品和服务，一旦价格下降到下一个最有竞争力的对手的水平，购买者也就失去了与企业讨价还价的能力。

(3) 降低替代品的威胁。具有成本领先地位的企业可以有效地应付来自替代品的竞争。这是因为替代品生产厂家在进入市场时，或者强调替代产品的低价位，或者强调替代产品具有现有产品所不具备的特性和用途。在后一种情况下，具有成本领先地位的企业仍可占领一部分对价格更敏感的细分市场；而在前一种情况下，则可以通过进一步降价来抵御替代品对市场的侵蚀，凭借其低成本的产品和服务吸引大量的顾客，降低或缓解替代品

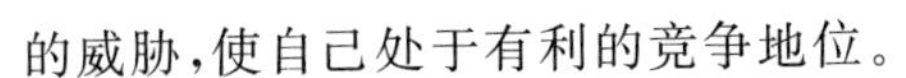

的威胁,使自己处于有利的竞争地位。

(4) 保持领先的竞争地位。当企业与行业内的竞争对手进行价格战时,由于企业的成本低,可以在竞争对手毫无利润的水平上保持盈利,从而扩大市场份额,保持绝对竞争优势的地位。即使行业内存在很多竞争对手,具有低成本地位的企业仍可获得高于行业平均水平的利润,这将进一步强化其资源基础,使其在战略选择上有更多的主动权。

正是由于成本领先战略具有上述明显的优势,因而在战略管理中,一直都将成本领先作为获得竞争优势的重要基础。对成本优势的这种强调,反映了人们将价格作为企业之间竞争的主要工具的倾向,这是因为价格竞争能力最终取决于成本效率。无论在什么年代,无论面临何种环境,成本控制都永不过时,是永远有效的战略。在20世纪的大部分时期,众多企业主要通过成批生产和大规模分销来实现规模经济,进而谋求成本领先地位。而在20世纪90年代之后,一些企业将其注意力转移到通过重构、削减规模等来取得成本效率上,在这一时期,这些企业试图获得动态而不是静态的成本优势。而在今天,成功的企业更多的是靠管理水平的提高和先进的技术来实现低成本。

事实上,对于某些行业,成本优势是获得竞争优势的重要基础。如果一个企业的产品是日用品或一般商品,那么,避开成本而在其他方面竞争的机会是非常有限的。即使在重视差异化因素的产品市场,日益激烈的竞争同样使成本效率成为获利的重要前提。现在,更多的行业,如电信、医疗和航空等,是通过追求成本效率而非单纯依赖于价格竞争。

只要企业通过某种方式取得了在行业范围内的成本领先地位,一般情况下就会有较高的市场份额,同时获得较高的利润。而较高的收益又可加速企业的设备更新和工艺变革,反过来进一步强化企业的成本领先地位,从而形成一个良性循环;反之则可能形成一个恶性循环(如图4-3所示)。[1]

3. 实现成本领先战略的措施

成本领先地位可以给企业带来很多战略益处,也是众多企业追逐的目标,但要取得这种地位并不容易,需要采取一种或多种有效措施,如实现规

---

① 金占明著:《战略管理》第三版,清华大学出版社2010年版,第194页。

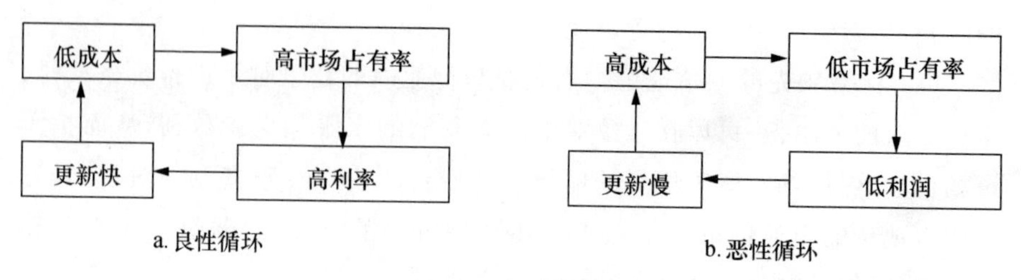

图 4-3　两种循环

模经济，获得廉价的原材料，设计出便于制造的产品，以及充分利用生产能力等。

(1) 规模经济

通过规模经济生产和分销也许是实现成本领先战略的最重要措施。

规模经济的重要性在于其战略上的意义(参看图 2-5)。如果单位产品的成本随着累计产量的增加而下降，那么，企业相对于其竞争对手的成本就取决于它们之间的相对累计产量。如果一个企业可以比其竞争对手更快地扩大其产量，那么它的经验曲线将比竞争对手下降得更快，从而可以拉大它们之间的成本差距。在这种情况下，企业的主要战略目标应该是扩大市场份额，因为随着市场份额的扩大，它可以比其竞争对手更快地降低成本。这意味着企业应该根据期望成本而不是当前成本来为产品定价，这就是反向定价法——定价时先估计购买者可以接受的价格或者满足企业市场占有目标时应该达到的价格，然后再确定合适的产量和规模，从而获得较高的边际收益。

值得注意的是，经验曲线反映的是成本与产量之间的关系，而不是价格与销售量之间的关系。事实上，成本与价格之间的关系不仅决定了企业的利润水平，而且决定了其能否在市场上生存。随着产品从引入期到成熟期的转变，有时价格随着成本同步变动，但多数情况下并不如此，而是表现出两种模式。[①]

在稳定的竞争环境下，价格与成本之间的关系如图 4-4 所示。由图 4-4 可知，在这种情况下，价格与成本同步变动，即价格随着市场的扩大和成本的降低而降低，而边际利润保持稳定。

---

① Steven P. Schnaars, *Marketing Strategy*, The Free Press, 1991, p. 51.

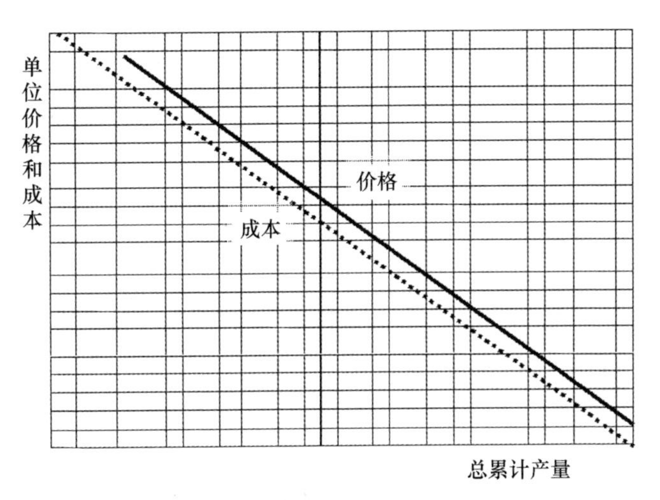

图 4-4 稳定环境下价格/成本与累计产量间的关系

在不稳定的竞争环境下,价格与成本之间的关系如图 4-5 所示,有 4 个不同阶段。在第一个阶段,即引入期,价格低于成本,企业亏本经营,还没有实现规模经济效应。第二阶段为增长阶段,市场需求迅速上升,并且超过供给,随着销量的成倍增长,规模经济效应日益明显,同时成本迅速下降。在这一阶段,由于需求超过供给,所以价格比成本下降得慢,竞争也较为和缓,销售者没有必要降低价格,所以这一阶段的边际利润是高的。

然而,并没有永远增长的市场。随着市场的成熟,必然发生两种现象:一是一些企业降价以增加市场份额;二是已经在行业内的企业所获得的高边际利润吸引了更多的新进入者,这些新进入者将扩大其生产能力。无论发生哪种情况,都要淘汰掉一些企业,这些企业或者离开行业,或者留在行业内承受重大的损失,这是第三个阶段。

在第四阶段,一些企业已离开行业,市场价格稳定在具有最低成本的厂商的成本水平以上,这些企业已经积累了大量经验。从这一阶段开始,价格线再次与成本线保持平行。

毫无疑问,无论是在稳定还是不稳定竞争环境下,一个希望长期生存和发展的企业都必须通过增加销量来积累经验和降低成本,而且其速度要比其他竞争对手快,只有这样,才能维持生存和发展。

大量研究发现,在很多行业中,利润率和市场份额之间保持正向关系,

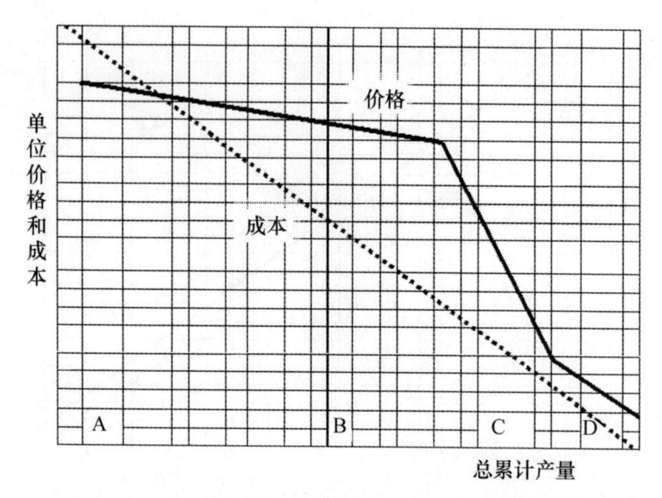

图 4-5　非稳定环境下价格/成本与累计产量间的关系

即利润率随市场份额的扩大而增加，如图 4-6 所示。① 一般说来，市场份额最高的企业往往具有较低的投资、库存、营销和采购成本。这也是在很多行业中一些企业不惜发动降价以提高市场占有率的原因。

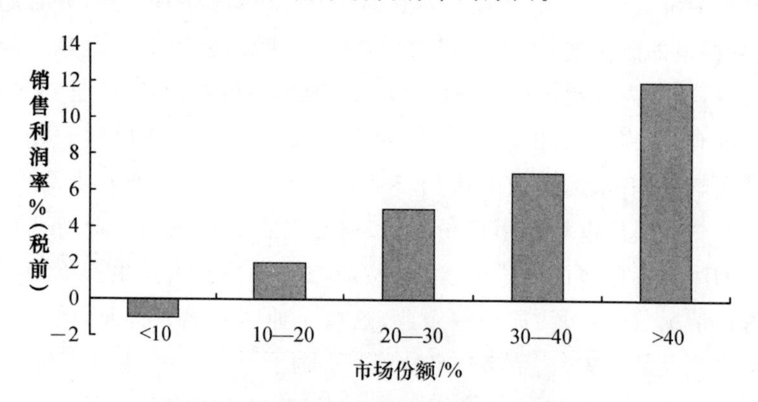

图 4-6　市场份额与销售利润率之间的关系

应该强调的是，经验曲线只是经验观察的一般总结，它并不意味着任何情况下增加累计产量都能导致成本按预先确定的比例下降，同样，它也并不意味着累计产量的增加是取得成本优势的先决条件。因为还可以通过其他

① 格里・约翰逊、凯万・斯科尔斯著：《公司战略教程》第三版，金占明、贾秀梅译，华夏出版社 1998 年版，第 171 页。

方式获得成本优势,如从竞争对手那里取得经验,经验在不同部门之间的转移,以及利用创新来跳过经验曲线等。另外,即使过去的数据说明成本与产量、利润和市场份额之间存在明显的相关关系,但并不能据此假定这种关系能外延到将来。因此,当企业试图通过增加经验来实现成本领先时,必须考虑它们所涉及的成本。

(2) 充分利用生产能力

从长期的角度看,企业可以根据产出的变化,即市场需求的变化来调节它们的生产规模和能力。但在较短的时期内,企业的生产能力却基本上是固定的,市场需求的变化往往伴随着生产能力利用率的变化。在需求下降期间,生产能力过剩,而在需求达到峰值时,只有通过超时工作、夜班、周末加班和减少维修来增加产量。当生产能力过剩时,固定成本必然要分摊在较少的产出上。在化工和钢铁等资金密集型行业,生产能力过剩将显著增加单位产品的成本,在这样一些行业,能否充分利用生产能力将成为能否取得成本优势的关键。同样,在衰退行业和需求经常有很大波动的行业,调整生产能力以适应需求变化的能力是取得成本优势的关键。

由以上分析可以看出,对固定成本比较高的资金密集型行业,要通过各种方法充分利用生产能力,如增加生产线的适应范围,以增加产品线的宽度等,还应通过开发和设计相关产品来降低研究和开发费用,以及尽可能地利用已有的销售渠道等。

(3) 产品的再设计

要实现规模经济进而取得成本优势,企业还必须设计出易于制造的产品。可以说,能否利用新的制造技术和工艺来提高劳动生产率的关键在于产品的重新设计。例如,当前在电视、手机等电子产品中,越来越多地使用模块化设计和集成元件,这些集成元件可以很方便地插在相应的位置上,从而大大简化了制造和安装过程,降低了产品成本。

实际上,产品的再设计还可以使企业在规模经济的基础上实现产品差异化。例如,为了在设计、开发和零部件生产上实现规模经济,世界上比较先进的汽车生产企业已经减少了基本的“平台”的数目,引进了统一的模型和标准化的发动机。同时,这些企业增加了汽车的式样、颜色和其他方面的差异化,以满足客户的不同需求。

（4）降低输入成本

在充分发育和健全的要素市场上，我们希望每个企业都能以同样的价格买到生产原料和半成品等，而实际上，在大多数行业，由于各种各样的原因，不同企业的输入成本有很大差异，这种差异往往是其中一些企业取得成本优势的重要原因。造成输入成本差异的原因有以下几种。

第一，由于地域原因造成的输入成本上的差异。众所周知，由于不同国家和地区经济发展的不均衡性，不同国家和地区的劳动工资率有很大差异。在纺织、鞋袜和玩具等劳动密集型行业，劳动工资率上的差异是一些企业获得成本优势的重要原因，也是一些发展中国家和地区在这些行业的出口产品具有竞争力的重要原因。同样，由于我国幅员辽阔，各地经济发展很不平衡，东南沿海和中西部地区的劳动工资率也有很大差异，因此，中西部地区的企业可以通过降低劳动成本来获得成本领先地位。除劳动成本外，与地域有关的输入成本上的差异也可能来源于原材料的运输成本或能源的成本，或是由不同国家的汇率所致。例如，靠近我国东北森林地区的木材加工企业或铁路沿线的运输公司，通过批发和加工木材很可能比较容易取得成本优势。

第二，拥有低成本的供应来源是一些企业取得成本优势的重要途径，尤其是在原材料是重要输入要素的行业，如家具公司和印刷企业，拥有廉价原材料如木材和纸张是取得竞争胜利的重要条件。

第三，讨价还价能力上的差异也是一些企业取得成本优势的重要原因。当外购原料或零部件占产品成本很大比例，同时这些原料或零部件又只有少数几家供应商时尤其如此。当某些企业讨价还价能力较强，如购买数量巨大，从而可以用较低的价格购买到这些输入要素时，就比较容易获得成本优势。众所周知，沃尔玛实施成本领先战略的一个重要措施就是有效地控制进货成本，其一是采取中央采购制，尽量实行统一进货。尤其是在全球范围内销售的高知名度商品，如可口可乐、保洁公司的产品等，沃尔玛一般将一年销售的商品一次性签订采购合同，由于采购数量巨大，其得到的价格优惠远远高于同行，形成他人无法比拟的优势。其二是买断进货，并固定时间结算，虽然这种做法要冒一些商品积压、滞销的风险，但却赢得了供应商的信赖，大大降低了进货成本。

第四,稳定与供应商的关系是降低输入成本的又一条途径。随着技术的迅速发展和组织结构的加速演变,越来越多的企业注意与供应商建立密切而长期的关系。例如,随着准时生产制、精益制造、全面质量管理体系和敏捷制造系统的采用和推广,越来越多的企业已经减少了供应商的数量,并鼓励供应商直接参与企业的生产过程和分享有关的技术,这样一种伙伴关系可以显著改善产品的质量,节约时间和费用。沃尔玛和供应商就是采取这种合作的态度和方式,由于它的采购量大,所以一般从工厂直接进货,通过电脑联网,实现信息共享,供应商可以在第一时间了解沃尔玛的销售和存货情况,及时安排生产和运输,从而大大降低了供货成本。沃尔玛也就能将从中获得的优惠让利给客户。

(5) 采用先进的工艺技术

在多数商品生产过程中,总有几种或更多种生产工艺技术可供选择。在产出相同的情况下,如果某种工艺技术少消耗某种输入要素,而同时又不多消耗其他输入要素,那么,这种工艺技术就有一定的优越性。如果某种生产工艺技术虽多用了某些输入要素,但同时却少消耗了另一些输入要素,则这种生产工艺的相对成本效益高低取决于各种输入要素的相对价格。因此,美国等一些发达国家的跨国公司总是把组装厂建在巴西和菲律宾等一些发展中国家。

一般说来,工艺革新总是与采用新的设备有关。因此,那些迅速扩张和具有较强投资能力的企业容易取得技术和工艺的领先地位,一旦取得这种领先地位,企业就可以进一步降低能源和材料消耗,对于汽车和耐用电子消费品行业这一点非常重要。然而,要想使新的技术和工艺产生较高效益,必须对工作设计、雇员激励、产品设计、组织结构和管理体制进行变革。事实上,采用敏捷制造和计算机集成制造系统,并不仅仅是简单地建立一个新厂和安装一台新设备的问题。这些系统能否充分发挥作用,取决于产品的再设计、组织的重构和人力资源的变革。

(6) 强化物流成本控制

随着经济全球化和竞争的加剧,仅凭某一种手段来实现成本领先已经变得相当困难。因此,必须在整个价值链的各个环节上实施成本控制,而其中物流成本控制又是一个突出的环节。因为物流成本控制的水平实际上反映了一个企业的综合管理水平和控制能力。一个高效的物流管理系统可以使库存大量降低,资金周转加快,企业成本自然降低。例如,沃尔玛为了强化物流成本控制,建立了强大的配送中心系统,曾拥有全美最大的私人卫星通讯系统和最大的私人运输车队,所有分店的电脑和总部网络相连,配送中心从收到店铺的订单到向生产厂家进货和送货,只要两天的时间,而美国另外两家大型折扣商店凯马特和达格特则需要5天,沃尔玛的物流费用率比后者低60%以上。

3. 成本领先战略的陷阱

虽然成本领先可以给企业带来竞争优势,但采用这种战略也将面临一定的风险。

(1) 技术的迅速变化可能使过去用于扩大生产规模的投资或大型设备失效。例如,晶体管的发明和投产使原来大规模生产电子管的企业蒙受重大经济损失。一种新型工艺很可能导致原有工艺的过时和弃用,例如,数码相机的发明和广泛使用使胶片企业面临困境。

(2) 由于实施成本领先战略,高层管理人员或营销人员可能将注意力更多地集中在成本的控制上,以致无法看到消费者选择偏好的变化。随着经济的发展和人们收入水平的提高,可能关注的重点会从价格转移到产品的质量和特色上,因而过多地关注成本的降低,就容易忽略质量与技术创新。

(3) 为降低成本而采用的大规模生产技术和设备过于专一化,同时适应性差。在稳定的环境下,技术和设备的专一化也许不致引起多大的问题。但在动态环境下,由于较高的固定资产和专业性投入,规模大的工厂和企业往往比小企业更难适应需求的波动、产品结构和技术的变化。随着商业环境的日益动荡,企业应该由强调静态效率转向强调动态适应性。

(4) 当大企业和工厂通过大规模生产来降低成本时,人员的激励和部门之间的合作问题往往成为重要的制约因素。这些大企业往往容易产生劳动关系紧张的问题,增加管理成本,滋生浪费现象。

(5) 成本领先的战略逻辑要求企业就是成本领先者,而不是成为竞争这一地位的几个企业之一。如果没有一个企业能取得成本领先地位,并且"劝阻"其他企业放弃它们的成本领先战略,那么正如我国很多行业发生价格战的例子一样,众多企业同时追逐成本领先,对盈利能力和产业结构造成的后

果将是灾难性的。由于过度降价,利润率非但没有提高反而降低了。所以,成本领先是一种格外依赖于先发制人的战略。

二、差异化战略

1. 差异化战略的概念

差异化战略是指企业向顾客提供的产品和服务在行业范围内独具特色,这种特色可以给产品带来额外的加价。如果一个企业的产品或服务的溢出价格超过因其独特性所增加的成本,那么,拥有这种差异化的企业将取得竞争优势。简单点说,差异化战略就是想方设法造成产品和服务有别于竞争对手的特色,从而以溢价取胜的战略。

差异化战略是企业广泛采用的一种战略。事实上,一个企业将其产品或服务差异化的机会几乎是无限的,因为每个企业都有自己的特点,因而存在很多差异化的机会。当然,一个企业能否将其产品和服务差异化,还与产品的特性有密切的关系。例如,汽车和餐馆比一些高度标准化的产品如水泥和小麦等有更大的差异化潜力。一般说来,日用品在物理特性上存在较少的差异化机会,但即使在这种情况下,企业仍然可以通过良好的分销、库存控制、人员培训等突破产品特性对差异化的局限。

虽然企业可以通过各种方法实现产品和服务的差异化,但这并不意味着所有的差异化都能为顾客创造价值。差异化的目的是为了增加竞争力和盈利,因此,必须分析顾客需要哪种差异化,这种差异化所创造的价值是否超过它所增加的成本。也就是说,必须从消费者的角度看产品是否具有特色、产品质量高低和技术是否先进等,而不是站在企业尤其是站在偏好自己技术发明的技术专家的角度看。换句话说,企业必须了解顾客的真实需要和选择偏好是什么,并以此作为差异化的基础。差异化战略并不是简单地追求形式上的特点与差异,它所关注的问题也是企业战略要解决的基本问题,即:谁是企业的顾客?怎样才能创造价值?在满足顾客要求并盈利的同时,怎样才能比对手更有效率?

由于差异化战略的目的在于创造产品和服务的独特性,因此,很难通过一种简单的标准程序和方法获得差异化优势,但这并不意味着在追求差异化优势时科学的系统分析是无效的。为了保证差异化的有效性,必须注意两方面：第一，企业必须了解自己拥有的资源和能力，以及是否能创造出独特的产品；第二，从需求的角度看，必须深入了解顾客的需要和选择偏好。企业所能提供的独特性与顾客需要的吻合是取得差异化优势的基础和前提。

2. 差异化战略的优势

成功的差异化战略能够帮助企业对抗"五力"的侵蚀，在行业中获得高水平的收益，具体表现在以下四个方面。

（1）形成独特竞争优势

差异化本身可以给企业产品带来较高的溢价，这种溢价不仅足以补偿因差异化所增加的成本，而且可以给企业带来较高的利润，从而使企业不必去追求成本领先地位。产品的差异化程度越大，所具有的特性或功能越难以替代和模仿，顾客越愿意为这种差异化支付较高的费用，企业获得的差异化优势与收益也就越大。

（2）降低顾客敏感程度

由于差异化的产品和服务能够满足某些消费群体的特定需要，而这种差异化是其他竞争对手所不能提供的，因而顾客将对这些差异化产品产生品牌忠诚，并降低对价格的敏感性，他们不大可能转而购买其他的产品或服务。换句话说，差异化可以帮助企业建立品牌优势，缓冲竞争抗衡。由于差别化，顾客对该产品或服务具有某种程度的忠实性，当这种产品的价格发生变化时，顾客对价格的敏感程度不高。生产该产品的企业便可以在行业的竞争中形成一个隔离带，避免竞争者的伤害。

（3）增强讨价还价的能力

由于差异化产品和服务是其他竞争对手不能以同样的价格提供的，所以可以显著地削弱顾客的讨价还价能力。很显然，由于顾客缺乏可比较的选择对象，因而不仅对价格的敏感性较低，而且更容易形成品牌忠诚。这是很多名牌或特殊产品售价虽很高却拥有稳定消费群体的重要原因。产品差异化战略可以为企业带来较高的边际收益，降低企业的总成本，增强企业对供应者的讨价还价的能力。同时，由于购买者别无其他选择，对价格的敏感程度又降低，企业可以运用这一战略削弱购买者的讨价还价的能力。

(4) 防止替代品的威胁

企业的产品或服务具有特色,能够赢得顾客的信任,便可以在与替代品的较量中比同类企业处于更有利的地位。采用差异化战略的企业在对付替代品竞争时比其竞争对手处于更有利的地位。这同样是由于购买差异化产品的顾客对价格的敏感性较低,更注重品牌和形象,一般不愿意接受替代品。而事实上,很多替代品生产企业也总是选择那些对价格比较敏感的消费群体作为自己的目标市场。例如,人造革代替皮革,仿羊皮代替真羊皮,人造蟹肉代替蟹肉等,都是这方面的例子。

3. 差异化战略的陷阱

作为被企业广泛选择和采用的一种战略,差异化战略往往给企业带来相应的竞争优势,因为从本质上讲,顾客的选择偏好具有多样性,这种多样性是企业得以通过差异化创造竞争优势的前提。然而,在某些条件下,追求差异化的企业也会遇到一定的风险。

(1) 如果企业形成产品差别化的成本过高,大多数购买者难以承受产品的价格,企业也就难以盈利。竞争对手的产品价格降得很低时,企业即使控制其成本水平,购买者也会不再愿意为具有差异化的产品支付较高的价格,在经济衰退和人们收入水平明显降低时期尤其如此。

(2) 顾客曾经需要的产品差异的地位和作用逐渐下降。当顾客变得成熟时,就可能发生这种情况。例如,在每个家庭不能普遍使用空调时,风扇具有非常庞大的顾客群体,生产厂商相应推出了“自然风”、“四季风”、遥控风扇等。但是,随着购买者的成熟和消费水平的提高,这些功能逐渐变为“多余功能”,甚至风扇这项产品本身已经进入了发展停滞阶段。

(3) 竞争对手的模仿可以缩小顾客感觉到的产品差异,这是随着行业成熟而发生的一种普遍现象。事实上,企业能否通过差异化取得竞争优势,在一定程度上取决于其技术和产品是否易于被模仿。企业的技术水平越高,形成产品差异化时需要的资源和能力越具有综合性,被竞争对手模仿的可能性也越小。

(4) 顾客是否选择那些具有鲜明特性和独特功能的产品,不仅取决于这些产品与竞争对手的产品的差异化程度,而且也取决于顾客的相对购买力水平,并受经济环境的影响。如果获得成本领先地位的竞争对手提供的产品价格非常低，以致两者之间的价格差额足以抵消取得差异化地位的企业的特征、风格和形象，那么，试图通过差异化取得竞争优势的企业将面临风险。事实上，当经济环境恶化，人们的购买力水平下降时，顾客的注意力将会从产品的特色和包装转移到最一般的实用价值和功能上，对一些基本的生活用品尤其如此。因此，如果企业试图通过差异化来取得竞争优势，一方面，要清楚自己产品与竞争对手产品的主要差异在哪里——是有独特的功能，还是仅仅多了一些附加的功能；另一方面，还要分析这种差异能否作为顾客购买的长期基础，如顾客对这种差异的重视是否会轻易改变等。

4. 实现差异化战略的措施

差异化战略的核心是所提供的产品或服务要有被顾客感知的某种独特性，并给他们带来实用的价值或心理的满足。具体来说，实现差异化的途径主要有以下三种。

(1) 有形差异化

实现差异化战略的第一个途径，也是比较简单的途径，是从有形的方面对产品和服务实行差异化。很多产品差异化的潜力部分是由其物理特点决定的。对于那些技术比较简单，或者满足顾客简单需要，以及必须满足特定技术标准的产品，差异化机会主要受技术和市场因素的影响。而对那些比较复杂，或者满足顾客复杂需要，以及不必满足严格的标准的产品，将存在更多的差异化机会。

有形差异化主要涉及产品和服务的可见的特点，这些特点影响顾客的偏好和选择过程。它们包括产品的尺寸、形状、颜色、体积、材料和所涉及的技术。除以上因素外，有形差异化还包括产品或服务在可靠性、一致性、口味、速度、耐用性和安全性上的差异。实际上，延伸产品的差异也是有形差异化的重要来源，这些延伸产品包括售前售后服务、交货的速度、交货方式的适用性，以及将来对产品进行更新换代的能力等。对于一般消费品，以上差异化因素直接决定了顾客从产品获得的利益。而对生产资料，上述差异化因素影响购买企业在其业务领域盈利的能力。因此，当这些因素降低购买企业的成本或增强其差异化的能力时，它们将成为差异化的重要来源。

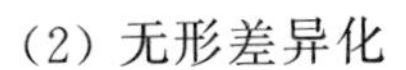

(2) 无形差异化

当顾客感觉产品或服务的价值并不取决于其有形的特性时,企业可以通过无形差异化取得竞争优势。实际上,顾客仅仅通过可见的产品特性或性能标准选择的产品数量是非常有限的。社会因素、感情因素以及心理因素都影响产品或服务的选择。对于一般消费品,人们对专有性、个性化和安全性的追求往往是强有力的刺激因素。当某种产品或服务是为了满足顾客的较复杂的需求时,差异化的关键在于企业产品的整体形象,这一点对那些质量和性能在购买时难以度量的"经验"产品或服务尤其重要。这些产品包括化妆品、医疗服务或教育等。换句话说,差异化不仅与产品的物理特性有关,而且可以扩展到产品或服务的很多方面,只要提供的差异能为顾客创造相应的价值。这意味着差异化包括企业与其竞争对手在所有方面的差异。因而,麦当劳在快餐业的差异化优势,不仅涉及其食品和饮料的特点,也不仅涉及其食品和饮料有关的服务,而且还与它对儿童的幸福和兴趣的关注有关。即是说,差异化是建立在企业的风格和价值观基础之上的。近些年来,我国各地兴起的"贵族"学校是通过无形差异化取得竞争优势的例子。这些学校满足了一部分学生家长无暇顾及子女又"望子成龙""望女成凤"的复杂心理要求,而其教育效果又只有经过一段时间(至少是几年)才能体现出来。

(3) 维持差异化优势

虽然传统上战略分析一直将取得成本领先地位作为建立相对竞争优势的基础,但实际上,维持成本领先地位比差异化优势更为困难。随着国际贸易和国际投资的增长,一些发达国家中原来靠成本领先取得竞争优势的企业都已面临来自新兴工业化国家和地区的竞争对手的严峻挑战。同样,我国沿海地区和国有大中型企业中原来依靠成本优势占领市场的的企业,现在不得不面对来自内地的乡镇企业和私有企业的挑战,后者可以买到更廉价的原材料,大量节约劳动成本。相反,通过加大研究与开发的力度,潜心研究顾客消费需求的特点,维持企业创造独特产品的能力来维持差异化优势,可能是一种更有效的方法,尤其是在竞争不断加剧、人们的生活水平越来越高同时更加追求多样化和个性化的经济和社会环境下。

三、集中战略

1. 集中战略的概念

所谓集中战略是将目标集中在特定的顾客或某一特定地理区域上，即在行业内很小的竞争范围内建立独特的竞争优势。这是中小型企业在和大企业竞争时广泛使用的一种战略。

与成本领先战略和差异化战略不同，集中战略不是为了达到全行业范围内的目标，而是围绕一个特定的目标开展经营和服务。换句话说，一个企业最好不要在自身没有独特竞争优势的很宽泛的行业内占有很小的市场份额，而最好在某一细分市场上占有很大的份额；一个企业不要试图满足一个消费者的所有需求，而最好用标准化和规范化的产品满足很多消费者的某一共同需求。采用集中战略的逻辑依据是：企业能比竞争对手更有效地为其狭隘的顾客群体服务，即企业能够更好地满足其特定目标的需要而取得产品差异，或能在为目标顾客的服务过程中降低成本，或两者兼而有之。从总体市场上看，也许集中战略并未取得成本领先或差异化优势，但它确实在较窄的市场范围内取得了上述一种或两种地位。三种一般战略之间的关系参见图 4-2。

2. 集中战略的优势

集中战略与其他两种竞争战略一样，可以防御行业中的各种竞争力量，使企业在本行业中获得高于一般水平的收益。这种战略可以用来防御替代品的威胁，也可以针对竞争对手最薄弱的环节采取行动：形成产品的差异化；或者在为该目标市场的专门服务中降低成本，形成低成本优势；或者兼有产品差异化和低成本的优势。在这种情况下，竞争对手很难在目标市场上与之抗衡。这样，企业通过在竞争中成功地运用重点战略，就可以获得超过行业平均水平的收益。

3. 集中战略的陷阱

企业在实施重点集中战略的时候，可能会面临以下风险。

（1）向较窄的目标市场提供产品所引起的高成本风险，因为有些狭小的市场难以支撑必要的生产规模；或者以较宽的市场为目标的竞争者采用了同样的重点集中战略；或者竞争对手从企业的目标市场中找到了可以再细

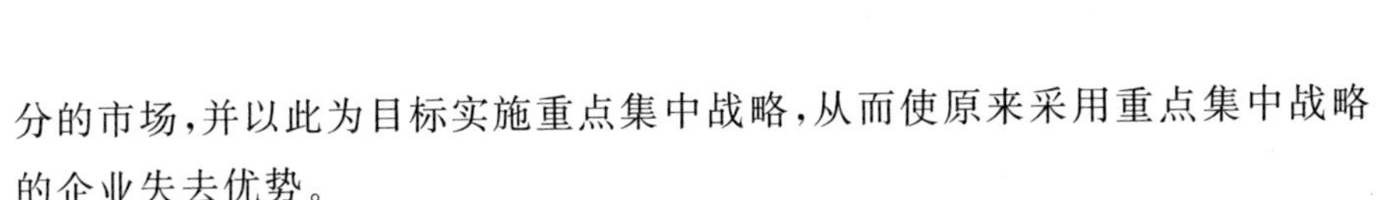

分的市场,并以此为目标实施重点集中战略,从而使原来采用重点集中战略的企业失去优势。

(2) 当由于技术进步、替代品的出现、价值观念的更新、消费者偏好变化等多方面的原因,目标市场与总体市场之间在产品或服务的需求差别变小时,企业原来赖以形成重点集中战略的基础也就失掉了。

(3) 在较宽的范围经营的竞争对手与采取集中战略的本企业之间在成本上的差距日益扩大,抵消了企业为目标市场服务的成本优势,或者抵消了通过重点集中战略而取得的产品差别化,导致重点集中战略的失败。

集中战略有时也会遇到另外一些风险。例如,地方企业因为运输成本的原因,在一些地理区域市场处于有利地位,但会因交通工具发达而失掉市场。在狭小市场的部分产品的差异化和成本优势也可能因其他条件变化而削弱。总之,集中战略对外部环境变化的适应性较差。

4. 实现集中战略的前提和措施

与成本领先和差异化战略相比,集中战略是一种比较局限的竞争战略。只有符合以下条件,集中战略才能取得好的效果:

(1) 定位于多细分市场的竞争厂商很难满足某一小块目标市场的专业或特殊需求,或者满足这个市场的专业化需求的代价极其昂贵;

(2) 没有其他竞争厂商在相同的目标细分市场上进行专业化经营;

(3) 整个行业中有很多的小市场和细分市场,但企业没有足够的资源和能力进入其他更多的细分市场,这时,一个集中型的厂商就会选择与自己的强势和能力相符的有吸引力的一小块目标市场。

除将成本领先战略和差异化战略的实施途径相结合外,还可以通过填补市场中的一系列缺口实现集中战略,如图 4-7 所示。

(1) 补充相关市场内缺乏的一个产品系列(产品系列缺口);

(2) 填补通往相关市场或在相关市场内的不完善或不健全的销售渠道体系(销售缺口);

(3) 利用未得到充分利用的现有市场潜力(市场缺口);

(4) 利用竞争对手的销售缺口(销售缺口)。

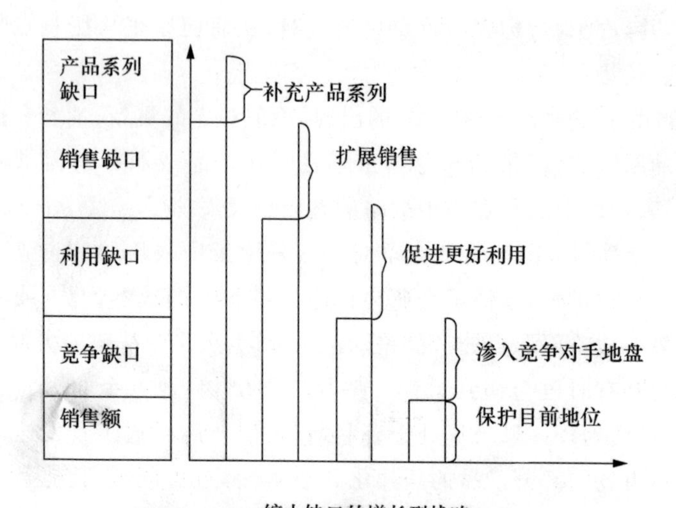

图 4-7　集中战略的实施

四、竞争战略的选择

三种一般战略的概念非常重要，为管理人员提供了思考如何竞争和取得竞争优势的方法和科学依据，但是，究竟选择哪种竞争战略却往往难以抉择。企业遇到的实际情况比较复杂，并不能简单地归结为应该采用哪一种基本战略。而且，企业采取何种战略还取决于其产品组合和市场范围。对不同的产品，企业可能采用不同的竞争战略，而且所谓的成本领先或差异化也只是相对而言。这里，我们首先总结三种竞争战略的不同要求，如表 4-1 所示。

表 4-1　三种竞争战略的不同要求

战略类型	对企业资源与能力的要求	对企业的一般性要求
成本领先	• 持久的资本投入 • 对工艺流程的持续改进 • 严格的劳动和过程监控 • 易于制造的产品设计 • 低成本的分销渠道与销售系统	• 严格的成本控制 • 频繁的详尽的控制报告 • 结构严密的组织结构，责任明确 • 基于严格的定量目标的激励

(续表)

战略类型	对企业资源与能力的要求	对企业的一般性要求
差异化	• 强大的市场营销能力 • 优良的产品工艺设计 • 先进的技术研发能力 • 质量和技术领先的良好声誉 • 对市场和用户需求的时刻关注与准确把握 • 销售渠道的有力配合	• 技术研究、新产品开发及营销的强有力协同 • 加入主观的评价和激励而非完全的定量目标 • 吸引高技术人才、创造性人员和高技能劳动力加入组织
目标聚集	针对特定战略目标的以上各项政策的组合	针对特定战略目标的以上各项政策的组合

假设不同企业的产品或服务的适用性基本类似,那么,顾客选择其中一家而不是购买其他企业的产品可能是基于各种原因——这家企业的产品或服务的价格比其他公司的低,或者顾客认为这家企业的产品或服务的价值比其他厂家的要高。也就是说,该家企业的产品或服务有更高的期望附加值,即顾客愿意花更高的价格去买该企业的产品。将价格和期望附加值综合在一起考虑,企业实际上将沿着以下 8 种途径之一去完成自己的经营行为,其中一些路线是可能成功的途径,而另外一些路线却极有可能导致企业的失败。我们将这一竞争战略的选择模型称为“战略钟”,如图 4-8 所示。“战略钟”是一个基于市场的战略选择模型,它将三种一般竞争战略进行了综合,比较全面地反映了企业可以选择的具体途径,可以作为三种竞争战略的重要延伸和补充,以及选择竞争战略的参考和依据。

1. 低价低值战略(途径 1)

低价低值途径(图 4-8 中的第 1 条途径):这条途径看似没有吸引力,但却有很多公司按照这一路线经营得很成功。这一战略是在降低期望附加值的同时降低价格,这时企业关注的是对价格非常敏感的顾客群和细分市场。在这些细分市场内,虽然顾客认识到产品或服务的质量很低,但他们买不起或不愿买更好质量的商品。实际上,低价低值战略是一种很有生命力的战略,因为无论在哪个国家或地区,总有一部分人的收入比较低,他们不可能去选择那些有较高附加值但价格很昂贵的商品,况且理解附加值更多地体现在产品的特色和差异上,而不是基本的效用和功能上。我们周围的便民店、简易的理发店以及街头小贩的长盛不衰已足以说明这一点。

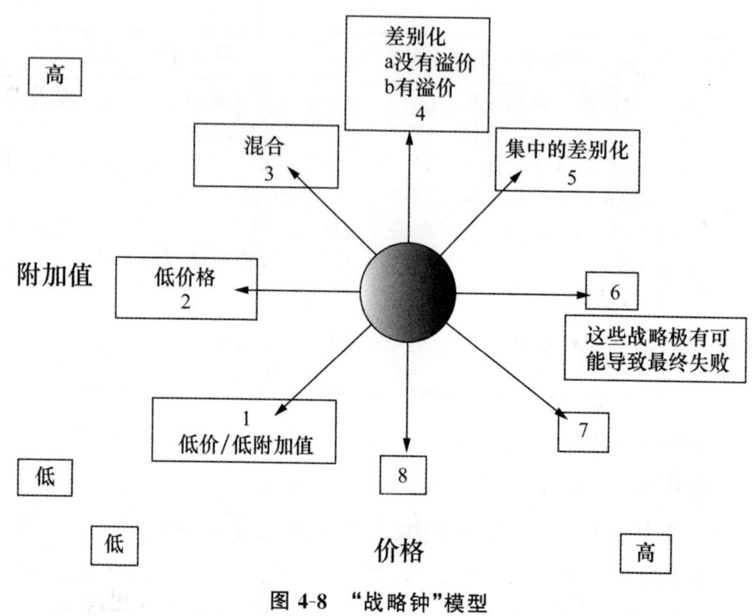

图 4-8 “战略钟”模型

2. 低价战略(途径 2)

途径 2 是企业在建立竞争优势时常用的典型途径,即在降低价格的同时,努力保持产品或服务的质量不变。与途径 1 不同的是,竞争者易于对这种战略进行模仿,也降低价格。在这种情况下,如果一个企业不能将价格降低到其竞争对手的价格以下,或者顾客难以对产品的质量水平做出准确的判断,那么,采用低价战略可能是得不偿失的。要想通过这一途径取得成功,企业必须取得成本领先地位。因此,途径 2 实际上就是成本领先战略。对不具有成本领先地位但又准备参加价格战的企业而言,其危险就是减少其本身在行业中的总收入,进而使其再投资和开发新产品的能力降低。然而,令人遗憾的是,有很多企业经常在不清楚自己的成本地位的前提下,盲目地发动降价,触发价格战,不仅本身深受其害,而且使整个行业的利润降低。

3. 混合战略(途径 3)

在某些情况下,企业可以在为顾客提供可感知的附加值的同时保持低价格。而这种高质低价战略能否成功,既取决于企业理解和满足顾客需求的能力,也取决于是否有保持低价格的成本基础,并且很难被模仿。

可能有人这样认为,如果已实现了差异化,就不需要降低价格了,或者如果已实现成本领先,就不需要差异化了。实际上,在很多市场,尤其是已被其他企业占领的市场,仅靠一种优势可能并不足以打开一个市场,尤其是在已有品牌有很高知名度和顾客忠诚的情况下。因此,可以将混合战略作为进入已存在竞争者市场的战略。这是许多日本公司在全球范围内开创新市场的一种战略。它们在竞争对手的业务组合中寻找“松动的砖”——也许是在世界范围内某个经营很差的地区,然后以更好的产品打入那个市场,如果必要,价格也会定得很低。其目的是为了获得市场份额,转移竞争者的注意力,为它们将来进一步占领市场打好基础。但是,实施这样一种战略时,很重要的是要保证以下两点:(1) 总成本很低可以维持一定的收入;(2) 在进入市场时,应考虑一个分步实施的战略。

如果企业能同时获得成本领先和差异化的竞争优势,则回报将是巨大的,因为在这种情况下收益可能是累加的——差异化会带来价格溢价,与此同时,成本领先则意味着成本的降低。在其细分市场上获得成本领先和差异化优势的企业,如美国金属容器业的皇冠盖封公司(Crown Cork and Seal),将目标定在啤酒、软饮料和烟雾剂产业里的所谓“难对付”的瓶罐上——它仅生产钢罐,而不生产铝罐。

在以下三种情况下,企业能同时取得成本领先和差异化的优势地位。①

(1) 竞争对手夹在中间。所谓夹在中间是指致力于追求成本领先地位却劳而无获的企业,它们不具有任何竞争优势。当竞争对手都被夹在中间时,其中任何一个都没有足够的优势解决降低成本和提高差异化的矛盾,这正是皇冠盖封公司面临的情况。

(2) 成本受市场份额或行业间相互关系的强烈影响。当成本地位在很大程度上取决于市场份额而不是产品的设计、技术水平、提供的服务或其他因素时,企业也许可以获得成本领先和差异化优势。

(3) 企业首创一项重大革新。一项重大技术创新往往可以使企业在降低成本的同时增强其产品和服务的差异性。例如,采用新型自动制造技术,将新的信息系统技术引入后勤管理或使用计算机进行产品设计等。

---

① 迈克尔·波特著:《竞争优势》,陈丽芳译,2014 年版,第 16—17 页。

4. 差异化战略(途径 4)

实际上,这是一个广泛使用的战略,即以相同的或略高于竞争者的价格向顾客提供可感受的附加值,其目的是通过提供更好的产品或服务来获得更多的市场份额,或者通过稍高的价格提高收入。如前所述,企业既可以采取有形差异化,也可以采取无形差异化战略,具体地说,可以通过以下各项措施实现差异化战略。

(1) 保持产品的独特性并不断做出改进。应该强调的是,产品的独特性应该是顾客所愿意接受的,而不应该是设计人员自以为是的矫揉造作的产物。

(2) 通过一定的营销方法说明产品或服务怎样比竞争对手更能满足用户的要求。采用这一战略时要有名牌产品或独特的促销方法。如美国的 Levis 服装、汉森食品、中国的海尔冰箱和联想家用电脑等。

差异化战略能否成功取决于许多因素,以下几个问题尤为重要。

(1) 采用差异化战略的公司一定要弄清楚顾客是谁,他们的需求是什么,他们认为最有价值的是什么。例如,当一个台球桌生产企业向商业台球厅或体育俱乐部提供台球桌时,其顾客到底是台球厅的经营者、体育俱乐部的负责人,还是打台球的人。他们可能有不同的需求或价值观,如果采用差异化战略,应该以谁为基础?毫无疑问,准确判断顾客及其需求是差异化战略得以成功的基础和前提。

(2) 管理人员、技术和产品开发人员经常想当然地理解顾客或利益相关者的价值判断,这是非常危险的。一般说来,管理人员在制定和实施战略时,要么以传统的经营方法和他们想当然的经验为基础,要么以组织拥有的资源和技能为基础。而实际上这是不够的,因为企业以其自身资源和技能所创造的差异化,并不一定符合顾客的价值标准和要求。因此,要成功地实施差异化战略,企业的管理人员必须接近市场,对顾客的选择偏好和价值观十分敏感,并且要保持适时做出反应的能力。

(3) 企业所提供的差异化应该是竞争对手难以模仿的。要实现这一点,企业或者拥有特殊的远高于行业水平的技术,或者掌握了特殊的生产配方或工艺诀窍。一般说来,以模仿组合活动或功能为基础的差异化,比模仿产品的某些功能或特色要难得多。例如,我国生产的很多产品之所以在国际市场上缺乏竞争力，除与技术水平有关外，还与基础工业的薄弱和管理水平的低下有关。

(4) 试图在静态基础上通过差异化来获得竞争优势是有问题的。原因有两个，其一是在许多市场中顾客的价值判断是不断变化的，即差异化的基础在不断变化，因此，必须对差异化战略的重点进行调整；其二，即使顾客的价值观和选择偏好相对稳定，但随着时间的推移，竞争对手也会逐渐模仿企业的产品，其隐含的意思是采用差异化战略的企业必须不断地更新其差异化的标准，保持战略的不断变化。

5. 集中差异化战略(途径 5)

在某些情况下，企业可以采取高质高价战略在行业中竞争，即以特别高的价格为用户提供更高的使用价值。但是，如果采用这样的战略，就意味着企业在特定的细分市场内参与经营和竞争。事实上，这也许是一种真正的优势。在大轿车市场中，许多竞争者都在同一市场中进行竞争，在这种情况下，一个公司想说服顾客，让顾客相信该公司的产品与其他竞争者的产品不同，这是很困难的。宝马(BMW)也是一个轿车生产商，但它并不直接与其他的生产商竞争，而是以特别高的价格向顾客提供带有很高的可感知的附加值的产品。值得指出的是，我国很多企业并不清楚如何维持自己所特有的竞争优势，或者轻易放弃自己的特色或差异性，或者盲目地扩大生产规模以扩大市场范围，殊不知一些特殊产品或高价产品的市场容量总是有限的。当然，采用集中差异化时还会遇到以下重要的问题。

(1) 企业必须在跨市场的广泛差异化(途径)和集中差异化两类战略之间做出选择。事实上，全球的企业管理人员都必须在不断涉足全球化市场和集中经营这两个战略之间进行选择和决策，采用前一种战略旨在取得全行业范围内的竞争优势，但易于受到竞争对手的关注和模仿，同时对企业的实力和规模有更高的要求。后一种战略旨在在特定的目标市场内取得差异化优势，虽然对企业的技术实力有很高的要求，但因市场容量有限，所以也许是那些技术水平高但规模和资金并不十分雄厚的企业首选的战略。

(2) 明确企业是在哪个特定的细分市场内，通过满足顾客哪些需要进行竞争是至关重要的。如果一个企业想在不同的细分市场内满足不同的需求，那么，它就很难实施集中差异化战略。例如，如果一个装修豪华、购物环境十分舒适的大型百货商场，试图出售各种不同档次的商品，则其很难实现上述目标。它也许想通过上述经营方式吸引不同的顾客，但其商店的设备和装置、环境和员工却没有根据不同细分市场的需要进行差异化，这样往往会使其产品和服务既没有价格优势，也没有差异化优势。这是我国很多大型百货商场和宾馆饭店经营绩效低下的一个重要原因。

（3）集中战略有时可能与利益相关者的期望相矛盾，在公共服务领域尤其如此。例如，如果一个公立医院撤出需求低、价格也低的医疗服务业务，而将资源更多地投放到为高薪阶层服务的业务中去，那么，它也许会以更低的成本高效运营，虽然效益会更好，但会遭到很多人的反对。同样，电力和通信邮电部门也会遇到类似的问题。实际上，很多企业经营不是简单地回答如何实现利润最大化的问题，有时还要涉及复杂的社会伦理与责任问题。

（4）所谓集中和差异化都是一个相对的概念，因此，必须随时注意顾客需求和市场范围的变化，今天仅有 2000 人的市场，明天也许会增加到 4000 人。此外，随着经济环境和社会价值观的变化，细分市场之间的差别可能会消失。在这种情况下，企业将面临更多的竞争对手。另一方面，企业还必须注意保持适度的市场规模，同时要防止目标市场被竞争对手进一步细分和蚕食。

6. 失败的战略（途径 6，7，8）

图 4-8 中途径 6，7，8 一般情况下可能是导致企业失败的战略。途径 6 提高价格，但不为顾客提供可感知的附加值。除非企业处于垄断的地位，否则不可能维持这样的战略。当然，垄断性行业的企业或者在卖方市场条件下产品供不应求时，可以采用这样的战略，其前提是没有竞争对手提供类似的产品和服务，否则，竞争对手很容易夺取市场份额，并很快削弱采用这一战略的企业的竞争地位。

途径 7 是途径 6 的更危险的延伸，降低产品或服务的使用价值，同时却在提高相应的价格。

途径 8 在保持价格不变的同时降低附加值，这同样是一种危险的战略。但与途径 6 相比，这种战略可能采取较为隐蔽的形式，在短期内可能不被那些消费层次较低的顾客所察觉。但从长期的角度看，这种战略同样是不能持久的。这是许多饭店和旅馆开业初颇为红火，但过不了很久就生意萧条

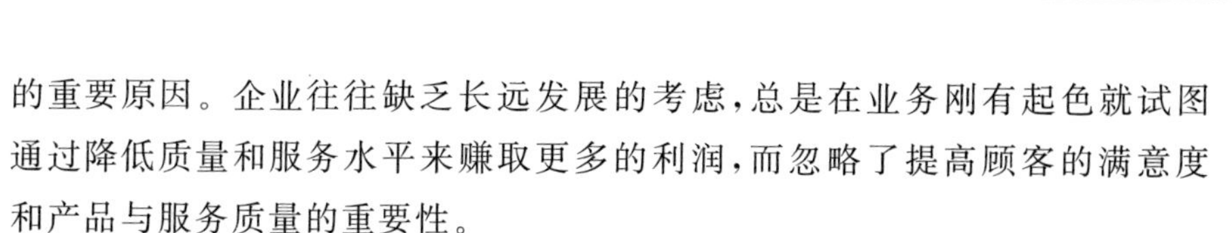

的重要原因。企业往往缺乏长远发展的考虑,总是在业务刚有起色就试图通过降低质量和服务水平来赚取更多的利润,而忽略了提高顾客的满意度和产品与服务质量的重要性。

"战略钟"是一个基于消费者价值判断的战略选择模型,它将三种一般战略进行了综合。它比较全面地反映了企业可以选择的具体途径,可以作为三种一般战略的重要延伸和补充。

第二节　公司层战略

公司层战略主要考虑企业应该进入哪个行业,在多大的经营领域内从事自己的经营活动等问题,如:下一步应选择哪些领域和行业?在已有的市场内如何扩大企业的市场份额?企业主要通过内部积累还是通过外部收购来寻求增长?企业在增长过程中是以本身的技术还是市场作为考虑的基点和核心?如何应对可能出现的不利环境变化及应对已发生或潜在的危机?下面,我们将就几种公司战略的类型进行介绍。

一、密集型成长

密集型成长是指企业在原有生产范围内充分利用在产品和市场方面的潜力来求得成长和发展,也称集约型成长,主要包括市场渗透、市场开发和产品开发三种形式,如图 4-9 所示。图 4-9 中的多元化成长将在后面介绍。

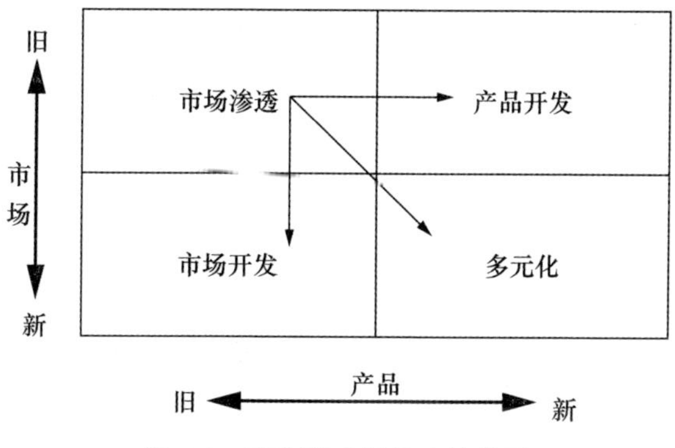

图 4-9　密集型成长战略的类型

1. 市场渗透

市场渗透是指企业生产的老产品在已有的市场上进一步渗透，扩大销量。即是说，产品还是过去的产品，市场还是原来的地理区域或消费群体，但要在已有的市场将老产品卖得更多。具体的做法主要如下。

（1）尽量使老顾客增加购买数量，如增设销售网点、增加使用次数等。例如宝洁、联合利华等公司在牙膏市场基本饱和之后，开始采用广告劝说顾客在每次用餐之后刷牙，通过增加每天刷牙的次数提高产品销量。

（2）争夺竞争对手的顾客。这就要求自己的产品质量好，价格便宜，服务周到，广告宣传力度强，要能够在一个或多个方面击败竞争对手，吸引竞争对手的顾客购买自己的产品。

（3）争取一些潜在的新用户，如采取赠送赠品或试用装等促销活动，激发消费者购买产品的兴趣。化妆品公司常采用这一方法说服原来不使用化妆品的顾客使用自己的产品。

虽然市场渗透可能给企业带来增加市场份额的机会，但能否采取这一战略不仅取决于企业的相对竞争地位，还取决于市场的特性。一般地说，当整体市场在扩大时，不仅占据领先地位的企业可以增加市场份额，那些只占有少量市场份额以及那些新进入市场的企业也比较容易扩大它们的销售量。例如，前些年由于基本建设规模急剧扩大，对钢材和电力的要求迅速增加，所以不仅大型钢铁企业和发电厂生意兴隆，利润丰厚，那些小型钢铁厂也迅速扩大了生产规模和销量，同时还新出现了很多小型火力发电厂。相反，在稳定和下降的市场中却很难实现市场渗透，这是因为这两类市场的需求已趋于饱和，基本上已经没有潜在顾客可以争取。在这种情况下，占有少量市场份额的企业也很难再扩大它们的市场份额，因为市场领先者的成本结构或品牌效应会阻止这些企业的进一步渗透。当然，这并不意味着占有少量市场份额的企业绝对没有市场渗透的机会，当某一细分市场容量过小，对领先者来说已无利可图，或者领先者疏于防守时，其他企业就可以通过这一细分市场向更广的市场进行渗透。如前所述，这正是一些日本公司在全球市场竞争时常常采取的战略。

2. 市场开发

市场开发是指用老产品去开发新市场。当老产品在老市场上已无进一步渗透的余地,或者新市场的发展潜力更大,或者新市场的竞争相对缓和时,企业都可以考虑采用市场开发战略。市场开发包括进入新的细分市场,为产品开发新的用途,或者将产品推广到新的地理区域等。例如,美国强生公司的婴儿沐浴乳原来只是用于婴儿,但随着美国婴儿出生率的下降,该公司决定将这一产品推向成人市场,并开展了颇有声势的广告促销活动。结果在短时期内,该公司的婴儿沐浴乳成为整个市场的领先品牌。杜邦公司是通过为产品开发新用途而实现市场开发的典型例子。例如,该公司生产的尼龙最初是做降落伞的原料,后来又做妇女丝袜的原料,之后又做男女衬衣的主要原料。每一种新用途都使该产品进入新的生命周期,从而延长了产品的寿命,为杜邦公司带来了源源不断的利润。

将产品推广到新的地理区域是实现市场开发的又一条重要途径。例如,可以将在城市不太时髦的产品推向农村,因为一般情况下,无论从消费档次上还是从式样上,与城市消费者相比,农村消费者都有一定的滞后性。这也是发达国家的跨国公司在全球经营时经常采用的战略,即将在本国技术上已经落后或已进入饱和期的产品推向发展中国家市场,进而再倾销到欠发达地区。当然,采取市场开发战略并不一定把经济发展水平的差距作为前提,如我国企业同样可以将高质量的产品如海尔冰箱以及有特色的传统产品推广到发达国家和地区。

能否采取市场开发战略来获得增长,不仅与所涉及的市场特征有关,而且与产品的技术特性有关。在资本密集型行业,企业往往有专业化程度很高的固定资产和有关的服务技术,但这些资产和技术很难用来转产其他产品,在这种情况下企业有特色的核心能力主要来源于产品,而不是市场,因而不断地通过市场开发来挖掘产品的潜力就是企业的首选方案。一些拥有技术诀窍和特殊生产配方的企业也比较适合采用市场开发战略,如可口可乐、百事可乐以及肯德基等。

3. 产品开发

产品开发是指采用改进老产品或开发新产品的办法来增加企业在老市场上的销售量。这就要求增加产品的规格、式样,使产品具有新的功能和用途等,以满足目标顾客不断变化的要求。毫无疑问,产品开发和市场开发往往是同步或相继进行的,二者有非常紧密的联系。一方面,进入新的细分市场(市场开发)要求开发现有产品的替代品或新的功能和特性(产品开发),另一方面,产品的更新和再设计,也需要新的细分市场的支撑。因为很多产品,如家用电器等,有比较长的使用期,这些产品的老用户不会在短期内更换,而新顾客却已通过老用户了解了现有产品的特点和不足,并对性能等提出了新的更高的要求。所以,企业必须设计出新产品或对老产品加以改进才能满足这些新用户的要求。也就是说,产品开发和市场开发往往是交替进行的。例如,微软公司最早的视窗操作系统是 Windows 95,随着顾客使用中发现的系统漏洞的增加以及他们对系统功能要求的提高,微软随后相继推出了 Windows 98、2000、XP、Vista 和 Win7 等一系列系统,这些产品在针对老用户的同时,不断加入新的细分市场和客户。

一般说来,技术和生产导向型的企业更乐于通过产品开发来寻求增长,这些企业或者具有较强的研究和开发能力,或者其市场开拓能力较弱。但无论出于何种原因,一旦产品开发获得成功,往往可以给企业带来较丰厚的利润。

然而,成功地进行产品开发并非易事,它往往伴有很高的投资风险。有研究表明,新产品开发的失败率对消费品来说约为 40%,工业品为 20%,服务为 18%。新产品开发之所以失败的原因固然很多,如市场环境的急剧变化、新技术的出现以及国际上发生重大政治事件等,但企业在整个开发过程中没有坚持正确的路线和原则也是非常重要的原因。一般地说,产品开发应遵循以下一些原则:(1) 在选择市场机会和设计产品时要充分重视市场的作用,更关心产品的市场定位而不是强力推行某个管理和技术人员所喜欢的产品构思;(2) 从战略的角度上看,企业应重点开发围绕其核心能力和技能为基础的产品,并在此基础上构建其长期发展的技术基础和竞争优势;(3) 在产品开发过程中充分借鉴顾客、供应商和销售人员的意见,并尽可能地与竞争对手的产品做出对比判断,同时要强调各部门之间的交流与协作,以及在必要时使用外部公司的技能等。

采用密集型成长战略需要特别注意以下两个问题。首先,采用密集型成长战略的企业倾向于采用非价格的手段同竞争对手抗衡。这是由于采用了增长型战略的企业不仅在开发市场上下工夫,而且在新产品开发、管理模式上都力求具有竞争优势,因而其赖以生存和作为竞争优势的并不会是损

伤自己的价格战,而总是以相对更为创新的产品和劳务以及管理上的高效率作为竞争手段。其次,密集型成长战略鼓励企业的发展立足于创新。这些企业常常开发新产品、新市场、新工艺和产品的新用途,以把握更多的发展机会,谋求更大的风险回报。因此,采用这一战略的企业应当注意选择高于经济平均发展速度的部门作为增长基地,选择部门中发展最快的行业作为重点,选择该行业中发展特别迅速的市场作为经营领域。

4. 退出与巩固

前面几部分我们重点讨论了企业在原有生产范围内如何成长和发展的问题,采取以上多种成长战略的基本前提是企业仍有较大的发展空间。但实际上,由于行业发展状况、市场竞争以及企业自身的实际情况等原因,许多企业不得不考虑相反的问题,即巩固现有市场甚至退出现有市场的问题。在以下一些情况下,企业可能主动或被迫采取退出和巩固战略。

(1) 当市场对某种产品的需求严重下降,企业的产品或资产的价值实际上已大为降低时,企业可能要果断地放弃这些产品。这对那些做投机买卖如能源、金属、土地或房地产等的企业来说尤其重要。

(2) 在全球经济和国内宏观经济严重衰退、银根紧缩、企业的制造成本和销售成本均面临通货膨胀压力、短期内难以消除危机的情况下,企业需要考虑采取退出部分市场或放弃部分产品的战略。

(3) 大型企业或分散化的企业常常有很多子公司,有些子公司是企业在大规模扩张过程中为了获得财务上的好处而收购来的,它们的产品和技术与企业的主导产品或核心技术并没有太多的联系。在这种情况下,企业在适当时机可以考虑再将这些子公司出售。

(4) 在一些情况下,当企业的经营状况不断变坏时,企业有必要从一些活动中退出,以积累和保存资金,减少损失。这可以看做是企业整体巩固和成长战略的一部分。

(5) 退出的一种极端形式就是清理。所谓清理是指企业由于无力偿还债务,不得不通过出售或转让企业的全部资产来偿还债务。清理包括自动清理与强制清理两种,前者一般由股东决定,后者由法庭做出裁决。清理战略是所有战略中最为痛苦的选择,对于单一品种经营的企业,它意味着企业寿命的终结;对于多种经营的企业,它意味着要关闭一定数量的工厂和解雇一部分员工。通常情况下，这是所有其他战略均不奏效时才采用的一个战略。

(6) 巩固战略是一种无增长战略，其目的在于保持企业已有的竞争地位。处于行业领先地位的企业和其他地位的企业都可能采取这一战略。前者是为了维持其在行业中的高利润，后者可能因为自己的实力有限，难以扩大市场份额，或者虽然面临新进入者的威胁，但目前的市场地位能够使它们能获得很大的利润，因此，它们愿意花一定的代价来巩固这种地位。传统上，很多企业通过增加营销费用来巩固它们在市场中的地位，但近年的研究发现，这并不是巩固市场地位和改善经营状况的好方法。对那些市场份额较低的公司，过多的营销支出会降低投资收益率。同样，通过资本投资来提高劳动生产率以达到巩固市场地位的方法，在很多情况下并不奏效。相关研究表明，增加资本密集度可能会降低投资回报。但是，那些在市场中已经处于领先地位或有利地位的企业，可以通过提高资本密集度来改善经营绩效。因为这些企业不可能遇到激烈的价格竞争，并且能够通过追加投资来减少设计成本和生产成本。

二、一体化成长

在上面，我们讨论了企业如何在原有生产范围内求得成长和发展的问题，即企业怎样通过改进老产品或设计新产品适应老顾客的需求变化，以及如何将已有产品推向新的市场，尤其是新的地理区域的问题。而在这一部分，我们将讨论企业应该如何处理其经营范围，主要是如何处理那些与企业当前活动有关的竞争性活动和上下游生产活动的问题。

一体化，尤其是纵向一体化，是企业确定最佳经营范围时要涉及的核心问题之一，它主要涉及交易费用在决定企业边界以及企业内外部关系时的作用。纵向一体化是很多大企业面临的最重要的战略问题之一。例如，非一体化在许多行业已经成为一个重要的倾向和企业重构的重要内容。事实上，汽车配件生产企业和汽车制造商、芯片设计者和生产者、消费品生产商和零售商之间纵向关系的重新确定，已经成为这些企业寻求新的竞争优势的重要手段，其实质是在纵向一体化和市场交易之间取得平衡，从而获得两者相结合的利益。

实际上,每个企业都要涉及交易内部化的问题,或者说在多大程度上实现纵向一体化的问题,这类决策的实质是决定“造”,还是“买”。当然,实际情况要更复杂一些。例如,有些企业可能完全在其内部进行交易,有些企业可能完全是外部交易,还有另外一些企业介于两者之间,既有内部交易也有外部交易。如可口可乐公司既通过特许经营方式,让一些灌装厂出售其产品,同时本身也拥有自己的瓶装厂。

如何组织交易对一个企业来说是至关重要的战略决策,因为它涉及企业内部生产体系、分销渠道以及营销职能的构造。下面我们进一步探讨企业的一体化成长问题。

1. 一体化成长的概念

从组织形式上看,人们习惯性地把一体化简单地理解为联合化,即把两个或两个以上的原本分散的企业联合起来,组成一个统一的经济组织。这种统一的经济组织可以称为联合企业或工业中心。需要指出的是,一体化并不是企业之间的简单联合,这些企业在生产过程或市场上应该有一定的联系。

在资本主义工业发展史上,按企业之间结合紧密程度的不同,联合企业又有低级形式和高级形式之分。首先出现的一种低级联合形式叫卡特尔(Cartel),它是指同类性质的企业为避免互相竞争而对一时期内的产量和价格等达成协议,采取统一的行动。参加卡特尔的各企业只需要遵守共同的协议,各自仍是独立的法人,独立性较强。随后又出现另一种联合形式叫辛迪加(Syndicate),其特点是设立一个统一的销售机构,各企业的产品都要集中到这个机构,自己不能自行销售其产品。由于统一销售,参加辛迪加的企业的独立性比参加卡特尔的要差,但各企业仍是独立的法人。在此之后出现的联合企业叫托拉斯(Trust),它是企业联合的高级形式,其特点是把各参加企业的生产销售活动都统一起来,组织得更严密。参加托拉斯的企业已无独立性可言。它们只是联合企业的股东,而不是法人。最后出现的联合企业叫康采恩(Konzern),它是多个企业以一个大垄断企业为核心的联合,虽然各组成企业是独立法人,但总部要对各组成企业的投资和产品开发等进行总体协调。

很显然,按组织形式和联合企业的活动方式来对一体化进行定义或概括并不充分。换句话说，一体化并不完全等同于企业联合，尽管在很多情况下企业的一体化可能是通过企业之间的联合和收购实现的。

一般说来，所谓一体化主要指以下三种典型的生产经营活动。

(1) 水平一体化(horizontal integration)，即开展那些与企业当前业务相竞争或相互补充的活动，它是企业以兼并处于同一生产经营阶段的企业为其长期活动方向，以促进企业实现更高程度的规模经济和迅速发展的一种战略。例如，一家咖啡店也销售餐点、咖啡器具和当地的明信片等。

(2) 后向一体化(backward integration)，即沿着与企业当前业务的输入端(价值链的前端)有关的活动向上延伸。例如，原材料、能源、设备和劳动力都是制造类企业的重要的输入要素。因此，如果一家啤酒厂以前是从玻璃厂购买啤酒瓶，而现在与玻璃厂实现某种程度的联合，让它专门生产啤酒瓶，或者它自己建厂生产啤酒瓶，都是后向一体化。

(3) 前向一体化(forward integration)，即沿着与企业当前业务的输出端(价值链的后端)延伸，如运输、销售、维修和售后服务以及下加工等，都是围绕输出端的活动。如一家轧钢厂与一家购买其钢材的钢管厂实行联合等。后向一体化和前向一体化统称为纵向一体化或垂直一体化，即企业沿着生产过程和价值链的上下游开展活动。

2. 一体化成长的成本与收益

(1) 水平一体化的成本与收益

水平一体化战略能为企业带来各种收益与优势。

• 规模经济。水平一体化通过收购同类企业达到规模扩张，这在规模经济性明显的行业中，可以使企业获取充分的规模经济，从而大大降低成本，取得竞争优势。同时，通过收购往往可以获取被收购企业的技术专利、品牌名称等无形资产。

• 减少竞争对手。横向一体化是一种收购企业的竞争对手从而实现增长的战略。通过实施水平一体化，可以减少竞争对手的数量，降低产业内相互竞争的程度，为企业的进一步发展创造一个良好的产业环境。

• 较容易的生产能力扩张。水平一体化是企业生产能力扩张的一种形式，这种扩张相对较为简单和迅速。

当然，没有任何一项战略举措是有利无弊的。横向的水平一体化也有

其自身的劣势。

• 管理成本提高。由于水平一体化需要协调多项业务和产品线上的活动,这必将增加协调的时间和支出。另外,目前多采用收购与兼并的方式实现横向一体化,由于母子公司在历史背景、人员组成、业务风格、企业文化、管理体制等方面存在着较大的差异,因此母子公司的各方面的协调都非常困难,这是水平一体化的一大成本。

• 政府法规限制。水平一体化容易造成产业内的垄断结构,因此,各国法律都对此做出了限制。在确定一项企业合并是否合法时,要考虑以下因素:

1) 防止产业内的集中度过高,形成垄断;

2) 这一合并是否给予合并企业相对其他企业的竞争优势;

3) 进入该行业是否困难;

4) 该行业内是否已经存在一种合并的倾向;

5) 被合并企业的经济实力;对该行业产品的需求是否增长;

6) 这一合并是否会激发其他企业进行合并的意愿和倾向。

• 提高企业的退出障碍和经营风险。最后,由于增加了企业经营的规模和范围,以及专用性的固定资产投资等。水平一体化无疑会提高企业的退出壁垒以及应对复杂变化的环境时所面临的风险。

(2) 垂直一体化的收益与风险

与水平一体化一样,垂直一体化也有自身的优势与风险。首先介绍其可能的收益。

• 联合经营的经济收益。通过将技术上相区别的生产运作放在一起,企业有可能实现高效率。例如在制造业,垂直一体化能够减少生产工艺的步骤,减少费用和降低运输成本。以钢材热轧为例,如果炼钢与轧钢作业实行一体化,则钢坯就不必重新加热,在下一个运作之前轧材也可不必作防止氧化的涂层处理。另例,若硫酸生产厂和硫酸用户(化肥公司等)后向一体化,则可以将厂址安排得十分靠近,降低运输成本。

• 内部控制和协调的收益。如果企业实行了一体化,在编制进度、协调作业以及应急等方面所需的费用可能就会降低一些。如式样的变化、产品的重新设计、新产品的推出在内部比较容易协调,这就有利于减少闲置时间和对存货的需要，以及对有关职能部门人员的需要。

• 信息处理的经济收益。一体化会减少收集有关市场某些类型信息的需要，同时有助于企业更迅速地获得有关市场的精确信息。总的来说，一体化有可能减少获得信息的总成本。

• 避免市场交易的费用。通过垂直一体化，企业能够节省市场交易环节中所需的那些销售、定价、洽谈等业务费用。虽然在内部业务处理过程中通常也会有某些洽谈活动，尤其是在很多企业推行模拟市场运行的情况下，但所需的花费要低得多，同时也不需要专门的销售人员、营销或采购部门。此外，还可以节省大量广告和宣传费用。

• 稳定交易关系。在了解其买卖关系比较稳定的情况下，一体化的上游和下游企业均能为彼此的业务来往开发更有效率和更专门化的交易方法，从而节省费用。

• 合理避税和避规。通过垂直一体化，企业可以合理避税，从而达到转移和增加利润的目的。如果一个企业要缴纳很高的所得税，那么，通过向税率较低的产品线转移利润，它可以合理逃避一些税收。换句话说，垂直一体化增加了合理避税的可能性。类似地，跨国公司也可以通过一体化来避税。这是因为不同国家的公司税率具有很大的差异。

与合理避税有关的另一个重要问题是避规。如果一个企业的投资回报率在某一市场上受到限制，即国家和地方政府允许的投资回报限制了该企业的盈利能力，那么，一般说来，所允许的投资回报将低于该企业在不受限制时所能赢得的投资回报。现在假定该企业从其他不受限制的机构或企业购买原料或其他供应品，通常情况下它付的是市场价格。如果受限制的实体购买了那家机构，那么，它可以以非常高的价格购买输入要素，其成本和价格也将随之上升。这样，对受限制的部分，收入正好弥补了新增加的涨价，因而满足了政府限制投资回报的要求。但对输入要素生产的企业来说，则已增加了很多盈利。总之，通过垂直一体化，企业可以合理合法地避税避规。

• 有利于技术的开发。在某些情况下，纵向一体化能够使联合企业对上游或下游的技术更加熟悉，从而有助于开发出更加适合市场需要的产品。例如，许多计算机主机和微型计算机厂商已在半导体设计及生产方面推行了后向一体化,以便对这些基本技术有更好的了解。

• 确保供应与需求。垂直一体化可以保证企业在某些输入供应紧张的阶段能得到有效的供应,或者在总需求量不大的阶段保证产品有销路,但纵向一体化仅在下游单位可以吸收的情况下保证对上游产品的需求。很明显,如果下游产业的需求量下降,联合企业内各单位的销售量也会下降,并且对内部供应者的需求量也相应减少。因此,纵向一体化只能降低内部顾客任意删减需求的不确定性,而不是保证一般意义上的需求。

虽然垂直一体化能够减少供应和需求的不确定性,并且能规避产品价格的浮动,但这并不意味着内部转移价格不应反映市场变动。换句话说,转移价格应尽量反映市场价格以保证每一单位正常地管理它的业务。如果转移价格大幅偏离市场价格,那么,上游单位或下游单位就会人为地确定价格,这会损害企业的竞争地位并降低劳动生产率。

总的说来,垂直一体化可以减少或削弱供应和需求的波动,从而会减少市场需求的上升和下降对企业影响的不确定性,这对钢铁和石油等受市场需求变化影响很大的行业来说非常重要。

• 抵消讨价还价能力及投入成本的失真。通过一体化来抵消讨价还价能力,不仅可以降低供应成本(通过后向一体化)或提高实际价格(通过前向一体化),而且可以避免投入成本的失真。事实上,一旦企业知道投入的实际成本,它就可以通过改变下游单位生产过程中所需各类投入的组合来提高企业的效率,这种变动往往能够增加总利润。

• 提高进入障碍。如果企业因某种原因而在市场中占有领先或统治地位,那么,通过一体化可以提高行业的进入障碍,这是因为占据统治地位且已经实现一体化的企业可以制定较高的价格,同时有较低的输入成本和较小的风险。在这种情况下,新进入者或者被迫采用一体化,或者面临更大的竞争压力。相反的问题是当企业的竞争对手已实现一体化时,为了防止被竞争对手封锁,企业也必须采取一定程度上的一体化。一般说来,后采取一体化的企业将面临抢夺剩余供应商和顾客的激烈竞争,而且这些供应商和顾客往往更难以应付和协调。

纵向一体化虽然看起来可以带来以上众多的战略益处并节省了很多交易费用,但这并不意味着企业有充分理由去采用这一战略。因为纵向一体化会使得交易内部化，在降低市场费用的同时却增加了管理成本，纵向一体化容易产生以下问题。

• 增加管理成本。同水平一体化一样，垂直一体化也存在管理成本提升的问题，虽然存在纵向关系，企业的各个环节在其结构、技术和管理方法上仍然有很大的不同，如何加以协调和控制是企业纵向一体化的主要成本。

• 增加经营风险。很显然，如果企业是在市场上购买所需要的产品或原料，那么所有的成本都是变动的，而若通过一体化来生产这些产品，那么，即使因某些原因产品的需求下降，企业也必须承担生产过程中的固定成本。在一体化企业内，由于上游单位的销量衍生自下游单位的销售量，因此，垂直业务链中任何引起波动的因素也会在整个业务链中引起波动，即一体化有可能使企业收入呈现周期性变化，这种周期性变化实际上是一种经营风险。

• 降低灵活性。纵向一体化意味着企业的命运至少部分由其内部供应者及顾客的成功竞争的能力决定。技术上的变化、产品设计(包括零部件设计)的变化、战略上的失败或者管理问题都会使内部供应者提供高成本、低质量或者不合适的产品和服务。与和某些独立实体签订供应合同相比，纵向一体化提高了改换其他供应商及顾客的成本。

• 弱化激励。由于垂直一体化意味着通过固定的关系来进行购买和销售，因此，无论是上游单位销售产品或下游单位购买产品时都不会像外部交易那样激烈地讨价还价。另外，对内部扩大生产能力的计划或内部购买与销售的合同的审查，也要比与外部顾客与供应商所签的合同宽松。简言之，这种内部购买与销售会弱化对某些单位的激励，并很容易产生“烂苹果”问题。换句话说，如果一体化企业内上游单位或下游单位是病态的，那么，这种“病”很容易蔓延到其他健全部分，即一个单位的高成本或低质量产品会沿着业务链扩散到其他单位，同时引起管理的混乱。

最后，垂直一体化也很可能会提高全面退出障碍，扼杀或失去企业获得供应商和顾客的信息的技能和通道。

三、业务外包战略

前面重点介绍的密集型成长和一体化成长战略，尤其是后者主要强调如何通过延伸和扩展生产经营活动来实现业务的扩张，但事实上，当企业成长到一定阶段遇到发展瓶颈的时候，决定企业能否继续成长的关键在于其能否充分利用企业有限的资源和外部资源来提高竞争优势。考虑到一体化战略面临众多的风险，也许通过集中精力做好核心业务，剥离其他业务环节来打造、加强核心竞争力是更明智的战略选择，这就是越来越被企业重视的"业务外包战略"。从这种视角来看，剥离、业务外包也是企业实现成长的重要战略，下面我们对业务外包进行简要的介绍。

1. 业务外包的含义

业务外包(outsourcing)，从字面上看，其含义就是将自己的一些事情"包"给"外"面去做。1990 年，美国学者普拉哈拉德和哈梅尔在其《企业核心能力》一文中正式提出业务外包概念。根据他们的观点，可以将业务外包定义为，企业基于契约，将一些非核心的、辅助性的功能或业务外包给外部的专业化厂商，利用他们的专长和优势来提高企业的整体效率和竞争力。通过实施业务外包，企业不仅可以降低经营成本，集中资源发挥自己的核心优势，更好地满足客户需求，增强市场竞争力，而且可以充分利用外部资源，弥补自身能力的不足，同时，业务外包还能使企业保持管理与业务的灵活性和多样性。

经过理论界的不懈研究和企业界的不断实践探索，目前"业务外包"的内涵已经得到很大的扩展，使用外部供应的领域也已经从清扫、饮食和保安等经营活动的边缘性内容扩展到包括设计、制造、营销、分销、人事和信息系统等经营活动在内的关键领域。特别是近几年来，它已经逐步从一种经营措施发展成一种战略，其内涵已开始包括企业非优势资源的外部获取、企业网络、战略联盟、企业的外部化成长等一系列重要的战略问题。

2. 企业采取业务外包的驱动因素

(1) 技术复杂性及其开发成本的增加

新技术、新产品的不断涌现使企业受到前所未有的压力。计算机及其他高技术为基础的新生产技术在企业中的应用为企业发展带来了很大的变革，例如计算机辅助制造、柔性制造系统、自动存储和输出系统、自动条码识别系统等。虽然高技术的应用能够帮助企业节省人力、降低劳动成本、提高产品和服务质量等，但其技术的复杂性以及成本的不断提高也给企业带来

巨大压力。

一种新产品的问世往往需要涉及越来越多的技术领域，经过越来越多的生产和经营环节。从产品的策划、设计、研制到批量生产、市场销售和服务，产品的价值链构成了一个规模越来越大的系统工程。这样的系统工程，对于任何一家公司来说都是挑战。如果一家公司在自己经营的各个环节均采用最先进的技术的话，不仅需要巨额的人力和财力的投入，而且还要承受因技术迅速变革所造成的无形折旧损失，这就要求企业在保持自己在核心业务上的技术优势的同时，考虑将其他次要的方面交与他人。

(2) 资源获取的难度增加

资源的稀缺因人类活动的延续和丰富而日趋严重，生态失衡、能源危机、原料短缺等一系列问题使企业不断地感受到，要想获取有限的资源，企业所需付出的努力越来越多。由于自然、历史或技术的原因，有些企业在某些资源的拥有上有着较为突出的优势。其他企业要想获取同样的优势，即便可能，也要比那些在资源占有上拥有优势的企业付出更多的代价。因此，在这个问题上，企业不能一味地去猎取各种资源，应该换个角度去思考资源的获取和利用问题。在这样一个资源日益稀缺的年代，大家也意识到，所有的资源应该消耗在如何共同取得收益上，而不是消耗在如何击败其他群体上。通过外包网络将其他公司的优势资源整合到本企业中，往往会收到意想不到的战略效果。

(3) 市场需求变化日益莫测

时代的发展、大众知识水平的提高和激烈竞争等问题的出现，使得现在市场上的产品日益增多，并使市场营销观念也发生了变化。消费者的要求和期望越来越高，需求结构普遍向高层次发展且变化更快。今天适销对路的产品可能在很短的时间内便被抛弃，许多经销商都在感叹消费者的需求越来越难以把握，产品的生命周期越来越短，产品必须不断升级换代。

因此，企业的战略思想和管理技术也必须紧跟市场竞争的要求，不断地在其广度和深度上加以扩展，并且要使企业具备更大的灵活性。对于一个追求在各个业务领域都面面俱到的企业来说，上述的要求是难以满足的，最好的办法莫过于进行资源外取，与有关方面结成战略性的信任联盟，共享资源，共担风险。

(4) 社会环境变化

随着通信、交通的发展以及企业竞争的加剧,企业竞争日益呈现全球化的特色。企业在建立全球化市场的同时,也在全球范围内造就了更多的竞争者。此外,商品市场的国际化也创造了一个国际化的劳动力市场。跨国企业大量使用发展中国家的廉价劳动力来维持企业的竞争优势,使得成本竞争日趋激烈。西方国家私有化程度的加深以及一些东方国家的改革开放为业务外包的发展提供了有利的契机。

3. 业务外包的优势

(1) 战略性优势

(a) 精力集中

业务外包战略最为重要的一个优势就是,企业可以集中精力发展"核心竞争力"。企业实施业务外包,可以将非核心业务转移出去,借助外部资源的优势来弥补和改善自己的弱势,从而把主要精力放在企业的核心业务上。换句话说,企业要根据自身特点,专门从事某一领域,某一专门业务,从而形成自己的核心竞争力。如世界最大的飞机制造公司波音只生产座舱和翼尖,全球最大的运动鞋制造公司耐克,专注品牌与市场,从未生产过一双鞋。

(b) 灵活性

企业将非核心业务外包出去,就可以不用再考虑相关方面的资本投入、基础设施建设以及与该业务相关的既定利益。企业外包业务后同时可以精简组织机构,拥有更加干练合适的组织架构。业务外包的灵活性还体现在信息获取方面,企业通过外包与外部供应商结成网络,这个网络不仅传递产品和服务,更是一个传递信息的网络。企业借助这一网络可以比自身"孤军奋战"以更快的速度获取更多的信息。获取信息速度的提高和数量的增加可以使企业较早预见经营环境中可能出现的变化,并对其采取对策,从而达到更加灵活地安排经营目标的效果。这些使企业具有了更高的灵活性,这在当下经济不确定的大背景下,显得尤为重要。

(c) 技术和员工的提高

承包商会不断寻求提高自己工作效率的方法,因此他们会将资金投入到最好的技术和设施中去,以求能够为客户提供最好的服务。承包方所具有的规模效益能够为企业带来技术优势,承担普通内部部门所无法负担的先进系统投资。与此同时，由于外包出去的部门受到事先签订的服务协议的约束，承包商会尽全力提高技术保证质量。

在员工方面，一方面通过外包可以获得更多优秀人力资源，这对于一个停滞的内部部门来说是很重要的，停滞的内部部门自身很难招聘到优秀员工，但是外包后，优秀的承包商能够更好地吸引和留住员工。另一方面，通过外包，企业内部员工可以与更多思想接近的人共事，工作环境也会变得充满活力和商业气息，利于整个企业的内部发展。

（2）财务优势

（a）承包方的规模经济

由于承包方集中在某个领域，其拥有多个客户，经营成本要比企业自身运营低很多，承包方在同一服务项目上每获得一个新的客户，其分摊成本还会再降低。如果条件允许的话，企业可使价值链中的每个环节都由世界上最好的专业公司完成。这些供应商由于在规模、技术开发、管理技能等方面拥有专业化优势，所以它们能够比其他公司以更低的价格、更高的质量提供某些产品或服务，而且产品或服务的价格之低、质量之高是企业自身所无法比拟的。例如，如果企业要管理尚未兑现的支票或是账款，需要固定的人员和另外购置的基础设施，但当外包给专业企业时，承包商基本上无须增加成本就可以进行管理。

（b）改善现金流和财务状况

企业通过业务外包，不用提前垫付资金，由承包商投资进行生产或提供服务。当企业向承包商支付资金后就可以实现销售时，资金周转就会大大加快；另外，当生产过程中需要设备更新、整合和重新引进的时候，企业也不需要支付大笔费用就可以获得一步到位的技术升级。这些都为企业提供了良好的现金流，使企业可以把资金配置在更为关键和需要的地方。另外，业务外包除了给企业带来良好现金流外，还可以在不实际改变公司经营的状况下，迅速改善公司的财务报表情况。

（c）企业自身的规模效益

通过实施业务外包战略，将企业非核心的、效率较低的业务交给在这些方面有专长的公司去做，可以解放企业的人、财、物力资源，集中用于企业核心业务的维持和发展上，这样便可以使原本有限的资源发挥更大的效用，实现并进一步放大企业在核心业务上的规模经济性。更为重要的是，资源外取可以使经理人员减少以往用于一些边缘性业务的时间，而将精力更多地投入到经营的核心内容上，从而为经理人员提高管理水平和工作绩效创造有利的客观条件。

(3) 降低经营风险

企业通过业务外包一方面可以与承包商一起分摊风险，另一方面集中发挥自身有限资源的作用可以加速企业对外部环境的反应能力，强化组织的柔性和敏捷性，适应复杂多变的环境。

技术的复杂化和消费需求的不断变化，使得企业面临来自研究开发、市场销售等方面越来越大的风险。企业研究与开发需要投入巨额的资金，尽管研制成功会带来丰厚的收益，但是一旦失败，就有可能给企业带来灭顶之灾。如果企业将该项业务内化完成，风险就要自己完全承担。业务外包出去后，由于外包服务企业具有专业化的优势，它们在该业务上失败的风险会比原企业小。但是仍要注意的是，尽管企业可以通过业务外包在一定程度上转移该业务的风险，却可能承担由于该业务失败而导致整体业务受损的风险，在业务外包过程难以监督而业务外包效果需要执行的时候风险更大。

4. 业务外包的风险

虽然外包有上述的优势，但外包的过程并不总是一帆风顺的，失败的案例比比皆是。零售业巨头希尔斯百货(Sears)曾经将自己的财务管理进行集中之后外包给安达信公司(Anderson)。几年以后，由于行业形势的转变以及新型管理模式的兴起，公司想将它的部分零售业务剥离出去，但是如果要剥离零售业务，势必也需要将相应的财务管理剥离。而由于事前进行了财务管理外包，要剥离相应财务管理就很困难。虽然此事并没有带来摧毁性打击，但我们看到在企业进行转型或变革的时候，以前所进行的外包就可能成为企业的绊脚石。具体来说，业务外包的风险主要体现在如下几个方面。

(1) 企业责任外移问题

由于在外包经营中缺乏对业务的监控，增大了企业责任外移的可能性，导致质量监控和管理难度加大。

(2) 员工工作积极性问题

在业务外包中，必然会牵涉到部分员工的利益。如果员工意识到他们的工作将来会被外包出去的话,那么员工的工作热情和职业道德会降低,他们会失去对公司的信心和工作的原动力,从而导致工作业绩明显下降。

(3) 知识产权问题

特别是涉及研究与开发之类的业务外包中,外包者所开发技术的专利、版权的归属问题通常是由企业与外包厂商双方协议达成而非法律规定,在这协商的过程中很容易产生纠纷,进而产生更多的机会成本。

(4) 外包企业的忠诚度

专业外包企业在利益的驱动下很可能从一个企业转移到另一个企业,这就会导致企业自身经营运转失控。而且过分依赖外包企业会导致交易成本的提高。

(5) 外包商选择问题

企业对于业务外包有许多种选择,挑选了错误的外包者将会导致关键技术的失败,因而失去竞争的领先地位。

四、多元化成长

多元化(diversification)成长也叫多样化成长或多角化经营,最初是由著名的产品—市场战略专家安索夫在20世纪50年代提出来的。在20世纪六七十年代,多元化战略曾风靡一时,各国企业争先采用。据统计,1970年美国最大的500家工业公司中有94%的公司采用多元化战略。同一时期,日本经济企划厅调查表明,日本制造业中有74.7%的企业,商业、服务业中有58.7%的企业实行多元化经营;英国最大的100家企业和事业单位中,从事单一部门生产的企业仅占1%;在德、法、意三国,这一比例分别为22%、16%和10%;全世界最大的50家石油公司中,有46家实行多元化经营战略。[①]

而从20世纪90年代至今,甚至在金融危机爆发之后,由于我国经济长期处于高速增长时期,我国的许多大中型企业甚至相当一批中小企业也都采用多元化经营战略,形成了一股多元化经营的浪潮。一般说来,在经济繁荣和经济环境比较好时,企业更容易采取多角化战略,因为这有利于企业的

---

① 金占明著:《战略管理》第三版,清华大学出版社2010年版,第241—242页。

快速成长和扩张。

1. 多元化战略的概念和类型

多元化战略一般有两种含义。一种含义是企业在两个以上行业中进行经营,如机械、电子、化工等。然而,随着社会分工越来越细,实际上,传统的行业内已经扩展出许多截然不同的业务。多元化的另一种含义是指企业同时生产或提供两种或两种以上的产品或服务。这种定义方法比较形象,但是其对于多元化的含义界定得过于狭窄,因为多项产品之间很可能存在非常紧密的联系,如采用相同或相似的技术等。这一定义不符合多角化的本质,也不利于理论研究和企业实践。

也许多元化的分类可以帮助我们更好地理解多元化的含义。大家比较熟悉的分类方法是较为粗略地将其分为相关多元化和不相关多元化。其中,相关多元化战略是指进入与企业现在的业务在价值链上拥有竞争性的、有价值的"战略匹配关系"的新业务,不相关多元化则是指企业新进入的业务领域与现有的业务领域无密切的关联。更具体地,鲁梅尔特根据产品之间的关系和收入比例将多元化战略分为如下几种:

(1) 不相关多元化:一个企业的主要业务收入低于企业全部收入的70%,而且其他业务与主业务之间不具备相关性。采用这种不相关多元化战略的公司一般称为混合公司(conglomerate)。

(2) 相关—关联型多元化:主要业务收入占总收入的比例低于70%,但与其他相关业务(并不与主业务直接相关)总共所占的比例超过70%。

(3) 相关—限制型多元化:主业务收入比例不超过70%,但与其他直接与主业务相关的业务一起占的比例超过70% 。

(4) 主导事业型:主业务收入占总收入的比例在70%—95%之间。

(5) 单一事业型:主业务收入占总收入的比例超过95%。

上面的分类说明,单一事业型或主导事业型的企业实际上并不是多元化的公司。不相关多元化或高度多元化企业是指企业各项业务之间基本上没有联系。值得注意的是,相关多元化可以进一步分为两类。当企业业务之间的联系比较直接和频繁时,该企业就属于相关—限制型多元化。这一类型的企业各项业务共享很多资源和和行动,典型例子有宝洁、施乐和默克公司等。若公司各业务之间联系不多,各业务之间并不共享资源或资金,但却共享某些知识或企业的核心能力,则称为相关—关联型多元化。几种类型公司的特点如图 4-10 所示。

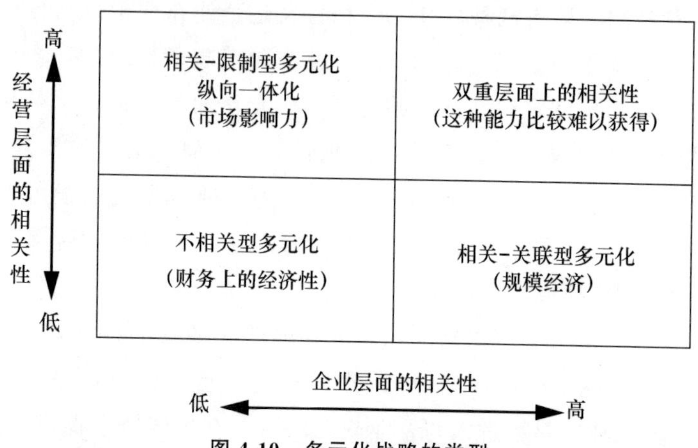

图 4-10 多元化战略的类型

鲁梅尔特的分类方法虽然概念界定的比较清晰,但应用上并不方便,因为在行业不断细分和很多业务相互交叉的情况下,区分什么是主要业务、什么是相关业务并不容易。

从实用的角度上看,也许以下多元化战略的分类方法更为简单和实用。

(1) 水平多元化

水平多元化是指在同一专业范围内进行多品种经营。例如,汽车制造厂生产轿车、卡车和摩托车等各种不同类型的车辆。

(2) 垂直多元化

垂直多元化是指在一个完整的生产全过程中,企业在原承担的生产阶段的基础上向前或向后发展经营。例如,汽车制造厂在生产汽车元件并装配的基础上,又生产车轮、传动机械等。美国最大的钢铁公司——美国钢铁公司(U. S. Steel)就是通过垂直多元化发展起来的。这家公司的创始人卡内基(Andrew Carnegie)18 岁时只是一家铁路公司的电报员,后来他决心创办钢铁工业。他的第一步是投资入股生产铁轴的科劳曼公司,接着他控制了这家公司,并购进一家铸造公司的股份,成立铁桥公司。当看到国内铁轨需求不断增长时,他立即投资建立炼铁厂。进入 20 世纪时卡内基面临严重的竞争——金融大王摩根(J. P. Morgan)联合其他钢铁公司不再购买他的钢铁进行加工处理,在这生死存亡关头,卡内基建造了一座庞大的钢管厂,使公司生产的钢铁有了出路。再后来,当铁路公司不再和他合作的时候,他决定用他的钢铁生产铁轨并铺设铁路,打算连接成全国第一条横贯新大陆的铁路,狠狠打击铁路业。摩根不寒而栗,最终和卡内基合并,形成一家巨大的公司——美国钢铁公司。垂直多元化也可进一步分为两种:一种是向后发展经营,另一种是向前发展经营。垂直多元化若以同一技术为基础,则协同效应较大;如果不以同一技术为基础,则协同效应较差,甚至可能出现负效应。

(3) 同心式多元化

同心式多元化是以技术或市场为核心的多元化,主要有三种形式。第一种是以技术为核心的多元化。例如,一个冰箱企业除了生产冰箱外,还生产冷冻机、冷藏箱和空调等,虽然它们不是同一类产品,但却都涉及压缩和制冷技术。第二种是以市场为核心的多元化。例如,上述冰箱企业除生产冰箱外,还生产洗衣机和微波炉,虽然这些产品使用的并不是同一技术,但它们都是家电市场的产品,就可以利用销售上的协同作用。第三种是同时以技术和市场为核心的多元化。例如,一个同时生产收音机、录音机和电视机的企业是以电子技术为基础而统一于家电市场。

(4) 混合式多元化

混合式多元化是指企业生产或提供的各种产品或劳务既没有技术核心,也缺少市场的关联性。简单点说,企业主随心所欲地生产没有任何共同主线和统一核心的多种产品或提供多种不相关的劳务。例如,生产冰箱的企业又去生产化肥和农药,继而又去加工和销售服装等。目前我国很多多元化的企业就是如此,同时在房地产、医药、零售百货、金融投资等多个不相关的领域开展业务。

2. 多元化战略的风险

多元化战略的主要风险如下。

(1) 管理冲突。由于企业在不同的业务领域经营,因而企业的管理与协调工作就变得复杂化了。因为不同的业务单元在管理方式、经营文化上都有很大的差别,因此,很容易造成经营理念上的冲突,使管理效率大大降低。多元化经营企业内部管理的复杂化还表现在对不同业务单位的业绩评价、集权与分权的界定需要不同的标准和方法，同时不同业务单位间的协作可能也会有更多的障碍。

（2）新业务领域的进入壁垒。多样化战略同纵向一体化战略一样，都需要克服行业进入壁垒，这就必须付出成本，如额外的促销费用等。同时，在一个企业完全陌生的新的产业环境中经营，往往会冒较大的风险。由于企业在刚刚进入一个产业时，不具备在此产业中的经营经验，缺乏必要的人才、技术等资源，很难在此产业中立足并取得竞争优势。

（3）分散企业资源。企业的资源是有限的，这些资源包括资金、人才、设备、土地等有形资源和商誉、品牌、专有技术、管理能力、销售渠道等无形资源。实行多样化经营必然要分散企业的资源，从而对企业原有业务产生不利影响。如果企业在原有业务领域并未真正获得竞争优势时，就迫不及待地进入新的业务领域，就很容易使企业在新旧产业内同时陷入困境，造成经营上的失败。

3. 多元化战略的收益主要如下

（1）分散风险。这很可能是企业选择多元化战略的最主要原因。企业经营的好坏不仅取决于企业管理者，还受宏观经济的发展状况的影响。因此，多元化经营的一个非常重要的战略利益就是通过减少企业利润的波动来达到分散经营风险的目的。以此目的而实行的多元化战略，应建立使企业风险最小、收益最大的产品组合。一般来说，企业应选择在价格波动上是负相关的产品组合，这样最有利于分散风险。而高度正相关的产品组合，不利于分散经营风险。高度正相关的产品组合包括：所有产品都属于产品生命周期的同一阶段；所有产品都是风险产品或滞销产品；所有产品都存在对某种资源的严重依赖等。

（2）加速成长。多元化还可以带来账面资产、利润的增加。尤其是当企业面临一个已经成熟的甚至是衰退的行业时，继续在行业中投入以获取增长是不明智的。为寻求企业的进一步成长，企业必须进入一个新产业。一般来说，随着资金实力的增加，企业资本经营的力度也可以进一步加大，可以寻觅更为有利的投资机会。

（3）协同效应。协同效应是指将两个事物有机地结合在一起，从而发挥出超过两个事物简单加和的一种联合效果，即所谓 1＋1＞2。企业采用多元

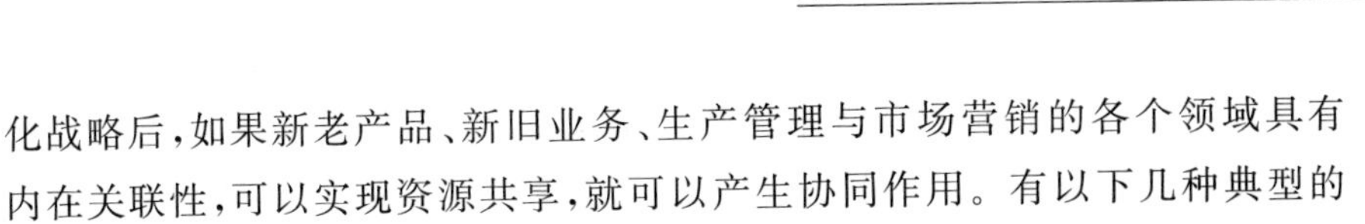

化战略后,如果新老产品、新旧业务、生产管理与市场营销的各个领域具有内在关联性,可以实现资源共享,就可以产生协同作用。有以下几种典型的协同效应。

(a) 管理的协同效应。即生产的产品或经营的业务,在经营决策的基准上大致相同,对管理的方法或手段的安排比较一致。企业经营产品之间在管理上是否具有共享性是决定企业多样化战略成功与否的重要因素。如果企业新的业务领域与原有业务领域在经营管理上有很大区别,一方面由于企业管理人员要花费大量的时间和精力去熟悉新产品、新业务;另一方面企业决策者和管理人员往往习惯于将原有的一套经营经验和方法,不自觉地运用到新产品、新业务上,往往会造成决策的失误。因此,企业要实施多样化战略,必须充分注意管理上的协同效应。

(b) 市场营销上的协同效应。在不同的产品有共同的渠道和销售顾客时,往往会产生协同效应。老产品带动新产品的销售,新产品反过来又能为老产品开拓市场,从而增加销售总额。同时,由于面对共同的市场,企业不需要为新产品增加额外的销售费用,从而使企业单位营销成本降低。

(c) 生产协同效应。如果新老产品在生产技术、生产设备、原材料以及零部件的利用上具有类似性,那么,产品再生产上就会获得协同作用。

(d) 技术上的协同效应。这里的技术主要指设计与开发技术。企业在实行多样化经营时,可以充分利用贯穿于这些产品之间的核心技术,可以大大减少新产品的研究开发费用,提高新产品成功的概率。

4. 企业在实施多元化战略中应注意的问题

(1) 一般说来,对多数企业,尤其是实力不太强的中小企业,除非是现有产品市场已经饱和,需求趋于下降,或竞争对手太强而难以维持销量,不要盲目进行多元化。

(2) 研究表明,企业的长期竞争力来源于它的核心能力,公司增值的基础是建立核心能力并在不同业务之间利用这些核心能力。因此,当两个或多个业务结合起来使用共同的生产设备、销售力量或广告服务并使成本降低时或在单一行业经营风险太高时,应开展多元化经营。

(3) 当某一业务在生产过程中产生很多副产品,通过综合利用可以变废为宝或大量增加附加值时,应开展多元化。

(4) 当某一业务的市场开拓遇到困难或所需要的原料难以保障,而企业又有相应能力时,应通过垂直多元化来增加竞争优势,即沿着整个生产过程向上游或下游产品市场发展。

(5) 若企业确有必要进行多元化经营时,应首先采用同心多元化的形式,即以相关技术或市场作为统一的核心来进行多元化,充分利用协同作用。

五、收购与兼并战略

以上我们介绍了几种重要的成长型战略,如密集型成长、一体化成长和多元化战略等。在具体应用时,企业可以选择采用内部开发、收购兼并或战略联盟的方式来实现这些战略。其中,内部开发是指企业通过整合内部资源,组织生产和经营活动实现企业的扩张和成长,这里我们着重介绍另外两种目前应用较多且过程相对复杂的成长形式——收购与兼并。

(一) 兼并与收购的定义与分类

兼并是指一个企业通过购买等有偿方式取得其他企业的产权或资产,并将其纳入本企业的经营管理范围之内的行为;收购是指对其他企业的资产和股份进行购买的行为,其结果可能是吞并、控制该企业,也可能是拥有部分股份而成为该企业股东中的一员。兼并与收购经常在一起使用,称为企业并购或购并,是指一个企业购买另一个企业的全部或部分的资产或产权,从而影响、控制被收购的企业,以增强企业的竞争优势,实现企业经营目标的行为。企业并购的动机是落实企业的战略,其实质是社会资源的重新配置。从世界的角度看,最早的公司并购发生在美国,到现在已有一百多年的历史了。中国的公司并购,特别是上市公司的并购只是近年来才有的事情,从第一起并购案——1993 年深宝安收购延中实业算起,也不过二十多年的历史。

(二) 并购的分类

企业的并购有多种类型,从不同的角度有不同的分类方法,下面我们分别根据并购双方所处的行业、并购的方式、并购的动机、并购的支付方式进行分类。

1. 从并购双方所处的行业状况看,企业并购可以分为横向并购、纵向并

购和混合并购

（1）横向并购。横向并购是指处于同行业、生产工艺相似或生产同类产品的企业间的并购。这种并购实质上是资本在同一行业和产业部门内的集中，采用这一并购可以帮助企业迅速扩大生产规模，提高市场份额，增强企业的竞争能力和盈利能力。

（2）纵向并购。即生产和经营过程相互衔接、紧密联系间的企业之间的并购，其实质是通过处于同一产品的不同价值链环节的企业之间的并购，实现纵向一体化。纵向并购除了可以扩大生产规模、节约共同费用之外，还可以促进生产过程各个环节的密切配合，加速生产流程，缩短生产周期，节约运输、仓储费用和能源的消耗。

（3）混合并购，也称联合式并购，是指处于不同行业、不同市场，既不是直接竞争对手，也不处于同一价值链上，且这些行业之间没有特别的生产技术联系的企业之间的并购。混合并购包括三种形态：产品扩张性并购，即生产相关产品的企业间的并购；市场扩张性并购，即一个企业为了扩大竞争地盘而对其他地区生产同类产品的企业进行的并购；纯粹并购，即生产和经营彼此毫无关系的产品或服务的企业之间的并购。

混合并购可以降低一个企业长期从事一个行业所带来的经营风险，另外通过这种方式可以使企业的技术、原材料等各种资源得到充分利用。

2. 从是否通过中介机构实现并购来划分，企业并购可以分直接并购和间接并购

（1）直接并购。即收购公司直接向目标公司提出并购要求，双方经过磋商，达成协议，从而完成收购活动。如果收购公司对目标公司的部分所有权提要求，目标公司可能会允许收购公司取得目标公司的新发行的股票；如果是全部产权的要求，双方可以通过协商，确定所有权的转移方式。由于在直接收购的条件下，双方可以密切配合，因此相对成本较低，成功的可能性较大。

（2）间接并购。指收购公司直接在证券市场上收购目标公司的股票，从而控制目标公司。由于间接并购方式很容易引起股价的剧烈上涨，同时可能会引起目标公司的激烈反应，因此会提高收购的成本，增加收购的难度。

3. 从并购的动机划分，可以分为善意并购和恶意并购

（1）善意并购。收购公司提出收购条件以后，如果目标公司接受收购条

件，这种并购称为善意并购。在善意并购下，收购条件、价格和方式等可以由双方高层管理者谈判协商进行并经董事会批准。由于双方都有合并的愿望，因此，这种方式的成功率较高。

（2）恶意并购。如果收购公司提出收购要求和条件后，目标公司不同意，收购公司只有在证券市场上强行收购，这种方式称为恶意收购。在恶意收购下，目标公司通常会采取各种措施对收购进行抵制，证券市场也会迅速做出反应，股价迅速提高。因此，除非收购公司有雄厚的实力，否则恶意收购很难成功。

4. 按支付方式的不同，并购过程可以分为：现金并购、股票并购、综合证券并购

（1）现金并购。即收购公司向目标公司的股东支付一定数量的现金来获得目标公司的所有权的收购方式。现金收购存在资本所得税的问题，这可能会增加收购公司的成本，因此在采用这一方式的时候，必须考虑这项收购是否免税。另外现金收购会对收购公司的流动性、资产结构、负债等产生影响，所以应该仔细考虑并进行权衡。

（2）股票并购。这是一种收购公司通过增发股票的方式获得目标公司的所有权的并购方式。采用这种方式，收购公司不需要付出现金，因此不至于对自身的财务状况发生影响，但是增发股票，会影响公司的股权结构，原有股东的控制权会受到冲击，继而产生不利影响。

（3）综合证券并购。指在收购过程中，收购公司支付的不仅仅有现金、股票，而且还有认股权证、可转换债券等多种方式的混合。这种并购方式具有现金收购和股票收购的特点，收购公司既可以避免支付过多的现金，保持良好的财务状况，又可以防止控制权的转移。

无论是采用何种形式实施，并购都是企业提高效益、增强竞争力必不可少的战略举措。它能够帮助企业快速实现资本的集中，减少投资风险和成本，扩大市场份额，提高对市场的控制能力，降低经营风险，同时输出或获取高效率的管理能力，取得规模经济效益，提高经营效率，获取经营协同效应。采用适当的方法实施并购，还能够帮助企业合理避税，提高整体偿债能力，获取财务协同效应。总之，并购是资本运营的核心，通过企业的并购，可以实现资本的低成本、高效率扩张，在资本竞争中迅速谋求相对优势。

1. 一般企业的并购程序

我国目前普遍使用的关于企业并购的法规是1989年2月19日由国家体改委、国家计委、财政部、国家国有资产管理局共同发布的《关于企业兼并的暂行办法》。该法规将企业兼并定义为一个企业购买其他企业的产权，使其他企业失去法人资格或改变法人实体的一种行为。不通过购买方式实行的企业之间的合并，不属于该法规所辖。这一法规中详细说明了企业兼并的程序，对于一般企业来说，企业兼并按如下程序进行：

(1) 通过产权交易市场或直接洽谈，初步确定兼并和被兼并方企业；

(2) 对被兼并方企业现有资产进行评估，清理债权、债务，确定资产或产权转让底价；

(3) 以底价为基础，通过招标、投标确定成交价，自找对象的可以协商议价。被兼并的全民所有制企业成交价，要经产权归属的所有者代表确认；

(4) 兼并双方的所有者签署协议。全民所有制企业所有者代表为负责审核批准兼并的机关。

(5) 办理产权转让的清算及法律手续。

2. 上市公司的并购程序

《公司法》中规定，并购指“吸收合并或者新设合并”两种，即：有A和B两家公司，如果A接纳B加入本公司，B公司因此解散并取消了法人资格，A公司继续存在，则称为“吸收合并”；如果A与B组成了一个新公司，A与B都取消了法人资格，则称为“新设合并”。一般所说的上市公司并购，主要是指上述第2项狭义的并购。根据上述定义，将“意图取得其他控制权的一方”称为收购公司，而另一方则称为被收购公司或目标公司。因此，对于上市公司而言，这种“控制权”主要表现为：(1) 目标公司成为收购公司的分公司；(2) 收购公司成为目标公司的绝对控股股东，即控股比例在50%以上，目标公司则成为收购公司的全资子公司或者绝对控股子公司；(3) 收购公司成为目标公司的相对控股大股东，即控股比例在20%—50%，或者，收购公司没有达到控股比例，但是对于目标公司的生产、经营、财务等关键事宜具有重大影响能力，即收购公司成为目标公司的非控股性的第一大股东或者最具影响力的大股东。

根据中国证券监督管理委员会于2008年8月28日颁布的最新的《上市公司收购管理办法》,上市公司的收购主要包括要约收购与协议收购两种形式。但是,有下列情形之一的,不得收购上市公司:

• 收购人负有数额较大债务,到期未清偿,且处于持续状态;

• 收购人最近3年有重大违法行为或者涉嫌有重大违法行为;

• 收购人最近3年有严重的证券市场失信行为;

• 收购人为自然人的,存在《公司法》第一百四十七条规定情形(注:《公司法》第一百四十七条:有下列情形之一的,不得担任公司的董事、监事、高级管理人员:(1) 无民事行为能力或者限制民事行为能力;(2) 因贪污、贿赂、侵占财产、挪用财产或者破坏社会主义市场经济秩序,被判处刑罚,执行期满未逾五年,或者因犯罪被剥夺政治权利,执行期满未逾五年;(3) 担任破产清算的公司、企业的董事或者厂长、经理,对该公司、企业的破产负有个人责任的,自该公司、企业破产清算完结之日起未逾三年;(4) 担任因违法被吊销营业执照、责令关闭的公司、企业的法定代表人,并负有个人责任的,自该公司、企业被吊销营业执照之日起未逾三年;(5) 个人所负数额较大的债务到期未清偿。公司违反前款规定选举、委派董事、监事或者聘任高级管理人员的,该选举、委派或者聘任无效。董事、监事、高级管理人员在任职期间出现本条第一款所列情形的,公司应当解除其职务);

• 法律、行政法规规定以及中国证监会认定的不得收购上市公司的其他情形。

以下我们根据我国《上市公司收购管理办法》以及《公司法》和《证券法》的相关规定,对上市公司的两种收购方式的实施程序作简要介绍。

(1) 要约收购的程序

要约收购是收购方向目标公司股东发出收购要约而进行的收购,它是上市公司收购的一种最常见、最典型的方式。其程序如下。

(a) 作出上市公司收购报告书

收购人在发出收购要约前,必须事先向国务院证券监督管理机构报送和向证券交易所提交上市公司收购报告书。上市公司收购报告书应当包括以下内容:收购人的名称、住所;关于收购的决定;被收购的上市公司名称、收购目的;收购股份的详细名称和预定收购的股份数额;收购的期限、收购

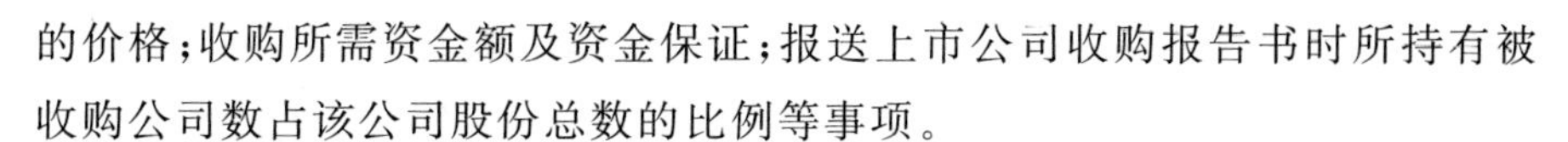

的价格;收购所需资金额及资金保证;报送上市公司收购报告书时所持有被收购公司数占该公司股份总数的比例等事项。

(b) 要约的发布和效力

收购人在依照法律规定报送上市公司收购报告书之日起 15 日后,公告其收购要约。收购要约的期限不得少于 30 日,并不得超过 60 日。在收购要约的有效期限内,收购人不得撤回其收购要约;收购人需要变更收购要约中事项的,必须事先向国务院证券监督管理机构及证券交易所提出报告,经获准后,予以公告。收购要约不可撤回,旨在保护广大投资者的利益,但其中的灵活规定也充分兼顾了我国证券市场的特殊性。收购要约中提出的各项收购条件,适用于被收购公司所有的股东。这是为了保护目标公司的中小股东,体现证券市场的公平原则。收购要约一经发出,在要约期限里要约收购便成为上市公司收购的唯一方式,我国《证券法》第八十八条规定,采取要约收购方式的,收购人在收购要约期限内,不得采取要约规定以外的形式和超出要约的条件买卖被收购公司的股票。

(c) 终止交易与强制收购

收购要约的期限届满,收购人持有的被收购公司的股份数达到该公司已发行的股份总数的 75%以上的,该上市公司的股票应当在证券交易所终止上市交易。

收购要约的期限届满,收购人持有的被收购公司的股份数达到该公司已发行的股份总数的 90%以上的,其余仍持有被收购公司股票的股东,有权向收购人以收购要约的同等条件出售其股票,收购人应当收购。收购行为完成后,被收购公司不再具有《公司法》规定的条件的,应当变更其企业形式。这里的强制收购,可以视为是对要约期间目标公司股东由于种种原因未能卖出股票的一种补救措施。

(2) 协议收购的程序

协议收购是一种善意收购。在我国目前的上市公司购并中,协议收购是最常采用的方式,但我国《证券法》对协议收购的规定却较为简单。

采取协议收购方式的,收购人可以依照法律、行政法规的规定同被收购公司的股东以协议方式进行股权转让。以协议方式收购上市公司时,达成协议后,收购人必须在 3 日内将该收购协议向国务院证券监督管理机构及证券交易所作出书面报告，并予公告。在未作出公告前不得履行收购协议。采取协议收购方式的，协议可以临时委托证券登记结算机构保管协议转让的股票，并将资金存放于指定的银行。这是为了确保收购协议的履行。

(3) 收购结束公告

在上市公司收购中，收购人对所持有的被收购的上市公司的股票，在收购行为完成后的6个月内不得转让。通过要约收购或者协议收购方式取得被收购公司股票并将该公司撤销的，属于公司合并；被撤销公司的原有股票，由收购人依法更换。收购上市公司的行为结束后，收购人应当在15日内将收购情况报告国务院证券监督管理机构和证券交易所，并予公告。由于国有股份的转让有可能改变国有资产的归属和性质，直接涉及全民的利益，涉及国家对国民经济的宏观调控，在目前社会主义市场经济发育尚不完善、国有资产经营管理体系尚未最终形成的条件下，对国有股份的转让不加以控制有可能导致国有资产的流失。因此，《证券法》规定上市公司收购中涉及国家授权投资机构持有的股份，应当按照国务院的有关规定，经有关主管部门批准，然后方可进行。

(四) 目标公司的选择标准

虽然兼并与收购是企业实现成长的重要方式，但实际上，一半以上的并购活动最终都以失败而告终，导致并购失败的非常重要的一个原因就是并购的目标选择不合理。为保证并购的成功，第一步，也是最关键的一步，就是要选择合适的目标公司，特别是应该在企业战略的指导下选择目标公司。在并购一个企业之前，必须明确本企业的发展战略，在此基础上对目标企业所从事的业务、资源状况进行调查。如果在实施兼并与收购后，目标公司的业务能够很好地与本企业的战略相配合，那么通过对目标企业的收购，就可以增强本企业的生产、营销、品牌或研发等一方面或者多方面的实力，提高整个系统的运作效率，最终增强竞争优势，这时才可以考虑对目标企业进行收购。反之，如果目标企业与本企业的发展战略不能很好地吻合的话，那么即使目标企业十分便宜，也应该慎重行事，因为对其收购后，不但不会通过企业间的协作、资源的共享获得竞争优势，反而会削弱企业自身的力量，降低其竞争能力，最终导致并购失败。

对目标公司的分析应着重于行业、法律、运营、财务等方面。表4-2详细说明了需要分析的内容、指标以及判断目标公司适宜的标准。

表 4-2 并购目标选择标准

分析维度	分析指标	具体内容	良好的目标
行业分析	行业总体状况	行业所在生命周期的阶段和其在国民经济中的地位、国家对该产业的政策等	行业处于领导地位,受到国家重视和政策的扶持,且尚未进入衰退期
	行业结构状况	五力模型分析、价值链分析	行业结构良好
	行业竞争状况	竞争的激烈程度、竞争者之间的关系等	处于有利的竞争地位
法律分析	产权状况	企业的产权性质、最大股东、持股机构等	产权明晰、规模适中,无法律纠纷和其他法律问题
	财产清册	对财产的所有权以及投保状况等	
	对外书面合约	使用外界的商标、专利权,或授权他人使用的约定以及租赁、代理、借贷、技术授权等重要契约	
	公司债务	债务的偿还期限、利率及债权人等	
	诉讼案件	过去诉讼案及或有诉讼等法律纠纷问题	
经营分析	产品与服务	技术、生产规模、市场占有率等	产品具有市场潜力
	营销	现存的营销体系、客户和分销渠道等	有一定的分销渠道和规模,或可利用本企业的销售渠道
	生产能力	最大产能、专业化的生产能力、工人熟练程度等	生产的专业化程度高,且有一定的产能
	供应商	供应渠道、与供应商的关系、谈判能力等	有低价高质的原料供应商或可共享同一供货渠道
	基础与配套设施	生产设备、厂址、地理环境等	有本企业不具备的先进生产设备
	无形资产	品牌、人员、研发能力等无形资产等	专利、品牌、商誉、专有技术等

（续表）

分析维度	分析指标	具体内容	良好的目标
财务状况	资产	资产的所有权、资产的计价、应收账款的可收回性、坏账准备、存货的损耗状况、无形资产价值评估等	对于负债过重或资不抵债的企业，应不予考虑并购
	债务	各项负债、截止期限等	
	税款	是否遗漏、拖欠税款	

这里需要特别说明的是，兼并所选择的目标企业并不需要具备以上所列举的所有标准，要根据企业实施并购的目的，结合企业自身的战略、经营能力和资金实力以及所需要获取的资源，侧重几个方面即可。

（五）融资分析

1. 筹资方式

在企业并购中，收购公司往往需要支付给目标公司巨额的资金，因此，如何筹集这些资金成为公司并购实施过程中一个重大的问题。从资金的来源的角度看，筹资渠道可以分为企业的内部渠道和外部渠道。

（1）内部筹资渠道。企业内部筹资渠道是指从企业内部开辟资金来源。企业内部可能的资金来源有三个方面：企业自由资金、企业应付税利和利息、企业未使用或未分配的专项基金。一般在企业并购中，如果企业内部资金充裕，企业都尽可能选择这一渠道，因为这种方式保密性好，企业不必向外支付借款成本增加负担，因而风险很小。

（2）外部筹资渠道。外部筹资渠道是指企业从外部所开辟的资金来源，主要包括：银行信贷资金、非金融机构资金、其他企业资金、民间资金和外资。从企业外部筹资具有速度快、弹性大、资金量大的优点，因此，也是筹集并购资金的主要来源。但通过外部渠道融资的缺点是保密性差，企业需要负担高额成本，可能会由此产生较高的经营风险，在使用过程中应当注意。

2. 出资方式

并购所需资金的出资方式也有多种。

（1）现金并购。这是企业并购活动中最为便捷和快速的一种支付方式，被收购的目标企业也最易接受，有利于并购活动顺利进行。但对于收购方来说，很可能是一笔非常重大的现金负担，或者产生高额的债务，需要承担

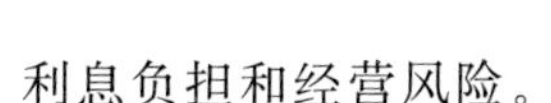
利息负担和经营风险。

(2) 股权置换。顾名思义,这是一种通过双方的持股实现并购的出资方式。此种方式对买方的现金要求不高,而且实际的负担也较轻。实施的关键之处在于对一方或双方的股票价值的估计是否公允和令双方满意。

(3) 卖方融资。类似于一般的“分期付款”方式——买方推迟支付部分或全部款项。这种方式要求收购者有非常好的关于并购之后的经营计划和业绩预测,能够保证目标公司的长期和收益,才能征得目标公司的同意。

一般情况下,在并购中,应尽量避免以现金方式支付收购所需的款项,主要采取股权置换或卖方融资方式。因为现金收购很可能使企业背上沉重的债务负担,影响其现金流,大额的债息偿还也很可能会加大并购后的经营风险,不利于并购后的整合。

(六) 并购后的整合

企业之间的兼并与收购往往具有非常高的风险性。针对1960—2009年全球范围内企业并购的数据的统计发现,成功率还不到50%。其中很大一部分原因是因为并购后期的整合失败,导致整个并购活动功亏一篑,前功尽弃。这就好比为病人进行的器官移植手术,往往是由于术后产生的并发症使得之前所有的努力都付诸东流。

实际上,通过一系列程序取得了目标企业的控制权,只是完成了并购目标的一半。在收购完成之后,还必须对目标企业进行一系列的整合,使其与企业自身的整体战略、经营方针协调相一致,整合需要分步骤地有序进行。为保证整合与并购的顺利实现,企业应当制定详细的整合计划,降低并购风险。整合主要涉及组织企业内部新旧业务的转型,监控企业内部职能部门和分支机构的变更,协调解决企业内部各部门间的利益冲突等方面。在整合中,需要确定角色、责任,建立明确清楚的上下级关系和权力结构,考虑目标企业与本企业在管理风格、企业文化、价值观、问题处理的方式方法等方面的差异性。具体来说,有以下三种并购后的整合方式。

1. 战略整合

如果被并购的企业战略不能与收购企业的战略保持一致,那么两者之间很难发挥出战略的协同效应。只有在并购后对目标企业的战略进行整合,使其符合整个企业的发展战略,这样才能使收购方与目标企业相互配合，1＋1＞2，发挥出比以前更大的效应，促进整个企业的发展。因此，在并购以后，必须根据整个企业的战略，合理规划目标企业在整个战略实现过程中的地位与作用，然后对目标企业的战略进行调整，使整个企业中的各个业务单元之间形成一个相互关联、互相配合的战略体系，形成一股合力，共同向企业的战略目标迈进。

2. 业务整合

收购与兼并能否取得成功在很大程度上取决于两家企业业务整合的程度和速度，即关键的战略性资源和能力能否在两个企业间有效地实现转移。而战略性资源与能力的转移有效性取决于并购双方关键的资源与能力的相互依赖性。相互依赖性越高，整合的要求越高，即两个企业的能力被置于同一企业边界之内的可能性越大；反之，两个企业各自为政，保持各自的边界的可能性越大。根据企业间战略性资源与能力相互依赖性的高低和企业自治程度的高低，可以将并购后的业务整合战略分为四种类型，如图 4-11 所示。

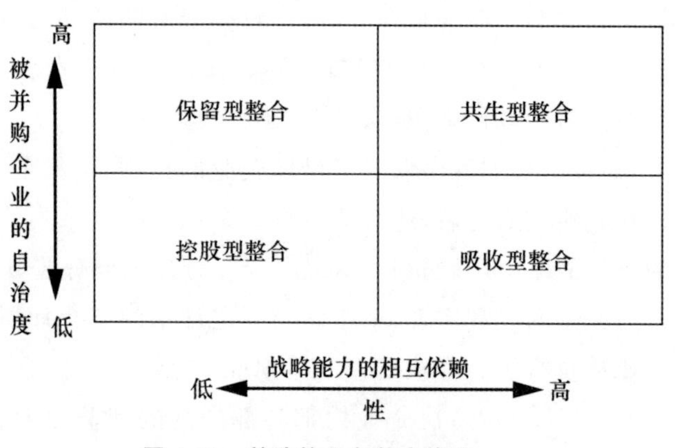

图 4-11 并购的业务整合战略

当被并购企业的自治度比较高，而并购双方战略性资源和能力的相互依赖性比较低时，应采取保留型整合战略，即买方企业应该通过有限而审慎的干预来培养被兼并企业的能力，允许被兼并企业最大限度地发展自己的能力。在这种整合战略中，在两个企业之间只发生一般管理技能的转移。这种整合通常发生在两个规模、实力都较大企业之间的并购过程中。

当被并购企业的自治度比较高，同时并购双方战略性能力的相互依赖性也比较高时,两个企业的整合属于共生型。在这种整合战略中,两个企业开始时各自独立,但逐渐形成相互依赖的关系,即一方面需要保持两个企业各自的边界,另一方面,两者的边界又有一定的可渗透性。共生型整合不涉及经营资源——包括销售人员、制造设备、商标、品牌、分销渠道等一的共享,但功能性资源,包括设计、产品开发、生产技术、物流管理、质量控制等,会通过企业边界得以扩散和转移。

当被并购企业的自治度低,而并购双方战略性能力的相互依赖性又比较高时,就会发生吸收型整合。这种整合要求两个企业完全融合,同时集中使用资源以避免浪费。这种整合通常应用在"夕阳产业"中或者被兼并的一方实力较弱,需要兼并方输入技术和管理才能发挥其资源作用的情况下。

当被并购企业的自治度和并购双方战略性能力的相互依赖性都比较低时,所发生的整合称作控股型整合。在这种整合战略中,虽然被并购企业可能会因为被对方控股而丧失了对于绝大多数事务的自治权,但由于两者的战略性能力依赖程度比较低,所以整合的程度十分有限。这种整合战略通常应用在一个从事多元化经营的企业的收购和兼并的过程中。在这种情况下,企业并购的目的在于通过控股获得其他行业的较高利润和降低整体经营风险,而不是通过兼并来增强自己的核心竞争能力。

3. 文化整合

实际上,并购面临的最主要问题之一是能否将目标企业融入到自身企业中。当两个企业具有不同的企业文化,尤其是属于不同民族和国家时,并购常常会引起各种文化冲突,需要管理者特别注意。按照并购双方企业文化强弱的不同组合,可以把文化整合分为以下四种方式,如图 4-12 所示。

当兼并企业的企业文化比较强,而被兼并企业的企业文化比较弱时,文化整合意味强势企业的文化向弱势的一方输入和转移,弱势一方员工的思想和行为要发生比较大的改变,以适应企业战略和业务整合的要求。

当兼并企业和被兼并企业的企业文化都比较弱,或者说当两者的企业文化特色都比较鲜明时,文化整合表现为两家文化的融合,可能分别吸收了两个企业的某些文化特点形成一种新文化。尽管还能在新文化中找到原有文化的若干痕迹,但是这种新文化已经不同于以往任一家企业的文化了。一般说来,文化融合要花更长的时间,发生文化冲突的几率也更高一些。

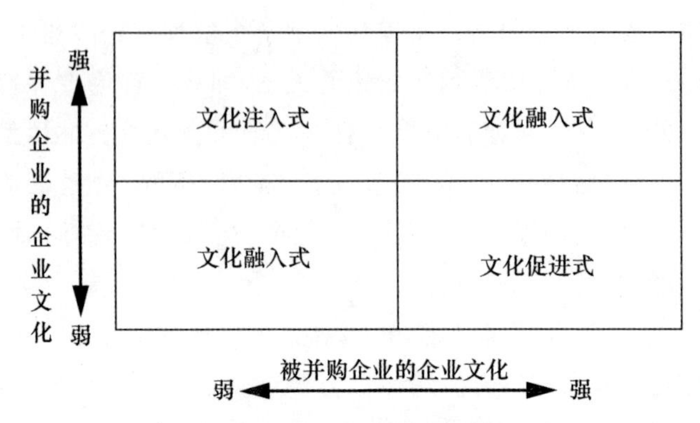

图 4-12　企业文化整合的方式

当兼并企业的企业文化比较弱，而被兼并企业的企业文化比较强时，文化融合表现为互相促进的方式。在这种情况下，尽管作为强文化的被兼并企业的企业文化能够维持，价值观体系也相对稳定，但是由于毕竟要引入兼并企业的文化，所以被兼并企业的强文化也会受到一定程度的影响，主要表现在一些具体文化参数的变化上，使原文化的功能更加完善。

六、战略联盟

1．战略联盟的概念与特征

所谓战略联盟是指由两个或多个企业处于战略上的考虑，即为了全局和长远发展需要而通过各种协议结成的松散型企业组织。需要注意的是，联盟意味着多个实体的结合而非一个企业，它强调的是企业的运作模式而非具体的组织形态。战略联盟的纽带主要是基于战略考虑的各种形式的协议。具体来说，战略联盟主要具有以下几方面的特征。

(1) 组织松散性

尽管不同的战略联盟形成的动因不同，但它们的组织结构却有一个共同的特点，就是战略联盟并不是一个独立的公司实体，也不是一般意义上的企业集团，它是一个动态的、开放的体系，是一种松散的公司间组织形式。一般说来，战略联盟不涉及所有权的转移，也不接受一般意义上的法律约束，联盟企业之间是因共同的战略利益而彼此相互依存的联盟合作关系。

(2) 战略导向性

战略联盟区别于其他企业组织的另一个重要特点是其具有明显的战略

导向,它的一个重要目标是利用企业外部的资源,包括在产品和市场上存在诸多竞争的传统意义上最主要竞争对手的资源。实际上,企业之所以形成战略联盟往往是为了对付更大范围和更高层次的竞争。通过组建战略联盟,企业可以扩大资源的获取和使用界限,一方面可以提高企业的资源使用效率,另一方面又可以减少企业开展新业务时的投入,降低转置成本,从而降低企业的进入和退出障碍,提高企业战略调整的灵活性。

(3) 合作的平等性

由于战略联盟是为了战略利益而形成的松散性组织,一般并无股权和权力上的控制,除了协议上的约束外,联盟的一方并不能左右另一方的行为,即使是一个实力非常强大的跨国公司与一家小公司形成的联盟也不例外。因此,战略联盟的一个重要特点是要产生"互惠"的结果,这就要求保持联盟各方在利益分享和决策方面的平等性。一旦这种平等性遭到了破坏,或者超过了一方能够接受的最低限度,联盟也就随之解体了。

(4) 范围的广泛性

与一般企业的组织形式相比,战略联盟无论从合作内容上,还是从联盟的对象以及协议的形式上都具有广泛性。从联盟合作的内容上看,既可以有研究开发型战略联盟,也可以有生产型战略联盟,还可以是信息服务型战略联盟;从联盟的对象上看,不仅大型跨国公司之间可以组成战略联盟,大学、科研机构,甚至企业工会都可能因各种各样的原因和动机加入战略联盟;从联盟协议和形式上看,既可以是技术转移协议,也可以是特许经营协议,还可以是市场或管理协议等。战略联盟范围的广泛性大大扩展了联盟企业的视野,使它们在更大的范围内获得和使用资源,因而可以参与更大范围的竞争。

战略联盟最本质的特征在于它是竞争性合作组织,是介于市场与企业之间的一种特殊的企业组织形式。它是一种扩大了企业市场和产业范围而没有扩大企业本身规模的组织形式,同时也是经济全球化、网络化和竞争加剧的产物。

2. 战略联盟形成的动因及其作用

作为企业的一种组织形式或者经营模式,战略联盟可以追溯到20世纪初的卡特尔,但战略联盟的真正兴起和得到理论界的广泛关注却是在20世

纪90年代。毫无疑问,在这一过程中,全球化、网络化和竞争加剧是战略联盟形成和发展的外部原因,而技术的迅速扩散则起到了重要的催化作用。

如前所述,经济全球化的一个重要标志就是对一些全球性产品消费需求的趋同化,无论一个企业的规模多大,资金和技术实力有多强,都不可能仅仅凭自己的力量达到全球范围内的规模经济效益,也很难独立承担巨额的研究开发费用,实际上,一个企业不必要也没有可能生产所有的零部件并保证它们是一流的设计和质量。也就是说,消费需求的趋同化和固定成本的日益重要要求企业通过战略联盟来扩大生产规模和范围经济,而需求的快速变化和技术的迅速扩散,则从另一方面迫使企业通过战略联盟来分担技术和市场开发的风险,这是因为在现代网络环境和人员大范围流动加速的情况下,技术扩散的速度大大加快了,没有哪项技术可以被某一家企业长时期保持专有,也没有哪家公司可以在知识爆炸的时代掌握一切技术,尤其是尖端技术。所以通过战略联盟来分享合作伙伴的技术成果不仅是一种客观的需要,也是一种比较明智的战略选择。

如果说经济的全球化和技术的迅速扩散给企业带来了组成联盟的压力,而网络化和技术的不断进步则给战略联盟带来了运作上的可能性,通过互联网,地处地球不同区域,包括远隔大洋的两家企业的技术人员可以共同参与设计一个零部件,全球金融服务和贸易结算可以使企业方便地进行资本的融通和信息交换。实际上,互联网可以帮助企业真正实现组织结构的网络化,这种网络化的组织改变了过去那种集权式层级型组织的运作模式,可以便捷地实现企业之间的信息交换、技术扩散和管理协作,并导致企业采购成本、设计成本和管理费用的大幅度降低。换句话说,网络化使企业通过战略联盟分享技术进步和规模经济效益有了现实的可能。

企业之所以选择战略联盟是在市场和组织内部交易比较后所做出的中间性选择。[①] 按照交易费用经济学,如果某一市场的交易费用为 M,合并以后新增的管理费用为 B,合并以后由于不能实现规模经济而带来的新增成本为 C。那么,当交易费用大于管理费用加新增成本(即 $M>B+C$)的时候,企业将实现外部交易内部化,即合并的战略;而当交易费用小于管理费用加新

① 皮埃尔·杜尚哲、贝尔纳·加雷特著:《战略联盟》,李东红译,中国人民大学出版社2006年版,第46—47页。

增成本($M<B+C$)的时候,企业将继续通过市场交易来维持运营。企业对某一项交易依赖程度越高,该交易的交易费用越高,企业合并的倾向性也随之增大,如图4-13所示。很显然,当交易费用恰好等于管理费用加新增成本时(即$M=B+C$)或者企业对交易和合并的利弊难以进行清楚比较的时候,企业将可能采取中间组织的战略。如果这种中间组织的成本即低于合并费用,又低于市场交易费用,采用这种中间组织就是一种明智的选择。

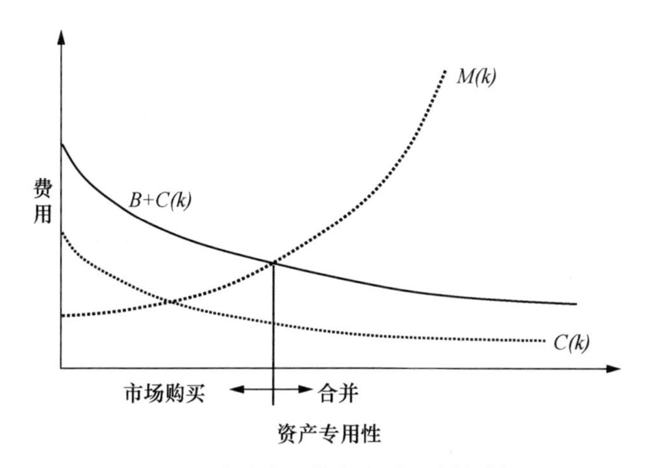

图4-13　资产专用性与交易形式的选择

两个企业A和B到底会形成什么样的组织?一方面取决于两者对交易的依赖程度,另一方面取决于两者的力量对比。如果A企业对B企业的依赖程度很高,而B企业对这一交易的依赖程度很低(违约的可能性大),这时对于A企业来说意味着维持市场交易的交易费用比与B合并的费用大,所以会产生控制交易的意愿。如果:

(1) A的实力远远超过B,A有可能通过合并的方式控制B,如果这时B不愿被A控制,A在理论上也可以自己建立一个与B相同的组织,或者从市场上合并一个与B类似的组织。

(2) 当A的实力远远低于B时,只能通过与B建立协作关系的方式与B维持稳定的交易关系。这种通过合同承包等形式实现的稳定交易关系时组织性较弱、市场性强的一种中间组织。

(3) 当A与B的实力大致相当时,A与B可以互相提供某些资源作为交换条件,从而建立长期稳定的联盟关系,但由于B企业对A企业缺少依赖性，所以对B企业来说，这种联盟的重要性较差。

以上考虑的是A对B依赖程度很高，而B对A的依赖程度很低的情况。如果两者的互相依赖程度都很高，或者说，两者的违约性都很低，那么：

(1) 如果两家企业实力悬殊，或者都很小，则可能发生双方都主动地合并。

(2) 如果两企业的规模都很大，由于合并会引起组织过于庞大或改组的限制，因此两企业都有意愿组成对彼此都有战略意义的联盟，这种中间组织的组织性一般要大于市场性。

图4-14进一步说明了在什么情况下企业会通过战略联盟来增强自己的竞争优势，而在什么情况下会选择市场交易和组织内部化。图4-14中的控制意愿线是指一个企业由于资产专用性达到一定程度而对交易有依赖，并且认为对交易的控制是利大于弊时，产生控制意愿的临界线。由于企业对交易费用、管理费用和新增生产成本难以准确计算，所以意愿线的位置大概处于$B+C(k)$与$M(k)$曲线交点的左侧附近。合并可能线是指一个企业由于资产专用性达到很高程度，

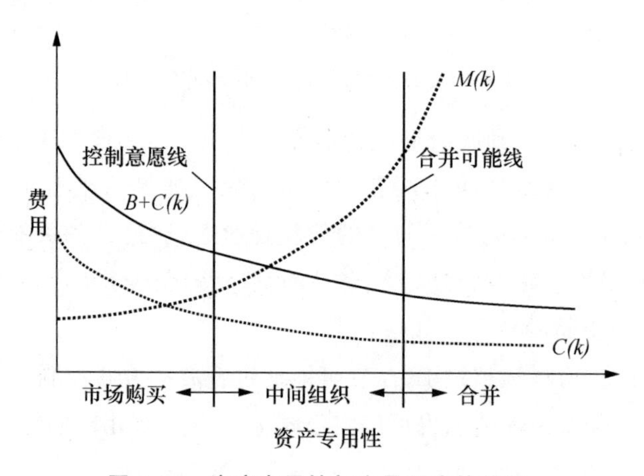

图4-14　资产专用性与交易形式的关系

对交易强烈依赖时产生的通过合并对交易进行控制的临界线，其位置大概处于$B+C(k)$与$M(k)$曲线交点的右侧附近。在控制意愿线与合并可能线之间，是企业难以准确地对交易费用、管理费用和新增生产成本做出估计和计算，但又必须互相依赖的区域，是交易双方形成中间组织或战略联盟

的区域。

综上所述,战略联盟的形成既是外部环境变化的产物,同时也是企业发展到一定程度时自身内部的要求,目的是在不扩大企业规模的情况下实现产业和市场范围的扩张,同时,最大限度地降低环境不确定性所带来的经营风险和市场风险。

战略联盟能够在以下几个方面发挥重大作用。

第一,有助于企业实现仅仅凭自身的力量难以实现的战略目标。众所周知,1990年3月,德国的戴姆勒—奔驰集团开始与日本三菱集团开展战略合作,旨在实现下述六个方面的目标:1) 共同在前苏联境内建立轿车生产厂;2) 共同在国外购置和生产零配件;3) 在基础技术领域共同进行研究开发;4) 在交通系统、半导体等方面进行技术合作与提供零部件;5) 在德国设定生产卡车的合资企业;6) 在日本组装和销售新型商用汽车。显然,无论奔驰集团还是三菱集团都不可能单独完成上述目标,同理,一汽与德国大众的合作也是如此。

第二,有助于企业提升竞争力,在更大范围和更高层次上参与竞争。20世纪70年代欧洲四家飞机制造公司联合组成的空中客车公司可以说是战略联盟的范例。众所周知,在空中客车公司组建之前,民用航空制造业一直由美国公司占据主导地位,欧洲任何一家航空制造企业都无法与其抗衡。空中客车公司组建后,集中了欧洲各自在飞机制造业上的优势,在德国生产机身,在英国生产机翼,在西班牙生产尾翼,最后在法国总装,从而对美国飞机制造业造成了重大挑战,并最终导致了波音与麦道两家公司在1996年的合并。而IBM、摩托罗拉与苹果公司所形成的战略联盟显然是希望通过它们的合作挑战英特尔和微软在全球芯片市场和操作系统市场的霸主地位。

第三,有助于企业的研究和开发,降低研究和开发方面的巨额投资风险。众所周知,在计算机、航空和通讯等全球性行业,开发新一代技术和产品需要巨额的费用,仅凭一家公司的力量是做不到的,而且开发完成以后,还将面临技术扩散的压力。所以,企业需要通过战略联盟来承担巨额的研发费用。例如,在航空领域,美国波音公司与实力强大的富士、三菱及川崎重工结成战略联盟,投资40亿美元联合开发波音777喷气客机。

第四,有助于企业开拓新的市场。对于全球性的跨国公司来说,能否获得规模经济和范围经济效益,很大程度上取决于它们在世界市场的份额和能否合理地调整其生产和经营格局。企业之间通过建立战略联盟来扩大市场份额,双方可以利用彼此的网络进入新的市场,加强产品的销售,或者共同举行促销活动来扩大影响。例如,美国通用汽车公司和日本丰田汽车公司的合作使丰田公司提前3到5年在美国建立了汽车生产基地,同时也顺利地冲破了美国对日本汽车出口的限制。

3. 战略联盟的类型

由于对战略联盟的概念和理解仍然存在很多分歧,因此,对战略联盟做出准确的分类仍然是一件困难的工作。一般说来,可以根据以下几种标准对战略联盟加以区分。

(1) 根据合作伙伴的数量划分

(a) 双伙伴型战略联盟:是指由两家企业组成的联盟,是一种比较简单和普遍的战略联盟类型,旨在就某一领域的特殊问题进行合作,靠合作双方的努力基本上能实现联盟的目标,不需要更多方的参与,形成这种联盟相对比较容易,建立的周期也比较短。

(b) 多伙伴型战略联盟:是指由多家企业围绕同一目标组成的联盟,旨在解决仅凭一家或两家企业难以解决的问题,如研究开发的巨额费用、多学科交叉的复杂技术的开发、开展大规模业务活动所需要的管理技能等。

(2) 按合作的领域和范围划分

(a) 单一型战略联盟:是由两个或多个企业围绕一项主要活动或功能所组建的联盟,目的是通过联盟企业的合作尽快解决一家公司不能解决或需要较长时间才能解决的某一领域的特殊问题,以求尽快地占领市场和获得规模经济效应。根据活动范围的不同,这种单一型战略联盟又可进一步分为研究开发型联盟、产品联盟、品牌联盟、分销渠道联盟、促销联盟和价格联盟。

(b) 复杂型战略联盟:这种联盟成员之间的合作范围十分广泛,既可能是在合作各方价值链上某几个环节上的合作,也可能是全部环节上的合作。同时,联盟成员之间的关系也比较复杂,既可能是围绕一个主要领域的多目标的多方合作,也可能是联盟成员之间的网络型合作。一般说来,这种联盟希望参与更大范围的竞争。

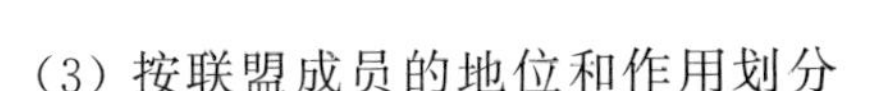

(3) 按联盟成员的地位和作用划分

(a) 协作型联盟:也称接受型联盟,这种联盟的特点是联盟成员之间的实力或市场地位有较大的差别,但较弱的一方又的确能够在某一方面为实力强的成员提供协助,如帮助对方进入本地或本国市场等。协作型联盟由于投入的要素差别较大,从联盟中获得的益处对不同地位的联盟成员也可能不是均衡的,所以需要仔细处理利益的分配。

(b) 互补型战略联盟:这种联盟的特点是联盟成员之间的实力或市场地位比较接近,或者联盟成员各方都有自己的独特技术或资源,从而相互依赖性很强,建立这种联盟的目的是取得优势互补,提高市场竞争力,以期在更大范围和更高层次上参与对抗性竞争。

(4) 按联盟的时间长短划分

(a) 短期联盟:这种类型的联盟是指企业为了获得某种短期所急需的资源而与其他企业所建立的联盟。这种资源既可以是某项先进技术,也可能是短缺原材料或零部件,还可能是某种类型的专门知识或人才,一旦通过联盟获得了这种资源,建立联盟的目标也就达到了,联盟也会随之解体。

(b) 长期联盟:这种联盟是联盟成员从长远战略目标出发,为获得某些长期需要的战略性资源而同具有同样需要的企业所结成的战略联盟。一般说来,这种联盟合作的领域比较广泛,而且联盟成员都需要对方的长期合作和支持,因此,这种联盟一旦形成,一般都具很强的稳定性。

(5) 根据战略联盟在价值链环节的不同位置划分

横向联盟是指通过联盟企业间相同价值链位置的横向链接,如研发联盟、生产联盟、营销联盟等方式来创造新价值和获得竞争优势,是同属一个行业或产业部门生产、销售同类产品企业间的联盟,或者在同一市场上产品或服务互相竞争的企业间的联盟。横向联盟又分为垂直联盟和水平联盟:在某一生产经营活动价值链中承担不同环节的企业之间的联盟为垂直联盟;在价值链中承担相同环节的企业间的联盟为水平联盟。横向联盟是企业扩大经济规模,实现经济扩张的一种有效方式,它有利于集结各种资源,节省研究成本,分摊风险。可供选择的形式有交换技术信息、成立合作研发机构、建立共同标准联盟等。

纵向联盟是指以某个大公司为核心,联合相关的供应商、分包商、批发商、服务商形成的大型生产经销网络。这种联盟主要发生在制造业的上下游企业之间，其目的主要是降低成本，通过联盟企业所处的不同价值链位置的纵向链接来创造新价值和获得竞争优势。纵向联盟发生于纵向联系的企业价值链与供应厂商、销售渠道的价值链之间，其特点是把相连的几个生产阶段置于同一企业的管理之下，即把加工、制造、销售置于同一行业，实行一条龙管理。纵向联盟使分散在不同企业中的最具有比较优势的生产力和销售力量结合起来，完成产品的制造和销售过程，使产品在范围更广的地域具有竞争力。可供选择的形式有产品品牌联盟、供求伙伴联盟等。

混合联盟方式或对角线联盟是指两个或两个以上相互间没有直接的投入产出关系和技术经济联系的企业间的联盟，或者是两个或两个以上产品与市场都没有任何关系的企业间的联盟。其目的在于扩大企业自身结构，扩大经营能力，增强市场控制力。混合战略联盟能够使联盟一方或双方相互利用对方的市场销售渠道销售自己的产品，资源共享，达到销售的规模效益。

第三节　国际化战略

前面两节我们从竞争战略和公司层战略的视角重点介绍了相关的各种战略类型，它们都是战略管理学科的核心概念，可以认为，企业几乎所有的活动都是围绕这些战略进行的。本节我们从另外一个视角——国际化战略的视角阐述与此有关的另外一些核心概念和战略类型。需要说明的是，国际化战略并不是与竞争战略和公司层战略并行的战略类型，它们不是在同一范畴下的战略分类，而是因为前者涉及的市场由本国市场扩大到了国外，因此，国际化战略主要涉及国际市场的进入方式问题。开拓国际市场的目的同样可能是拓展现有业务，也可能是为了实现多样化成长的目标，而在国际市场与竞争对手竞争时，同样需要选择某种方式的基本竞争战略。下面我们就对几类典型的国际化战略做简要阐述。

一、出口

作为最早的国际化经营模式，出口贸易在不同的国家和地区已经有了数千年的历史。与其他的国际化进入模式相比,出口具有操作方便、决策相对简单、运营过程类似性高和风险易于判断等特点。尽管随着经济的全球化和国际分工的加深,国际化进入模式越来越多,但由于进口的上述特点和贸易壁垒的逐步降低乃至消失,出口仍然是一种非常重要的国际市场进入战略。

出口的产生和经久不衰的原因是它既为生产者也为消费者创造了价值,生产商因国外市场对出口产品的需求而可以提高产品的价格和生产数量,消费者因进口产品的增多可以买到各种各样价格更低的产品。此外,由于绝对优势和比较优势的存在,无论是出口国还是进口国都可以从国际贸易中受惠,所以多数情况下各国政府也都制定各种各样的政策鼓励企业从事进出口业务,以便尽可能地利用本国的优势并促进本国经济的发展和供给的多样化。国际贸易所产生的一个消极后果是有可能降低某些国家和地区的经济稳定性,导致某些企业的解体和重组,这也是某些时候贸易保护主义流行或抬头的原因。

长期来看,由于比较优势的存在,出口贸易会引起下述结果:

(1) 贸易能改善出口产品中密集使用的生产要素的相对收益,换句话说,出口产品中使用哪种生产要素越多,那种要素供给者的收益越大;

(2) 若劳动力和资本无法在部门间流通,则出口行业的生产要素所获得的收益要高于进口行业,这是多数行业的企业愿意增加出口而不愿意接受进口的原因;

(3) 一个国家和地区,尤其是发展中国家和地区,出口产品消费者的收益要低于进口产品消费者,因为一般说来,出口产品相对于进口产品价格将会上升;

(4) 一个国家和地区总是愿意出口本地生产要素便宜且丰富的产品。例如,劳动力相对便宜的国家一般出口劳动密集型产品而进口资本密集型产品。①

根据出口市场的特点和企业自身的资源状况,企业可以在两种出口模式中做出选择,一种是直接出口,在这种模式下,企业参与在国外市场销售

---

① 包铭心、陈小悦、莫礼训、菲利普·M. 罗森茨韦格著:《国际管理》,机械工业出版社 1999 年版,第 35 页。

昌平等必要活动，可以决定是否打开其在国外市场的销售网络以及控制市场营销组合决策；另一种模式是间接出口，在这种模式中，企业并不直接参与国外市场上的营销活动，业务主要通过中间商来进行，因而企业在各方面并没有更多的选择。

无论采用哪种出口模式，也无论具体出口哪种产品，企业管理人员都必须清醒地认识到出口贸易要远比在国内市场做生意来得复杂和困难。这是因为：第一，由于出口市场地理和文化的不同，他们对产品和服务可能有与本国市场不同的需求；第二，国际市场分销渠道比国内市场分销渠道更复杂，涉及更多的中间环节，因此，会使各种风险增加；第三，由于信息获得更加困难，信息交流也会因文化或其他原因而容易受到阻滞，所以国际市场比国内市场分销渠道成本更高；第四，由于出口贸易一般要花费更多的时间和有较长的周期，所以发生各种意外和风险的机会大大增加。总之，做出口业务要比国内业务付出更多的努力。

二、交钥匙工程

所谓“交钥匙工程”是指承包商按东道国合作方的要求承建工程项目，如生产线、厂房或其他大型项目，待建设项目完工后将整个项目，包括所有的工程细节和操作说明都完整地移交给外国客户的一种国际市场进入模式。换句话说，一旦双方合同期满，外国客户就得到了可以独立全面经营的工厂“钥匙”，故而也叫“交钥匙工程”，是应用非常广泛的国际化战略。

由于一般情况下承包商掌握着相关的装配和运行技术，而且这些技术比较复杂，是承包商的一项重要资产和竞争优势的来源，所以通过“交钥匙”工程可以获得巨大的经济回报。当东道国政府对外国直接投资有严格管制时，采用这种战略可以大大降低政治风险，这对政治和经济环境不稳定的国家和地区尤其适用。

虽然“交钥匙工程”可以为承包商带来巨大的收益并可以规避因直接投资可能到来的风险，但在控制不利的情况下，这种国际化模式也会引起一些消极的后果：第一，可能使采用“交钥匙工程”的企业对所提供服务的国外市场失去长期的兴趣，因而养成做“一锤子买卖”的思维；第二，与外国企业合作进行“交钥匙工程”无形中扶植了一个竞争对手，当合作伙伴学习和模仿

能力很强时尤其如此,国际市场上这样的例子可以说屡见不鲜;第三,如果承包商所使用的生产和安装技术是其竞争优势的一个重要来源,则通过"交钥匙工程"来出售技术就等于向现实的和潜在的竞争对手出售竞争优势,甚至就是自毁长城。

三、特许经营(颁发许可证)

所谓特许经营是由特许经营者(买方:购证人)向转让者(卖方:售证人)支付一定的转让费而获得专利、商标、产品配方或其他任何有价值方法的使用权。转让者不控制战略与生产决策,也不参与特许经营者的利润分配。由于在多数情况下特许经营者不仅负责产品的生产,而且负责与市场销售有关的任务,因而转让者在决定国外市场介入程度上并没有太多的灵活性。当然,由于卖方通过出售许可证获得了固定的收益,所以面临的风险也比较小。

一般说来,遇到以下一些情形时,可以考虑采取特许经营的方式进入国际市场。

(1) 当企业要进行出口或直接投资,但却缺少资本和管理资源,同时对外国市场又不了解,试图用最小的代价来获得额外利润的时候。

(2) 当试图对外国进行直接投资,但又不能估计其可能风险时。在这种情况下,可以先通过特许经营的方式进行尝试,以便决定以后是否对该市场进行直接投资。

(3) 技术回流的可能性比较小的时候。这里的技术回流是指购证人在许可使用的技术的基础上开发的新技术回流到售证人市场的现象。

(4) 当一些市场比较小,不宜进行更大的投资,也达不到规模经济的要求,而企业又想利用其技术赚得适当利润的时候。

(5) 当东道国政府限制进口和外国直接投资,或者合资企业有被国有化的可能性时。

(6) 当购证者虽然有可能成为竞争对手,但技术进步的速度足够快,以至于企业可以保持相对购证人的技术领先优势的时候。[①]

---

① 包铭心、陈小悦、莫礼训、菲利普·M.罗森茨韦格著:《国际管理》,机械工业出版社1999年版,第75页。

从特许经营者的角度看，这种国际市场进入模式使得他们比较容易地获得了他们所需要的产品和有关技术，不必去冒自主研发可能带来的巨大风险，可以与自己已有的资源形成互补，在实力较弱又面对激烈的市场竞争时也不失为一种现实的选择。

在许多方面，特许经营与技术授权很相似，从本质上讲，两者同属于一种模式。技术授权主要用于制造企业，而特许经营主要被用于服务型企业。两者所具有的优点和不足也基本类似。

采用特许经营方式进入国际市场的时候，为了保证合作得以顺利，并使合作双方达到共赢的目的，最关键的是写好并落实好许可协议，详细内容读者可参考有关书籍。

四、契约式生产和契约式经营

所谓契约式生产是指企业允许东道国的合作伙伴按特定的要求组织生产，但市场方面的任务仍由企业负责。它的优点是东道国的合作伙伴可以以较低的投资风险进入国外市场，而企业则可以利用对方制造成本低廉和掌握市场销售技巧的优势来降低成本和增加利润。所谓“三来一补”或OEM等都属于这种契约式生产模式。目前，契约式生产仍然是进入国际市场的一种重要模式，其主要特点是在减少管理摩擦的情况下利用了双方的优势。

所谓契约式经营是指企业向提供资金的东道国合作伙伴派出管理专家和提供专有技术，而东道国的合作企业则提供一定的费用作为补偿。这种模式与上述的特许经营模式有一定的类似性，但方式更为灵活。由于派出的管理专家起着合作公司顾问的作用，可以参与企业的日常管理，因而可以要求获得某些信息或专门报告，这对了解市场情况和随后的商业介入非常有用。

相对于出口模式而言，以上几种进入国际市场的模式都会涉及更多的投资和市场介入，伴随的风险也随之增大。

五、合资

与以上几种国际市场进入模式相比，合资是一种更高水平上的合作模式。在这种模式下,由于双方分享所有权、收益和对企业的控制权以及相应的风险,因此,双方都对合资企业的管理和控制有更多和更直接的参与,相应地也会产生更多的信任或者矛盾和摩擦,所以合资企业的管理和决策过程也远比以上几种类型的进入模式复杂。

与其他进入模式相比,合资有几个明显的优点:第一,可以从当地合资者那里获得有关东道国的政治、经济、文化、语言和其他方面的知识,有助于以后对东道国市场的开拓和积累合资的经验;第二,当以独资的方式进入国外市场可能会面临较高的不确定性和较高的风险时,通过合资企业可以与当地的合作伙伴分担开发费用和风险;第三,当东道国有较强的贸易保护主义倾向或面临其他政治风险而难以采取其他进入模式的时候,合资往往是一种比较现实的选择。

合资同时也有自己的缺点:第一,有可能失去对关键技术和生产诀窍的控制权,而这种关键技术和生产诀窍可能是巨额投资或长期积累才形成的,合资的结果可能是培养了自己的强有力的竞争对手;第二,与独资不同,合资很多情况下并不能对生产和销售做出必需的紧密的控制,由此会削弱规模经济优势和范围经济优势;第三,当合资双方的战略目标不相吻合或对经营策略有不同看法时,这种共同拥有股权的安排往往会引起控制权上的矛盾和冲突,处理不当可能会导致合资企业的解体。

六、独资(公司拥有)

与前述5种进入模式相比,独资是最高层次的进入模式。在这种模式下,企业可以更严密地控制生产和市场决策,可以根据自己的战略目标和需要决定采取什么样的技术和管理模式,可以独享东道国市场的经营成果。当然,由于这种模式缺少东道国合作伙伴的参与,自然也就没有东道国方面的企业或政府机构来分担政治和市场方面的风险,所以企业必须独立面对各种各样的挑战和承担失败的风险。一般说来,企业只有在对东道国的市场环境有比较充分的了解,自己的技术和管理实力较强,或者是经过了其他的进入模式的尝试以后,才会采取独资的模式进入国际市场。

以上我们简要地介绍了几种国际市场进入战略:出口、交钥匙工程、特许经营、契约式生产和契约式经营、合资和独资。实际上,在某一时期进入

某一国际市场的战略往往不止一个,在某一市场上的战略组合取决于多种因素的综合作用。一般说来,从出口到公司拥有,企业承担的责任、收益、风险、挑战和复杂性由低到高逐步上升,而其方便性、决策过程的一致性和运营过程的类似性则逐步降低。

第五章　战略管理学科常用分析工具

第一节　PEST 分析

战略管理与日常管理的一个重要区别是其更关注广泛的环境变量对企业生存和发展的影响，通过一定的手段和方法从复杂的信息与线索中，试图通过对环境变化的观察来把握趋势，以发现组织发展的新机会和避免这些变化所带来的威胁。为了实现上述目标，必须首先了解环境的性质、宏观环境的各部分及其变化趋势，同时评估这些变化的可能影响。

应该指出的是，影响企业的环境因素非常之多，对某一特定行业或特定的企业来说，试图分析所有因素及其影响程度是不现实的，也是不必要的。重要的是认清关键影响因素，并以此为基础去寻找战略性对策。而 PEST 分析就是广泛使用的环境分析工具之一。其中 P(Political)，指政治与法律环境；E(Economic)，指经济环境；S(Social)，指社会文化及自然环境；T(Technological)，指技术环境。

一、政治与法律环境

政治法律环境是指公司业务涉及的国家或地区的政治体制、政治形势、方针政策和法律法规等。

政治和社会稳定是一切企业开展正常经营活动的基础与前提。在政治和社会动荡的环境下，会频繁地发生罢工、游行、静坐以及打砸抢等不法行为，企业的正常经营行为会受到严重干扰和破坏，甚至会完全终止。例如，近几年利比亚、叙利亚以及安哥拉等国家和地区的内战就给包括中国公司在内的很多跨国公司的经营行为带来了不可估量的损失和影响。

一个国家和地区的方针和政策也会直接和间接影响企业的发展和经营活动。比如，我们国家在不同时期制定的很多产业政策就对很多行业或企业的发展产生过强烈的拉动或抑制作用，有时某种支持性的产业政策短期内会刺激更多的投资进入某一行业并促进该行业的快速发展，当然在引导和控制不利的情况下也会导致行业的生产能力快速过剩并对企业的长期发展带来不利的影响，如前几年我国光伏产业所发生的情形。有时某种抑制性的产业政策会抑制对某些商品和供应的过度需求与投放，优化产业结构和促进产业内部各种细分部分的均衡发展，但也可能削弱市场机制自发性的调节功能，从长期来看不利于行业的均衡发展。无论产业政策的走向如何，企业都必须密切关注它的变化并适时调整自己的战略。

此外，一个国家的进出口补贴以及关税政策等对从事国际化经营的企业都会产生直接的影响，同时也会间接影响国内相关企业的经营活动和竞争优势。

最后，世界上很多国家对企业的商务活动做了大量立法，这些法律对企业的影响和制约一直在不断增强。商务立法的目的有三个。第一，保护各企业的利益不受侵害，也就是通过立法保护竞争。例如美国的反托拉斯法案，1993 年 9 月由全国人大常委会第三次会议通过的《中华人民共和国反不正当竞争法》，2007 年 8 月，第十届全国人民代表大会常务委员会审议通过的《中华人民共和国反垄断法》，该法也被称为经济宪法。

第二，保护消费者利益免受不正当商业活动的损害。对于一些采用掺假、虚假广告、假包装、伪劣产品等不正当手法损害消费者利益的企业，必须予以限制和制裁。例如美国的联邦食品及药物法案、肉类检验法案和消费品安全法案，我国的《中华人民共和国产品质量法》等。

第三，保护社会公众和消费者更大的和长期的利益不受不法商业行为的危害。如有些企业为了追求利润可能生产加重环境污染的产品或销售有危险性的儿童玩具或物品，因此，必须对它们实施约束，例如美国有国家环境政策法案和儿童保护法案，我国有大气污染防治法等。

二、经济环境

经济环境是指企业在战略制定的过程中，必须考虑的各种国内外经济条件、经济特征、经济联系等多种因素，对消费需求和企业的经营活动有最直接和重要的影响。其中重要的经济环境因素包括一个国家和地区经济发展速度、人均国内生产总值、人均可支配收入、金融状况，以及经济运行的平稳性和周期性波动等。

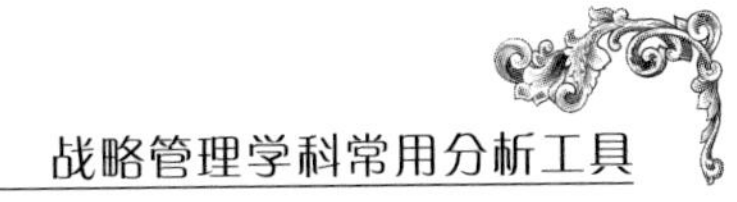

一个国家和地区的经济发展速度直接决定了它未来的市场潜力和容量的大小。这对企业的长期投资有直接的影响,有时这种影响甚至比当前的经济总量还要大,因为随着经济的高速发展,必然会带来对某些商品或基础设施的大量的新的需求,而经济发展停滞或萧条往往意味着市场需求的饱和和下降,因此,判断和预测一个国家和地区目前宏观经济是处于萧条、停滞、复苏还是增长哪一阶段,以及会以怎样一种周期规律变化对企业而言非常重要。

在众多的经济指标中,人均国内生产总值也许是最重要的经济指标之一。人均国内生产总值等于一定时期内一个国家的国内生产总值除以总人口,它反映了一个国家的经济发展水平,直接决定了人们的消费水平和市场容量,也决定了人们对产品和服务的质量要求,对企业的生产和销售决策有重要的影响。

影响企业生产和销售的另外一个重要经济环境因素是个人可支配收入。这一指标是在个人收入中扣除税款、收税性负担以及维持生活的必需品支出后的余额,它是影响消费结构的重要因素之一。个人可支配收入越高,对奢侈品或服务以及娱乐休闲类产品的需求就会增加。当然,即使拥有同样的个人可支配收入,不同国家和地区的消费者的支出模式也可能会有较大差别。例如,我国消费者的支出模式与西方发达国家有较大差别。虽然随着家庭收入的增加,用于食品的开支占收入的百分率下降,用于住房以及家庭日常开支的费用占收入的百分率保持不变,用于其他方面及储蓄占收入的百分率上升的规律也基本上适用于我国,但与西方发达国家同期的收入水平相比,我国居民用于“用品”,如电视机、洗衣机等的支出却远远高于发达国家,也就是说,我国的消费者更偏重于“用品”的消费。因此,管理人员必须注意到这一倾向及支出模式随经济发展而可能发生的变化。

三、社会和物质环境

社会文化环境是指企业的产品和业务涉及地区的民族特征、文化传统、价值观、宗教信仰、教育水平、社会结构、风俗习惯及自然等情况。每一个社会都有一个核心价值观,它们常常具有高度的持续性。这些价值观与文化传统是历史的沉淀,是通过家庭繁衍与社会的教育而传播延续的,因此具有相当的稳定性。而一些次价值观念则是比较容易改变的。每一种文化都由许多亚文化组成，它们是由有着共同语言、共同价值观念体系及共同生活经验或生活环境的群体所构成。不同的群体有不同的社会态度、爱好与行为，从而表现出不同的市场需求和不同的消费行为。

1. 人口

人口是企业管理人员最感兴趣的社会环境因素之一，正是它构成了大多数产品的消费市场。总人口、人口的地理分布和密度、家庭构成以及人口增长率对企业的生产和销售都有显著的影响。

一个国家和地区的总人口决定了对某些商品，尤其是大多数日用品和生活必需品的总体需求，因此，生产此类产品的企业往往可以根据人口数量来分析和预测市场需求以及有效市场需求，从而制定相应的生产和销售决策。

人口的地理分布和密度对企业的生产和销售活动也有一定的影响。如有些发达国家的人口主要集中在中心城市，有利于一些跨国公司利用其品牌优势并采取密集性营销的方式迅速占领市场；而有些发展中国家的人口可能主要分散在广阔的乡村且购买力较低，可能更有益于一些小企业采用农村包围城市的战略谋求长期的发展。

此外，人口年龄结构及其变化对企业的经营活动也有直接而显著的影响，如出生率下降可能使儿童玩具、用品和服装的需求量下降。15—64岁人口数量急剧膨胀，一方面使某些商品，如住房、摩托车、汽车、服装、旅游等的需求扩张，使企业容易获得所要求的劳动力，另一方面却带来了巨大的就业压力，这种压力可能使某些劳动密集型产业获得优先发展。老龄人口的迅速增加意味着居家养老服务市场(如送饭、维修服务、咨询等)、医疗保健服务市场(如家庭病床、重危病护理、住院陪床)、老年福利设施市场(老年住宅和公寓、老年医院、老年活动中心等)以及老年用品市场(如老年用床、浴盆、体位交换器、手杖、轮椅、助听器等)将有较大的发展。此外，将不同阶段年龄人口细分还可进一步了解市场对某些产品的需要。

家庭结构的变化对消费结构也有相应的影响。例如，新建立的家庭可能需要添置家具、厨房用具、家用电器和卫生设备等，而无子女的年轻夫妇或单身户将有更多的时间和金钱去旅游或是去饭店，而日益被社会关注的空巢家庭更是需要社会中有更多的为老年人提供相关产品和服务的机构出现。因此,企业管理人员应该看到这些变化。

2. 自然环境

自然环境是指企业业务涉及地区或市场的地理、气候、资源、生态等环境,不同地区客户由于其所处自然环境的不同,对于企业的战略会有一定的影响,我国作为一个幅员辽阔的国家,这种影响尤其明显。任何企业的生产经营活动都与其所在的自然和物质环境息息相关,因为无论制造哪种产品都需要原材料、能源和水资源等。随着工业生产活动范围的不断扩大,同时也由于前些年我们对环境保护的忽视,我国的物质环境在过去几十年中已遭受了很大程度的破坏。今后,各种资源的短缺将对企业的生产和经营活动形成很大的制约,同时有关环境保护的立法也对企业提出了很多新的要求。企业管理人员必须注意到物质环境的变化以及相关法律政策的影响。

四、技术环境

与政治和法律环境、经济环境、社会环境一样,技术环境变化对个人和企业的生活和生产有重大的影响,而且其影响较前几个更为直接。政治和法律环境以及社会价值观的变迁也许要经过很长时间,甚至几十年才能显现出来,而技术的发明,尤其是重大技术的发明虽然需要长时间的努力与积累,但由于这种积累是悄然发生的或者是秘而不宣,所以新的技术一经转化并成为推向市场的商业化产品,对其他企业和个人的影响将是直接的。例如,苹果的 iPhone 之所以在世界各地不断地刮起销售旋风是因为从某种意义上说它改变了人们的工作和生活方式。

可以毫不夸张地说,从人类开始第一次工业革命开始,直到面临原料、能源严重短缺的今天,技术一直都是决定人类命运和社会进步的关键所在。与技术水平及其产业化程度高低是衡量一个国家和地区综合力量和发展水平的重要标志一样,是否掌握先进的技术及其与此有关的工具往往也是一个人是否具有先进技能和适应工作丰富性的重要标准。例如,在 19 世纪,由于英国掌握更多的先进技术,所以整个 19 世纪可以说是英国世纪;而在 20 世纪由于美国掌握更多的先进技术,其高技术产业的发展更为迅猛,所以 20

世纪成为美国世纪。同样,掌握先进的计算机和网络技术和工具的人容易在高技术公司找到待遇优厚的工作。

值得指出的是,与经济景气和高速增长带给很多行业普遍更多发展机会不同的是,技术是一种创造性的破坏因素,或者说,当一种新技术给某些企业和个人带来增长机会的同时,可能对另一行业和个人形成巨大的威胁。例如,晶体管的发明和生产严重危害了真空管行业,数码相机的出现使得原始胶片相机受到沉重的打击,高性能塑料和陶瓷材料的研制和开发严重削弱了钢铁业的获利能力。与此相应的是,当晶体管、数码相机和新型材料行业创业和从业人员弹冠相庆的时候,也许正是真空管、胶片和钢铁行业人员黯然神伤的时候。

目前技术环境的变化有以下两个重要趋向。

1. 新技术和发明的范围不断加宽

自第二次世界大战以来,科学技术取得了巨大进步,同时它们应用的范围也在不断加宽,已涉及人类生活的各个领域。从计算机技术到电子通讯;从楼宇智能化到新型装饰材料;从生物制药技术到健康食品;从电子图书到网上音乐;从功能饮料到保鲜食品等等。近年来,以下几个领域的科技进步尤为引人注目。

(1) 信息及网络技术。

互联网的问世和迅速发展极大地改变了我们的世界,而且它对人类生产和生活等各个方面的影响还在不断扩展和加深,从一本书的邮订到大宗原材料的全球性采购;从电子商务结算到全球生产网络的构造,网络化已经成为我们今天这个世界最重要的标志。

通过云计算技术,我们可以像用水用电一样,按实际需求使用计算能力。以后拿个插头一插上电源,借助互联网的帮助就可以使用公共的计算机。目前的云计算大体有三类:即 Iaas、Paas 和 Saas。

通过物联网把物理环境、基础设施和信息基础设施相结合,可以实现机与物、物与物之间的即时通讯和交互作用。换句话说,我们希望把地球上的每粒沙子和石块都贴上电子标签,并把信息集中起来,然后对其跟踪与控制。

智能语音技术将使我们家庭的每台机器和设备能说会听,设备的智能

化程度将会大大提升。我们可以让家庭机器人帮我们完成更多的工作，还可以通过智能语音技术对汽车进行导航。

（2）生物技术。

生物技术是当今最为活跃的科技领域之一，自20世纪40年代青霉素发明以后，已有100多种抗生素投入生产。伴随着基因DNA重组技术、克隆羊问世、人类基因图谱绘制成功等一系列重大技术的突破，生物技术在人们生活中扮演越来越重要的角色。其在保障粮食安全、促进经济结构调整、提高健康水平、改善生态环境、缓解能源短缺压力、保障国家安全等等方面的作用和潜力日益凸显。而专家们更是预言，以生物技术为重点的第四次科技革命，将成为继信息产业之后又一个最具活力的经济增长点，由其引领的生物经济，驱动着全球经济结构的加速调整和重组。

（3）新型材料。

众所周知，材料曾作为划分人类历史进程的重要里程碑，人们已经经历了石器时代、青铜器时代和铁器时代。由于20世纪末期陶瓷和非铁基高强材料的不断涌现和增多，有人倾向把现在称为新石器时代。进入21世纪以后，已经涌现出多种具有重大意义的新型材料，包括高强纤维、高耐热纤维、超轻纤维、高导电纤维、可生物降解纤维以及一系列具有环保节能功效的新型材料。这些材料在生活的各行各业中所占的比重越来越大，与此相反，传统的材料行业与钢铁业的发展则有相对衰弱的倾向。

例如，在航空业采取新型复合材料可以减轻飞机的自重，从而提高载重和飞行速度，改善航空公司的经济性。在建筑业采用新型的保温装饰材料可以改善居住环境和消除有毒气体对健康的危害等等。

（4）空间技术。

空间技术是最为引人入胜的领域。自1957年10月4日苏联发射第一颗人造地球卫星以来，到目前为止，世界各国已发射了几千个航天器，其中包括：载人飞船、航天飞机、空间试验站和空间站等。人类已经飞出地球，登陆月球，1997年又成功登上了火星，不久还可能飞出太阳系。空间技术的发展扩大了人类的物质资源和知识宝库，推动了现代科学技术和现代工农业生产的发展。

(5) 3D 打印技术。

与传统的打印机只能打印二维图形不同,3D 打印能够打印三维实体,其技术名称为增材制造。通过这一技术名称,我们不难想象其工作原理和过程:在设计文件和程序的引导下,打印喷头喷出固体粉末或熔融的液态材料,它们在激光或其他物理化学作用下固化为一个特殊的平面薄层。第一层固化后,3D 打印喷头返回,在第一层上形成第二层,最后薄层累积成三维物体。

正是由于 3D 打印这样一个特殊的工作原理,所以与传统的制造技术相比,3D 打印具有了制造复杂物品不增加成本、无需组装、零时间交付和零技能制造等优势。

从某种意义上说,3D 打印技术使哈利·波特的魔杖复活了,现在可以用生物材料借助 3D 打印技术打印出人体膀胱和心脏瓣膜等,所以,海尔的张瑞敏总裁说:对于制造业企业来说,3D 打印要么是天使,要么是魔鬼。

2. 理论成果转化为产品和同类产品更新的周期大大缩短

由于技术本身的巨大进步,信息交流变得更加快捷,国家与国家以及跨国公司之间的广泛合作,理论成果转化为可应用产品的间隔已大大缩短。例如,英国在 1741 年批准了第一项打字机专利权,但是拖了一个半世纪,打字机才开始大量生产。斯坦福研究所的罗伯特·杨发现,在 1920 年以前,美国销售的日用设备,包括吸尘器、电炉和冰箱,从投产到高峰生产所需时间平均是 34 年,而在 1939—1959 年出现的另一批设备,包括电煎锅、电视机和洗衣甩干机的相应时间仅有 8 年,缩短了 76%以上。同样,同类产品更新换代的周期也大大缩短了。以苹果公司的智能手机 iphone 为例,从 2007 年 1 月 9 日由苹果公司前首席执行官史蒂夫·乔布斯发布第一代 iPhone 并在同年 6 月 29 日正式发售,到 2013 年 9 月 10 日苹果推出第七代产品 iPhone 5S 及 iPhone 5C,一共只有 7 年的时间。

理论成果转化为产品和产品更新周期的大大缩短,意味着企业之间竞争的加剧,竞争的回合越来越多,竞争的速度越来越快。在传统竞争环境下取得某种竞争优势需要较长时间,而一旦取得这种优势,企业也可以在优势地位上停留很长的时间,而竞争的加剧意味着上述两个时间间隔都在缩短。无论企业取得怎样的竞争优势,都不能在竞争的某一阶梯上停留过长的时

间，否则将很快被其他企业所超越。事实上，在一个新兴的行业善于捕捉市场机会，采用了一种新的技术或者一种新的商业模式，一个名不见经传的小企业和人物也可以在几年内风生水起或者一鸣惊人。130年的巨人柯达轰然倒下，手机巨头诺基亚的没落，苹果的崛起，以及腾讯QQ的快速扩张，都是这方面鲜活的例子。

第二节 SWOT分析

在现代战略管理的工具与方法中，SWOT分析可能是最为广大企业管理人员所熟悉和最广泛应用的分析工具。很多管理人员认为，SWOT分析就是战略制定的过程。虽然这种理解有点片面，但却道出了SWOT分析的重要性。

安德鲁斯(Andrews)最早提出了SWOT分析框架并将其作为企业战略分析的一种综合性分析工具。① SWOT分析是把企业内部资源与能力所形成的优势(Strengths)、劣势(Weaknesses)与外部环境所形成的机会(Opportunities)、威胁(Threats)四个方面的情况结合起来进行分析，以寻找制定适应合本企业实际情况的经营战略和策略的方法。其中，优势与劣势分析主要是着眼于企业自身的实力与其竞争对手的比较，而机会与威胁分析则将注意力放在外部环境的变化及其对企业的可能影响上。由于外部环境的同一变化给具有不同资源和能力的企业带来的机会与威胁可能完全不同。因此，内外部两者之间有密切联系，这也是为何将这两个维度上四方面的分析综合在一起的原因所在。

综上，SWOT分析是综合考虑企业内部条件和外部环境的各种因素的综合分析方法，它能够有效地帮助企业进行战略的选择与制定，图5-1给出了SWOT分析的大致思路。下面，我们具体地就SWOT分析的方法加以介绍。

---

① Learned, E. P., Christensen, G. R., Andrews, K. R., Guth, W. D., *Business Policy: Text and Cases*, Home Wood, IL: Irwin, 1965.

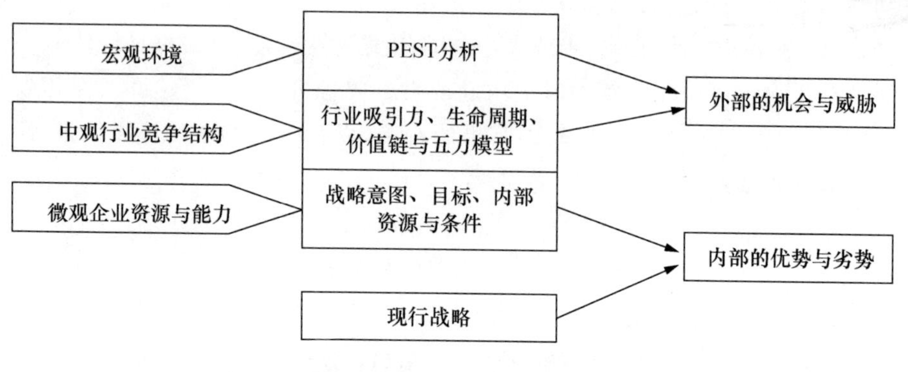

图 5-1　SWOT 分析的思路

一、SWOT 分析的内容

1. 寻找优势与劣势

所谓企业的优势是指为了实施企业的战略和计划，企业可以利用的优于主要竞争对手的能力、资源、技能等方面的条件；而企业的劣势指的是相对于竞争对手的条件来说企业所缺乏的能力、资源和技能等方面的条件。概括地说，寻找企业的优势和劣势，实际上就是回答两方面的问题：

(1) 企业依靠什么资源或能力来保持与加强目前的竞争地位？

(2) 哪些资源或能力方面的不足会削弱企业的竞争力？

2. 发现机会与威胁

外部的机会泛指所有能为企业带来新的业务增长点和发展机会的事项，包括技术的新进展和变化、新客户的出现、商业模式与交易方式的变化、市场游戏规则的变化、人才的流动、法律或法规的改变等给企业带来新业务的可能性。而外部的威胁则指包括市场疲软、经济发展趋势改变、政策变化、全球经济危机、强势替代品的出现以及费用上涨等给企业带来的业务下降的风险。机会和威胁代表了企业所必须面对的外部机遇与挑战。发现企业的机会与威胁实际上就是回答以下几方面的问题：

(1) 供求状况将如何变化？

(2) 行业及价值链上各环节的经济效益和地位将如何变化？

(3) 造成行业巨变的潜在契机有哪些？

（4）现有的和潜在的竞争对手将有什么举动？

为了帮助企业完成SWOT分析，吉纳·维加（Gina Vega）等人设计了一个调查表，表中不仅有切中要害的问题，还有具体的量化工具，用以帮助企业进行战略定位。一旦建立起业务发展或部门发展的战略测量标准，就可以沿用这个标准到下个计划年度。其具体内容如表5-1所示。当然，对于处于不同行业的企业来说，表格中的每个问题具有不同的含义，但进行SWOT分析必须回答全部问题。

表5-1　SWOT分析的内容

1. 优势

用对勾（√）标出对下面每一项陈述的看法

	不同意	中立	同意
1. 我们的实力很强			
2. 我们有高超的竞争技巧			
3. 我们的经验超群			
4. 我们有足够的资金来源			
5. 我们是公认的市场领先者			
6. 我们有精心设计的运营战略			
7. 我们有规模经济优势			
8. 在某种程度上说，我们没有竞争压力			
9. 我们在客户中信誉良好			
10. 我们的技术有专利权			
11. 我们有比竞争对手更好的广告战略			
12. 我们善于研制新产品			
13. 我们有管理优势			
14. 我们的技术一流			
15. 我们有成本和定价优势			
总分			

2. 劣势

用对勾(√)标出对下面每一项陈述的看法

	不同意	中立	同意
1. 我们没有清晰的战略方向			
2. 我们的设备过时			
3. 我们缺乏管理深度和管理才能			
4. 我们缺乏一些关键技术和能力			
5. 我们在贯彻战略时没能进行有效跟踪			
6. 我们被内部运营问题搞得焦头烂额			
7. 我们在研发方面落后于人			
8. 我们的产品单一			
9. 我们的市场形象糟糕			
10. 我们的营销技巧很弱			
11. 我们缺乏资金来改变战略			
12. 我们的总成本比主要的竞争对手高			
13. 我们的盈利水平低于行业平均水平			
总分			

3. 机会

用对勾(√)标出对下面每一项陈述的看法

	没有	也许有	有
1. 我们可以为更多的客户团体提供服务			
2. 有新的市场机会			
3. 我们已经根据客户需要扩展了产品/服务范围			
4. 我们可以开发相关新产品			
5. 我们能够控制资源和供给活动(垂直管理)			
6. 贸易壁垒正在减少,国外市场的大门向我们打开			
7. 竞争对手满足于现状			
8. 市场的发展速度比过去快			
9. 法规的减少使我们做起生意来更容易			
总分			

4. 挑战

用对勾(√)标出对下面每一项陈述的看法

	没有	也许有	有
1. 成本低廉的国际竞争者正在进入市场			
2. 更新换代的新产品的销售节节上升			
3. 市场的增长速度比我们预期的慢			
4. 汇率和贸易政策对我们不利			
5. 各项法规让我们不堪重负			
6. 我们因产品周期或衰退而处于劣势			
7. 我们的客户/供应商越来越会讨价还价			
8. 客户的需求与品位与我们目前所擅长的相去甚远			
9. 地域因素对我们不利			
10. 行业进入壁垒太低			
11. 行业技术变革总是悄然来临(事先没有或很少有预兆)			
总分			

评分说明:

1. 优势与劣势中,选“不同意”得 1 分,选“中立”得 2 分,选“同意”得 3 分;

2. 挑战与机会中,选“没有”得 1 分,选“可能有”得 2 分,选“有”得 3 分;

优势(S)总分=

劣势(W)总分=

机会(O)总分=

挑战(T)总分=

总得分=(S+O)-(W+T)

可以采用总得分的多少来衡量企业或组织经历了多少变革,在增强优势和避免劣势方面取得了哪些改进,以明确外部环境是如何影响工作进程的,从而可以为战略制定奠定基础。

二、SWOT 矩阵

在找到企业内部资源条件的优势与劣势、外部环境的机会和风险之后,下一步的工作就是将企业的外部环境和内部资源能力结合起来进行分析,形成 SWOT 矩阵,如表 5-2 所示。

表 5-2　SWOT 矩阵

内部条件 外部环境	优势(Strength) 1…… 2…… 3……	劣势(Weakness) 1…… 2…… 3……
机会(Opportunity) 1…… 2…… 3……	SO 战略(攻击) 依靠内部优势 抓住外部机会	WO 战略(转型) 利用外部机会 克服内部劣势
威胁(Threat) 1…… 2…… 3……	ST 战略(多角化) 依靠内部优势 规避外部威胁	WT 战略(防御) 消除内部劣势 规避外部威胁

SO 战略就是依靠内部优势去抓住外部机会的战略。如一个资源雄厚(内在优势)的企业发现了某一块市场或某一个顾客群体尚未被竞争对手覆盖(外部机会),那么该企业就可以采取利基战略去开拓这一市场和目标客户。

WO 战略是利用外部机会来改进和克服内部劣势的战略。如一个面对高速增长的市场(外在机会)却十分缺乏资金投入(内在劣势)的企业,就应该采用 WO 战略努力吸引各种风险投资或者争取获得其他资金来源。

ST 战略就是利用企业的优势,去规避或减轻外部威胁的打击。如一个多元化经营的企业(内在优势),当某一项或几项产品的市场需求下滑或萎缩时(外在威胁),那么就应该采取收缩战略,将注意力转向其他的产品和业务。

WT 战略是需要直接克服内部弱点和避免外部威胁的战略。如一个没有核心技术(内在劣势)且遭遇外部经济环境突变——如在金融危机(外在威胁)爆发之后勉力维持的制造加工型企业,应该采取 WT 战略,强化企业管理,提高产品质量,建立自有品牌,搭建供应渠道,或者走联合、合并之路以谋生存和发展。

综上所述,SWOT 分析的核心在于"对照外部的机会和威胁,平衡内部的优势和劣势",要在不断变化的市场环境中发现组织必须面对的来自竞争对手的严重威胁或者那些与组织的战略方向不符的趋势，消除组织在这些方面的劣势，并充分利用任何能够找到的、企业确有优势的商机。

第三节 利益相关者分析矩阵

利益相关者是指与企业和组织有一定利益关系的个人或组织群体，可能是组织内部的人员，如内部股东、管理人员和雇员，也可能是客户和外部的人员或机构，如供应商或相关利益群体、社区、政府等。正是由于利益相关者与企业存在重要的利益关系，他们希望通过各种方式影响企业的决策以便获得更多的利益，他们可能赞成也可能反对企业的某种决策，因此，他们的意见一定要作为决策时需要考虑的因素。但是，所有利益相关者不可能对所有问题保持一致意见，其中一些群体要比另一些群体的影响力更大，这时如何平衡各方利益成为战略制定考虑的关键问题。

一般说来，高层管理人员直接参与战略决策过程，而一般雇员除参与战略实施外，也要通过其他途径和方式（如工会或员工代表大会）反映他们的期望和要求。同样，外部利益相关者也试图通过各种方式对战略管理施加影响，以维护他们在企业内的利益。然而，不同的利益相关者对企业的期望和要求是不同的，而且常常产生冲突。例如，有战略眼光的股东和高层管理人员，尤其是持有企业股票的管理人员，可能希望企业以更快的速度增长，提高市场占有率和企业知名度，以谋求长远的发展。但这需要牺牲短期收益率、现金流和支付水平，因而会引起一些债权人和雇员的不满。当公众拥有企业的股票，从而要求公开财务状况和控制标准时，企业管理人员会感到不适。同样，当股东试图通过资本投资实现成本效益时会遭到雇员的反对，因为那样做意味着减少工作机会，并使雇员面临失业的威胁。

除以上几类冲突外，不同利益相关者之间还有其他方面的矛盾和冲突。当上述冲突发生时，企业必须在不同期望之间做出妥协，同时解决局部最优化的问题。要做到这一点，就必须深入了解和分析不同利益相关者的期望，他们的权力高低和可能采取的态度和行为以及这种态度和行为的可预测性，即企业必须根据每一项战略变革作更具体的分析，需要对不同的利益相关者的地位和态度做出判断，进而确定最有影响力的利益相关者以及他们权力的来源。

一、确定主要利益相关者及其地位

确定主要利益相关者及其地位的方法包括以下两种。[①]

1. 权力/动力矩阵

图 5-2 所示为权力/动力矩阵，在这个矩阵上可以画出各利益相关者的位置。利用这种方法可以很好地评估和分析出战略管理过程中应该特别注意哪种政治力量的影响。

(1) 最难应付的团体是处于 D 区内的那些团体，因为它们可以有力地支持或阻碍新战略，但是它们的观点却很难预测。这意味着在采取一项重大的战略举措之前，一定要找到一种方法来测试这些利益相关者的态度，以防发生不测，或利用它们的支持来推动战略变革。

(2) 在 C 区内的利益相关者，可能会通过管理人员的参与过程来影响战略，这些管理人员同意他们的观点，并试图制定那些代表他们期望的战略。

(3) 相对说来，A 区和 B 区的利益相关者权力很小，而且 A 区的利益相关者的态度和行为可以预测，因而不会对新战略的推行或者战略变革形成大的阻力。当然，这也并不意味着它们一点都不重要。事实上，这些利益相关者的态度和行为会对权力更大的利益相关者的态度产生影响，尤其是在两者关系非常密切的情况下。

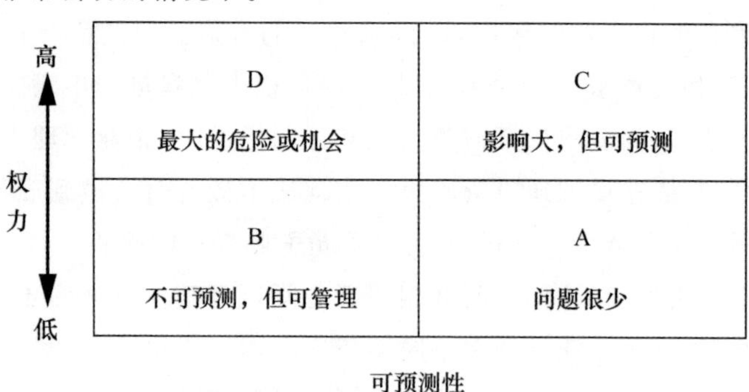

图 5-2 利益相关者定位图：权力/动力矩阵

① 格里·约翰逊、凯万·斯科尔斯著：《公司战略教程》第三版，金占明、贾秀梅译，华夏出版社 1998 年版，第 113—114 页。

2. 权力/利益矩阵

权力/利益矩阵是在权力/动力矩阵基础上的发展和延伸，如图 5-3 所示。它根据利益相关者的权力大小以及他们对公司战略关注的程度对利益相关者进行分类。这个矩阵指明了组织与利益相关者之间关系的不同类型，以及企业应该与他们建立何种关系。

(1) 在战略制定和实施过程中，应重点考虑主要参与者(D 区)是否接受该战略。因为他们既有权力又有兴趣。

(2) 关系最难处理的一类利益相关者是 C 区内的利益相关者，虽然总的说来他们是相对被动的，但却可能因某些特定事件而对战略产生兴趣，并施加有力的影响。因此，全面考虑利益相关者对未来战略的可能反应非常重要。如果低估了他们的利益而迫使其突然重新定位于 D 区内，并且阻止战略变革，那么情况就会很糟。

(3) 类似地，需要正确地对待 B 区中利益相关者的需要，因为企业的经营业绩和战略与他们的利益密切相关，而他们并没有太大的权力，所以可以通过保持信息交流来满足他们对利益关注的心理要求。

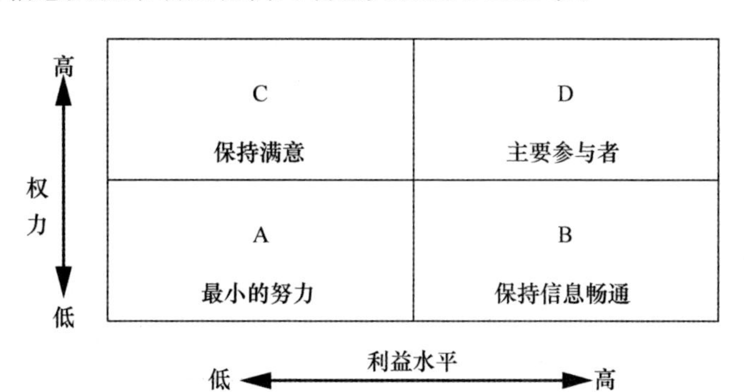

图 5-3　利益相关者:权力/利益矩阵

通过权力/利益矩阵可以明确以下问题。

第一，组织的政治和文化状况是否可能会阻止采纳特定的战略。如处在一个成熟行业里具有惰性文化的企业，可能不愿采用技术创新战略。换句话说，确定利益相关者位置是一种分析文化适应性的方法。

第二，确定哪些个人或团体是战略变革的支持者或反对派。为了重新确定某些特殊利益相关者的地位，要明确是坚持战略，还是改变战略，以满足他们的期望和要求。

第三,一旦制定了明确的战略和确定了利益相关者的地位,就应该采取一定的维持行动,以阻止他们对自己重新定位。因为重新定位会阻止战略的实施。这就意味着要保持C中有关的利益相关者的满意程度,减少与B中的利益相关者保持联系的程度。

二、利益相关者的权力来源与评估

前面我们分析了利益相关者的期望以及企业在战略管理过程中对不同利益相关者应采取的态度和策略,但这些都是建立在对这些利益相关者的权力有明确认识的基础上的。因此,在明确利益相关者在权力/动力、权力/利益矩阵上的位置之前,首先需要评估不同利益相关者的权力大小,了解其来源及是否可以转移等。

需要说明的是,这里的权力不仅仅是指领导或上级指挥或命令其下属的权力,即职位权力,也包括任何个人或团体通过其他方法所实际拥有的权力。因此,为了进行战略分析,最好将权力理解为个人或团体能劝说、诱导或强迫别人进行某种特定活动或采取某种特定行为的能力。事实上,很多利益相关者并不直接参与战略的制定,也没有指挥或命令管理人员的权力,但又确实通过各种方法对战略管理过程施加影响,因此,不应该低估这种影响。

1. 组织内权力的来源与评估

组织内的权力可由很多方式产生,下面是最常见的几种权力来源。

(1) 等级制度。等级制度为一些人提供了超过其他人的一种正式权力,它是大多数组织维系上下级沟通和联系的主要手段,也是企业高级管理人员借以影响战略制定和实施的主要方法。在不同国家和地区,这种权力所发挥的作用可能是不同的。例如,在美国等国家,等级制度所产生的正式权力起的作用更大些。也就是说,有什么样的职位,就有什么样的权力。相反,在我国很多组织或企业中,这种正式权力并不一定能发挥作用,而是更多地依赖于非正式权力,即领导者个人的影响力。

(2) 影响力。影响力是一个非常重要的权力来源,它可能是由于领导者具有非凡的能力和崇高的品德引起的,也可能是由于复杂的人际关系网形

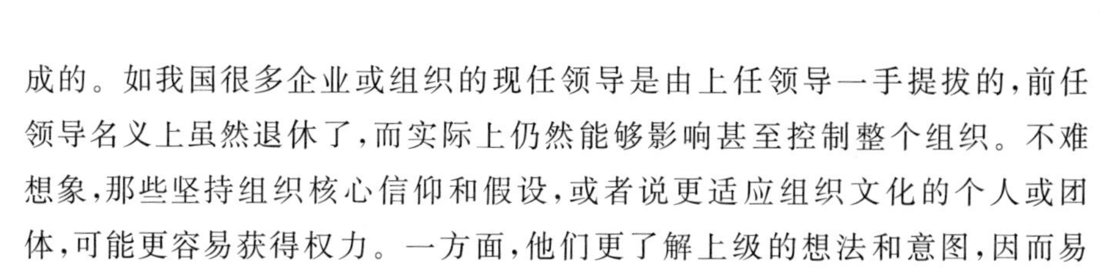

成的。如我国很多企业或组织的现任领导是由上任领导一手提拔的，前任领导名义上虽然退休了，而实际上仍然能够影响甚至控制整个组织。不难想象，那些坚持组织核心信仰和假设，或者说更适应组织文化的个人或团体，可能更容易获得权力。一方面，他们更了解上级的想法和意图，因而易于晋升；另一方面，他们的主张和计划容易受到与他们具有相同信仰的下属的欢迎，易于控制和实现，这又进一步巩固和强化了他们的地位。

(3) 对战略资源的控制。当某些个人或团体对战略资源拥有控制权，尤其是这些资源对企业的生存和发展具有重要影响时，他们也就拥有了相应的权利。例如，在一些核电企业，反应堆的安全运行是决定企业效益的关键所在，因此，负责反应堆运行的生产和操作部门在战略决策过程中就有了更多的发言权，因而也有对其他资源更大的索取权。同样，一个资产负债比很高的企业对银行或其他债权人会俯首帖耳，从而增加了这些利益相关者的权力。应该记住不同资源的相对重要性，以及组织内各部门的权力大小会随企业环境和状况的变化而发生变化，如国有大中型企业在计划经济体制下生产部门比销售部门有更大的权力和影响，而目前这种状况已发生了很大变化，多数企业开始更加重视销售部门的意见和要求。再如，设计和研究开发部门在以开发新产品和新工艺为主的开拓型企业内权力会很大，而销售部门在以销售为主的公司内权力很大。

(4) 拥有专业化知识或特殊技能。一些个人或团体能从他们的专业化知识或特殊技能上获得权力。当某些专家拥有组织内其他人所不具备的专业化知识或特殊技能时，企业会把他们看做不可替代的人物，同时他们自己也会通过工作，在周围环境制造神秘气氛来保护其特权地位，以谋求更大的权力。计算机专家、高级程序编写人员、自动控制系统专家和销售能手可能会成为这样的特权人物。例如在微软这样的专业操作系统和软件开发公司，核心技术人员的地位甚至超过中层管理者，对待他们的最好办法也许是培养或招聘有类似水平和能力的人。当然，也要通过适当的激励来调动他们的积极性，发挥他们在战略管理过程中的特殊作用。

虽然组织内的权力来源多种多样，但在大多数组织内，权力在个人、团体和部门之间并不是平均分配的。而评估这些利益相关者权力的大小及由哪部分人控制战略的制定不是件容易的事情。虽然个人或团体在等级中的地位、所掌握的资源数量(如部门人数、资金数额)以及外部标志(如办公室面积等)可以提供一些信息,但在很多情况下这些信息并不可靠。例如,很多国有企业的大厂长、小书记或大书记、小厂长现象,就足以说明这一问题的复杂性。还有很多私有企业和民营企业也存在类似的现象,表面上看,从外部聘来的总经理或其他管理人员在管理企业,而实际上,战略决策权却更多地控制在所有者及其亲属手中,尽管后者名义上并没有太多的权力。

2. 外部利益相关者的权力来源

虽然组织内的利益相关者更多地参与战略制定和实施过程,同时他们的影响也更直接,但外部利益相关者的权力制约和影响也不容忽视,在外部资源比较稀缺或市场比较动荡的情况下尤其如此。外部利益相关者的权力有以下几种来源。

(1) 资源占有或控制。资源占有或控制是外部利益相关者的重要权力来源。供应商或分销商对稀有资源或分销渠道的封锁和控制可以增加其与企业讨价还价的能力,这种能力实际上是一种索取剩余价值的权力,正像Intel和微软公司对全球计算机制造商所做的那样。不仅如此,对某些特殊资源的长期依赖,还会以一定的方式形成组织的态度或文化,使组织很难摆脱它们的不良影响。

(2) 参加战略实施。在现代市场条件下,几乎没有哪家企业能够单独完成产品从设计到输送到最终消费者手中的全部价值活动,企业总是或多或少地需要外部人员和团体的支持。换句话说,外部利益相关者,如供应商、用户以及中间商等通过参加战略实施来获得权力。例如,在数据通信领域,系统集成商在用户和通信设备生产厂家之间起桥梁和作用,因而可以对他们施加影响。

(3) 内、外部利益相关者之间的联系。与内部利益相关者保持联系是外部利益相关者影响企业战略的又一条途径,这方面的典型例子是供应商的销售人员通过与企业采购人员的配合,有时甚至通过违法或其他不正当手段来影响企业的采购战略。再如,股东、中介机构和消费者协会可以通过企业主要领导的对立面或持不同观点的人了解企业的内部情况,如产品质量,有无偷漏税以及是否转移资产和收入等,以此来维护社会公众和他们自己的利益。

在对外部利益相关者的权力进行评估时，除注意与内部利益相关者类似的几项指标外，尤其要考虑他们所拥有的资源是否可以由其他资源取代，转换成本如何以及是否可以通过一体化过程来降低他们的作用。

第四节　价值链分析

一、价值链的概念和构成

美国哈佛大学教授迈克尔・波特于 1985 年首次提出“价值链”(Value Chain)这一概念。经过多年不断地发展与创新，价值链模型已经成为一种十分有效的战略分析框架，并被广泛应用于企业的战略管理、财务分析、成本管理、市场营销等经营管理过程。

价值链是企业为客户创造价值所进行的一系列经济活动的总称，也是企业经营活动从开始到结束的一组连续的过程。基于此意义，企业就是一组价值链的集合，如图 5-4 所示。[①] 这些价值链活动共同为顾客创造价值(顾客可能是最终的外部顾客，或者是内部的价值链使用者)。

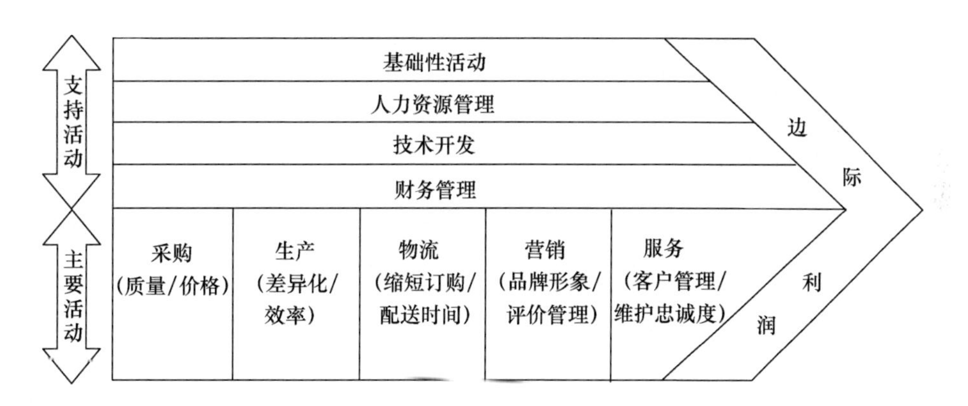

图 5-4　价值链模型

从图 5-4 可以看出，企业的生产经营活动可以分为主要活动和支持活动两大类。主要活动是指生产经营的实质性活动，一般可以分为原料供应、生

① 迈克尔・波特著：《竞争优势》，陈丽芳译，华夏出版社 2014 年版，第 31—40 页。

产加工、成品储运、市场营销和售后服务五种活动。这些活动与商品实体的加工流转直接相关，是企业的基本增值活动，而在这些主要活动上创造和运用其他竞争对手无法效仿的特有的差异化要素，就能构成企业竞争优势的主要来源。

支持活动是指用以支持主体活动而且内部之间又相互支持的活动，包括企业投入的财务和成本管理、技术开发、人力资源管理和企业的基础性活动。通过高水平的基本管理活动，尤其是有效/迅速的信息系统的构筑和灵活运用，以"最佳客户服务"为目的的人员培训及管理，通过迅速开发独特的新产品，以及通过精确有效的财务和成本管理等，都能极大地巩固和强化企业的竞争优势。

图右侧的"边际利润"反映了企业所获的边际利润要取决于价值链的管理过程和方式。在波特看来，价值链提供了一个系统的方法来审查企业的所有行为及其相互关系，但是必须以波特的观点从总体上考虑整个价值链。例如，如果营销与生产作业配合得不好，那么营销工作做得再好也不能成为一项战略优势。财务管理、技术开发、人力资源管理三种支持活动既支持整个价值链的活动，又分别与每项具体的主体活动有着密切的联系。企业的基础设施与基本活动没有直接的联系，它是应用于整个价值链的，而不是价值链的某一部分。

二、价值链的应用

图 5-5 具体描绘了一个虚构的新创网络公司的价值链。注意基本活动按水平轴线排布，代表产品创造附加值所必需的活动。比如，一个互联网零售商为了销售商品，首先需要获取产品（从供应商处购买或自己制造），并把计划卖给顾客的商品存储起来。网络公司的运作主要是电子化的（比如服务器操作、订单处理、收款），但在所有经营领域中都有类似的运作。为了履行订单，价值链上的发货物流步骤包括配货及组织发货等工作。网络公司中的营销和服务功能与传统零售商的同类活动有些不同，但这些活动的任务实际上完全相同，只不过处理方式有所不同。

价值链在经济活动中是无处不在的，一般来说，价值链分为三个层面：

（1）上下游关联的企业与企业之间存在行业价值链；

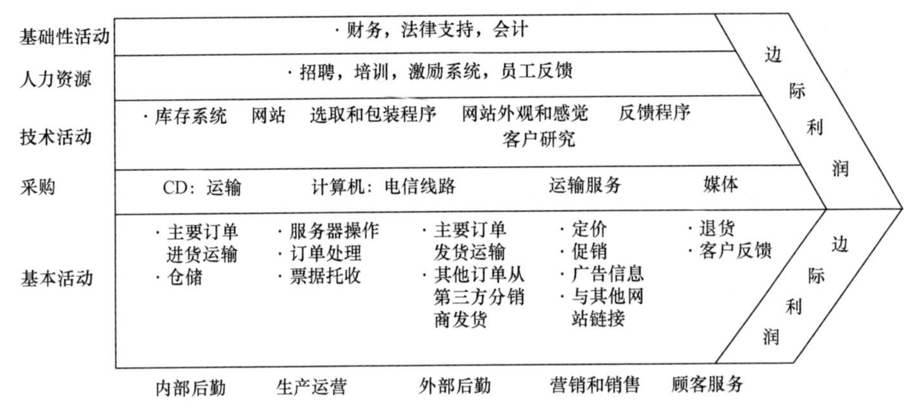

图 5-5 某网络公司价值链模型

（2）企业内部各业务单元的联系构成了企业的价值链；

（3）企业内部各业务单元之间也存在着运营价值链。如图 5-6 所示。

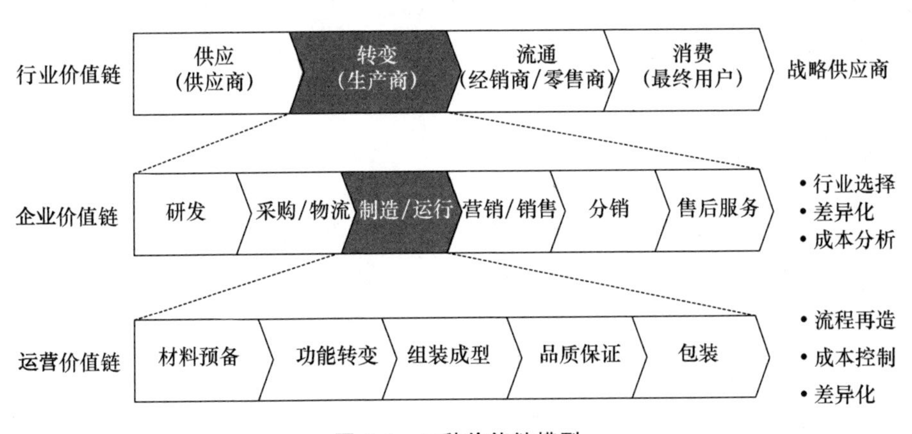

图 5-6 三种价值链模型

企业管理者必须认识到价值链不是一些独立活动的集合，而是相互依存的活动构成的一个系统。在这个系统中，各项活动之间存在着一定的联系。这些联系体现在某一价值活动进行的方式与成本之间的关系，或者与另一活动的关系。企业在构造价值链时，需要根据利用价值链分析的目的以及自身生产经营活动的经济性，将每一项活动进一步分解。分解后的每一项子活动要有自己的经济内容——或者具有高度差别化的潜力，或者在成本中有重要的百分比。企业应该将行业价值链各环节展开后对其利润区分布及战略控制点作深入分析，寻找能够为企业带来竞争力的优势或劣势的子活动。在实际应用中，价值链分析一般体现在以下三个层面。

1. 经营方向

价值链上的每一项价值活动都会对企业最终能够实现多大的价值造成影响。进行价值链研究，就是要在深入行业价值链“经济学”的基础上，对其影响的方面和影响程度进行深入的考察，充分权衡其中的利弊，以求得最佳的经营方向(最佳价值链结构)。

2. 竞争优势

企业的任何一种价值活动都是差异化的一个潜在来源。企业可以通过进行与其他企业不同的价值活动或是构造与其他企业不同的价值链来取得差异优势。需要注意的是只有为客户所认同，并且能够控制实现差异经营的成本，以便将差异性转化为显著的盈利能力的差异化，才能够真正成为企业的竞争优势。同时，价值链上各个环节之间的联系也能够成为企业竞争优势的源泉，因此，企业需要确认支持企业竞争优势的关键活动，明确价值链内各种活动之间的联系，通过对价值链上这些联系的管理为企业创造价值和竞争优势。

3. 关键控制点

在企业的价值活动中增进独特性，同时要求能够控制各种独特性驱动因素，控制价值链上有战略意义的关键环节，对重点环节进行重点突破与管理。从而提升企业整体的实力。

第五节　波士顿咨询矩阵和通用电气多因素业务组合矩阵

作为战略分析的工具，本章第一节的 PEST 分析主要分析公司和组织面临的外部环境；第二节的 SWOT 分析和第三节的利益相关者矩阵是为了明确组织面临的外部机会和威胁、组织自身的优势与劣势以及利益相关者的地位和影响；第四节的价值链分析是为了明确企业有哪些价值增值活动，而这一节将进一步分析企业在市场中的相对竞争地位，这对企业的生产和销售决策有更直接的影响。

众所周知，一个企业的盈利能力不仅取决于行业整体的利润水平，更多地是由企业在行业市场中的相对竞争地位所决定。本章前面几节介绍的分析工具有助于我们从不同方面去认识和评价一个企业的相对竞争地位，也有助于我们认识一个企业是否具有发展潜力及会形成怎样的核心能力。然而，仅有上述分析是不够的，因为一个企业的总体实力强，并不意味着它在每个方面、每项产品与业务单元上都优于竞争对手，而一般情况下企业生产和经营的产品都不止一两个品种，总有一些好的产品项目，同时也不可避免地有一些坏的产品项目。因此，有必要对企业产品组合的每一产品项目进行分析，以便根据它们各自的相对市场份额和市场地位采取相应的策略。分析相对市场地位的常用的两个工具是波士顿咨询矩阵和通用电气多因素业务组合矩阵。

一、波士顿公司(BCG)的成长—份额矩阵

波士顿公司的成长—份额矩阵，又称波士顿矩阵，于1970年由美国波士顿咨询公司首创，后来在许多国家传播，并得以不断发展和完善，经久不衰，至今仍然是产品市场地位分析的最常用和最经典的分析工具。该矩阵方法是按每种产品的销售增长率(企业前后两年销售总量之比)和相对市场份额(本企业产品市场份额与该产品主要竞争对手的市场份额之比)将企业的产品分为四种类型，根据它们在矩阵中的位置而采取相应的策略，如图5-7所示。

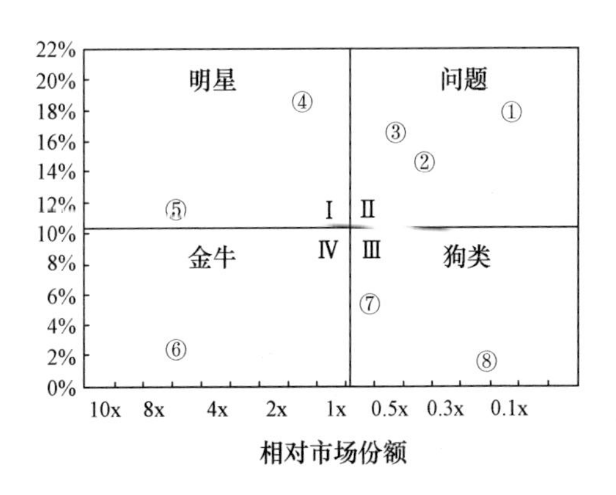

图5-7　波士顿成长—份额矩阵

波士顿矩阵由四个象限组成(分别记为Ⅰ、Ⅱ、Ⅲ、Ⅳ象限),图中每一点分别对应于不同的相对市场份额和销售增长率。采用该矩阵分析产品组合时,首先计算企业每种产品的相对市场份额和销售增长率,矩阵图中相对市场份额和销售增长率的高低标准应根据不同行业产品的特点和历史经验加以确定。如以行业的平均销售增长率A%为分界线,大于A%的产品为高,小于A%的产品为低。同样可以以相对市场份额1.0(即本企业产品的市场份额与主要竞争对手的市场份额相等)作为相对市场份额高低的分界线。然后将产品定位在矩阵图中的相应位置,并且以大小不等的圆圈表示出每种产品当年的市场销售量,以便于对各种产品当年获利情况进行对比。

第Ⅰ象限:高增长—高份额的"明星产品"。由于这类产品相对市场份额和销售增长率都高,所以被形象地称为"明星产品"。这类产品同时具有发展潜力和竞争能力,是高速成长市场中的领先者。这类产品很可能还处于产品生命周期的成长期,是企业的重点品种项目,应多加投资促进其发展。

第Ⅱ象限:低增长—强竞争的"问题"类产品。这一象限的产品市场份额低,而销售增长率高,也被称为"问号"类产品。一般说来,企业的大多数产品都要经历这一阶段,即企业力图进入一个高速成长的市场,但其中已有一个市场领先者。"问题"类产品要求投入大量现金以增加厂房、设备和人员,从而满足迅速成长的市场需要。此外,它还要追赶领先者,在确定这类产品的发展策略时必须小心谨慎,在大量投资和及时放弃之间做出明智的选择。

第Ⅲ象限:低增长—低份额的"狗类产品",此类产品的相对市场份额和销售增长率都低,也被称为"瘦狗产品"。这种产品既无市场潜力可挖,又缺少竞争力,很可能是已经进入衰退期的产品,或因有其他问题难以到达成长期,对这类产品应采取"收缩"和"淘汰"策略。

第Ⅳ象限:低增长—高份额的"金牛"产品。处于这一象限的产品相对市场份额虽然高,但销售增长率低,被形象地成为"金牛产品",这是因为它能够为企业带来大量的现金收入。由于市场增长率低,企业不必大量投资、同时也由于该类产品是市场领先者,所以具有规模经济和高利润率的优势。企业常常用它的"金牛"类产品的收入支付账款和支持"明星"类、"问号"类和“瘦狗”类产品——这三类产品往往需要大量的现金。另一方面，“金牛”类产品可能已进入生命周期的饱和期，或属于衰退行业的产品，所以应设法维持，或稳定其生产，以便在其退出市场之前获取尽可能多的利润。

把各种产品在成长—份额矩阵图上定位后，企业就可以进一步确定其业务组合是否合理。一个失衡的业务组合就是因为包括的“瘦狗”类产品或“问号”类产品太多，而“明星”类和“金牛”类产品较少。

利用波士顿成长—份额矩阵定位之后，企业下一步的工作就是为每个产品确定目标和策略，并决定它需要何种支持。企业可以采取四种不同的策略。

(1) 发展策略。采用这种策略的目的是扩大产品的市场份额，甚至不惜放弃近期收入来达到这一目标。这一策略特别适用于“问号”类产品，如果它们要成为“明星”类产品，其市场份额必须有较大的增长。发展策略也适用于“明星”类产品。

(2) 维持策略。采用这种策略的目的是为了保持产品的市场份额。这一策略适用于强大的“金牛”类产品，因为这类产品能够为企业挣得大量的现金。

(3) 收获策略。采用这种策略的目的在于增加短期现金收入，而不考虑长期影响。这一策略适用于处境不佳的“金牛”类产品，这时，“金牛”产品前景黯淡，又需要从它身上获得大量现金收入。收获策略也适用于“问号”类和“瘦狗”类产品。

(4) 放弃策略。采用这种策略的目的在于出售或清理某些产品，以便把资源转移到更有潜力的领域。它适用于“瘦狗”类和“问号”类产品，这些产品常常是入不敷出的较为失败的业务单元。

值得注意的是，随着时间的推移，一个产品在成长—份额矩阵中的位置也会发生变化。任何一个成功的产品都有一个完整的生命周期。产品往往从“问号”类开始，转向“明星”类，然后成为“金牛”类，最终成为“瘦狗”产品直至走向生命周期的终点。因此，一个企业不能仅仅只关注其产品在成长—份额矩阵图上现有的位置（静态），还需要注意它变化的轨迹（动态）。对每一项产品，都应该回顾它去年、前年以至更久以前处在哪个位置，还要展望明年、后年甚至更远的时间之后它大概将处在哪里。如果某项产品的预期轨迹不太令人满意，企业就应该相应地调整其战略。

应用成长一份额矩阵时，尤其要注意在产品组合发展策略上有一条成功的轨迹，同时也有三条失败的路线，如图 5-8 所示。①

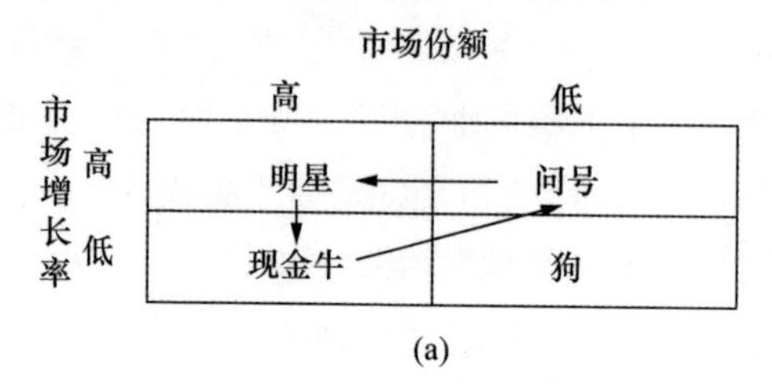

(a)

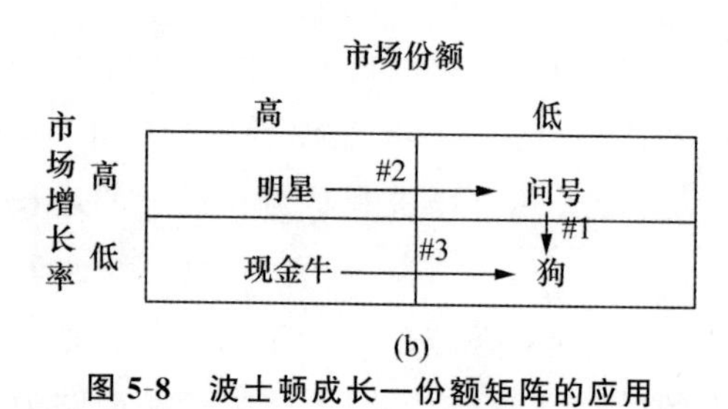

(b)

图 5-8　波士顿成长—份额矩阵的应用

所谓成功的路线是指从“金牛”产品赚来的钱，不是全部投资在原来的业务上，而是投向“问号”类产品，努力将“问号”类转变为“明星”类产品，同时保证“明星”类向“金牛”类产品转化。结果在矩阵中形成了一个封闭的三角形。一家多产品或多业务经营的企业，只有在拥有了一个平衡的产品组合后，才能充分发挥自身优势，合理利用其产品销售额增长带来的机遇。而失败的路线却有以下三条。

(1) 许多企业将从“金牛”产品赚来的钱，重新投资在该产品上，而对“问号”类产品投资不足，导致“问号”类产品变成了“瘦狗”类，而未变成“明星”类。这种用将来的机会换取现在的金钱会得不偿失，极不利于企业长期的发展。

(2) 一些企业对竞争对手或新进入者没有足够的警惕，允许它们在高增长的市场上增加市场份额，结果使自身在“明星”类业务上投资不足，“明星”产品变成了“问号”产品，进而变成了“瘦狗”。例如，在 20 世纪 70 年代，阿迪

① Steven P. Schnaars, *Marketing Strategy*, The Free Press, 1991, p. 61—p. 62.

达斯允许耐克在跑鞋市场上增加份额，结果失去市场领先地位。我国也有很多企业犯了类似的错误，有些企业生产的产品本来已成为市场领先者，但却在地位并未完全巩固时就过早地将目光移向其他产品，结果极大地削弱了自己的竞争地位。

（3）一些企业急功近利，从“金牛”产品身上挤了太多的奶，结果“牛”死了。众所周知的例子是施乐公司在上世纪70年代后期和80年代早期过多地从复印机上获得利润，试图进入计算机市场，结果不仅并未成功进入，反而导致了复印机市场上的全面溃败，被佳能、爱普生等对手占领了绝大多数市场。

但是，值得注意的是，这些成功与失败的路线并不是绝对的。“明星”产品也很可能是一个陷阱，而今日的“瘦狗”产品也可能成长为企业最大的金牛。

应用波士顿公司的成长—份额矩阵能够帮助企业对不同产品进行分类管理，将资金和资源在不同产品间进行最优配置，同时也有利于业务组合之间的优化和平衡。这一分析工具因其简单明了而得到了极其广发的应用。但是，波士顿成长—份额矩阵也有很多局限之处。

首先，计算一个企业的市场份额并不是一个容易的任务，因为确定某一企业的市场份额完全取决于如何定义该企业的市场。例如，如果该企业的产品线非常有限，那么，测量时是仅包括销售该企业产品的市场中它占的比例，还是包括所有竞争对手的产品的市场中它占的比例。类似地，如果该企业仅在中国的某一区域参与竞争，那么，它的市场是仅指那个区域，还是整个中国？

上述问题虽然看似只是并不重要的技术细节问题，但它深远地影响对一个企业的分析准确程度以及对其市场地位的判断。例如，如果劳斯莱斯把其市场定义为整个汽车市场。那么，它仅占有非常低的市场份额。另一方面，如果将其市场仅限定为高端豪华轿车市场，它就占有了很高的市场份额。很显然，劳斯莱斯公司在两类市场的相对地位是不同的，因而其战略着眼点也会不同。

其次，判断的标准划分过粗过于简单，而且对于一些行业来说，在实际操作中很难确定产品和业务的增长率及相对市场份额；而且这一矩阵还暗含一个假设，即企业产品所占的市场份额与其利润收益和投资回报率成正比，实际上却不尽然。例如，在汽车和电脑行业，虽然低端组装市场所占份额很大，但是投资回报率和利润率却是行业内最低的；又如我国的乳制品行业，市场份额大只能说明产量和规模大，并不能表示利润高。因此我们说波士顿成长—份额矩阵过分强调了市场份额对盈利能力的作用，而忽视了其他因素，容易导致决策不够周密。实际上，企业的盈利潜力还与产品与行业特性有密切的联系，为此，在 20 世纪 80 年代初，波士顿咨询公司又提出了一种新的矩阵，其中横坐标为竞争地位差别，纵坐标为企业取得的独特优势，该矩阵如图 5-9 所示。

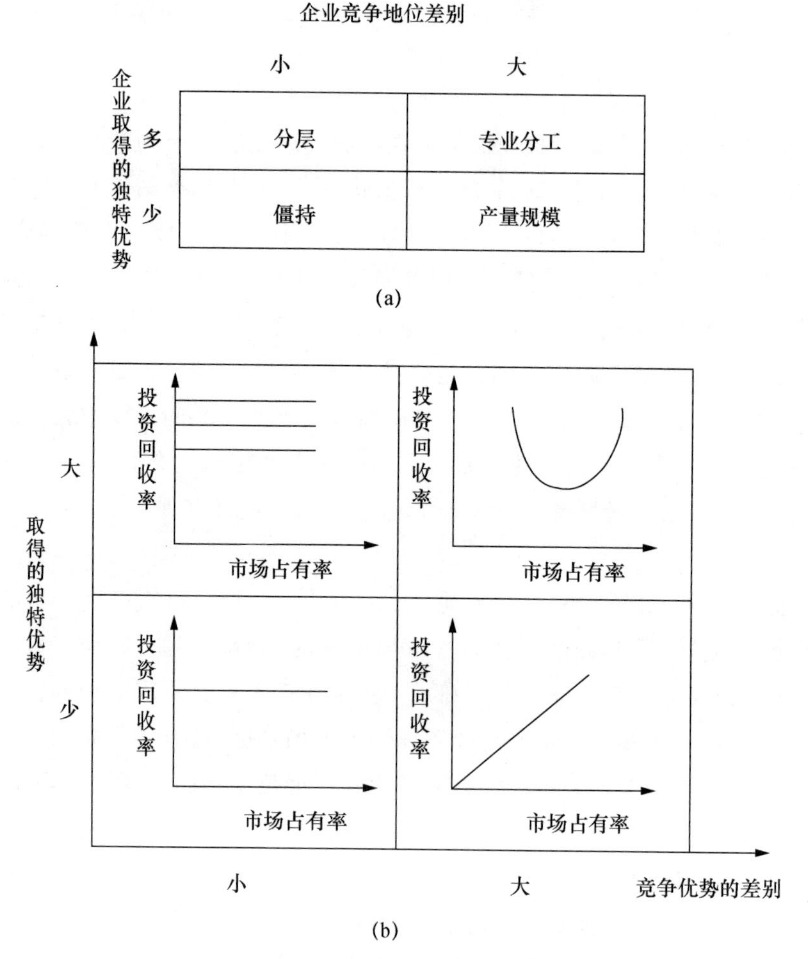

图 5-9　新波士顿矩阵：市场占有率与利润

由图5-9可知，只有在具备规模经济效应的行业，随着市场份额的增加，产品成本才会随之下降，并导致资金利润率增加。汽车、电视机等加工装配制造行业大体上可归入这一类。

“僵持”行业是指进入障碍较低或退出障碍较高的一类行业。在这类行业内所有企业不论大小其盈利能力都比较低，它们之间的竞争地位和盈利率相差不大，与市场份额基本无关，如一般产品的初加工就属于这一类。

“分层”行业内企业的盈利潜力与其是否能取得某种独特的优势直接有关，独特优势越突出，盈利越高，反之则盈利较低。但盈利能力却与市场份额关系不大，这方面的典型例子是餐饮业和医院。

“专业分工”是指这样一类行业，即在行业内市场份额较小，但产品具有特色的企业盈利能力较强。同时，市场份额很大、产品成本很低的企业，盈利能力也较强。而只有“卡在中间”的企业盈利能力较弱。

二、通用电气公司(GE)多因素业务经营组合矩阵

该矩阵是美国通用电气公司在波士顿成长—份额矩阵的基础上创立的，如图5-10所示。在多因素组合矩阵中，按行业吸引力和企业业务实力大小将企业的产品分为几类。例如，图中标出了某公司的7项产品，每个圆圈的大小表示这些产品的整体市场规模，其中的扇形阴影部分代表该公司产品所占的绝对市场份额，如产品(或项目)B所在的市场整体容量为中等规模，该公司所占的市场份额为25%。

为了确定行业吸引力和企业业务实力的大小，可逐项列出影响它们的因素。如表5-3所示。其中也包括了波士顿矩阵中的两个重要因素，这就说明多因素组合矩阵是波士顿矩阵的扩充和完善。

为了确定某一产品项目在矩阵图中的位置，可作如下处理。首先，评价影响行业吸引力的各个因素的重要性，并根据行业状况定出行业吸引力因素的级别，即对各个因素进行加权，各因素权重之和等于1。其次，确定某产品项目在每一因素中所处的得分，若各因素的得分以1—5内的整数表示(5表示此产品在这一因素上表现最好)，那么，B产品在总的市场规模中定值为4。显然，这种位置要根据管理人员的经验和历史资料来确定。最后，将各

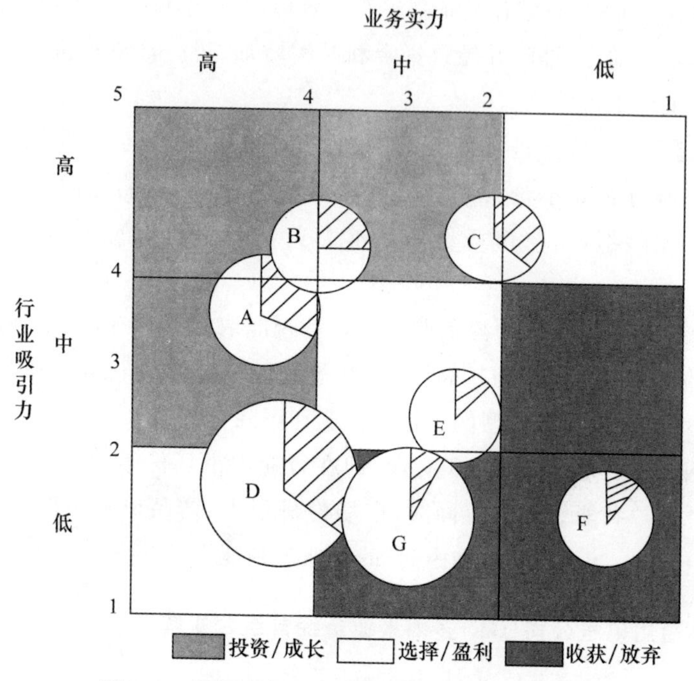

图 5-10　通用电气公司多因素业务经营组合矩阵

权数和各定值相乘，得到某一产品项目在某一因素下的期望值，再把各因素的期望值相加，就得到反映该产品项目的行业吸引力的数值，以同样的方法可以得到该产品项目实力大小的数值。如产品 A 在行业吸引力和业务实力方面的得分分别为 3. 45 分和 4.3 分，而相应的最高值为 5。这样，就可在多因素组合矩阵图上用点表示该产品——见图 5-10 中的 A 点。可见，产品 A 是相当令人满意的产品项目。

在图 5-10 中，多因素组合矩阵实际上分为三个部分。左上角的三个格子表示最具发展前途的产品项目，企业应采取投资发展策略，优先分配资源；在左下角到右上角这条对角线上的三个格子的产品项目的总吸引力处于中等状态，企业可适当地采取盈利收获策略，或维持策略，保持规模并调整发展方向；右下角的三个格子表示产品项目的总吸引力很低，企业应该采取转移、放弃或收获策略。例如，产品 G 就是一个在规模较大，但吸引力不大的行业中占极小份额的产品项目。

表 5-3　通用电气公司多因素业务经营组合模型

	因素	权数(0—1)	得分(1—5)	期望值
行业吸引力	市场规模	0.20	4.00	0.80
	市场增长率(年)	0.20	5.00	1.00
	毛利率	0.15	4.00	0.60
	竞争密集程度	0.15	2.00	0.30
	技术要求	0.15	3.00	0.45
	通货膨胀	0.05	3.00	0.15
	能源要求	0.05	2.00	0.10
	环境影响	0.05	1.00	0.05
	社会/政治/法律	必须是可接受的		
	合计	1.00		3.45
业务实力	因素	权数(0—1)	得分(1—5)	期望值
	市场份额	0.10	4.00	0.40
	份额增长	0.15	4.00	0.60
	产品质量	0.10	4.00	0.40
	品牌知名度	0.10	5.00	0.50
	分销渠道	0.05	4.00	0.20
	促销效率	0.05	5.00	0.25
	生产能力	0.05	3.00	0.15
	生产效率	0.05	2.00	0.10
	单位成本	0.15	3.00	0.45
	物资供应	0.05	5.00	0.25
	研发力量	0.10	4.00	0.80
	管理水平	0.05	4.00	0.20
	合计	1.00		4.30

第六节　战略选择矩阵

在本章前面几节，我们介绍了多种战略分析方法，在第四章我们介绍了基本的战略类型，包括三种基本竞争战略、多种成长战略和各种国际化战略。如前所述，在分析了企业的外部环境以及企业的资源和能力并提出多个战略方案以后，管理人员应根据一定的标准对它们进行评估，从而决定哪种方案最有助于实现组织的目标。换句话说，企业要根据自身的优势和劣势、相对市场竞争地位的强弱、外部环境带来的机会与威胁、市场增长的快慢以及企业获取与积累资源方式的不同组合，来选择相应的战略。下面就来介绍这方面比较常用的五种战略选择矩阵。

一、SWOT 选择矩阵

如本章第二节所述，SWOT 分析是一种广泛使用的战略分析和选择方法。在用该方法选择战略时，要对企业内部的优劣势和外部环境的机会与威胁进行综合分析，尤其需要将这些因素与竞争对手加以比较，只有这样，才能最终选出一种适宜本企业的战略。

通过 SWOT 矩阵分析评价和选择战略的具体做法是：依据企业的目标列出对实现这一目标有重大影响的内部及外部环境因素，然后根据一定的标准对企业在这些方面的情况进行比较评分，以判定企业在某一方面与竞争对手相比是处于优势还是劣势。外部环境变化给企业带来的是机会还是威胁，据此可对企业的状况做出大致的判断，如图 5-11 所示。

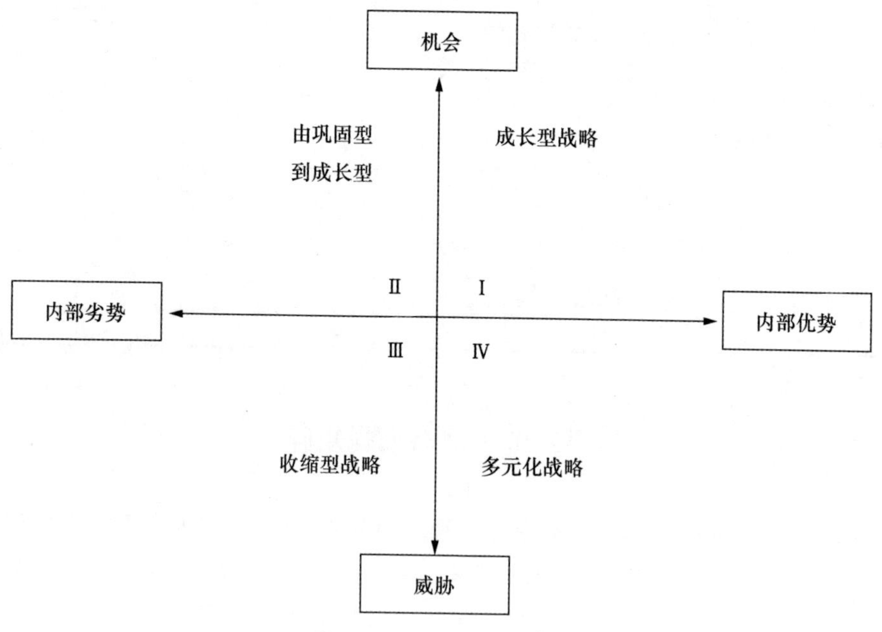

图 5-11　SWOT 选择模型

根据这一模型，当企业处于第Ⅰ象限，即外部有众多机会又具有强大内部优势时，宜采用成长型战略；若企业处于第Ⅱ象限，即外部虽有机会但内部实力不佳，可先采用巩固战略，然后再采取成长型战略；若企业处于第Ⅲ象限，即外部有威胁，内部状况又不佳，则应采取收缩型战略；若企业拥有较强的实力，而外部却存在一定威胁，处于第Ⅳ象限，宜采用多样化战略分散风险，寻求新的机会。

二、战略地位与行动评价矩阵

战略地位与行动评价矩阵（Strategic，Position and Action Evaluation Matrix，简称 SPACE 矩阵）有四个象限，分别表示企业采取的进取、保守、防御和竞争四种战略模式。这个矩阵的两个数轴分别代表了企业的两个内部因素——财务优势（FS）和竞争优势（CA），两个外部因素——环境稳定性（ES）和行业优势（IS）（见表 5-4）。这四个因素对于企业的总体战略地位是极为重要的，详见图 5-12。

表 5-4　SPACE 分析内容

环境稳定要素	行业实力要素	竞争优势要素	财务实力要素
—技术变化 —需求变化 —进入市场的障碍 —需求的价格弹性 —通货膨胀率 —竞争产品的价格 —竞争压力	—发展潜力 —财务稳定性 —资本密集性 —生产率及生产能力的利用程度 —利润潜力 —技术、资源利用率 —进入市场的难度	—市场份额 —产品寿命周期 —顾客对产品的忠实程度 —产品质量 —产品更换周期	—投资报酬率 —资本需求量和可获量 —退出市场的难度 —偿债能力 —现金流量 —经营风险

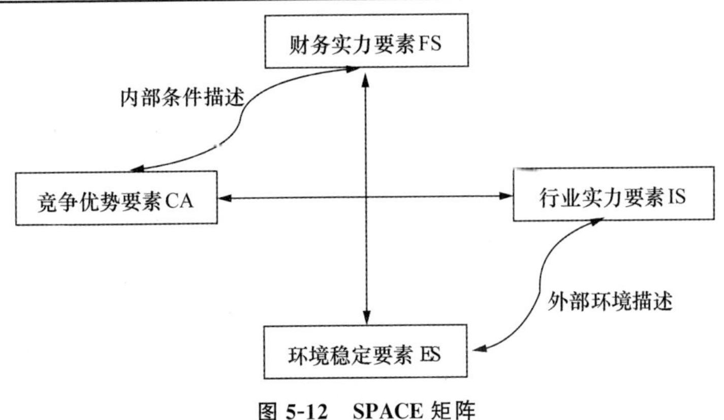

图 5-12　SPACE 矩阵

使用 SPACE 矩阵进行战略评价的具体操作步骤如下。

(1) 选择构成财务优势 FS、竞争优势 CA、环境稳定性 ES 和行业优势 IS 的一组变量；

(2) 对构成 FS 和 IS 轴的各变量给予从＋1(最差)到＋6(最好)的评分值；对构成 ES 和 CA 轴的各变量给予从－1(最好)到－6(最差)的评分值；

(3) 将各数轴所有变量的评分相加，再分别除以各数轴变量总数，从而得出 ES、CA、IS 和 ES 各自的平均分数；

(4) 将 FS、CA、IS 和 ES 各自的平均值标在各自数轴上；

(5) 将 X 轴上的两个分数相加，将结果标在 X 轴上，将 Y 轴上的两个分数相加，将结果标在 Y 轴上，标出 X、Y 数值的交点；

(6) 自 SPACE 矩阵原点至 X，Y 数值的交叉点画一条向量，这一向量表明了企业可采取的战略类型：进取、竞争、防御或保守。

SPACE 矩阵的具体使用见图 5-13。

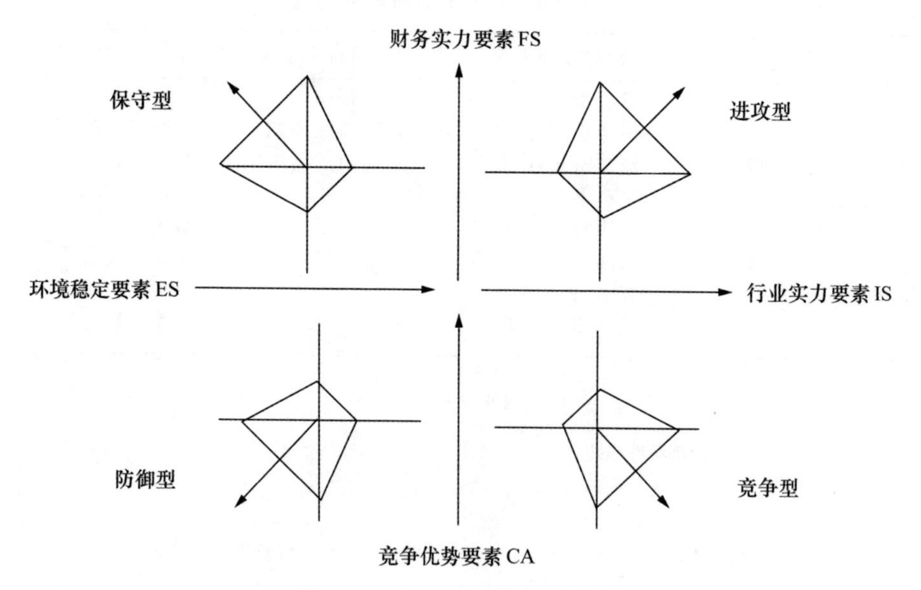

图 5-13 SPACE 矩阵的使用步骤

向量出现在 SPACE 矩阵的进攻象限时，说明该企业正处于一种绝佳的地位，即可以利用自己的内部优势和外部机会选择自己的战略模式，如市场渗透、市场开发、产品开发、后向一体化、前向一体化、横向一体化、混合式多

元化经营等。

向量出现在保守象限意味着企业应该固守基本竞争优势而不要过分冒险，保守型战略包括市场渗透、市场开发、产品开发和专业化经营等。

当向量出现在防御象限时，意味着企业应该集中精力克服内部弱点并回避外部威胁，防御性战略包括紧缩、剥离、结业清算和集中多元化经营等。

当向量出现在竞争象限时，表明企业应该采取竞争性战略，包括后向一体化、前向一体化、市场渗透、市场开发、产品开发及组建合资企业等。

三、以资源分配为基础的战略选择矩阵

这是企业可以采用的又一种战略评价与选择模型。与上一种模型不同的是，在评价企业的优劣势以后，这一模型不是根据外部的机会和威胁，而是通过调整资源筹措和配置方式来选择适合的战略，如图 5-14 所示。

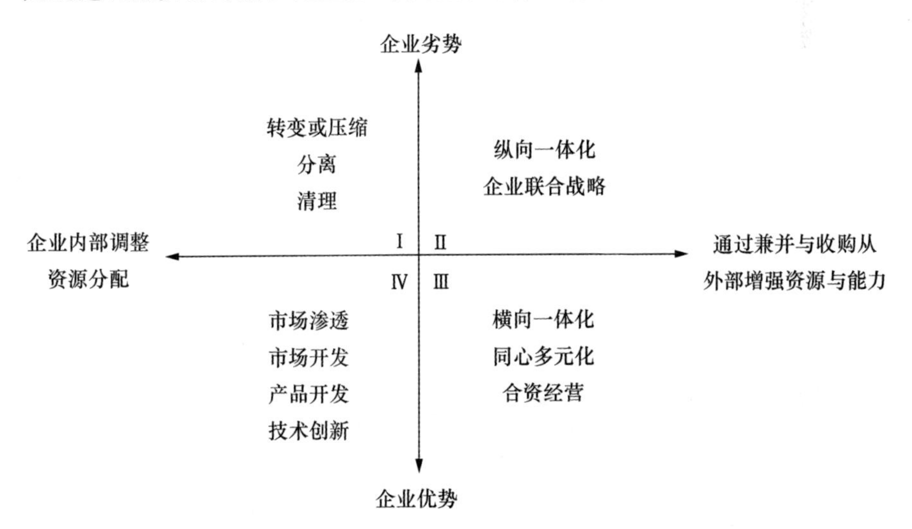

图 5-14　以资源分配为基础的战略选择矩阵

根据这一模型，若企业处于第Ⅰ象限，可以采取较保守的办法来消除企业的劣势，即将业务范围进行收缩，将资源集中于有竞争优势的业务。尤其是当某种业务劣势对企业构成重大障碍或克服这一劣势耗费甚大或成本效益太低时，必须考虑采用分离战略，把这种业务分离出去，同时获得补偿。当该项业务已经白白耗费组织资源并可能导致企业破产时，可考虑采取清理战略。

若企业处于第Ⅱ象限，即当前的实力有限，所经营的业务增长机会有限或风险太大，则应采取纵向一体化战略来减少原材料供应或向产品下游延伸的不确定性带来的风险，或采用其他合并战略，这样既能获利，管理部门又不用转移其对原有经营的注意力。但必须注意的是，从外部获得资源和能力耗费的时间和资金量都很大，因此，必须防止克服一种劣势时又造成另一种劣势。

若企业处于第Ⅲ象限，即企业具有优势，而且可以通过向外部积极扩大势力范围以进一步增强企业优势，则可以从横向一体化、同心型多元化或合资等战略中进行选择。

若企业处于第Ⅳ象限，即一方面企业拥有相当优势，且需要扩大生产规模来达到规模经济和一定的市场份额，同时又能从内部增加所需要的资金投入和其他资源，则可以从市场渗透、市场开发、产品开发及技术创新中选择一种战略。

四、战略聚类矩阵

战略聚类矩阵模型是由小汤普森（A. A. Thompson, Jr.）和斯特里克兰（A. J. Strickland）根据波士顿矩阵修改的一种战略聚类模型，如图 5-15 所示。

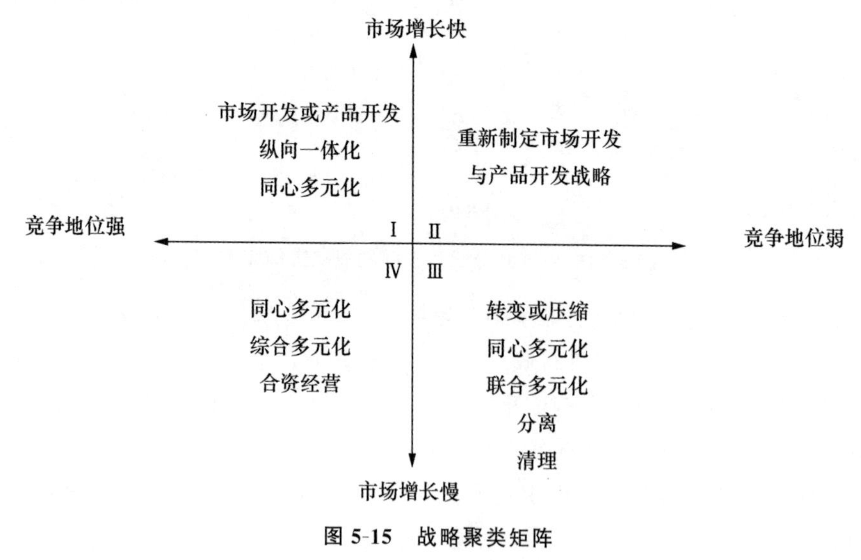

图 5-15　战略聚类矩阵

按照这一模型，象限Ⅰ中的企业处于最佳战略地位，宜继续集中力量经营现有的业务，不宜轻易转移其既有的竞争优势。但如果企业资源除扩大现有业务外还有剩余，则可以考虑采用纵向一体化或同心多元化战略。

象限Ⅱ中的企业必须认真评估其现有战略，找出绩效不佳的原因，判断有无可能使竞争地位转弱为强。四种可能的选择是重新制定市场开发或产品开发战略、横向一体化、分离和清理。一般来说，在迅速增长的市场中，即使弱小的企业也往往能找到有利可图的机会，因此应首先考虑重新制定市场开发或产品开发战略。如企业通过上述措施仍无力获得利润，则可考虑采取一体化战略，若一体化战略也无法增强企业的竞争地位，就要考虑退出该市场或产品领域的竞争。若企业生产的产品品种较多，则可分离出耗费大、效益低的业务。最后，当某些业务很难盈利时，可以采取清理战略，以避免拖延造成更大的损害。

若企业处于第Ⅲ象限，即相对竞争地位较弱，同时面对一个增长较慢的市场，那么企业可以采用如下几种战略：转变或收缩、同心型多角化、联合型多角化、分离和清理。其中收缩战略既能得到转移投资所需资金又能促使雇员提高工作效率；同心型或联合型多元化战略便于企业进入有前途的竞争领域。如果能找到持乐观态度的买主，则可以采取分离或清理战略。

若企业处于第Ⅳ象限，即企业的相对竞争地位较强，但市场增长却比较缓慢，那么，可以采用同心型或联合型多元化战略来分散经营风险，同时利用原有的竞争优势。在这种情况下，跨国经营的企业最好采取合资战略，通过与东道国企业的合作，可以开拓有前途的新领域。

五、生命周期组合矩阵

生命周期组合矩阵，也称 ADL 矩阵，最初是由著名的咨询管理公司阿瑟·D. 利特尔公司于 20 世纪 70 年代提出的一项投资组合管理分析工具，经过多年不断地发展和完善，生命周期组合矩阵也成为一项战略评价的工具。ADL 矩阵由两个维度构成，将组织自身在市场上的优势与劣势同该市场的生命周期阶段相结合。

- 业务市场成熟阶段——从一个年轻和快速增长的业务市场到一个成熟和衰退的业务市场。

• 竞争地位——从一个占据主导地位并能控制行业的公司到一个较弱、勉强能生存的公司。

采用生命周期组合矩阵进行战略评价的过程如下。

1. 识别行业所处的生命周期

行业的生命周期分为萌芽阶段、成长阶段、成熟阶段和衰退阶段四个阶段。各阶段由外部因素所决定,它们包括:市场的增长率、增长的可能性、产品线的宽度、竞争者的数量、竞争者市场占有率的分布、顾客的忠诚度、进入障碍和技术。这些要素的均衡决定了企业所在行业的生命周期阶段。

众所周知,处于不同生命周期阶段的行业具有不同的特点。处于萌芽期时,行业具有市场增长率较高、竞争者市场占有率分布分散而且变动较快、市场中几乎没有忠诚的顾客、进入障碍低等特征;行业处于增长阶段时,用户、市场占有率的技术渐趋明朗和稳定,进入障碍提升等特征;行业处于成熟阶段具有增长率降低,但仍以较稳定的速度增长,具有技术、市场稳定,产品线宽度增加,进入障碍高等特征。行业处于衰退阶段则具有产品需求降低、停止增长,甚至出现负增长,竞争者数目和产品品种减少等特征。

2. 确定企业的竞争地位

企业的竞争地位从强到弱,可以分为以下五类。

(1) 统治地位:处于统治地位的企业能够控制竞争对手的行为,其战略的制定基本不受竞争对手的影响。

(2) 强势地位:处于强势地位的企业能够遵循自己所选择的战略而不必过多关注竞争对手的行为。

(3) 有利地位:处于有利地位的企业虽不处于主导地位,但这些企业都是居于良好的竞争地位及拥有各自的竞争优势。

(4) 维持地位;处于维持地位的企业具有较好的业绩,能与主要的竞争对手相抗衡,有能够维持其地位的机会。

(5) 软弱地位:处于软弱地位的企业竞争地位弱,优势少,很难长久地与竞争对手相抗衡。

之后,根据企业所处于的行业生命周期及相应的企业竞争地位的不同,形成生命周期组合矩阵,如图 5-16 所示。

<table>
<tr><td></td><td></td><td colspan="4">行业生命周期阶段</td></tr>
<tr><td></td><td></td><td>幼稚期</td><td>成长期</td><td>成熟期</td><td>衰退期</td></tr>
<tr><td rowspan="5">竞争地位</td><td>统治地位</td><td>快速增长
急剧上升</td><td>快速增长
保持成本领先
引入新产品或进入新市场</td><td>保持地位
保持成本领先
引入新产品或进入新市场</td><td>保持地位集中
保持成本领先
与行业一起成长</td></tr>
<tr><td>强势地位</td><td>急剧上升
差异化
快速增长</td><td>快速增长
保持成本领先
差异化
追赶</td><td>保持成本领先
引入新产品或进入新市场
差异化
与行业一起成长</td><td>寻找利基市场
保持细分市场
与行业一起成长
收获</td></tr>
<tr><td>有利地位</td><td>急剧上升
差异化
快速增长</td><td>差异化
集中
追赶
与行业一起成长</td><td>收获
转产
差异化
寻找利基市场
集中
与行业一起成长</td><td>缩减产品和业务
转产</td></tr>
<tr><td>维持地位</td><td>快速增长
与行业一起成长
集中战略</td><td>收获
追赶
寻找利基市场
集中</td><td>收获
转产
寻找利基市场
缩减产品和业务</td><td>缩减产品和业务
取消</td></tr>
<tr><td>软弱地位</td><td>寻找利基市场
与行业一起成长
追赶战略</td><td>缩减产品和业务
转产</td><td>退出</td><td>退出</td></tr>
</table>

图 5-16　生命周期矩阵

例如，如果一个公司业务处于一个成熟市场的强势地位，那么矩阵的战略逻辑就会建议它：寻求成本领先或更新它的核心战略，或在竞争中进行差异化，同时与行业一起成长。

六、几种战略选择模型应用的局限性

尽管上述五种模型为企业管理人员提供了战略选择的思路和框架，但在实际应用中仍有一定的局限性，这主要体现在两个方面。

(1) 这几种模型都是采用两个维度将决策空间分成四个象限，每一象限分别对应于一套标准战略。这种方法显然过于模式化，而实际的战略选择过程考虑的因素要复杂得多，而且企业的优劣势、竞争地位的强弱、市场增长的快慢都带有很大的模糊性，管理决策人员的主观打分加权也难免带有极大的主观性，不能排除人的偏见和对情况了解不够深入或判断失误的影响。因此，要管理人员把业务单位的经营状态确定在某个象限内，确实是一件极为困难的工作。

(2) 战略评价和选择是确定企业未来发展方向的一种非程序化决策，除了要对市场增长率、企业的相对竞争地位及外部环境因素做出分析和判断外，还要估计许多非理性、不可量化的因素，如企业高层管理者的价值观和对风险的态度以及战略对组织文化的适应程度等的影响，其中对文化的适应与否在很大程度上决定了战略选择的结果及可能性。

第七节　战略实施工具——平衡计分卡

前面几节我们主要介绍了战略分析和战略选择的几种常用的工具与方法。通过这些方法，我们可以明确企业所面临的外部环境可能给企业带来怎样的机会和威胁；与竞争对手相比，自己又有哪些优势与劣势；各种产品和业务各自具有什么样的市场地位以及利益相关者的权力与诉求；以及在不同的资源与市场地位组合时应该选择怎样的战略。这一节我们介绍一种重要的绩效评价和战略实施的工具——平衡计分卡。

一直以来，企业一方面十分关注绩效，尤其是财务绩效的提升，另一方面，又在积极寻找将战略目标(其中很重要的一部分是财务绩效上的目标)与战略执行紧密联系起来的工具，平衡计分卡正是在这样的背景下应运而生。

一、平衡记分卡指标体系

平衡计分卡(Balance Scored Sheet，BSC)由财务、顾客、内部业务流程以及学习成长四个方面维度的指标构成，它从多个维度全面地评价组织的绩效，大体框架如图 5-17 所示。[①]

① 保罗·尼文著：《平衡计分卡》，胡玉明等译，中国财政经济出版社 2003 年版，第 14 页。

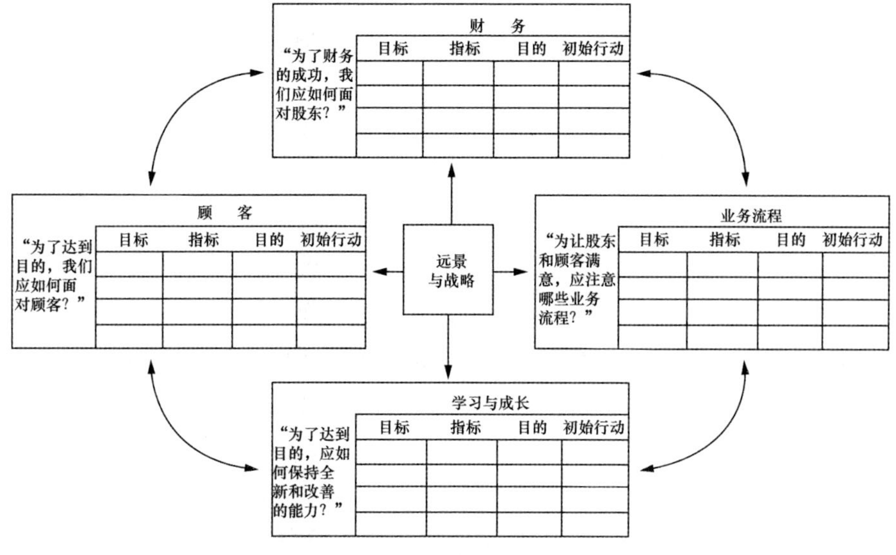

图 5-17　平衡计分卡

平衡计分卡期望寻找企业短期与长期目标之间、财务与非财务度量之间、后滞与前置指标之间以及企业内部与外部绩效层面之间的平衡状态，将绩效评价指标分为四个重要的层面：一个传统的结果性层面（财务面）与三个新增的过程性层面（客户面、内部运营面、学习与成长面），依此四个层面再分别设计具体的绩效衡量指标，由此将企业的愿景与战略与各个层次的指标联系起来，从而将抽象的战略目标与各个部门的执行活动联系起来，因而成为重要的战略实施工具。

建立平衡计分卡的第一步和最关键之处就是将企业的战略目标转化为具体的关键成功因素，之后根据关键成功因素来确认关键绩效指标。每一个关键绩效指标都是某一个关键成功因素的最佳指示器，同时每一个关键成功因素必须至少有一个关键绩效指标来描述。而关键绩效指标是用来评估目标达成的量化指标。一般来说，平衡计分卡所涵盖的指标如下。

（1）成果和驱动指标

成果指标用以说明战略结果，一般属于“滞后指标”，它告诉管理人员发生了什么；而驱动指标则属于“前置指标/领先指标”，它揭示实施战略时关键领域的进展状况，并用以影响组织中的行为。例如，加快周转时间为成果指标,对应的驱动指标应鼓励员工特别关注周转时间并努力于周转时间的减少,最终导致成果指标的实现。

(2) 财务和非财务指标

财务指标包括:费用标准(用货币衡量的定量标准:小时工资率、每件产品的材料费、每小时的机器成本、每销售一个单位产品的佣金、每一个单位产品的人工成本)、收益标准(与销售相关的货币衡量标准:产品附加价值率、货运吨—公里的收益、单位产品的盈利水平)、资本标准(用货币衡量的费用标准:投资利润率、流动资产和流动负债比、固定资产与总投资比、投资回收率、资本周转率)等。非财务标准包括:产品研发的方案和公关方案以及各种无形标准——如工作能力、雇员建议、员工忠诚、顾客满意度、社区形象等。

(3) 内部和外部指标

为了提升自己的核心竞争力,企业不仅要有稳定良好的内部指标,还要关注外部指标的优化和提升。内部指标主要包括质量、产量、员工满意度、变革的力量、职业安全、对市场的反应速度等;外部指标则包括顾客满意度、产品的市场形象、顾客忠诚度、企业的社会声誉等。

下面对平衡计分卡的四个层面所包括的指标及如何建立它们之间的联系做进一步的分析和说明。

1. 财务层面

财务性指标是指企业常用于绩效评估的传统指标。非财务性绩效指标(如质量、生产时间、生产率和新产品等)的改善和提高是实现目的的手段,而不是目的的本身;财务性绩效指标可以直接显示出企业的战略及其实施和执行是否正在为最终经营结果(如利润)的改善作出贡献。但是,不是所有的长期策略都能很快产生短期的财务盈利。战略往往具有滞后性,一项有效、成功的战略其结果可能在两三年后才能显现出来。财务面指标衡量的主要内容包括:收入的增长、收入的结构、降低成本、提高生产率、资产的利用和投资战略等(图 5-18)。

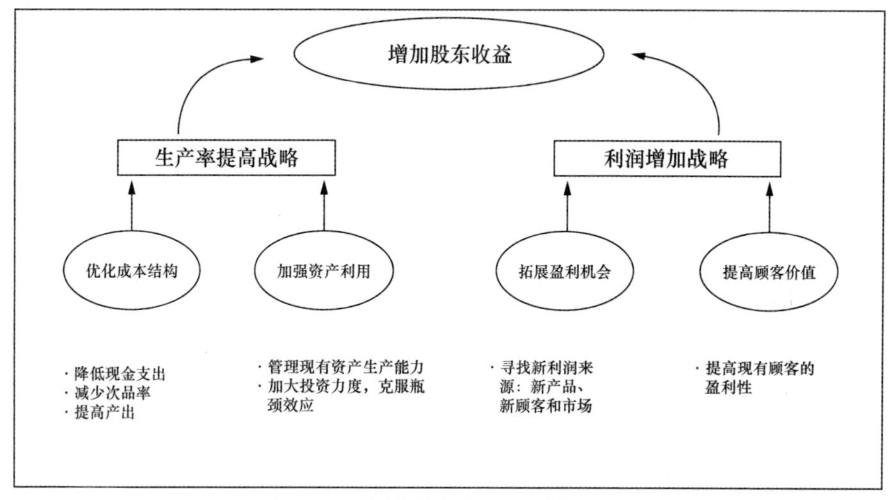

图 5-18　平衡计分卡——财务层面

针对财务方面的关键成功因素与绩效指标的因果关系，我们给出了一个例子，如图 5-19 所示：

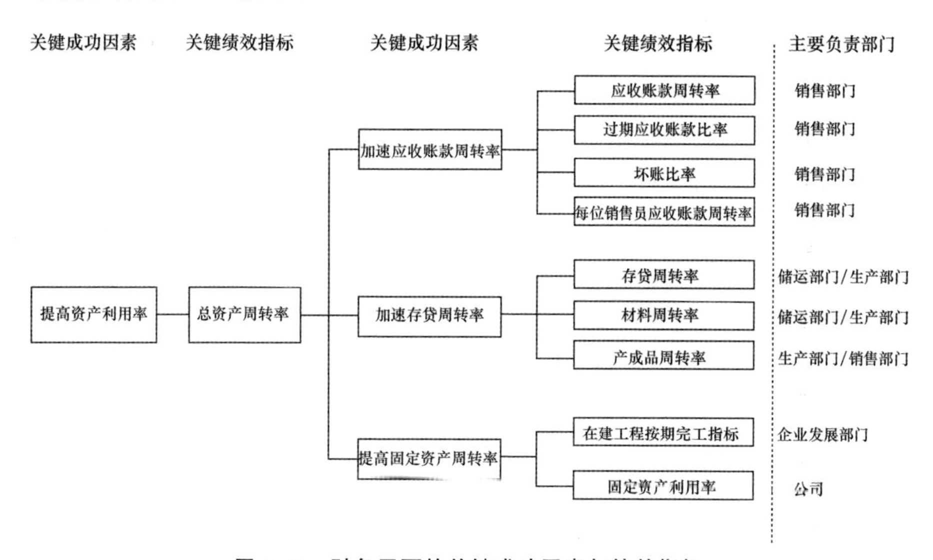

图 5-19　财务层面的关键成功因素与绩效指标

2. 客户层面

为了有效地利用企业有限的资源实现企业的关键目标，企业应当关注于是否满足核心顾客需求，而不是企图满足所有客户的偏好。平衡计分卡与顾客价值诉求的关系如图 5-20 所示。

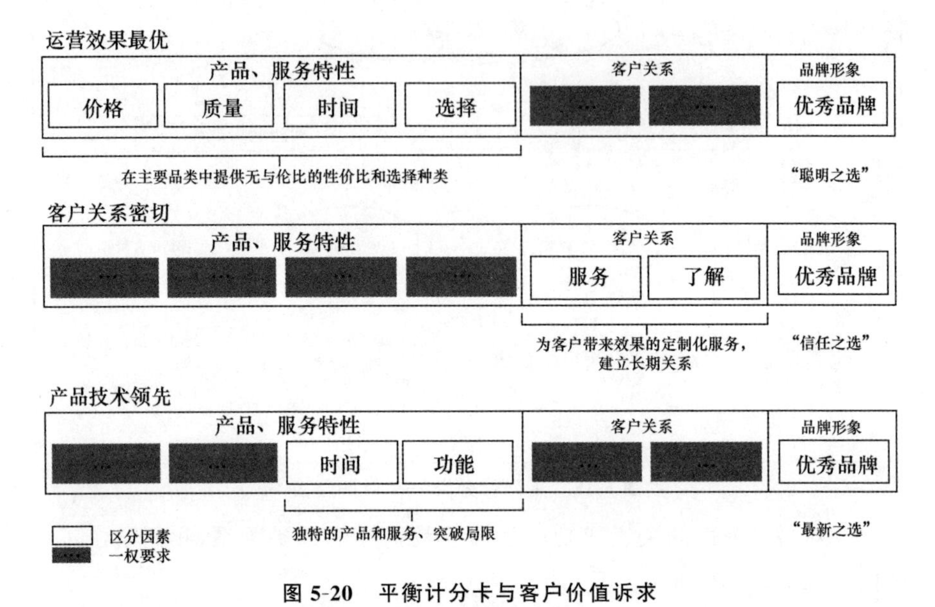

图 5-20　平衡计分卡与客户价值诉求

客户最关心的不外于五个方面:时间、质量、性能、服务和成本。企业必须为这五个方面树立清晰的目标,然后将这些目标细化为具体的指标。客户面指标衡量的主要内容:市场份额、客户留存率、新客户获得率、顾客满意度、顾客盈利率(图 5-21)。

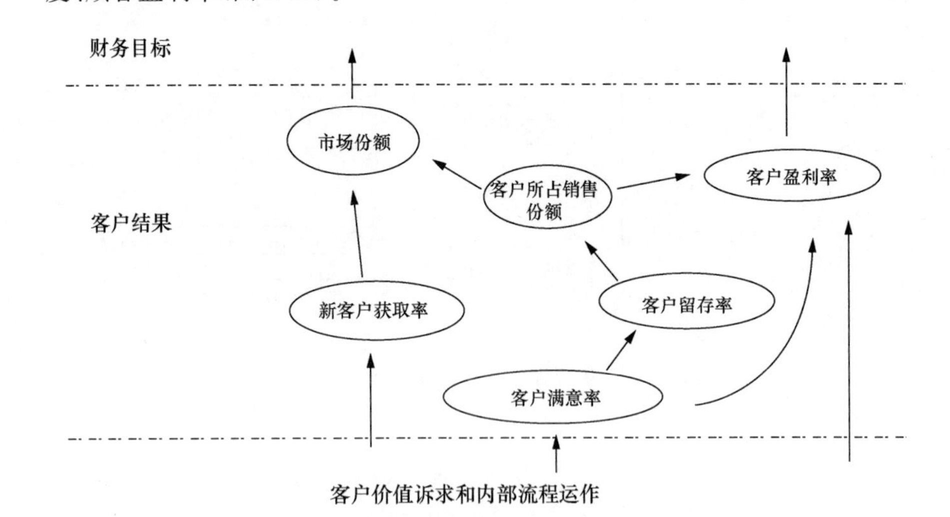

图 5-21　平衡计分卡——客户层面

针对客户方面的关键成功因素与绩效指标的因果关系，我们给出了一个例子，如图 5-22 所示。

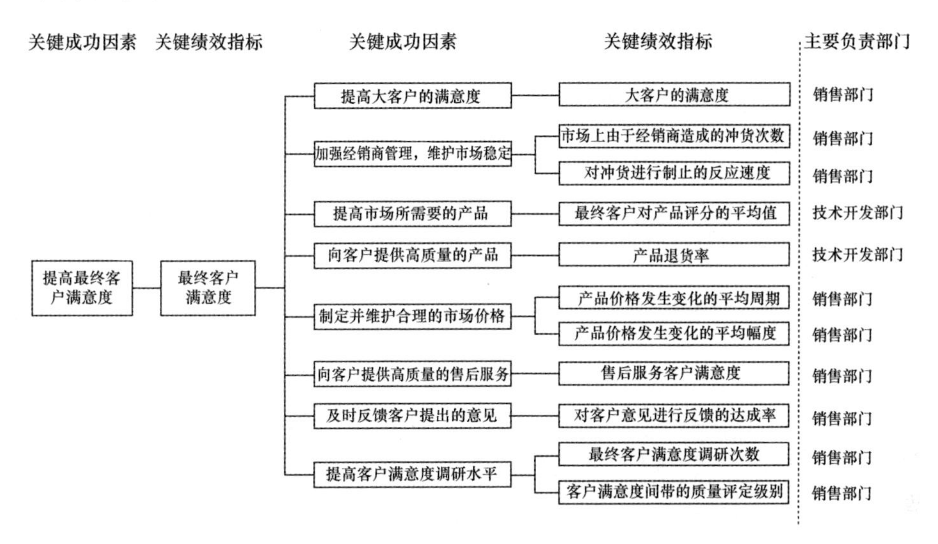

图 5-22　客户层面的关键成功因素与绩效指标举例

3. 内部经营层面

内部运营绩效考核应以对客户满意度和实现财务目标最大化的业务流程为核心。内部运营指标既包括短期的现有业务的改善，又涉及长远的产品和服务的革新。内部运营面指标一般涉及企业的技术研发/创新过程、经营过程和售后服务过程，如图 5-23 所示。针对客户方面的关键成功因素与绩效指标的因果关系，我们给出了一个例子，如图 5-24 所示。

4. 学习与成长层面

学习和成长面指标一般包括：员工的能力、信息系统的能力、激励与授权的程度，如图 5-25 所示。

针对学习与成长层面的关键成功因素与绩效指标的因果关系，我们给出了一个例子，如图 5-26 所示。

必须说明，平衡计分卡的指标间有着明确的因果关联。可以说，平衡计分卡的概念与理论发展过程中特别强调描述战略背后的因果关系，企业经由客户面、内部营运面、学习与成长面评估指标的完成而达到最终的财务目标，如图 5-27 所示。

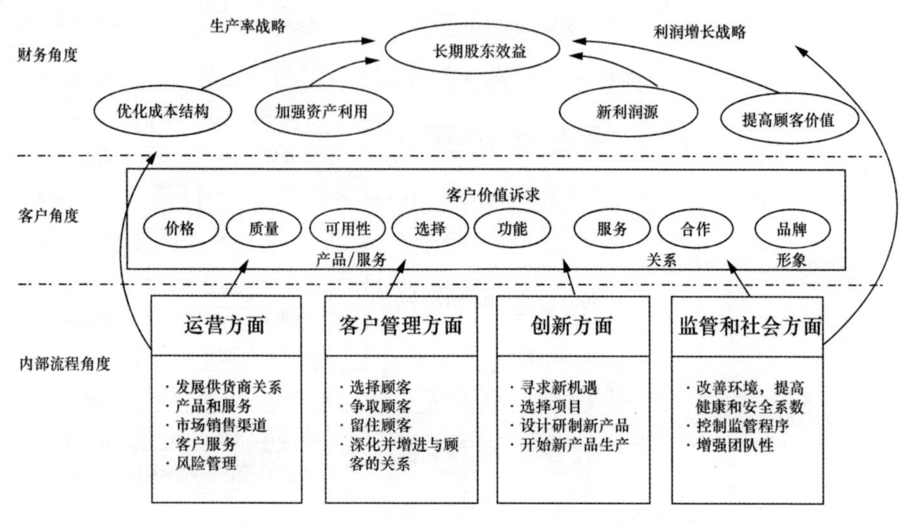

图 5-23　客户价值诉求对于内部流程的影响

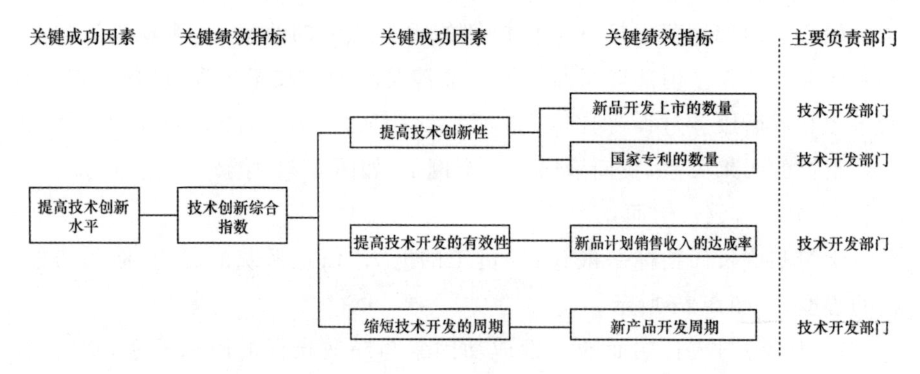

图 5-24　内部运营层面的关键成功因素与绩效指标举例

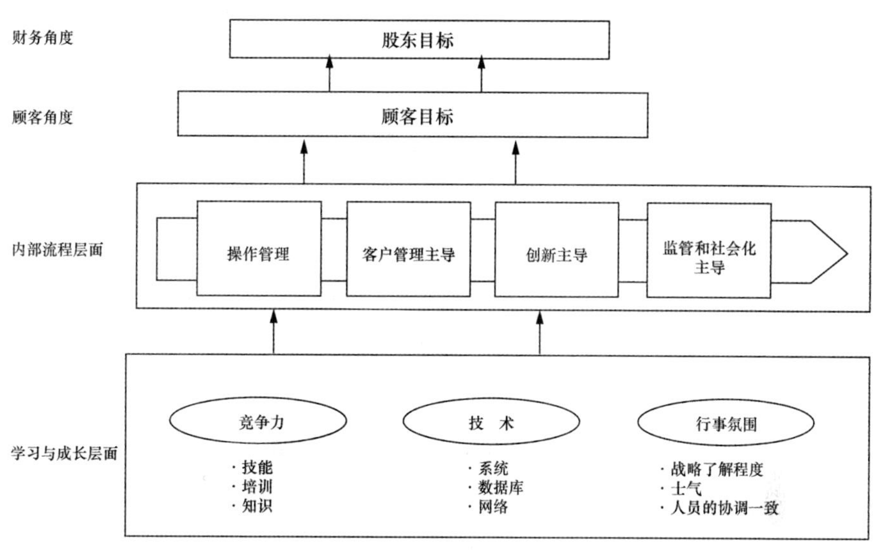

图 5-25 平衡计分卡——学习与成长层面

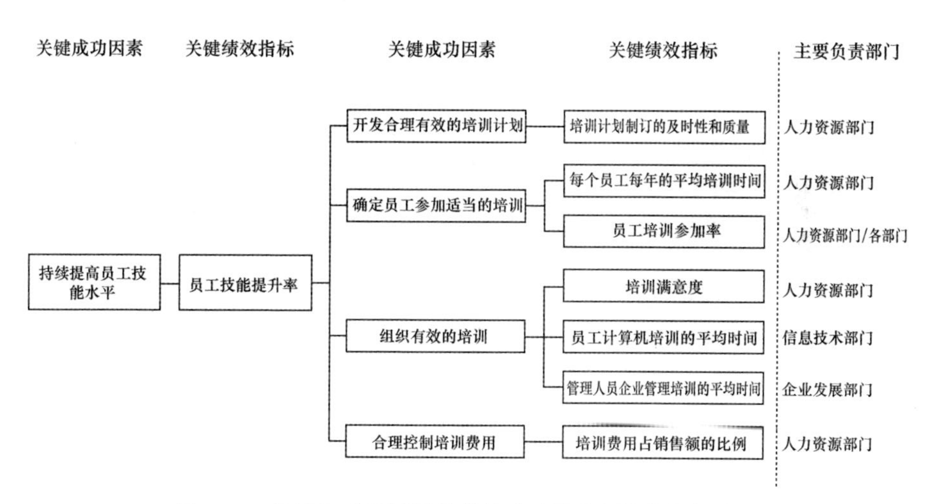

图 5-26 学习与成长层面的关键成功因素与绩效指标举例

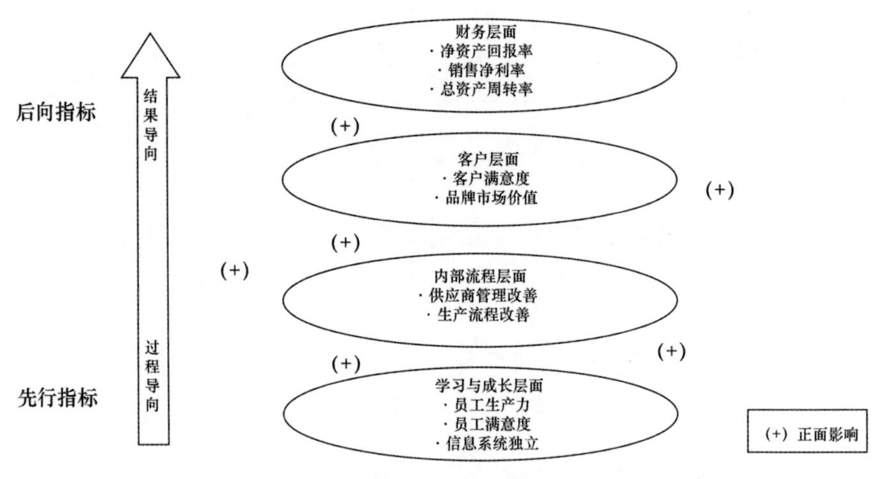

图 5-27 平衡计分卡的指标间关联

5. 战略地图

为了建立以上四个层面指标之间的联系和将平衡计分卡转化为实用的工具,卡普兰和诺顿在 2004 年出版《战略地图》一书,具体指导企业如何成功使用平衡计分卡进行战略管理。图 5-28 为战略地图的一个举例说明。

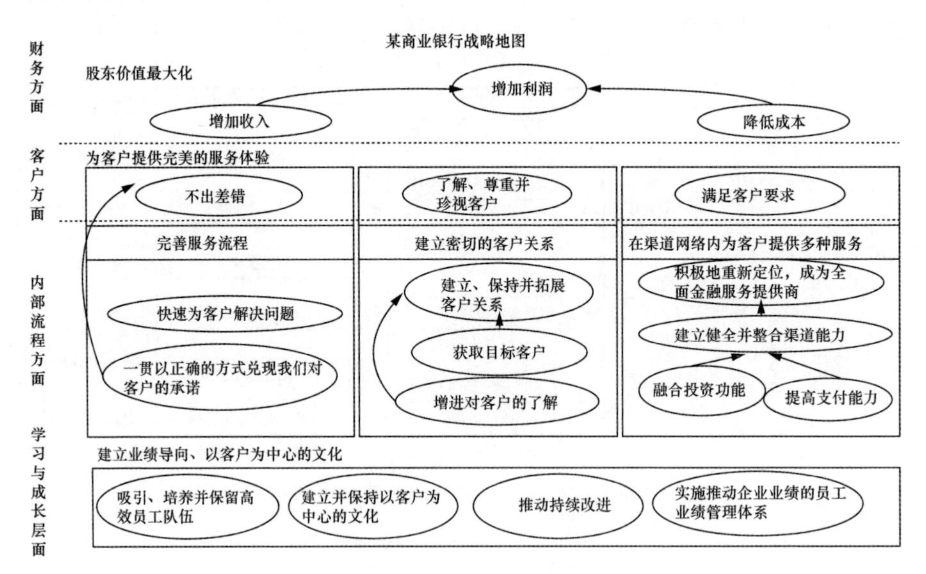

图 5-28 某银行战略地图

战略地图是平衡计分卡指标体系的重要延伸,使用战略地图可以明确因果关系，表明组织内的每个部门或者每项功能承担的责任，帮助清晰地传达企业的战略。总之，一个好的平衡计分卡体系应当能够清楚地“讲述战略的故事”。

二、平衡计分卡的特点与作用

自1992年提出至今，经过近二十年的不断发展完善，平衡计分卡已经完成了从单一的绩效衡量工具向全面的战略管理工具的转变，形成了一套完整的理论与实践体系。《哈佛商业评论》将平衡计分卡评为过去75年来最具影响力的管理概念。美国Gartner Group的调查表明，在《财富》杂志公布的世界前1000位公司中，有70%的公司采用了平衡积分卡系统作为战略管理的工具，并创造了良好的绩效。平衡计分卡的成功之处主要在于它提出并引入了非财务指标，从四个维度实施公司战略，帮助企业结合财务与非财务指标实施公司战略，有利于战略的落地与战略实施效果的综合评价。平衡计分卡管理体系的特点和作用可以概括为以下几点。

1. 平衡计分卡是一种有效的绩效管理工具，如图5-29所示。

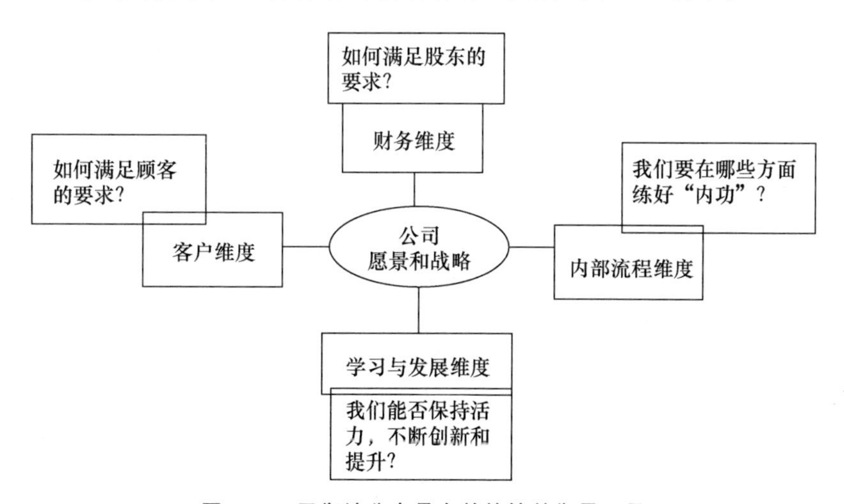

图5-29　平衡计分卡是有效的绩效衡量工具

由图可见，通过平衡计分卡可以有效地理解组织内部、外部各种变量的相互关系，保证组织系统变革过程中的均衡性，例如：快速市场反应能力的提升（农药、玩具、服装、娱乐与餐饮业）；研发的快速与有效性；人员及团队配合的有效性；激励系统的有效性；生产与采购系统的质量、成本、交期、工艺的弹性；配送系统的稳定与可靠；满意的服务体验等。

2. 平衡计分卡结合了滞后指标和前置指标、短期驱动因素和长期驱动因素，如图 5-30 所示。

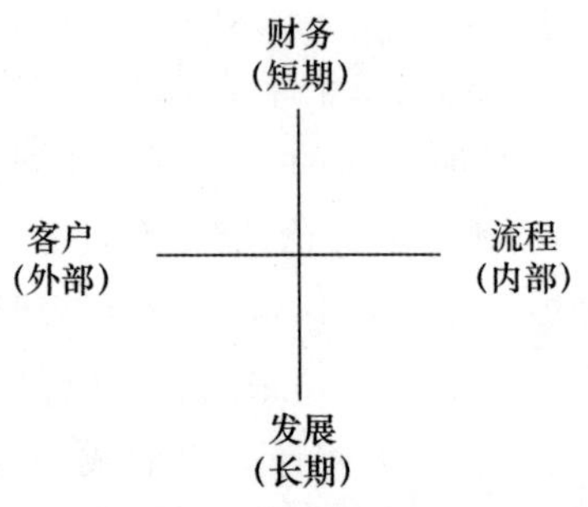

图 5-30 平衡计分卡是多种特性指标的结合

它不仅克服了传统考核体系的主观性与片面性，而且在一定程度上实现了考核体系与控制体系的完美结合。

3. 平衡计分卡的四个方面相互关联、相互影响，如图 5-31 所示。

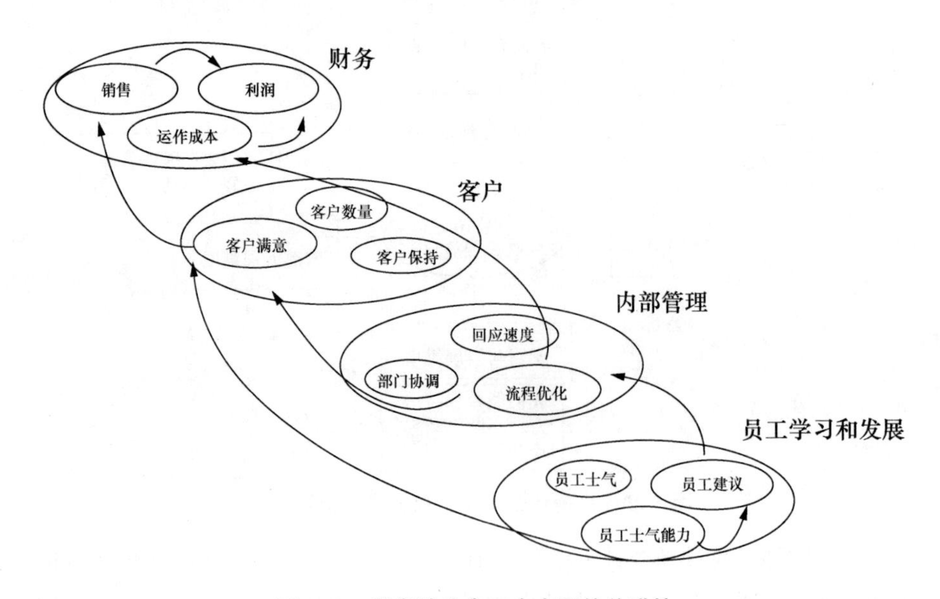

图 5-31 平衡计分卡四个方面的关联性

需要指出的是，平衡计分卡四个层面不是简单的关联，而是一种逻辑递进的关系。我们最终关心的是财务绩效的提升，而财务绩效的提升有赖于顾客层面的满意和对企业的市场认同，而顾客的满意一定是因为内部业务流程的优化并因而向顾客提供了优质的产品和服务，最后，内部业务流程的优化一定是源于员工学习的进步与能力的提升。

4. 平衡计分卡是一种有效的战略执行工具，如图 5-32 所示。

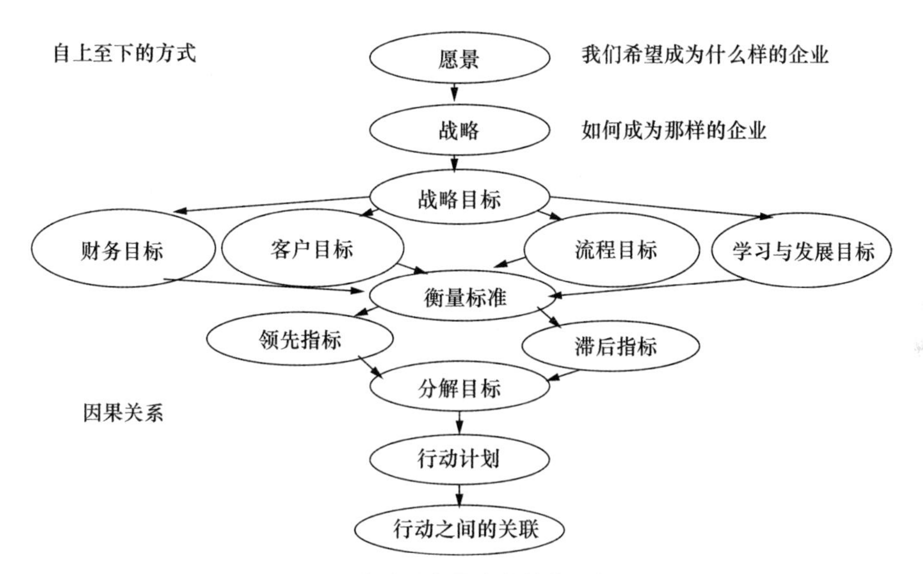

图 5-32 平衡计分卡是有效的战略执行工具

由图可见，平衡计分卡表明了源于战略的一系列因果关系，发展和强化了战略管理系统，包括：阐明战略并在组织内部、组织与供应链成员和外部利益相关者之间达成共识；在整个组织中传播战略，并将战略目标与长期具体目标和年度预算相衔接，将部门目标、个人目标与战略目标相联系，以保证战略的顺利实施；在实施过程中，对战略计划加以确认和联系，进行定期的、有条不紊的战略总结，为了解决和改进战略而获得反馈等。

三、平衡计分卡的实施步骤

虽然平衡计分卡的实施过程因每个企业所处的行业、面临的环境以及自身的条件而有所不同，但都包含以下几个基本步骤。

1. 明确企业的战略使命、愿景和目标

在本书的第一章，我们已经对企业的使命、愿景和战略目标进行了定义，但是仍要强调，在制定企业愿景时必须要体现出企业真正想要成为什么类型的企业，要占领什么样的市场位置，具有什么样的发展能力等内容。企业的使命要明确企业在一段时期内生产经营的总方向、总目的、总特征和总的指导思想。至于企业的战略目标，除了要从宏观性、长期性和全面性方面体现出企业希望实现的方向外，还要注重其可接受性以及可分性，要能够把战略目标分解成可操作性的指标。换句话说，在实行平衡计分卡时，首先要明确：企业的愿景、使命、战略目标是什么？企业的“客户价值诉求”是什么？企业的关键成功因素又是什么？这一阶段的工作非常重要，对于后续的平衡计分卡具体操作具有指导性和方向性意义。

2．宣传和落实已制定的使命、愿景和战略目标

在制定了战略目标、远景和使命之后，企业要对其进行全面的落实。在企业内要有计划地开展宣传、培训等活动，确保所有人都了解、领会并支持已经制定的战略，这对于日后顺利开展工作有重要的作用。尤其是要保证高层管理人员的支持，这样可以降低日后战略执行的难度，并且能够保证平衡计分卡的顺利推行和战略的有效实施。有了企业最高领导者和高层管理人员的支持，通过他们与下属的有效沟通，可以大大提高中层管理人员和员工的积极性。

3．建立平衡计分卡四个维度的具体指标体系与标准

当企业上下对战略目标、愿景以及使命达成一致后，接下来的任务就是要把企业的战略与平衡计分卡联系起来，高层管理者要从财务、客户、流程、学习和成长这四个维度制定衡量企业战略绩效的指标。此环节是应用平衡计分卡实施公司战略的核心步骤，在此过程中要确保以下两点：

（1）根据确定的战略来制定衡量企业战略绩效的平衡计分卡指标，同时确保高层管理人员能同时从平衡计分卡的四个维度来考察；

（2）平衡计分卡四个维度指标的设置要具有科学性、全面性、挑战性以及可行性。如图5-33所示，一般从下面四个维度分解：顾客如何看我们（顾客角度）；我们必须擅长什么（内部流程角度）；我们能否继续提高并创造价值（学习和成长角度）；我们怎样满足股东（财务角度）。

在制定好平衡计分卡四个维度的指标后，平衡计分卡管理委员会负责把战略传达到整个组织，并把绩效目标逐层分解到下级单位，保证企业战略

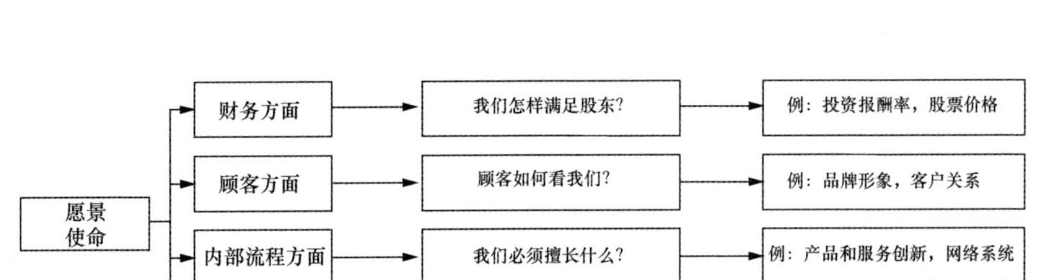

图 5-33　平衡计分卡指标分解

得到彻底落地。在分解平衡计分卡的过程中,要注意构建组织内部的协调统一性。各事业部或各职能部门应先考虑企业的整体战略、目标、指标和目标值,然后再进行分解,同时,各事业部和职能部门在分解过程中也需要把其他部门的需求也考虑在内,以建立横向部门间的联系。

4. 建立明确的战略地图

前面我们已经详细解释了战略地图的定义,该步骤的核心思想就是通过因果关系把四个层面的目标连接起来,阐明企业的战略。例如,通过改进某些技术工作岗位上员工的能力和技能,使关键业务流程得到改善。改善后的流程将给目标客户传递更多的价值信息,带来客户满意度、客户保持率和客户业务的增长。于是,改善后的客户成果指标将带来收入的增加,进而提高最为重要的股东价值。这就是一个典型的战略地图,将企业四个层面的目标集成在平衡计分卡之中,为企业战略提供可视化的架构。

5. 确定战略性行动方案

在上述的平衡计分卡实施步骤中,第一步,我们通过内外部信息分析确定了企业的愿景和使命。从第二步到第四步,我们明确了战略、战略主题、战略地图以及衡量战略的指标和目标值,使得战略具有可执行性。接下来的工作就是将战略转化为行动。在战略的指导下,针对平衡计分卡的每个目标,制定实现目标值所需要的行动方案。

所谓战略性行动方案就是有时间限制并自主决定的项目或计划的集合,它区别于组织的日常运营活动,旨在帮助组织实现目标绩效(见表 5-5)。通过战略性行动方案可以促使企业克服惯性和变革的阻力,促进组织积极采取行动。

表 5-5 战略性行动方案

行动方案管理流程	目标	阻碍	可借助的工具
1. 选择战略性行动方案(我们的战略需要什么行动计划)	确定所需的行动方案,弥补绩效差距	战略性投资孤立分散于组织的不同部门	每个战略主题的行动方案组合
2. 提供战略性资金(我们如何为行动方案提供资源支持)	为战略性行动方案提供区别于经营预算的资源支持	跨业务单元的资金配置与层级、部门结构的预算流程不同	根据战略性支出,排出行动方案的优先顺序
3. 建立责任制(谁来牵头战略性行动方案的实施)	建立跨业务单元战略主题的执行责任制	管理团队成员通常只负责某项职能或业务单元内的管理工作	主题高层责任人 主题团队

6. 拟定绩效评价指标

预测并制定每年、每季和每月的业绩评价指标具体数字,并与企业的预算与计划相结合,将每年的报酬奖励制度与平衡计分卡相结合。将平衡计分卡与浮动薪酬结合起来,以激励全体员工共同实现公司的战略目标,把实现个人目标和激励的行动与企业战略相链接。如果平衡计分卡和员工的薪酬没有联系,则员工的积极性和工作重心很容易受其他因素的影响。当二者结合起来时,才可以使员工的精力、资源全部投放在工作任务上。表 5-6 以处于基层的操作工为例,用平衡计分卡框架表达个人目标。

表 5-6 平衡计分卡与员工个体目标

操作员 452 号	个人目标
财务	降低停工成本
客户	及时将完成的产品传给下一个工位
流程	减少设备转换时间;减少机器故障
学习与成长	取得机器维护资格证书

在设定报酬奖励制度时,必须注意部门之间的合作关系。如果奖励机制仅限于职能指标,就会给组织绩效的其他方面带来负面影响。如销售预测不准确会导致生产部门生产计划的不合理安排,从而导致库存过多或订单不能按时完成,其结果就会导致生产部门和销售部门互相抱怨。因此在

设定薪酬的时候，要全面考虑平衡计分卡的四个维度的目标。

7. 反馈与改进

要定期检测和反馈实施情况，讨论并分析绩效及工作成果，不断采用员工的意见改进平衡计分卡指标，适当时调整和改进企业战略，如图5-34所示。平衡计分卡为高层管理者跟踪和分析企业绩效创建了良好的基础架构。大部分公司每年更新一次平衡计分卡，但随着商业环境的变化和对平衡计分卡学习的深入，公司会缩短调整目标、指标和目标值的时间，有时候会每季度一次，甚至每月一次。

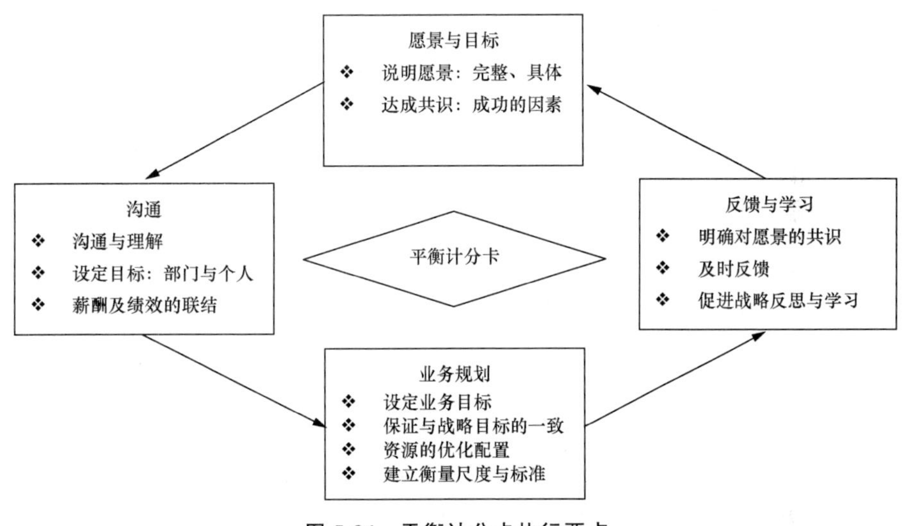

图5-34 平衡计分卡执行要点

第六章　战略管理学科研究方法

作为管理学科的一个分支，战略管理学科的研究方法与其他管理学科分支的研究方法有很多共同点和类似性。换句话说，一般管理学科（包括市场营销、人力资源、领导学以及管理科学）常用的研究方法和工具原则上也适用于战略管理学科的研究，所不同的是要根据研究课题的需要有针对性地提出战略管理学科所要解决的特殊问题，从而提出相应的解决方案。这一章介绍战略管理学科常用的研究方法，包括案例研究、多元回归、多层次回归分析法和仿真模拟等。由于这些研究方法和工具在很多管理学书籍尤其是有关研究方法的书籍和文章中都能找到，所以我们更多地结合一些具体的研究课题来对它们进行阐述，以期帮助读者更好地理解这些研究方法和工具。

第一节　案 例 研 究

案例研究作为一种研究方法被用于许多领域，已经成为心理学、社会学、政治学、社会救济、商业及社区规划方面的常用工具。在战略管理领域，案例研究方法也被广泛使用。本节将从案例研究的概念和分类、效度和信度、步骤和研究实例四个方面，对案例研究方法进行介绍。

一、案例研究的概念和分类

在准确界定什么是案例研究之前，需要识别什么不是案例研究。首先要注意的是，案例研究是由两个词“案例”和“研究”构成，因此，单纯的案例教学并不是案例研究，尽管在这一过程中要使用相应的案例并引导人们讨论，但案例教学并不给出明确的研究结论。同样，仅仅给出相关的案例和情景描述等案例记录，如医疗病历、社会救济档案等，也不是案例研究，因为它们仅仅给出了案例和案例素材而未进行“研究”。此外，需要注意的是，案例研究也并非仅仅是一种探索工具，或仅仅是正式研究前的一种测试性研究。常见的误解是将案例研究视为所研究现象的初步描绘，而不能用来发展命题或验证假设。实际上，案例研究不仅具有探索性功能，而且还具有描述性和解释性功能，可以被用来构建理论和验证假设。有关案例研究的另一种误区是将案例研究仅仅作为参与实地观察的一种方法，需要进行长期的实地观察，强调观察而来的质化证据。① 但事实上，案例研究并不只是一种搜集实际资料的技巧，还能够用于理论的建构和资料的深入分析。

而真正的案例研究是什么呢？詹妮弗・普拉特（Jennifer Platt）将案例研究定义为“一种研究设计的逻辑，必须要考量情景与研究问题的契合性”。② 罗伯特・殷（Robert K. Yin）在此基础上进行了进一步的延伸，强调设计逻辑是指一种实证性的探究，用以探讨当前现象在实际生活场域下的状况，尤其是当现象与场域界限不清且不容易清楚区分之时，经常使用此类探究策略。他认为案例研究是一种非常完整的实证研究，它在不脱离现实生活环境的情况下研究当前正在发生的现象，并可以解决待研究的现象与现象所处环境背景之间的界限不清晰所带来的困难。③ 因此，作为一种研究思路的案例研究包含了各种方法，涵盖了设计的逻辑、资料收集技术以及具体的资料分析手段。从这一意义来说，案例研究既不是资料收集技术，又不仅限于设计研究方案本身，而是一种全面的、综合性的研究思路。

完整的案例研究可以划分为三个阶段：探索性、描述性和因果性案例研究阶段。其中探索性案例研究阶段指的是，当研究者对于个案特性、问题性质、研究假设及研究工具不是特别了解时所进行的初步研究，为正式研究奠定基础。描述性案例研究阶段指的是研究者对案例特定研究问题具有初步了解，而对案例进行更为仔细的描述与说明，以加深对研究问题的了解。因果性案例研究则旨在观察现象中的因果关系，以了解不同现象间的确切函数关系。

二、案例研究的效度和信度

在评定实证性社会研究的质量时，常常要用到四种检验，包括可靠性

---

① Kidder, L. and Judd, C. M, *Research methods in social relations*, New York: Holt, Rinehart & Winston, 1986.

② Jennifer Platt, "Case Study" in American methodological thought, *Current Sociology*, Vol. 40, No. 1, 1992, pp. 17—48.

③ Yin, R. K, *Case study research: design and methods*, Thousand Oaks Sage Publications, Vol. 5, No. 4, 1994, pp. 206—207.

(trustworthiness)、可信度(credibility)、可确定性(confirmability)以及数据可靠性(data dependability)检验。由于案例研究是实证性社会研究的一种，所以这四种检验同样也适用于案例研究。表 6-1 列出了每类检验所要采取的策略、其所处的研究阶段和基本概念。[①]

表 6-1　检验方法和应用范围

	检验案例研究策略	策略所使用的阶段	基本概念
构念效度	采用多元的证据来源； 形成证据链； 要求证据的主要提供者对案例研究报告草案进行检查、核实	资料收集； 资料收集； 撰写报告	对所要研究的概念形成一套正确的、可操作性的测量。
内在效度	进行模式匹配； 尝试进行某种解释； 分析与之相对立的竞争性解释； 使用逻辑模型	证据分析； 证据分析； 证据分析； 证据分析	从各种纷乱的假象中找出因果联系，即证明某一特定的条件将引起另一特定的结果。
外在效度	用理论指导单案例研究； 通过重复、复制的方法进行多案例研究	研究设计； 研究设计	指明研究结果可以类推的范围。
信度	采用案例研究草案； 建立案例研究数据库	资料收集； 资料收集	表明案例研究的每一步骤——例如资料收集过程——都具有可重复性，并且如果重复这一研究，就能得到相同的结果。

三、案例研究的步骤

虽然学者们对案例研究的步骤具有不同的看法，也并没有形成固定的顺序，但案例研究仍然具有一定的步骤，在不同的步骤所要进行的工作和面临的问题也存在不同。表 6-2 列举了案例研究的几个基本步骤。[②]

---

① Kidder, L. and Judd, C. M, *Research methods in social relations*, New York: Holt, Rinehart & Winston, 1986.

② 陈晓萍、徐淑英、樊景立著:《组织与管理研究的实证方法》,北京大学出版社 2008 年版,第 207 页。

表 6-2 案例研究的步骤

阶段	步骤	活动	原因
准备阶段	启动	界定研究问题	将努力聚焦
		找出可能的前导观念	提供构念测量的良好基础
	研究设计与案例选择	不受限于理论与假说，进行研究设计	维持理论与研究弹性
		聚焦于特定族群	限制额外变异，强化外部效度
		理论抽样，而非随机抽样	聚焦于具有理论意义的案例，如能够补充概念类别的理论复制与引申的案例
	研究工具与方法选择	采用多元资料搜集方式	通过三角验证强化研究基础
		精制研究工具，同时掌握定性和定量资料	证据的综合
		多位研究者	采纳多元观点，集思广益
执行阶段	资料搜集	反复进行资料搜集与分析，包括现场笔记	即时分析，随时调整资料的搜集
		采用弹性且随机应变式的资料搜集方法	帮助研究者掌握浮现的主题与独特的案例性质
	资料分析	案例内分析	熟悉资料，并进行初步的理论构建
		采用发散方式，寻找跨案例的共同模式	帮助研究者挣脱初步印象，并通过各种角度来查看证据
	形成假设	针对各项构念，进行证据的持续复核	精炼构念定义、效度及测量
		横跨各案例的逻辑复现，而非样本复制	证实、引申及精炼理论
		寻找变相关系的原因或“为什么”的证据	建立内在效度
对话阶段	文献对话	与矛盾文献相互比较	建构内在效度、提升理论层次并强化构念定义
		与类似文献相互比较	提升类推能力、改善构念定义及提高理论层次
	结束	尽可能达到理论饱和	当改善的边际效用越来越小时，则结束研究

(1) 准备阶段

在进行案例资料收集之前的准备活动包括界定研究问题、设计研究与

选择案例以及选择研究方法与工具等。

在案例研究启动步骤，需要准确界定研究问题，确定主要的构念。即便设有确定的理论，也需要具有明确的方向和清晰的焦点指导资料收集。但界定的问题可能会存在不断修正的过程，常见的现象是将以理论验证为目的的案例研究转变为以理论构建为目的的案例研究，即在案例研究过程中改变了研究问题。而对于以构建理论为目的的案例研究而言（也常被称为扎根理论方法），理论和假设也常常不在实现计划之内。

在研究设计和案例选择阶段，首先要明确需要选择单个案例还是多个案例，以及选择什么类型的案例。在案例研究中可能会涉及多层次分析，在战略领域，多层次指的可能是行业、组织、部门等，需要视具体研究而定。依照案例数量和分析层次，可以将案例研究分为单案例单层次、单案例多层次、多案例单层次和多案例多层次四种类型。在确定案例设计之后，则需要考虑案例选择，研究者需要决定案例的选择标准和筛选过程。不同的研究目的决定了案例选择标准，以理论验证为目的的案例研究可能采用统计抽样来选择案例，即从一个清晰的母群中使用随机抽样的方式选择案例。而其他大部分案例研究基本上采用的是理论抽样，根据理论而非统计概念来选择案例，因此为了拓展理论，可能会选择较为极端的案例。

研究方法和工具的选择也是准备阶段的重要步骤。案例研究收集资料的方法呈现出多元化的趋势，常用的方法包括深度访谈、直接观察及文件调阅等方式。多方法、多研究者和多资料来源是保证案例研究质量的重要工具。除此之外，研究者的培训也是准备阶段重要的工作。

（2）执行阶段

经过充分的准备，便可以进行案例的资料搜集、分析和形成假设，且这一过程可能呈现出反反复复的特点。

在资料搜集阶段，资料搜集、编码和分析往往同时进行，而并非彼此分割。研究者可以根据事先界定的问题进行资料搜集，也可以增加新问题或采取新的资料搜集方法处理逐渐浮现出的新问题。研究团队定期或根据需要进行团队会议也是保证资料搜集进度和质量的重要方式。资料搜集阶段要求研究者摒弃个人主观色彩，按照客观呈现的真实现象搜集资料，同时对研究者的交际能力、视野开阔性和理论敏感度都有较高的要求。

在资料分析阶段，陈晓萍等认为案例分析包括五个主要步骤（具体见图6-1）。其一，建立文本：进行访谈、观察及文件等资料的誊写与摘记。其二，发展编码类别：研究者详细阅读资料内容，并加以编码；将分析出的小单位按照内容或性质的相似程度划分为自然类别；也可按照已有的理论划分类别。其三，指出主题：将划分的类别按照可能的逻辑关系排列出来并命名；对上述逻辑进行审视，并予以修正。其四，资料聚焦与检定假设：将所整理的资料与假设进行对话，审查资料是否支持假设。其五，描绘深层结构：整合所有资料、脉络和理论命题，构建理论架构，或者修正已有理论。[①]

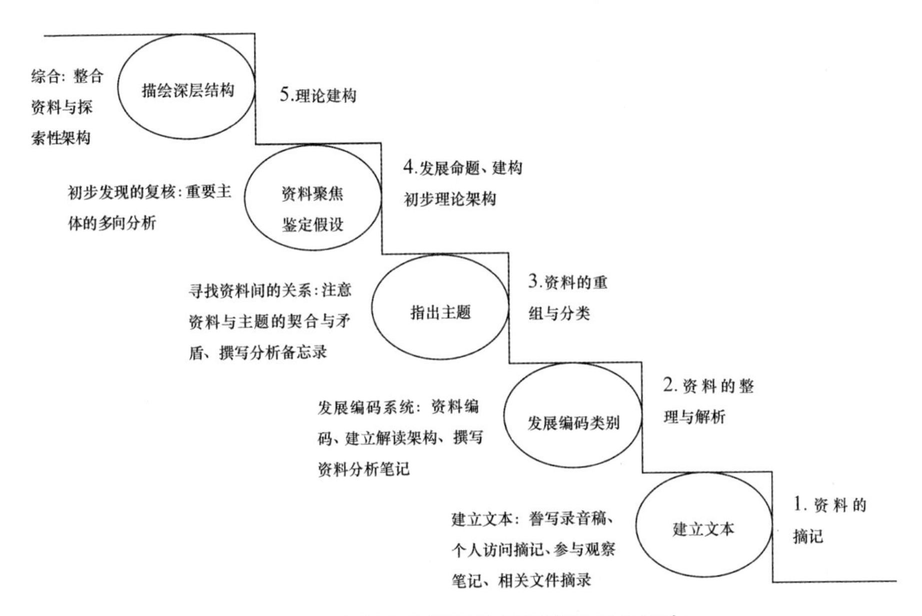

图6-1　案例内的资料分析步骤与深化层次

除案例内分析之外，案例研究还可以进行案例间的对比分析。案例比较可以进一步区分为跨案例比较和全方位比较。跨案例比较是依据理论或研究问题将案例进行分类，从而比较不同类别案例之间的相似性或者差异性；而全方位案例比较则是将案例进行配对，然后比较所有特点，以异中求同或同中求异。

① 陈晓萍、徐淑英、樊景立著：《组织与管理研究的实证方法》，北京大学出版社2008年版，第211页。

(3) 对话阶段

在案例的资料搜集、分析和形成假设结束之后,研究者需要将案例研究主题的主张和争议与已有文献进行对话,比较异同点。相同则可以为已有文献提供支持性证据,扩大文献的应用范围;不同则可以提供反证,对已有文献进行修正。而当案例所提供的信息已经达到饱和,或新资料对理论的改善幅度有限之时,案例研究就可以宣告结束。

四、案例研究实例

本部分将选择周江华、仝允桓和李纪珍在 2012 年发表于《管理世界》的文章《基于金字塔底层(BoP)市场的破坏性创新——针对山寨手机行业的案例研究》作为案例,详细分析案例研究的具体应用。[①]

(1) 研究问题。"金字塔底层(Bottom of Pyramid,简称 BoP)理论"从商业视角关注面向低收入人群的创新活动,认为低收入人群这一位于经济金字塔底层的群体(BoP 群体)蕴含着巨大商机,通过创造性地满足该群体的需求,企业不仅可以找到新的增长机会,而且还能通过提高该群体的生活质量来创造经济与社会的双重价值。BoP 战略为发展中国家的企业提供了利用破坏性创新获得超常规增长的机会。如果能够在中国特色的社会、经济和文化背景下开展 BoP 导向的破坏性创新研究,则可以推动破坏性创新和 BoP 理论的进一步发展,具有重要的理论意义。然而,作为新兴的研究领域,该领域目前仍处于概念提出、内涵界定及内容完善阶段,而且大部分研究都是描述性的经验总结,缺乏一般性的理论分析。因此,该研究使用案例研究方法来探索企业开展 BoP 导向破坏性创新的内部机理,具体关注两个问题:第一,企业如何在 BoP 市场开展破坏性创新?第二,这一创新的过程和机理是怎样的?

(2) 案例选择。该研究选择山寨手机行业作为研究对象。之所以聚焦于山寨手机行业,是因为:(1) 山寨手机行业中有大量中小企业生产面向 BoP 群体(农村与三线城市用户)的手机产品,是深入研究企业如何开展 BoP 业务的理想对象;(2) 山寨手机中采用了一种破坏性技术(MTK 芯片)才得

---

① 周江华、仝允桓、李纪珍著:基于金字塔底层(BoP)市场的破坏性创新——针对山寨手机行业的案例研究,《管理世界》,2012,(2):112—130.

以快速发展,是破坏性技术与企业 BoP 战略相结合的典型案例;(3) 核心技术提供商(MTK)与山寨手机厂商都采取了大量商业模式创新,有助于研究破坏性技术如何与商业模式进行互动;(4) 山寨手机破坏了整个手机行业的行业规则,有助于进一步研究企业如何借助 BoP 导向的创新切入市场并改变竞争规则。山寨手机作为中国独特的经济现象,提供了独一无二的素材,而且山寨现象作为一种文化已经渗透入多个行业,因此该研究会对其他行业的发展提供启示。在山寨手机行业中,课题组选择了 7 家企业进行研究。

(3) 资料搜集。为了提高案例研究的信度和效度,研究采用三角测量法从多个信息来源分析案例,通过二手资料收集和一手资料采集两种方法整理出 20 万字的原始资料。二手资料的收集包括:发表过的有关山寨手机的主要文章以及从行业或专题材料中选取的文章、外界出版的有关山寨手机的书籍或杂志、商学院案例、商业和行业参考资料。一手资料获得方法有两种:第一种为课题组分别在北京、深圳和上海对核心技术提供商(MTK)与山寨手机企业进行实地调研;第二种为对样本企业的重要合作伙伴进行访谈。具体而言,对研究样本中的每一个企业,主要以实地观察和半结构化访谈的方式收集一手资料,访谈对象包括企业高层管理者、技术人员和尽可能多的外部利益相关者。对每个企业的实地观察和访谈由 2—3 位课题组成员共同进行。调研从 2009 年 5 月开始,至 2011 年 5 月完成。同时,课题组于 2009 年 7 月至 2010 年 11 月去西安、兰州等地的农村采访了多个农村 BoP 群体,从山寨手机的易用程度、易获得程度等方面了解了 BoP 群体对该产品的看法。并且,课题组成员在北京对快递人员使用山寨手机的情况进行了调查,从多个信息来源交叉验证了企业访谈资料的准确性。

(4) 资料分析。研究使用扎根理论对资料进行编码分析,自下而上建立理论,其要旨在于遵循科学的逻辑,通过归纳、演绎等分析方法,螺旋式逐渐提升概念及其关系的抽象层次,并最终发展成理论。根据扎根理论的分析方法,该研究通过开放式编码、轴心式编码与选择式编码来挖掘资料的范畴,识别范畴的性质以及范畴间的关系。为了最大程度保证数据处理过程的系统化,使用了定性研究软件 NVIVO 8.0 来辅助完成。开放式编码通过对采集到的资料进行分解与提炼,从资料中抽象出架构创新、去技术化、新价值主张、BoP 市场定位等 193 个概念,再对这些概念作进一步的比较,按照其相互间的逻辑关系将其归纳整理为79个范畴。轴心式编码对初始范畴进行了二次编码并根据以上思路对范畴间的关系进行探索,直至初始范畴全部饱和。最终79个初始范畴被重新整合为39个副范畴并归纳到8个主范畴当中。选择式编码首先对轴心式编码所得到的8个主范畴的内涵和性质进行分析,并结合原始资料记录进行互动比较。

(5) 研究结果。在对资料的编码与分析过程中涌现出四类主要发现。

第一是对破坏性技术构念的进一步发展和完善,通过编码分析,将破坏性技术分为"技术的结构破坏"和"技术的功能破坏"两个范畴。第二是对BoP导向商业模式创新主要特征的归纳,表现为面向BoP群体的新价值主张、基于产业链的柔性化组织、包容性伙伴界面、嵌入式顾客界面。第三是总结破坏性技术与商业模式协同创新的机理。第四是根据以上扎根分析,提出企业通过破坏性技术与BoP导向商业模式创新实现BoP战略的理论模型(具体见图6-2)。模型认为,新技术首先会影响商业模式内部的要素,并进而对商业模式的结构产生影响,从而促进新商业模式的出现。其中,技术功能属性的破坏性变化主要表现为给技术使用者带来更多的功能和更完善的性能,帮技术使用者更好地完成其预期工作,因此,可以为消费者提高效用,引起消费者可感知价值的变化。企业可以借助技术提供的新功能来为市场提出新价值主张,构建以破坏性的新价值主张为基础的新商业模式。如果新技术加入了低价性和去技术化等功能属性,那么企业就可以用新价值主张来进入BoP市场。在此基础上,企业在BoP市场中需要建立针对新价值主张的支撑体系,包括面向BoP市场的顾客界面、柔性组织和内部运营流程以及新价值网络(伙伴界面)。技术结构属性的破坏性变化主要影响价值网络的构成,使得价值网络中的资源提供和交换方式、价值链不同环节的对接和互动方式等发生变化。在以上变化的基础上,企业需要根据价值网络的变化重新确定最优的组织模式,并根据企业与价值网络之间的互动关系来构建伙伴界面。因此,可以看出,技术结构属性的变化主要对企业的组织方式和伙伴界面产生影响,引起企业经营模式的转变,并以此为核心建立起企业的核心机制。如果技术结构属性的变化能促进产业链的分解并推动产业链内外不同背景的经济实体加强合作,则这种结构属性的变化会促进面向BoP市场的商业模式的形成。另一方面,为了应对BoP市场中的不确

定性，企业需要加强与BoP市场的紧密合作，因此需要将价值创造环节下沉到更贴近市场的流程之中。如果技术结构属性的改变能降低产业链的进入门槛，允许距离市场更近的经济实体加入产业链之中，则有助于推动更贴近市场的分布式商业模式的出现。

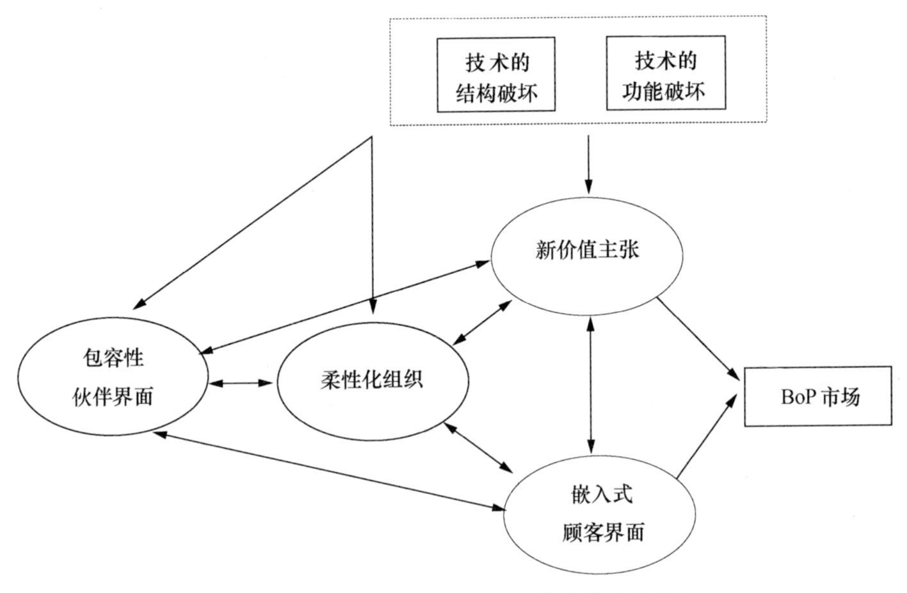

图6-2　BoP导向的技术与商业模式的协同创新

第二节　仿真模拟

计算机仿真是研究复杂系统的最有力工具之一，该方法是通过建立仿真模型，在计算机上再现真实系统，并模拟真实系统的运行过程而得到系统解的研究方法。它的基本思路为，选择系统中的个体，对个体属性及其与其他个体的交互规则进行建模，在计算机上模拟它们的互动，考察涌现出来的复杂的宏观行为。对社会经济系统采用计算机仿真的研究方法可追溯到20世纪60年代，20世纪90年代以来这种方法得到普及和广泛应用，常被用于以下领域：制造系统与设计、军用武器系统及其后勤保障评估、通信网络中硬件需求或协议确定、计算机系统软硬件需求确定、运输系统的设计与运营、服务组织的评估设计、业务流程重组、供应链分析、库存系统订货策略确定、采矿作业分析、组织设计、组织学习、组织与信息技术和组织演化等。在战略管理领域,仿真也得到了较为广泛的认同和使用。[①]

一、仿真方法简介

20 世纪 60 年代,用计算机技术来仿真社会经济系统开始兴起。这个时期主要是对系统的整体建模,称为“宏观仿真”(Macro-Simulation)。该方法主要应用于城市交通、世界范围内移民及传染病传播等问题的研究。在 20 世纪 70 年代,“微观分析模拟”(Micro-analytical Simulation)在政策分析中得到了广泛应用,这种仿真技术广泛地应用在诸如税收、福利等公共政策的设计对系统的影响等方面。20 世纪 80 年代兴起并得到了广泛认同的多 Agent 仿真在管理研究中发挥了重要的作用。最初多 Agent 系统作为计算机科学中比较新的一个分支,其作为一种合适的软件范例得到研究者的普遍关注。尽管多 Agent 系统在探索大规模分布式开放系统(如 Internet)方面提供了可能性,但是多 Agent 系统的价值远不止于此,多 Agent 的思想也并不局限在某一个领域。相比于前两种仿真方法,多 Agent 仿真更能抓住组织的本质特点,其在管理研究中将得到广泛的应用。多 Agent 建模技术既不是对系统整体进行建模,也不是对组成系统的单个个体建模,而是对个体间的关系和个体的行为模式进行建模,这种建模思路恰恰抓住了组织的特性,使得多 Agent 建模适合于管理理论研究。由于管理研究的对象——组织和人具有复杂性、适应性和非线性等特点,对组织整体的建模就成为一个无法完成的任务,无法用有限的微分方程组来很好地描述组织,从而无法对其进行宏观整体建模,而微观分析模拟方法和多 Agent 技术最大的区别在于微观模拟不考虑个体间的交互作用,这就近似简单地把整体现象看作各个组成个体的加和,这当然违背了复杂系统的“涌现”特性,也就无法刻画组织的整体行为。可以说,正是这种基于多 Agent 的复杂系统建模思想,为仿真方法刻画组织特性、应用于管理理论研究提供了可能。

---

① 张华、席酉民、马骏著:仿真方法在管理理论研究中的应用,《科学学与科学技术管理》,2009,(4):46—52。

二、仿真方法在管理研究中的地位

仿真方法对管理理论研究的意义引起了很多学者的关注。仿真方法除了可用于纯粹的描述与探索性研究之外，其最重要的应用在于其处在理论研究中的“甜蜜地带”（如图 6-3 所示）。

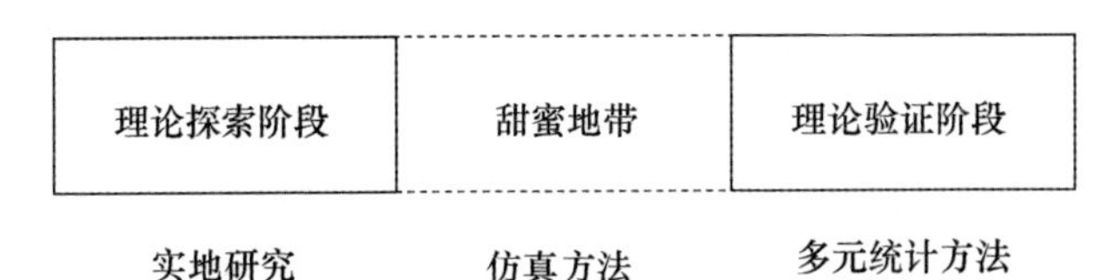

图 6-3　仿真方法在理论研究中的地位

人们在实地研究、文献（案例）研究、演绎推理中可以得到一些初步结论或一些未经证实的想法，此时研究者正处于探索阶段，得出的结论可称为简单理论（Simple Theory）。此时概念界定还不是很确切，且其背后的逻辑关系也不是十分清楚，使得这些简单理论还无法用统计方法来验证。尤其是当涉及纵贯研究、系统成员非线性交互、过程研究的时候，在实证研究无法获得数据的情况下，简单理论到验证阶段将更加困难。因此在方法论上，简单理论和成熟理论之间存在一个“结构洞”，而仿真方法正是处在这个结构洞的位置上。它可以将简单理论中提出的较为粗糙的假设应用在仿真实验中，得到的结论一方面可以作为进一步研究和验证的假设，通过现实数据的采集来进行实证分析并测试其命题的合理性，另一方面也可以作为进一步预测和解释简单理论推演出的假设。

理查德·哈里森等在对仿真方法的评述文章中提出，仿真方法将是归纳与演绎之后的第三种研究方法，并且是二者有益的补充。[①] 演绎方法曾在理论研究中发挥了巨大的作用，最著名的例子当属以数学方程式推导为代表的演绎法在物理学上的巨大成功。在主流的经济学研究中，数学方程式推导占据着重要的地位，但由于管理研究面对的组织是有人参与的复杂系统，变量之间的非线性关系、动态性以及反馈都造成了用数学方程式刻画组

① Harrison, J. R., Lin, Z., Carrol, G. R., et al., Simulation modeling in organizational and management research, *The Academy of Management Review*, Vol. 32, No. 4, 2007, pp. 1229—1245.

织行为的困难。无论是对组织行为的刻画还是对组织过程的动态性描述方面,通过数学方程式的推导进行演绎研究面临着巨大的困难。而仿真方法的建模方式比较成功地解决了这些问题。仿真比数学方程式更适于建立更贴近组织现实的假设,仿真实验的结果,一方面推动了假设的发展,另一方面得到的大量虚拟数据,将为归纳研究提供不易得到的数据支持。

从仿真方法在管理研究中的地位与应用特点来看,在管理理论的研究中多采用的是"定性仿真",仿真研究的目的不再以"预测"为主,而是希望利用仿真方法通过发展理论和探索其中的因果关系而获取超越一般的理论洞见。这种从给予便利模式到基于个体模式的重大研究思路的转变,有助于研究者对系统的演化机制有更深入的理解,这对理论研究尤其是过程理论的发展至关重要。管理研究中的仿真方法已不是"数据驱动",而是"理论驱动"。因此,在传统的科学研究所依赖的两类研究方法——理论分析及演绎、实证分析与归纳之外,仿真研究作为第三种科学研究的方法已逐步得到学界的认同。

仿真方法可分为结构化仿真方法和随机过程仿真方法。前者具有固定的研究思路,适合于某一特定的研究领域,方法上具有相对固定的研究范式或基本模型。譬如系统动力学仿真、元胞自动机、NK 模型、遗传算法等都属于这样的仿真技术。而随机过程仿真方法(主要是基于 Agent 的仿真方法)则没有固定的研究范式,适用于研究具体的问题,其建模方法非常灵活,给研究者留下了很大的设计空间。这两类研究方法各有利弊。作为较为成熟和通用的仿真技术,结构化方法从提出假设到构建模型都有相对固定的可遵循的一整套"操作流程",研究者在实验设计等方面的工作量相对较小,而且学术界对其在技术和研究结果的信度上较为认可。但由于这类仿真技术仅适合于或受限于一类特定的研究主题,所以后续的研究都是围绕同一类主题的相关研究,可深入挖掘的理论问题就相对较少,而且容易产生拿着模型到处套问题的错误倾向。随机过程仿真方法则适用于结构化方法无法解决的研究问题,可以适用于绝大多数复杂系统的研究。其优点在于建模技术的灵活性和研究问题的广泛性,但也正是由于这种建模方式的灵活,有学者曾借此批评仿真技术是"游戏(Toy Game)",认为研究者的主观倾向容易影响到研究结果,模型的信度与效度检验就成为其最大的难点。总之,仿真技术的选择完全取决于研究问题,研究问题与仿真技术的合理结合才能使研究进行得顺利与深入。

三、仿真研究实例

仿真方法的研究实例选自徐岩和胡斌发表于《管理学报》的文章《战略联盟竞合行为的随机突变分析与仿真》。[①] 本部分将从实例出发,分析仿真方法在战略管理领域的应用。

(1) 研究问题。联盟生命周期和联盟演化过程的相关研究一直是战略管理研究的难点和重点。现有的关于联盟动力学的研究中,合作关系的稳定性是关注的主题,对于联盟演化过程中的突变性问题,国内外目前也缺乏相关研究。该问题可以具体描述为:随着联盟运行内外部环境的连续变化,联盟演化的稳定均衡态是否会发生意外突变,成员行为是否会由原来的合作状态突然变化到背叛状态,或者由相对稳定的高比例合作状态突然演化到高比例背叛状态。此类研究可以很好地解释现实中随着环境的变化,联盟如何从稳定合作关系状态演变为最终因背叛行为而导致的联盟失败或者解体。该研究的目的就是从突变理论的视角来研究导致这种问题的内在机制。

(2) 数学模型。考虑如下情形:市场上若干个企业为了一项经营业务——如产品研发、生产、投资和营销等——实现双赢和规避外部风险而有意通过某项协议结成具有长期合作关系的联盟。该联盟的具体形式不受限于横向联盟和纵向联盟,或者是产品联盟、价格联盟和知识联盟等。联盟成员都借助其核心竞争力对联盟产生作用,这也同时说明在结构上企业之间地位平等,有平等的讨价还价能力。同时,假设在每一次合作过程中某些企业有为了追求短期利益而采取机会主义(即背叛行为)的倾向。这样,联盟为了追求稳定的合作关系,在洽谈协商阶段会达成一致,除了使用一些软性管理(如通过跨文化交流、遵守惯例和自律来增加彼此信任)外,还会采取一些硬控制,比如监督机制(互派董事)和惩罚机制。由于联盟是具有长期合作关系的组织形式,针对这种合作,企业之间的策略互动可以用反复博弈来

① 徐岩、胡斌著:战略联盟竞合行为的随机突变分析与仿真,《管理学报》,2012,(9):678—684.

描述。企业合作或不合作行为会带来不同的企业效用和整体效用。式 6-1 描述了在随机干扰的影响下战略联盟在确定性条件下的演化描述(具体参数含义见原文)。

$$
\begin{aligned}
\mathrm{d}y(t) = \Big[\frac{A}{4} y^3(t) + \left(\frac{3A}{4} + \frac{B}{2} \right) y^2(t) \\
+ \left(\frac{3A}{4} + B + C \right) y(t) + \frac{A}{4} + \frac{B}{2} + C \Big] \mathrm{d}t + \varepsilon \mathrm{d}\omega(t) \quad (6\text{-}1)
\end{aligned}
$$

(3) 数值分析和结论。针对多成员联盟内部的竞争合作关系,借助演化博弈论讨论了联盟成员决策演化的过程,研究发现在联盟后续运作过程中联盟运作的内外部环境发生了变化,而这种持续的变化最终导致联盟系统发生了不可控的突然解体。理论分析与数值模拟说明了联盟的突然解体可以从突变理论的视角来进行解释。进一步地,导致联盟行为发生突变的实质性变量是合作最优得益、维护协议成本和对方背叛时自己的额外损失。这说明联盟行为的演化在某些情况下表现出了对这类参数连续变化的敏感性,它们的变化都有可能引起联盟的状态突变,在实践中联盟管理者要注意此类变化的内在机制。

第三节　多元回归分析

一、多元回归分析的概念

在战略管理领域,经常需要检验变量与变量之间的联系,而要了解变量之间如何发生相互影响,就需要利用相关分析和回归分析。在应用中,两种分析方法经常相互结合和渗透,但它们研究的侧重点和应用范围不同。在回归分析中,变量 Y 称为因变量,处于被解释的特殊地位;而在相关分析中,变量 Y 与变量 X 处于平等的地位,研究变量 Y 与变量 X 的密切程度和研究变量 X 与变量 Y 的密切程度是一样的。在回归分析中,因变量 Y 是随机变量,自变量 X 可以是随机变量,也可以是非随机的确定变量;而在相关分析中,变量 X 和变量 Y 都是随机变量。相关分析是测定变量之间的关系密切程度,所使用的工具是相关系数;而回归分析则是侧重于考察变量之间的数量变化规律,并通过一定的数学表达式来描述变量之间的关系,进而确定一

个或者几个变量的变化对另一个特定变量的影响程度。具体而言，回归分析主要解决以下几个重要问题：其一，通过分析大量的样本数据，确定变量之间的数学关系式；其二，对所确定的数学关系式的可信程度进行各种统计检验，并区分出对某一特定变量影响较为显著的变量和影响不显著的变量；其三，利用所确定的数学关系式，根据一个或几个变量的值来预测或控制另一个特定变量的取值，并给出这种预测或控制的精确度。

多元回归分析是研究变量之间关系的最常用方法之一，多元回归是相对于一元回归而言的。一元线性回归分析是在排除其他影响因素或假定在其他影响因素确定的条件下，分析某一自变量是如何影响因变量的过程。但在实际问题中，影响因变量的因素往往有多个。因此，在很多情境下，仅仅考虑单个变量是不够的，还需要就一个因变量与多个自变量的联系来进行考察。而研究一个因变量与两个或两个以上自变量的回归则被称为多元回归，它建立多个变量之间的线性或非线性数学模型数量关系式，反映一种现象或事物的数量以多种现象或事物的数量的变动而相应地变动的规律。多元回归的基本模型如式 6-2 所示：

$$Y = \beta_0 + \sum_{i=1}^{n} \beta_i X_i \tag{6-2}$$

设 Y 是一个可观测的随机变量，它受到 n 个非随机因素 $X_1, X_2, \cdots, X_n$ 的影响。其中，$\beta_0, \beta_1, \cdots, \beta_n$ 是 n 个未知参数，Y 为被解释变量（因变量），$X_i(i=1,2,\cdots,n)$为解释变量（自变量）。在现实研究中，多元回归通常会涉及调节变量和中介变量，将在下文进行详细介绍。

二、数据来源

多元回归要以合理的假设和翔实的数据作为回归和分析的基础。一般而言，战略管理领域的研究问题的数据来源通常为两种：一手数据和二手数据。其中一手数据主要来自于问卷调查，二手数据则主要来自于已有数据库，或根据已有文档编码获得。

1. 一手数据

(1) 问卷调查

问卷调查是战略管理领域收集一手数据最为普遍的方法，具有较为突出的优点。其一，问卷调查可以快速有效地收集一手数据；其二，在量表信度、效度和样本数量得到保证的情况下，问卷调查可以收集到高质量的数据；其三，问卷调查相对于实地观察、实验法等，对被调查者的干扰较小，被调查者较为配合，具有较高的可行性；其四，问卷调查成本较低。因此，在战略管理领域，问卷调查得到了广泛的使用。问卷调查所使用的问卷有两个主要来源：一是使用已有成熟量表，二是开发新量表。

① 使用已有成熟量表。在战略管理领域，心理学、社会学等学科的发展过程中所形成的大量成熟量表得到了广泛应用。因此，部分研究可以直接采用这些成熟量表，或根据具体情境适当调整后使用。姜翰和金占明在研究企业间关系强度和关系价值机制的关系时，主要采用了对已有成熟量表进行调整的方式构建量表。企业间关系强度的衡量主要借鉴了彭维刚和陆亚东、沃纳·霍夫曼(Werner H. Hoffmann)研究中所使用的成熟量表，并根据访谈对象的相关意见，结合运动用品制造业的行业特点进行了文字上的相关调整，最终共形成5个有效问项。对关系价值及两类价值机制的衡量指标均主要来源于先前研究的成熟量表。具体来说，用于衡量关系价值的相关问项主要采用了兰杰·古拉蒂(Ranjay Gulati)、姜翰等先前相关研究中所采用的成熟问项，而在对联合价值创造与价值攫取的衡量中则主要结合了都维·拉维(Dovev Lavie)、丹尼·克拉洛(Danny Claro)等研究中的量表。结合运动用品制造业特点与访谈对象的相关建议，对部分问题进行了文字上的具体化调整，并按照前测结果进行了相应调节，最终，共形成4个相关问项用以衡量关系价值，8个问项用于度量联合价值创造水平，5个问项用于衡量价值攫取。[①]

沿用现有量表具有一定的优点。一方面，已有的成熟量表被大量研究者在复杂的研究情景和调查群体中使用过，并验证了量表题项所测量的构念的准确性和稳定性，因此已有成熟量表一般都具有较高的信度和效度，研究者使用这些量表的风险较小。另一方面，在已有文献中被广泛使用的量表具有更高的认可度。一个有趣的现象是：高质量的期刊会对论文的数据来源进行严格审查，因此量表的信度和效度是重要的评价指标之一，而使用

① 姜翰、金占明著：企业间关系强度对关系价值机制影响的实证研究——基于企业间相互依赖性视角，《管理世界》，2008，(12)：114—125.

已有的成熟量表可以满足这一评价标准。

但与此同时，使用已有成熟量表也具有一定的局限性，主要体现在文化局限性、时间局限性和语言局限性三个方面。就文化局限性而言，不仅是战略管理，组织行为学等领域所涉及的成熟量表大多源自西方，而中国的传统文化与西方文化差异巨大，不同文化情景中成长起来的个体在心态和行为方面存在巨大差异，因此，西方量表在跨文化使用时难免会遇到文化适用性。就时间局限性而言，成熟的量表产生大多经历了“创建—测试—发表传播—进一步测试—成熟”等数个阶段，而量表从创建到成熟所需要的时间比较漫长，在这一过程中，原本成立和存在的环境因素都可能发生变化甚至颠覆，因此量表的适用性需要斟酌考虑。语言局限性指的是对西方成熟量表翻译中可能存在的准确性问题。词汇的外延和语义学的差异使得英文到中文的翻译需要仔细斟酌，现有的解决方案包括回译等，即使用两组不同的研究人员共同翻译量表，由一组人员先将量表由英文翻译为中文，在此基础上，再由另一组研究人员由中文翻译成英文。在此过程中，由两组研究人员对比翻译结果，共同找到问题并予以解决。

因此，在使用已有成熟量表时，需要认真考察以上三种局限性，确认量表是否具有文化的适用性和现实可行性，并且在进行量表翻译时，严格保证量表的翻译质量。

② 开发新量表。当所研究的问题具有较强的创新性，或现有量表不能满足研究需要时，无法使用已有的成熟量表，此时便需要开发新量表。

如姜翰等在研究战略模式选择对企业关系治理行为影响的研究中，便开发了新量表。由于现有的战略模式相关研究中缺乏从资源和环境两个层面的四个维度解析战略模式的先例，该研究自行开发了这部分问项：首先通过对所选定的21家企业高层管理者进行深度访谈并提出相关开放性问题，结合访谈记录，根据其答案进行探测性因子分析形成初始问卷，之后将这部分问卷发给上述被访者进行前测并根据其结果进行了调整，调整后的这部分问项被嵌入整体问卷中再次进行前测与相关调整。最终，这部分共形成16个相关问项。①

① 姜翰、杨鑫、金占明著：战略模式选择对企业关系治理行为影响的实证研究——从关系强度角度出发，《管理世界》，2008，(3)：115—125.

在自行开发新量表过程中,研究人员需要明确以下几方面的问题。其一,量表中所涉及的变量有哪些?要注重量表容量,突出重点,避免出现篇幅过长的问卷。其二,量表中涉及的变量之间的关系是什么?按照事先的研究设计,量表中涉及的变量包括因变量、自变量、调节变量、中介变量和控制变量,要注意均衡分布这些变量的比重。其三,量表中的变量的结构是什么?战略管理领域的变量常具有多个维度,如企业社会责任的金字塔模型将企业社会责任划分为经济责任、法律责任、道德责任和企业慈善四个维度,因此在测量时,研究人员要根据研究目的对变量的具体维度进行系统分析。在自行开发量表时,还需要对量表的尺度、问卷设计中的问题设计等重点关注,避免产生尺度混乱、语义模糊、诱导性等问题的出现。

问卷设计完毕后,则进入一手数据收集的另一个重要环节,即问卷发放和收集。问卷发放和收集常用的方式有现场发放和收集、邮寄问卷和网上填写三种,要根据具体情境选择问卷的发放和回收方式。

2. 二手数据

二手数据是相对于一手数据而言的,具有以下特点:原始数据是由他人或其他机构收集、原始数据的收集是为了其他目的、研究者在使用二手数据时通常不与研究对象接触。在战略管理领域,常用的二手数据来源包括上市公司数据、专利数据、中国国家统计局规模以上工业企业调查数据、世界银行提供的国家和城市年鉴数据、联合国跨国公司署提供的各国 FDI 流入和流出数据、中国企业对外投资数据、ISO 证书认证数据、企业社会责任报告数据库等。

二手数据具有以下重要优点。其一,二手数据的样本量通常比较大,并且样本的时间跨度也较大。以中国上市公司数据库为例,研究者可以使用 20 年来中国上市公司的财务数据和股票数据进行研究,而西方主要发达国家的证券市场的时间跨度更大。其二,二手数据具有较高的客观性。二手数据数据库通常以反映企业的组织特征、经营活动、财务状况的客观指标为主,很少受到研究者主观因素的影响,因此具有较高的可靠性。如反映企业经营绩效的指标包括 ROA(资产收益率)、ROE(净资产收益率)、ROS(销售利润率)、EPS(每股收益率)、净利润和 Tobin′s Q 等,这些指标并不会由于研究者的主观倾向而改变。其三,二手数据具有较高的可复制性。对于使用二手数据的实证研究而言，只要选取同样的变量，便可以重新复制研究结果。并且二手数据大多作为基本数据库与其他数据进行匹配，进行多样化的研究，应用范围比一手数据要更为广泛。

二手数据可以进一步分为两种形式，即定量数据和定性数据。使用定量数据具有很高的便利性，以万德金融数据库（WIND）和中国股票市场研究数据库（CSMAR）为例，研究者可以直接提取上市公司的成立年限、科研投入、资产规模、员工人数、盈利状况等变量，而不必再查阅每家上市公司历年的上市公司年报，为研究者提供了极大的便利。就定性数据而言，其使用相较于定量数据，具有更高的复杂性，需要研究者通过编码等形式将定性数据转化为定量数据，才能进行进一步的回归检验。

比如在战略管理文献中，陈明哲对动态竞争的研究充分使用了定性数据，通过文本分析将定性的二手数据转化为了定量数据。[①] 他选择了美国国内航空业为研究背景，通过回顾 1979 年 1 月 1 日到 1986 年 12 月 31 日的每一期航空日报（Aviation Daily），识别并编码了“攻击行动”和“报复性反应”等变量。依据这套数据，作者在 SMJ、AMJ、ASQ 和 Management Science 等管理类顶级期刊发表多篇高水平论文。

又如王克稳在其研究中，通过对代表性案例企业灾害捐赠行为的开放性编码，共得出 9 个维度，具体为：灾害捐赠水平、灾害捐赠时间、灾害捐赠形式、灾害捐赠渠道、灾害捐赠定点、灾害捐赠的利益相关者参与、灾害捐赠是否与核心业务相关、灾害捐赠次数和灾害捐赠披露。其研究还对参与汶川地震灾害捐赠的企业行为进行了编码，将企业灾害捐赠行为的定性数据转化为了定量数据（具体见表 6-3）。[②]

在将定性数据转化为定量数据过程中，要严格控制数据来源、编码过程，尽量客观地呈现出定性数据的原貌。

---

① Chen M J, Miller D, Competitive attack retaliation and performance: An expectancy-valence framework, *Strategic Management Journal*, Vol. 15, No. 2, 1994, pp. 85—101.

② 王克稳著：企业灾害捐赠维度、动机及其对企业绩效的作用机制研究，清华大学博士论文 2015 年版，第 47 页。

表 6-3　企业灾害捐赠的特征维度

捐赠维度	定义
灾害捐赠水平(万元)	绝对金额;相对金额
灾害捐赠时间	距离地震发生天数或小时数
灾害捐赠形式	现金、物资、产品或服务
灾害捐赠渠道	通过 NGO、政府部门或自身进行捐赠
灾害捐赠定向	是否将捐赠指定特定用途或特定受益人
灾害捐赠次数	仅捐赠一次或进行了多次捐赠
灾害捐赠披露	是通过企业公告还是新浪财经报道等第三方披露捐赠信息
利益相关者参与	捐赠行为是否包括员工、股东、下属公司、经销商、供应商等参与或支持
企业核心能力发挥	企业灾害捐赠是否发挥了企业核心能力(如捐赠产品、服务或将捐赠用于企业擅长领域)

三、调节变量和中介变量

本节的第一部分列出了多元回归的基本形式,但在实际研究中,常会涉及更为复杂的模型,最为常见的便是调节效应和中介效应的检验。本部分着重分析调节效应和中介效应的概念及其在多元回归模型的检验形式。

1. 调节效应

(1) 调节效应原理

依据有限的认知能力所构建的理论往往具有一定的局限性,存在着限制条件和适用范围,而调节变量的主要作用就在于为现有的理论划出边界条件,即在什么条件下,理论是适用的,而超越这一条件,理论便不再适用,或者解释力降低。因此,调节变量可以帮助发展和完善现有理论。如果因变量 Y 与自变量 X 的关系受到第三个变量 M 的影响,那么就可以称 M 为调节变量。王文龙等对企业主宗教信仰和企业慈善捐赠之间关系进行了检验,认为私营企业主宗教信仰和政治身份的交互项与企业慈善捐赠额度为负相关关系,即:拥有政治身份的企业主,其宗教信仰与企业慈善捐赠额度的正相关关系较弱;没有政治身份的企业主,其宗教信仰与企业慈善捐赠额度的正相关关系较强。在图 6-4 的模型中,企业主政治身份变化充当了调节变量，而企业主宗教信仰对企业额慈善捐赠额度的影响则为主效应。①

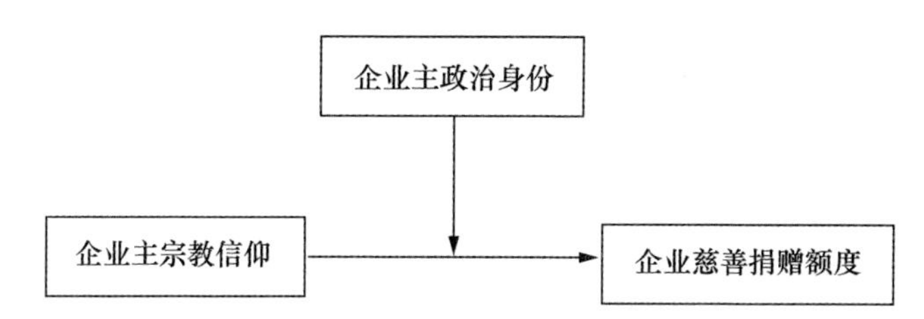

图 6-4 企业主政治身份对企业主宗教信仰和企业慈善捐赠额度的调节作用

调节效应的基本模型可以表示为式 6-3：

$$Y = \beta_0 + \beta_1 X + \beta_2 M + \beta_3 XM \tag{6-3}$$

其中，Y 为因变量，X 为自变量，M 为调节变量，XM 为自变量和调节变量的交互项，X 对 Y 的影响是 β_1，M 对 Y 的影响是 β_2，反映了主效应的大小，XM 对 Y 的影响是 β_3 反应的调节效应大小。当 β_3 不等于零且统计上显著，则认为调节效应存在。王文龙等的实证结果如表 6-4 所示。其中宗教信仰与政党身份的乘积项系数为－0.16，但是并不显著，因此调节效应并不存在。

表 6-4 企业主政治身份对宗教信仰和慈善捐赠额度的调节效应实证检验

	模型 1	模型 2	模型 3
控制变量	略	略	略
宗教信仰		0.26***	0.15***
政党身份		0.04	0.04
宗教信仰＊政党身份			－0.16
R^2	0.49	0.5	0.51

值得注意的是，调节效应和交互效应的检验形式完全相同，都为构造乘积项，然后检查乘积项系数的显著性。但调节效应和交互效应在原理上应该相互区分。调节效应指的是一个变量可以影响另一个变量与因变量之间的关系，与此不同，交互作用则指的是两个变量共同作用时对因变量的影响不等于两者分别影响因变量的数学和。在交互效应中，两个自变量的地位

① 王文龙、焦捷、金占明等著：企业主宗教信仰与企业慈善捐赠，《清华大学学报：自然科学版》，2015，55(4)：443—451.

可以是对称的，可以将其中任何一个变量视为调节变量；两个自变量的地位也可以是不对称的，可以一个是自变量，另一个是调节变量。而在调节效应中，自变量和调节变量是严格明确地区分的，两者的定位是根据理论分析界定的，不能进行互换。

(2) 调节效应检验

调节效应的检验方法还需要取决于自变量和调节变量的形式。根据自变量和调节变量是虚拟变量还是连续变量，可以将调节效应的检验分为以下三种基本形式。

其一，自变量和调节变量均为虚拟变量。可使用两因素交互效应的方差分析进行检验，交互效应即调节效应。

其二，自变量和调节变量有一个为虚拟变量。将为连续变量的自变量或者调节变量中心化后，构造自变量和调节变量的乘积项后进行多元回归，若乘积项的系数显著，或者利用层次回归法得出加入乘积项后 R^2 出现显著变化，则认为存在调节效应。

其三，自变量和调节变量均为连续变量。首先对自变量和连续变量进行中心化处理(也可以进行标准化处理)，以减少回归方程中变量间可能的多重共线性风险；其次构造自变量和调节变量的乘积项；其三，构造包含自变量、调节变量和乘积项的多元回归模型，检查乘积项系数的显著性，或进行层次回归，检查 R^2 变化的显著性，若乘积项系数显著或者层次回归的 R^2 变化显著，则认为调节效应存在。调节效应的大小和方向要视未加入乘积项时自变量的系数方向和加入乘积项后乘积项的系数大小和方向而定。

通常来讲，调节效应相对较小，在回归分析中的显著性不太容易实现。因此，在检验调节效应时，对统计功效要求更为严苛。一方面，要求足够的样本量。在检验调节效应时，所需要的样本取决于调节效应大小及总体作用(自变量、调节变量和乘积项)的大小。调节效应和总体作用越小，就需要越大样本量作为保证。因此，在进行资料收集之前，对调节效应的大小做出初步估计是较为可行的做法。另一方面，在选择变量时要更为慎重。如果调节变量是类别变量，若不同类别的样本量差异过大，或不同类别的测量误差存在较大差异，也会减少统计功效。而当调节变量为连续变量时，个体变量的测量信度会影响统计功效。与此同时，对因变量的测量信度也有较高要求。

鉴于此，在检验调节效应时，需要对样本量、变量测量进行细致考虑和规划。

除此之外，多层次线性模型(HLM)和结构方程模型(SEM)也是检验调节效应的常见方法。

2. 中介效应

(1) 中介效应原理

若自变量为 X，因变量为 Y，如果 X 通过影响变量 M 来影响 Y，则称 M 为中介变量。陶文杰和金占明在探究中国情境下企业社会责任信息披露与企业财务绩效的关系时发现，发现了媒体关注度在社会责任信息披露和企业财务绩效的交互关系中存在中介效应，其中媒体关注度就是中介变量(具体见图 6-5)。[①]

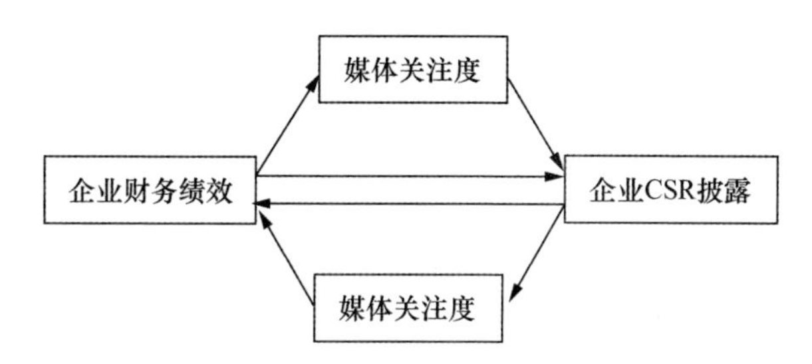

图 6-5　媒体关注度在企业财务绩效和 CSR 披露关系中的中介效应

中介效应可以分为两种基本形式：完全中介效应和部分中介效应。对于完全中介效应而言，自变量 X 对因变量 Y 的影响完全通过 M，没有 M 的作用，X 就不会影响 Y；对部分中介效应而言，X 通过两个途径对 Y 产生影响，一是通过 M 作用于 Y，二是直接作用于 Y。

(2) 中介效应检验

由中介效应的定义可知，检验中介效应要注意两点，一是 X 和 Y 之间存在因果关系，二是 M 是 X 和 Y 因果关系的媒介，X 影响 M，M 再影响 Y。最为普遍的中介效应检验过程需要对上述两个关系进行检验。一般而言，中介效应的检验过程包括以下步骤。

第一，建立因果关系。中介效应意味着一个因果链——自变量导致中

① 陶文杰、金占明著：企业社会责任信息披露、媒体关注度与企业财务绩效关系研究，《管理学报》，2012，9(8)：1225—1232.

介变量的变化，中介变量导致了因变量的变化。[①] 而变量间因果关系的确定需要经过一定的标准：原因发生在结果之前；原因和结果存在相关关系；结果不是由其他因素导致的。因此，确认以上程序，需要首先确认自变量 X 和因变量 Y 之间是否存在因果关系；其次要排除虚假的相关关系，如果两个变量之间存在的相关关系并不是自变量 X 和因变量 Y，而是 X 和 Y 都受到第三个变量 Z 的影响，而模型中并未控制 Z 的影响，那么 X 和 Y 则有可能存在着虚假的相关关系。

第二，具体检验。首先要检验自变量 X 对因变量 Y 的影响，自变量的系数应该显著且不等于零；其次，检验自变量 X 对中介变量 M 的影响，自变量的系数应该显著且不等于零；再次，当控制了中介变量 M 之后，在图 6-6 中，自变量 X 对因变量 Y 的影响系数 c 应该等于零，或者显著降低，并且 b 应该显著并且不等于零。当满足上述要求之后，才可以说 M 在 X 和 Y 之间发挥了完全或部分中介效应。

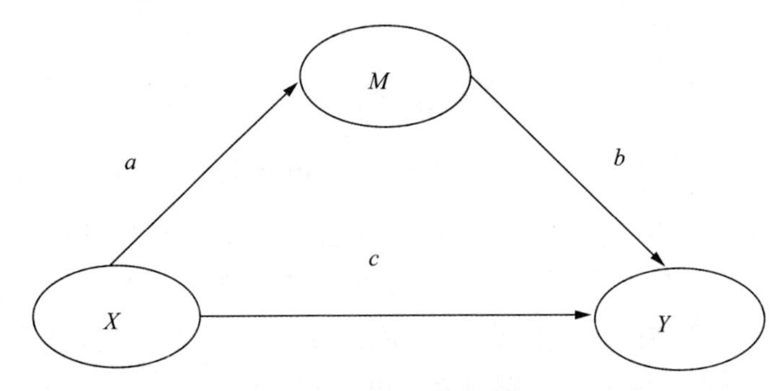

图 6-6　中介效应作用模型

在检验中介效应中，常犯的错误在于对因果关系的忽视。一般而言，因果关系的检验需要严格满足上述三个条件，而第一个条件，即确认原因发生在结果之前，在现实研究中很难得到满足。其原因在于，现有研究基本都是采用在同一时间点收集所有数据的调查方法。使用这些数据找到的关系仅仅是变量间的相关关系，只能用来检验理论假设中的因果关系，不能作为确

---

① Keeny, D. A, Kashy, D. A. and Bogler, N, Data analysis in social psychology. In D. T. Gillbert and S. T. Fisker (eds.), *The Handbook of Social Psychology*, Bosten, MA: McGraw-Hill, 1998.

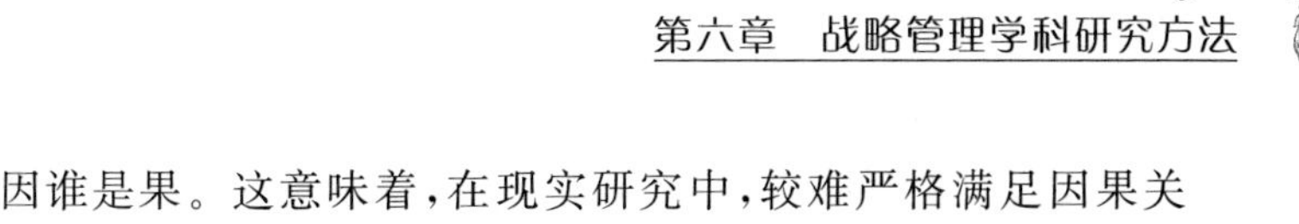

切证据界定谁是因谁是果。这意味着,在现实研究中,较难严格满足因果关系确定的条件,因此,借助的理论基础就显得非常重要。成熟理论的作用在于帮助研究者建立变量间可信的因果关系,然后再使用统计工具检验变量之间的关系,即理论在前,数据验证在后。

四、研究实例

本部分将选择两个研究实例说明调节效应和中介效应的具体应用。调节效应选择王克稳、金占明和焦捷2014年发表于《南开管理评论》的文章《战略群组身份、企业慈善捐赠和企业绩效——基于中国房地产行业的实证研究》进行说明[①],中介效应则选择姜翰等2009年发表于《管理世界》的文章《不稳定环境下的创业企业社会资本与企业"原罪"——基于管理者社会资本视角的创业企业机会主义行为实证分析》进行说明。[②]

1. 调节效应:战略群组身份、企业慈善捐赠和企业绩效

(1) 研究问题。企业慈善捐赠对于企业绩效的影响目前尚未得到一致性结论,即便对于同一行业的研究,也往往会得出正向影响、负向影响和无影响等迥异的结果。而同一行业中的企业,其慈善捐赠相对于不同行业的企业,更会被社会公众进行比较。因此,不同的企业慈善捐赠会导致较大的企业绩效差异。但针对企业慈善捐赠和企业绩效的关系差异,除行业和企业层面的解释之外,尚未有研究从战略群组的视角解释这一差异。鉴于此,研究将尝试从战略群组的视角出发,探究企业战略群组对企业慈善捐赠和企业绩效之间关系的影响。

(2) 理论模型。同一战略群组内的企业倾向于通过建立移动壁垒,共同对抗来自群组外部的竞争,而处于不同战略群组的企业面临的竞争环境也存在差异,进而导致群组间的绩效差异。其实,战略群组、行业和企业个体三个层次对企业绩效都有显著影响,但在一些绩效指标上,战略群组对企业绩效的影响甚至超过了行业的影响。企业战略群组除对企业绩效具有直接

---

① 王克稳、金占明、焦捷著:战略群组身份、企业慈善捐赠和企业绩效——基于中国房地产行业的实证研究,《南开管理评论》,2014,(6):53—62.

② 姜翰、金占明、焦捷等著:不稳定环境下的创业企业社会资本与企业"原罪"——基于管理者社会资本视角的创业企业机会主义行为实证分析,《管理世界》,2009,(6):102—114.

影响之外，对于具有相同战略群组身份的企业而言：一方面，从企业外部出发，企业所面临的利益相关者、社区、政府等利益相关者具有相似性，因此从企业慈善捐赠到外部压力满足、到外部压力回应（诸如增加购买、赋予政治关联、改善企业形象等）再到企业绩效提升的路径具有相似性。而与此相对应的则是不同战略群组之间企业慈善捐赠对企业绩效作用路径的差异。另一方面，从企业内部出发，企业慈善捐赠实施之后，企业针对企业慈善捐赠的后续实施质量、宣传范围和强度等在具有相同群组身份的企业之间同样具有相似性，而不同群组之间则具有较大差异。因此，不同群组中企业慈善捐赠对企业绩效的作用会存在差异。鉴于此，战略群组身份会对企业慈善捐赠和企业绩效之间的关系起到调节作用。理论模型如图 6-7 所示。

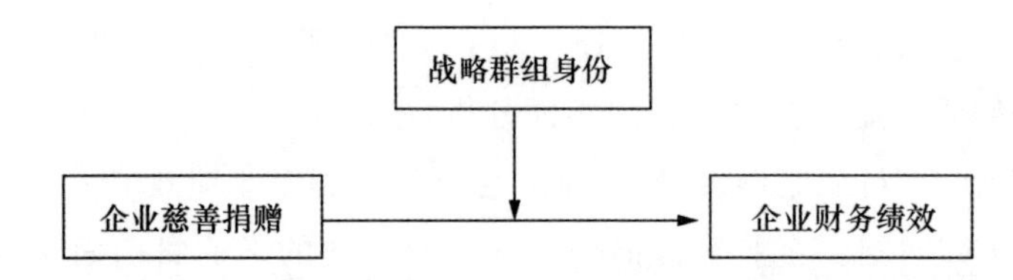

图 6-7　战略群组身份对企业慈善捐赠与企业绩效关系的调节效应

（3）研究结果。研究选取 2010 年度沪深两市中证监会行业类的房地产行业 120 家上市公司作为初始样本，在剔除 ST 和变量缺失的企业后，最终得到 102 个观察值。对于企业群组身份对企业慈善捐赠的绩效作用机制的影响，使用了 Heckman 两步法进行了实证检验。检验结果显示：在不同的战略群组中，企业慈善捐赠对企业绩效的作用存在差异。无论使用当年的还是三年平均的 ROE、ROA 还是 EPS 衡量企业财务绩效，$\triangle R^2$ 都在 0.01 的水平上显著，即加入乘积项后，模型的解释力显著增加，因此企业群组身份对企业慈善捐赠和企业绩效之间的关系具有显著的调节作用。

2. 中介效应：不稳定环境下的创业企业社会资本与企业“原罪”

（1）研究问题。创业企业的“原罪”现象——创业期的高机会主义倾向被研究者所广泛关注。面对不利的竞争态势，在与先行者企业的竞争中，先天居于劣势的创业企业必须通过正面竞争之外的其他途径以抵消其“新创负债”的不利影响，克服创业初期的高失败风险，维持企业的存续与发展。但是，并非所有创业企业都能够通过正当的渠道获取足以维持其度过新创期的外部支持，此时，创业企业在很大程度上可能会选择通过机会主义行

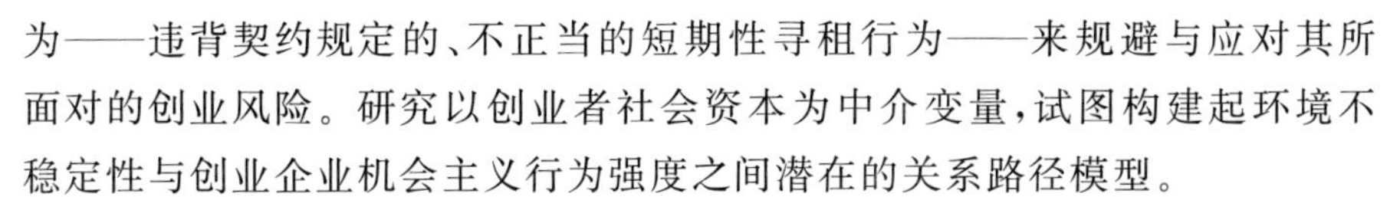

为——违背契约规定的、不正当的短期性寻租行为——来规避与应对其所面对的创业风险。研究以创业者社会资本为中介变量，试图构建起环境不稳定性与创业企业机会主义行为强度之间潜在的关系路径模型。

（2）理论模型。不稳定的环境可以为机会主义行为提供更多的空间和机会，也会通过影响企业的预期来强化其机会主义行为。由于创业企业的机会主义行为在很大程度上而言是由新企业固有的新创负债导致的，环境中可以中和这些先天不利因素的外部支持的可获得性可能在很大程度上影响着其机会主义行为。

社会资本根植于关系主体的社会关系、连带与自我网络结构中。管理者社会资本通常表现为管理者与其主要利益相关者所建立的关系，这些关系包括两大类：商业关系与政治关系。其中，商业关系是指企业高层管理者与其他相关企业高层管理者之间的联系，而政治关系则是指企业高层管理者与各层政府主管部门职员间所建立的联系。据此，管理者社会资本可以被分为商业关系资本与政治关系资本两类。先前研究表明，两类关系收益对于企业绩效均有着极为重要的价值。而在不稳定环境中，两类关系收益的价值体现得更为明显。一方面，由于不稳定环境中充斥着契约风险和内部不确定性，这种不确定性风险极大地增加了企业的交易成本，而通过有效利用与外部利益相关主体间的强关系，企业可以有效地降低相应交易中的交易成本，获取科尔曼租金，从而实现有效对冲外部不确定性风险。另一方面，不稳定环境中的信息不透明性与制度性缺位为结构洞的产生提供了更为广阔的空间，这种信息离散的环境更便于管理者通过其弱关系在结构洞两端的主体间建立桥接，凭借由此产生的信息优势地位获取通路收益或控制收益。在面对高度的环境不稳定性时，管理者通常会更为倾向选择通过其商业关系或政治关系资本实现相关交易并获取相应的关系收益。由于对于创业企业来说，受限于新创劣势，其资源组合相对较为匮乏，可控实体资源较少，管理者社会资本对其作用更为明显，因此环境中高度的信息不确实性、行业结构变动性、制度不完善性会显著促进创业企业对其商业关系资本和政治关系资本的运用。

广泛而有效地利用其管理者商业关系资本，可以极大地帮助创业企业构建起其良好的商业关系。由于基于相互信任的长期导向是商业关系资本相关收益的基础，而自利性的机会主义行为显然会极大地损害甚至摧毁这种互惠性的信任机制，因此，这种商业关系安排本身就固有地提供了一种机会主义的防范机制，而且，对于理性企业而言，关系的预期价值和重要性越高，这种防范机制的强度就越大。但不同于商业关系资本基于长期取向的相互信任而产生的支持性作用，政治关系资本对创业企业的支持更多地体现为在信息获取特别是在取得非公开信息方面的优势。由于此类信息渠道的非公开性与排他性，这些信息天然地具有私人信息的特性。相应地，创业企业对管理者政治关系资本的运用程度越高，其拥有的这类私人信息量也就越大。根据交易成本经济学理论，通过这些私人信息，创业企业可以在信息不对称中取得优势地位，并获取更多的寻租机会，而在很多情况下，这些寻租机会是以其他利益相关者的潜在利益损失为成本的。因此，创业企业对其管理者政治关系资本的运用可能会增加其机会主义倾向。

研究的理论模型如图 6-8 所示。

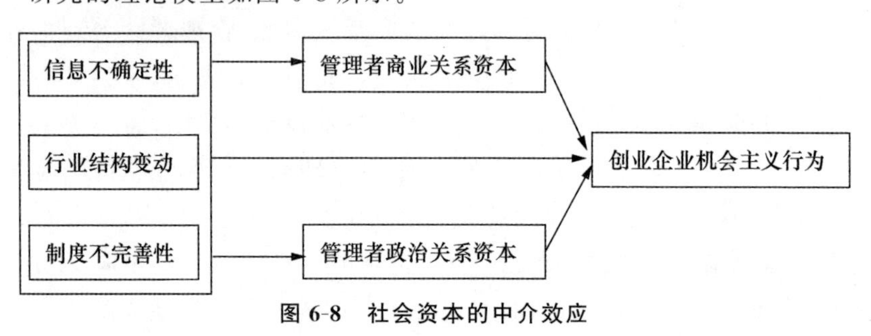

图 6-8　社会资本的中介效应

(3) 研究结果。通过问卷调查共获得 366 家样本企业的有效样本数据，其中创业企业 136 家，对照企业 230 家。相关结果表明环境的不稳定性会显著强化创业企业的机会主义倾向，也会刺激创业企业提高其对管理者社会资本的运用。进而，运用商业关系资本会抑制创业企业的机会主义倾向，而对政治关系资本的应用则不会显著影响其机会主义行为。

第四节　HLM 模型

一、HLM 简介

由于企业组织具有多层次的结构（如企业内部包括企业、团队、个人等层次）和多维的联系（如外部联系包括其他企业和行业等），在传统的组织研

究中，惯常将组织切割为个人、群体和组织层次，研究者不是倾向于强调宏观的观点（源自心理学）就是强调微观的观点（源自社会学），但仅采用宏观或者微观的观点并不能精确、全面地解释组织行为。因为在现实中，个人行为或组织行为可能会受到多个层面因素的影响。如果因变量和自变量集中在单一层次，那么使用普通最小二乘模型（OLS）可以进行有效估计。但是当存在多层次效应时，OLS的经典假设却难以得到满足。尤其是个体存在于相同的群体中时，"误差项互不相关"几乎不可能成立。此时，多层次模型（HLM）便成为一个可选的有效工具。多层次模型认为组织既是宏观的也是微观的，并且在综合方法上应该考虑两种情形：一是群体、组织及其他情境因素如何自上而下地影响个体层次的结果变量；二是个体直觉、态度及行为自下而上以形成群体、次单位与组织的现象。

我们举例说明HLM模型的基本形式。对于个体层面的因变量而言，影响因变量的可能是个体层面的自变量，也可能是群体层面的自变量。其中个体层次可以称之为Level-1，群体层次可以被称为Level-2。自变量和因变量之间的关系可以通过以下模型进行回归检验：

Level-1 Model：

$$Y_{ij} = \beta_{oj} + \beta_{1j} X_{ij} + r_{ij} \tag{6-4}$$

Level-2 Model：

$$\beta_{oj} = \gamma_{00} + \gamma_{01} G_j + U_{0j} \tag{6-5}$$

$$\beta_{1j} = \gamma_{10} + \gamma_{11} G_j + U_{1j} \tag{6-6}$$

在上述模型中，Y_{ij}指的是个体i在j群体中的因变量，X_{ij}指的是个体i在j群体中的自变量，β_{0j}、β_{1j}则是j群体被估计出来的截距项与斜率，r_{ij}是残差项。G_j是群体层次的变量，γ_{00}和γ_{10}是Level-2的截距项，γ_{01}和γ_{11}是Level-2中的斜率，连接了群体层次变量G_j和Level-1中的截距项与斜率，U_{0j}和U_{1j}则为残差项。在上述两层模型中，Level-1的模型可以检验个体层次变量之间的关系，Level-2的模型则不仅可以检验两个层次变量之间的关系，还可以检验Level-2的变量对Level-1变量之间关系的干扰，即群体层次变量对个体层次变量之间关系的影响。

HLM具有最小二乘法等方法无法比拟的优势。其一，HLM能够明确地分析嵌套性质的数据；其二，HLM能够改善Level-1层次的估计效果；其三，HLM 在估计 Level-2 的固定效果时，所使用的广义最小二乘法考虑了每个群体所提供的信息精确度差异，可以得到更为精确的估计结果；其四，HLM 提供了文件的标准误估计数；其五，HLM 使用不平衡数据的交互计算技术提供了方差协方差成分的有效估计，明显优于传统的分析方法。但与此同时，HLM 对样本量、方程设定、变量信度等有更高的要求，如果上述某个条件不能被满足，很容易导致估计结果偏差。

二、HLM 模型的类型

HLM 模型被广泛使用，常用的类型包括跨层次直接作用模型（cross-level direct-effect models）、跨层次调节模型（cross-level moderator models）、跨层次青蛙池塘模型（cross-level frog-pond models）和一致的多层次模型（homologous multilevel models）。下面对这些模型做简要介绍。

(1) 跨层次直接作用模型

跨层次直接作用模型检测的是较高层次的自变量对较低层次的因变量的主效应，或者同时分析较低层次和较高层次自变量的主效应。如王天夫和崔晓雄检验了行业层面的因素和个人层次的因素对个人收入差异的影响。其研究发现，在整体差异中，有超过 13%的份额是由于行业的不同造成的，而行业特征（如行业规模、行业年龄、行业高学历比例等）对于个人特征的收入回报的影响则呈现出多种显著的方式。[①] 图 6-9 是整理出的基本模型。

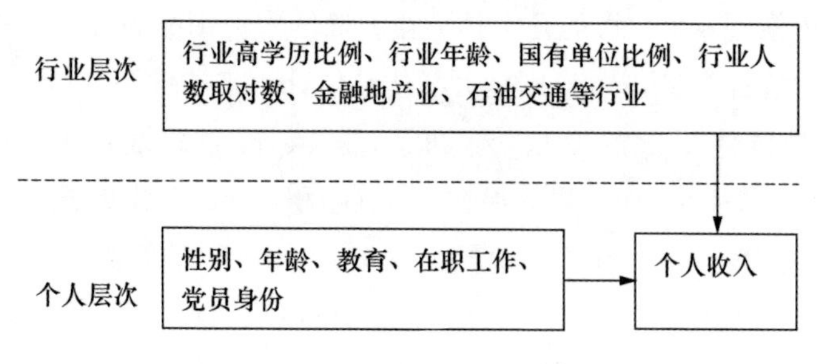

图 6-9　跨层次直接作用模型

① 王天夫、崔晓雄著：行业是如何影响收入的——基于多层线性模型的分析，《中国社会科学》，2010，(4)：165—180.

(2) 跨层次调节模型

跨层次调节模型是检测两个较低层次构念之间的关系如何被较高层次的构念调节,或是检测较高层次的构念与较低层次的结果变量之间的关系如何被另一个较低层次的构念调节。例如,席猛等在研究辱虐管理与员工沉默行为之间的关系时发现,上级主管的辱虐管理对下属沉默行为具有显著正向预测作用,并且这种正向预测作用受到三个层面边界条件的影响:下属的独立型自我意识越强,工作复杂性越高,以及在高关注员工发展的组织文化中,辱虐管理与下属沉默行为之间的关系越强。其中,高关注员工发展的组织文化属于组织层次的变量,发挥了跨层次调节的作用,而其他变量则是个体层次的变量。[①] 模型具体如图 6-10 所示。

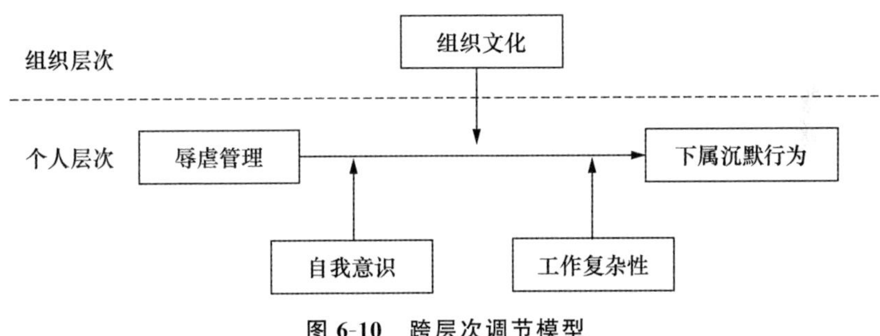

图 6-10　跨层次调节模型

(3) 跨层次青蛙池塘模型

跨层次青蛙池塘模型是说明较低层次的个人在较高层次中的相对位置对较低层次的结果变量有何影响。同样的一只青蛙,假若池塘很大,这只青蛙看起来可能会很小;若池塘很小,这只青蛙看起来就可能很大。例如,如果需要检测企业针对自然灾害的捐赠水平的影响因素,企业的相对规模可能是一个重要变量,企业相对规模可以使用某企业与所在行业或地区的平均规模的差值来表示。

(4) 一致的多层次模型

一致的多层次模型是说明构念以及连接构念间的关系是可被概念化到不同组织的实体上的。在这种模型中,两个或两个以上变量之间的关系能

---

① 席猛、许勤、仲为国等著:辱虐管理对下属沉默行为的影响——一个跨层次多特征的调节模型,《南开管理评论》,2015,18(3):132—140

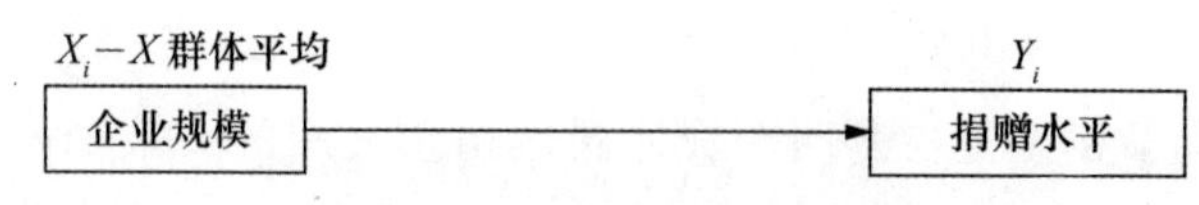

图 6-11　跨层次青蛙池塘模型

同时存在于个人、群体及组织等多个层次中。理查德·德尚(Richard P. DeShon)等检验一个多重目标绩效模型在个人和团队层次上的一致性,结果发现79%的假设在个人与团队层次皆成立,支持他们所提出的关系可同时存在于不同层次的多层次模型[①]。

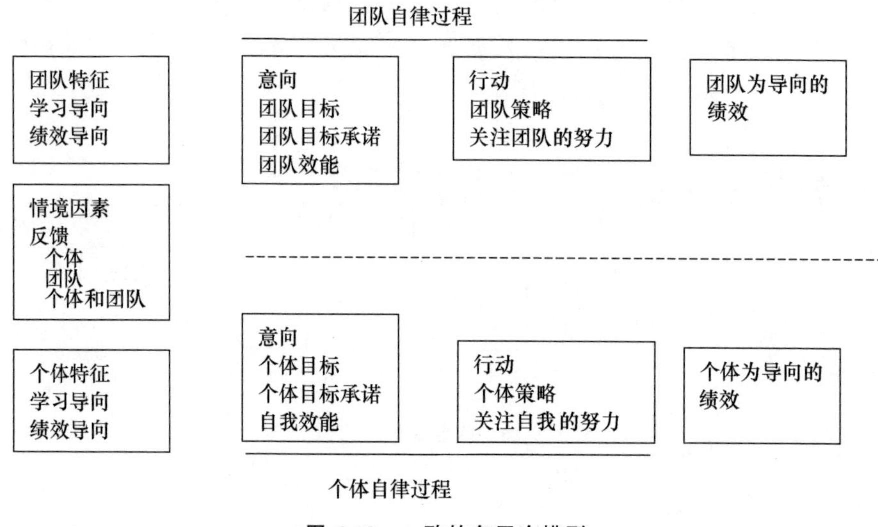

图 6-12　一致的多层次模型

三、HLM 模型实例

HLM 的研究实例选自杨鑫和金占明发表于《中国软科学》的文章《战略群组的存在性及其对企业绩效的影响——基于中国上市公司的研究》。[②] 该文章以中国上市公司公开信息为依据,应用层次分析模型同时验证了企业个体、战略群组和行业3个层面对企业长期和短期绩效的影响。本部分将以

① DeShon, R. P., Kozlowski, S. W., Schmidt, A. M., Milner, K. R. and Wiechmann, D, A multiple-goal, multilevel model of feedback effects on the regulation of individual and team performance, *Journal of Applied Psychology*, Vol. 89, No. 6, 2004, pp. 1035—1056

② 杨鑫、金占明著:战略群组的存在性及其对企业绩效的影响——基于中国上市公司的研究,《中国软科学》,2010,(7):112—124

此为案例，分析 HLM 模型在战略管理领域的应用。

(1) 研究问题。根据企业资源与战略的相似性，可以将同一行业内的企业划分为战略群组，这为解释行业内企业之间的动态竞争和绩效差异提供了一条新的路径，它能提供产业分析和企业个体分析无法获得的信息。迄今为止，学者们在多个行业的实证研究也证明了战略群组能够为深入了解企业的战略与绩效、分析竞争的本质与结构带来新的启示。然而，战略群组的众多研究虽然已经覆盖了如银行、航空、医药、零售、钢铁等多个行业，但仍未能完全解决战略群组研究中两个最基本的问题：战略群组是否存在？如果存在，它们是否(至少在一定程度上)对企业绩效有影响？

(2) 研究理论模型和 HLM 模型。已有研究证明绩效研究应包括行业、战略群组、企业三个层次，没有将这 3 个层面整合起来的研究都是片面、不准确的。在此基础上，研究构建了企业个体绩效分析的三层次模型(具体见图 6-13)。

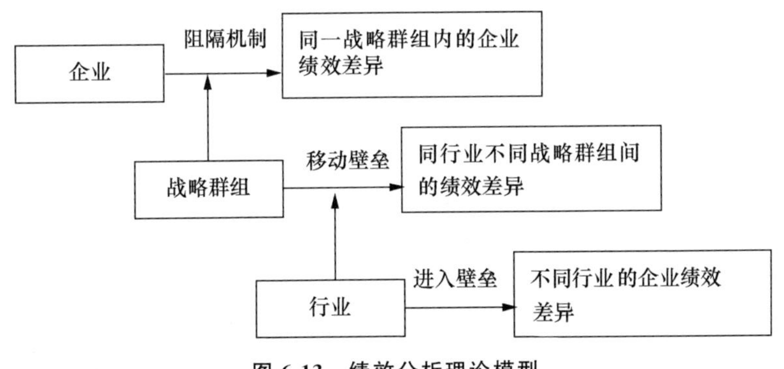

图 6-13　绩效分析理论模型

从上述的绩效分析理论模型中可以看出，企业个体镶嵌于战略群组，战略群组又镶嵌干行业之中，即具有三层的数据结构。但是传统的线性模型，不论是方差分析或回归分析，只能对涉及一层数据的问题进行分析，不能应用于两层或两层以上的问题。而且在嵌套的层次数据结构中，传统线性模型的“方差齐性”与“独立”的基本假设往往难以成立，如果不加以控制，会加大线性模型的误差项。传统统计方法不能解决的另一个问题是，在样本规模不相等时，无法对方差和协方差成分进行估计。

而层次线性模型可以识别在高层系统中低层次的要素——例如在行业

中识别各个战略群组，在战略群组中识别企业个体——将高层次与低层次的效应嵌套起来，在方差分析中，不需要测量每个层次的相关变量即可同时区分方差与协方差的组。同时，由于行业与战略群组可以由固定的潜变量表示，但是企业层面与绩效的相关因素众多，难以逐个罗列，层次模型恰可满足这一要求。

三层 HLM 模型被用来分析企业个体（第一层）、战略群组（第二层）和行业（第三层）对企业绩效的影响，用来计算方差在每一层次上的分布。具体模型如下：

Level-1 Model：

$$Y_{ijk} = \beta_{ojk} + r_{ijk} \tag{6-7}$$

$$\mathrm{Var}(r_{ijk}) = \sigma_2 \tag{6-8}$$

Level-2 Model：

$$\beta_{ojk} = \gamma_{00k} + \mu_{0jk} \tag{6-9}$$

$$\mathrm{Var}(\mu_{0jk}) = \tau_{\beta 00} \tag{6-10}$$

Level-3 Model：

$$\gamma_{00k} = \pi_{000} + e_{00k} \tag{6-11}$$

$$\mathrm{Var}(e_{00k}) = \tau_{\pi 00} \tag{6-12}$$

$$i = 1,2,\cdots,N_{jk}; \quad j = 1,2,\cdots,J_k; \quad k = 1,2,\cdots,K$$

第一层模型检验企业个体层面对绩效差异的贡献。Y_{ijk} 表示第 k 个行业内第 j 个战略群组中第 i 个企业的绩效指标（ROA、Tobin's Q 和利润增长率）；β_{ojk} 表示第 k 个行业内第 j 个战略群组的平均绩效；r_{ijk} 表示第 k 个行业内第 j 个战略群组中第 i 个企业对平均绩效 β_{ojk} 的偏离，该随机误差项满足均值为 0，方差为 σ_2 的正态分布，体现企业个体对绩效的影响。

第二层模型检验战略群组层面对企业绩效差的贡献。β_{ojk} 表示第二层模型中的结果变量；γ_{00k} 表示第 k 个行业内所有战略群组的平均绩效；μ_{0jk} 表示相对行业的平均绩效，第 k 个行业内第 j 个战略群组的绩效的偏离，满足均值为 0，方差为 $\tau_{\beta 00}$ 的正态分布，体现行业的平均绩效在不同群组之间的随机变化。

第三层模型检验行业层面对企业绩效差异的贡献。γ_{00k} 表示第二层模型中的结果变量；π_{000} 表示样本中所有企业的平均绩效；e_{00k} 表示相对 π_{000}，第

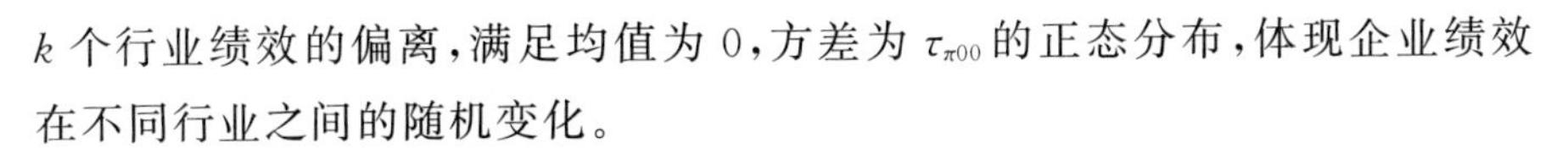

k 个行业绩效的偏离，满足均值为 0，方差为 $\tau_{\pi 00}$ 的正态分布，体现企业绩效在不同行业之间的随机变化。

(3) 研究结果。研究以 2001—2007 年化工、造纸、电气设备、机械制造、房地产、汽车及其零部件、制药、纺织品、零售、软件服务、通信设备、电子设备与仪器等在内的 12 个行业中的 820 家上市公司为样本进行了回归检验。结果显示，企业、战略群组和行业三个层次对与企业绩效的影响程度也不尽相同。

企业层次因素对企业绩效的解释力最大。对于短期绩效指标 ROA 来说，企业层面因素对 ROA 的解释力为 68%；对于企业市场价值指标 Tobin's Q 这一在一定程度上反映了市场对于企业长期回报的预期而言，企业层面因素对 Tobin's Q 的解释力为 67%；对反映企业成长能力的利润增长率的解释力为 57%。战略群组层面的因素对对 ROA 的解释力为 19%；对 Tobin's Q 的解释力为 31%；对利润增长率的解释力为 31%。行业层面的因素对 ROA 的解释力为 13%；对 Tobin's Q 的解释力为 2%；对利润增长率的解释力为 12%。

本章简要介绍了案例研究、仿真模拟、多元回归和多层次回归分析法等战略管理学科常用的研究方法，各种方法具有不同的适用情景。一般而言，在研究问题并不清晰时，或者现有理论不能解释显示现象时，案例研究具有较强的适用性；仿真模拟方法则更多适用于现实中无法或难以进行观察或收集数据的情景；多元回归的使用在现有文献中最为广泛，适用于使用已有数据验证或改进现有理论的情景；多层次回归分析方法则适用于多元回归中包括多层次数据的情景。总之，研究方法的选择需要与现实情景相契合。

第七章　战略管理学科前沿

本书第二章介绍了战略管理学科基本理论和基本流派，第五章和第六章分别介绍了常用的分析工具和主要研究方法。在以上分析和阐述的基础上，本章将讨论战略管理学科前沿，以帮助读者深入了解学科的最新进展、学术争鸣以及战略管理的动态演进。

第一节　竞合理论

我们看到，随着技术的不断发展和网络化时代的来临，企业在竞争加剧的同时合作的态势也出现"回暖"迹象，并逐渐过渡到了"竞合"(Coopetition)状态。"竞合"是由两个我们都熟知的词汇组成，即竞争(Competition)与合作(Cooperation)。顾名思义，竞合就是指企业间相互竞争与合作的行为集合。随着竞争日趋激烈，竞争对手走向合作成为新的发展道路，进而衍生出"竞合"。目前在各大报刊中，"竞合"一词出现频率之高，已经使其成为各行各业关注的焦点。

在21世纪的今天，可以说"竞合"已经成为全球经济发展的一个重要特征，而全球经济一体化和信息技术普及则是企业间形成竞合关系的两大原动力。在这样的大背景下，原本相互激烈竞争的企业，转而开展紧密合作的实例屡见不鲜。日本三洋与海尔集团是全球电器市场上激烈的竞争对手，但两者出人意料的合作却打造了世界最大的冰箱生产厂商，堪称是"珠联璧合"。三洋通过海尔销售网络在中国销售三洋电器，针对海尔没有的电器品种，三洋则通过委托生产方式让海尔生产；另一方面，海尔通过三洋在日本的销售渠道在日本市场销售海尔品牌电冰箱、洗衣机等电器。同时，三洋将在青岛的海尔电冰箱工厂附近建立新工厂，向海尔提供三洋的最新的电冰箱技术，三洋和海尔将成为彼此的零部件供应商。两者的组合意味着崭新的跨国合作模式的形成，两者也将在全球开展更具竞争力的冰箱事业。

同样，宝洁与联合利华在日化产品市场上也是针尖对麦芒，无论是激烈的广告战还是渠道的相互争夺，无论是产品上的不断创新还是价格上的相互打压，在“前线”市场上双方可谓是寸土必争。可是在推动高效顾客反应系统(ECR)、打击假冒产品等“后方阵地”中，宝洁与对手联合利华又坐到了一起，双方共同研发、共同采取行动打击假冒产品，来做大日化产品市场这块“蛋糕”。

企业之间从单纯的相互竞争发展到现在的竞合状态的实例不胜枚举。这也预示着“竞合”时代的来临，企业的外部环境、发展战略以及企业间相互关系都值得企业管理者们重新进行思考。

一、“竞合”的概念

1996年，哈佛大学企业管理学教授亚当·布兰登勃格(Adam M. Brandenburger)和耶鲁大学管理学教授拜瑞·内勒巴夫(Barry J. Nalebuff)在他们的代表作《竞合》一书中首次提出“竞合”这一概念。[①] 他们指出传统的“竞争的成功只能是建立在对手失败的基础之上”的竞争观念已经过时了，并从博弈论的角度描述了包括竞争与合作两个组成部分共存的社会现象，同时两位学者强调，在以信息化和全球化为特征的知识经济时代，企业经营活动是一种可以实现双赢的特殊博弈。简而言之，企业运营既是战争也是和平。所以企业要做到明确何时竞争，何时合作。两位作者采用了一个很形象的对比：企业经营，在它创造一个蛋糕时，是合作；在分割蛋糕时，是竞争，因此你并不需要熄灭别人的灯光以使自己明亮。

在“竞合”的关系模式下，行业中相互竞争的企业在远离顾客的活动中会更多地偏向合作导向，而在接近顾客的活动环节中则偏向采取竞争行为。我们根据企业间合作与竞争的不同程度，可以将同一产业中企业之间的“竞合”关系分为三类：第一类为合作主导型，即企业之间的合作多于竞争；第二类为平衡型，即企业之间的合作与竞争联系一样多；第三类为竞争主导型，即企业之间的竞争多于合作。以上所说的合作或者竞争往往存在于企业价值活动的不同环节或者是发生在企业不同的职能部门。一般而言，企业会在研发领域进行合作而在市场活动中采取竞争。

① Adam. M. Brandenburger and Barry. J. Nalebuff, *Co-Opetition*, Currency Doubledag, 1998.

二、"竞合"形成原因

全球化、网络化以及技术的迅速扩散是形成"竞合"的主要因素。通信、媒体、金融、贸易和政治的全球化趋势正在以各种各样的方式改变着人们的生活,其中最引人注目的是经济行为的改变。"你中有我,我中有你",相互依赖,相互竞争已经成为世界经济发展中的一个显著特点和发展趋势。因为企业要进入国际市场,不仅要面对各种贸易壁垒,还要面对来自不同国度里自己所不熟悉的政治、法律、文化等方面的种种障碍。能够使企业绕过壁垒并顺利克服障碍的一条捷径,就是在当地寻找与自己有共同利益的企业,同它们建立合作伙伴关系,利用双方的协同优势,为自己开拓广阔的发展空间。正是出于这种考虑,许多跨国公司纷纷与其价值链上的顾客、供应商乃至竞争对手结成利益共享、风险共担的合作伙伴或战略联盟。如今,推行竞合战略已经形成一股潮流。

另一方面,网络化也加速了企业间"竞合"关系的形成,并同时为其形成提供了客观条件。随着相关网络技术的迅速发展和广泛应用,它们孵化出了众多新兴的具有网络性特征的新型组织,而这种新型组织的经营模式强烈地冲击着传统的竞争模式。同时,世界各地的组织和个人,通过网络可以及时而全面地共享信息,以保证在自己的原工作地点对各种问题快速地做出反应并寻求相应的对策。因此,网络化的发展为企业充分利用外部力量、加强互惠合作的优势提供了更好的实现渠道。

除此之外,随着技术的迅速扩散以及更新,加之市场需求变化越来越快,产品生命周期越来越短。在这种形势下,技术创新从两个方面加速了企业间的"竞合"。一方面它迫使企业加大对于技术研发的投入,同时企业还要面临由于技术更新周期加快,技术创新所面临的成本上升的压力和创新失败的风险,而当创新成功的成果一旦推出,则会出现相关企业共享成果的场面。这就要求企业寻找合作伙伴,共担创新风险,共享创新利益。另一方面,一项创新尤其是新兴技术领域的创新需要多种不同的重要技术,而多数企业又难以在所有技术上都保持领先水平,所以难以凭借一己之力获得成功。这就要求具有不同优势功能的企业要通过建立合作伙伴关系,共同攻克在创新各个阶段中所出现的难题,以便在最短的时间内成功地实现创新目标。

面对急剧变化的环境，企业越来越多地采取“归核化”战略。现在越来越多的企业重视自身核心能力的培育、维持和发展，把经营重点放在核心行业的价值链中自身优势最大的环节上，而将自己不具备或不擅长的非核心业务交给专业企业来协助完成。这也是近来企业相互合作频频采用“外包”的原因。由于资源与能力的有限，企业不可能把每一项业务都做到最好，这也是企业间保持“竞合”状态的重要客观原因，力争通过和其他企业的合作，突出自身核心竞争力，创造竞争优势。

三、竞合的核心——共赢理念

竞合赢得市场，联合创造力量。企业间的“竞合”有利于增强控制力。尤其在当前经济危机情况下，企业不仅要面对国内市场的竞争，还要应对更加激烈的国际竞争。越来越多的企业认识到：无序的恶性竞争对双方都没有好处，只能导致两败俱伤，根本不会产生赢家。最明显的例子是我国的家电产业，曾经无休止的价格战榨干了企业绝大部分的利润。因此，企业应该树立一种通过与竞争对手进行合作共赢的理念，而不是只将眼光放在通过搞垮对方去争夺市场。

现代商业竞争进入竞合时代，与竞争时代相比，竞合时代最大的理念特点便是共赢。“共赢”的理念引导企业强强联合，相互取长补短，促进资源有效整合，弥补自身的不足，同时通过规模优势加强企业整体的竞争实力。我们可以从现实中看到众多经典成功案例均得益于“共赢”理念。

宝马与奔驰占领豪华车市场多年，纵观两个品牌的车型，我们不难发现，奔驰的每一个车系，都能在宝马的阵营里找到相对应的影子，但双方绝不会仿造雷同，它们在相互学习的过程中依然保持自己惯有的风格。虽然有奥迪标榜行政级的尊贵，凯迪拉克标榜稀有的雍容，两家企业也试图打破保持多年的豪华车垄断平衡，但宝马和奔驰一直都默契地共同守卫着豪华车的领地，抵御第三者的入侵。宝马和奔驰也曾在不同场合对公众表明了自己的立场：在豪华车阵营里，我们是最大的竞争对手，但一旦外敌入侵，我们会自动结成攻守同盟。这就意味着“两夫当关，万夫莫开”，无论谁试图撬开豪华车市场的门缝，都会遭遇两者的强烈反击。而在宝马和奔驰的竞争史中，我们更是看不到价格战的硝烟，因为两者都知道，坚守各自的竞争优势，寻求差异化的品牌策略，才会进入良性竞争环境。所以我们看到，尽管这二者的定位和目标客户群高度重叠，却没有生产过任何一款同质化产品，“开宝马，坐奔驰”、一个强调驾驭乐趣、一个强调乘坐舒适的经典描述，已然成为消费者心目中定型的品牌印象。

有竞争，未必就是件坏事。同样我们看到，国内牛奶市场的快速发展，得益于蒙牛和伊利的血拼；方便面行业的发展，得益于康师傅和今麦郎的竞争；碳酸饮料市场的发展在于可口和百事的世纪之战；快餐行业的发展得益于麦当劳和肯德基的步步紧逼；牙膏行业的发展则离不开高露洁和佳洁士的明争暗战。这些事例的共同特点就是两个企业的竞争，大大扩增市场容量，推进整个行业进步，把其他竞争者甩在后面，最终实现“共赢”。对手，就是镜子，可以让自己清楚地认识自己的优劣势，有了参照物，自己就会更加清醒，更加勤奋。

从某种意义上来说，由于竞争策略改变所导致的商业关系联动，使得以此为基础构筑的商业格局更加扑朔迷离。但是其背后的推动力却始终未变，那就是“没有永恒的敌人，只有永恒的利益”。当今世界是一个竞合共赢的时代。竞合观念作为一种全新的思维模式和发展观，是对传统的竞争理念和模式的超越，也是适应形势发展的必然选择。

第二节　动态竞争理论

一、动态竞争的内涵

如上所述，在外部复杂环境给企业带来越来越多挑战的同时，学者们开始探索这其中的原理与规律。理查·达维尼(Richard. A. D'Aveni)[①]和陈明哲[②]等在分析企业所面临的新竞争环境的特点后，提出了动态竞争的概念，并用动态竞争来描述在新环境下企业的竞争行为。他们认为在迅速变化的环境中，企业间存在动态互动关系，企业无法建立不败的竞争优势，每种优

① Richard . A. D'Aveni, *Hyper—Competition*, The Tree Press, 1994.
② 陈明哲著：《动态竞争》，北京大学出版社 2009 年版，第 1—20 页。

势都有消失的一天，企业应该通过一连串短暂的行动来建立持久的竞争优势。

所谓动态竞争，就是企业为应对竞争环境和追求市场优势而根据对手的行为所做出的竞争性互动，由行业中某企业的行动和某竞争对手的反应行动引起，即一个企业的竞争行为会引起其竞争对手的反应行为，同样的，竞争对手的反应行为又会再次引起先动企业的一系列反应。企业之间的这种竞争是一个动态的过程，也就是企业双方进行动态博弈的过程。动态竞争有两个显著的特点：对抗性和动态性。其中对抗性体现了竞争企业之间的互动关系和博弈过程，而动态性则体现了竞争随时间和环境的变化而变化的过程。

二、应对动态竞争的战略

如图 7-1 所示，企业在动态竞争过程中为保持竞争优势，会通过低成本、差异化、推出新产品或服务等战略来巩固或抢占市场。在第一阶段，企业所采取的行动也许未能引起竞争对手的注意，甚至被竞争对手忽视。然而随着事态发展，当企业所采取的战略得到了顾客很好的市场反馈时，在第三阶段，竞争对手会根据这家企业的竞争行动以及对市场的分析作出反应。在

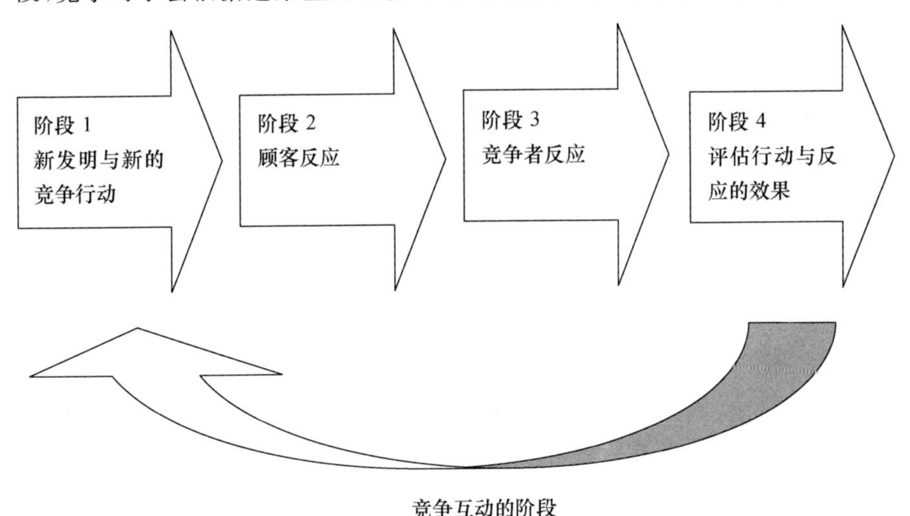

图 7-1　竞争互动的四个阶段

第四阶段，竞争者会对他们之间的相互竞争行为进行评估，而后开始一个新的循环过程。

在整个动态竞争过程中，对企业来说很重要的一个战略环节就是确定在市场上，企业要扮演先动者、次动者还是后动者的角色。下面我们对这三种角色的优势与劣势进行分析。

1. 先动者及其竞争优势与劣势

（1）先动者

先动者是指最先实施竞争行动策略的企业。这一概念的由来主要受经济学家约瑟夫·熊彼特(Joseph Schumpeter)相关著作的影响。他深信企业是通过一些富于企业家精神的、极具创新的竞争行为来赢得竞争优势的。在通常情况下，先动者将资金分配在产品创新与开发、广告竞争和深层次的研发等方面。例如，微软为了保持其竞争优势，不断地对新品进行开发以及深层研发，仅在2009会计年度，微软就投入了91亿美元研发预算，较IBM的63亿美元、思科的52亿美元都多，较谷歌投入的28亿美元、苹果的11亿美元更是遥遥领先。

（2）先动者的竞争优势

首先采取竞争行动的企业往往会具备许多竞争优势，一旦企业的竞争行动策略获得成功，先动者就会获得超出平均水平的回报，除非其他竞争对手能及时且有效地反应。另外，先动者有机会赢得顾客的忠诚。正因为如此，即使其他竞争对手作出同样的反应，也很难赢得顾客的忠诚。例如，哈雷在大型摩托车行业中能够维持领先竞争优势，就是因为其具有很高的顾客忠诚度。不过，随着时间的推移，先动者所采取的竞争行动会被其他竞争对手模仿，因而先动者所具备的领先竞争优势会逐渐消失。

除此之外，先动者的竞争优势及其持续性会随着竞争行动和产业特点的差异而变得有所不同。先动者的竞争行动被模仿的难易程度影响着竞争优势的变化，若竞争行动耗费的成本大且难以模仿，成为先动者的企业就会赢得更持久的利益。并且，若核心竞争力成为竞争行动策略的基石，先动者的竞争优势还会更长久，基于核心竞争力的竞争行动策略更有可能导致其具有持续的竞争优势。

(3) 先动者的竞争劣势

尽管先动者具有许多竞争优势,但是任何事物都存在两面性,它也不得不面对自己潜在的劣势。在所存在的劣势中,最主要的便是先动者所承担的风险。先动者所承担的风险非常高,因为要预测一项先于其他竞争对手的竞争行动策略的成功程度极不容易。通常先动者有高昂的研发成本,而次动者可以通过反顺序工序——即拆开新产品,再组装它从而学习产品的工作方式——来削减研发成本。另一个劣势就是企业竞争的许多市场是动态的且不确定的,换句话说,市场竞争的深度与广度增强了潜在的风险。事实上,就一个高度不确定的市场而言,成为次动者或后动者在一定程度上是一种更好的选择。

2. 次动者及其竞争优势与劣势

(1) 次动者

次动者是对先动者竞争行动作出反应的企业,这种反应往往是通过模仿来体现的,一旦次动者快速地对先动者竞争行动作出反应,它就可能赢得先动者的某些竞争优势,而不用冒先动者所要冒的风险。例如,次动者可以获得先动者的部分回报和一些初始顾客的忠诚,而不用遭遇先动者所面临的初次风险,因为次动企业可以在先动企业成功获取部分顾客之后再采取行动。但要成为一个成功的次动者,企业就必须分析它们面临的市场,确认关键的战略问题。企业有许多不同的渠道可以获取市场信息,同时也拥有多种能力来分析企业获取的信息。这些差异就是一些企业比其他企业更快地适应市场创新的关键之处。

(2) 次动者的优势

由于次动者有机会借鉴分析先动者的行动,借此可以发现先动者产品和服务中的问题并直接加以改进和完善,因而次动者可以更好地满足消费者的需求。另外,通过观察先动者所经历的一些情况,次动者可以制定出更符合现实、更具可操作性的战略。而且更为重要的是,次动者由于没有直接参与先期的研发工作,大大规避了新产品(服务)开发的风险,降低了新产品(服务)的开发成本。如前所述,次动者还有充足的时间对新产品(服务)进行改进和完善,消除新产品(服务)潜在的缺陷,因此次动者提供的产品(服务)会更完美、更具竞争力。

(3) 次动者的劣势

次动者主要是对先动者的行动作出反应,因此,这种反应的快慢很重要。但有很多时候,次动者不可能对先动者的行动作出快捷反应。例如,如果先动者开发了一种技术复杂的新产品,而其所有的竞争者都未作过这方面的研究,则次动者必须花费较长时间才能开发出同样的产品,但这时先动者已牢牢地控制了整个市场,地位不可动摇,所以次动者在抢占市场方面也有一些风险。

3. 后动者

后动者就是在先动者的行动和次动者的反应都完成了相当长一段时间之后再对市场竞争行为作出反应的企业。一般说来,后动者都是行业中表现较差的企业或者是竞争力较弱的企业,当然也有大企业是后动者的,这还要与企业的长远战略结合起来考虑。很多人怀疑:后动者到底是否存在竞争优势?答案是肯定的。在企业竞争中,后动者的优势主要来源于下面三个方面。(1) 后动者的"免费搭乘"效应:后动者可能会在产品和工艺研究与开发、顾客教育、员工培训、政府审批、基础投资等很多方面比先动者节省大量的投资,却依旧可以这些环节中获益。(2) 先动者锁定了错误的技术或营销战略:由于市场初期,技术和顾客需求的不确定性和"非连续性"(discontinuities)往往导致先动者的错误决策,而后动者可以从先动者的错误中吸取这些教训,不再犯先动者曾经犯过的错误。(3) 在位者惯性:由于沉没成本的存在和组织僵化,企业不愿引进新产品或改进产品,而后动者作为一个追赶者,时刻都想抓住机遇取代先动者的地位,因而会抓住有利时机对企业的组织结构、技术、产品等都进行大量的革新,从而在与先动者的竞争中占有优势。

这里我们需要指出的是,企业进入市场的先后顺序并不是决定成败的唯一因素。先动地位本身并不等于竞争优势,它只是提供了一个在竞争对手之前构筑优势的机会;先动优势更不等于持续竞争优势,持续竞争优势的获得有赖于持续的创新和相关的战略配合。所以企业进入市场的先后并不能决定其成功与否,而是要看其进入市场的时机与其战略定位的有机结合。国内学者朱孝忠在其《市场进入次序优势的历史分析》中通过历史分析法对国内众多行业的动态竞争情况进行了总结,表 7-1 为其中具有典型性的行业情况。[①] 从该表中我们看到，很多行业的先动者可以依旧在激烈的市场竞争中保持其行业领导性。例如，门户网站中的搜狐和新浪，以及食用油行业的金龙鱼公司和纯净水行业的娃哈哈等，它们持续多年在行业中占据领先地位。另一方面，次动者获得成功的也比比皆是，方便面行业领头羊康师傅、微波炉多年销量第一的格兰仕都是行业中的次动者。当然，后动者也可以很快跃居行业前列，果冻行业的喜之郎以及空调行业的海尔是其中非常明显的典型，两者都后进入市场，但都获得了巨大的成功。

表 7-1　市场进入次序及其竞争结果

序号	产品行业	先动者	次动者	后动者	市场结果
1	方便面	上海益明食品四厂(1970)	康师傅(1992)、统一(1996)	福满多、华丰、华龙等	康师傅 35.14%、统一 24.42%、福满多 12.29%、华丰 6.91%、华龙 3.29%(2003)
2	微波炉	国营南京电子管厂(1982)	格兰仕(1992)	美的、海尔、松下、三洋、九阳	格兰仕 70%(2001)
3	即时通讯软件	ICQ(1998)	QQ(1999)	MSN、新浪UC、网易泡泡、雅虎通	QQ65%、MSN 20%、新浪 UC、ICQ、网易泡泡共 4%—5%(2003)
4	手机	摩托罗拉(1987)	诺基亚、爱立信、西门子、三星	波导、TCL、联想、OPPO	诺基亚 33.3%、三星 20.1%、联想 4.5%、摩托罗拉 4.4%(2009 年 8 月)
5	门户网站	搜狐(1998)新浪(1998)		TOM、网易、FM365	搜狐和新浪成为著名门户网站
6	食用油	金龙鱼(1991)	福临门、鲁花	元宝、中昌、骆驼唛、红蜻蜓、胡姬花、鲤鱼	金龙鱼多年市场第一
7	纯净水	娃哈哈(1996)	乐百氏、农夫山泉		娃哈哈市场第一

① 朱孝忠著：市场进入次序优势研究，合肥工业大学硕士学位论文，2005，第 45—52 页。

（续表）

序号	产品行业	先动者	次动者	后动者	市场结果
8	空调	远大(1988)	格力、科龙、美的	海尔	海尔 17.9%、格力 12.1%、科龙 11.0%、美的 10.9%(2003)
9	洗发用品	蜂花(70 年代末)	宝洁(1998)		宝洁拥有多个顶级品牌市场占有率遥遥领先
10	果冻	天津长城(1985)	SAA 牌(1986)	喜之郎(1993)	从 1998 年开始，喜之郎便逐渐垄断市场，在高峰时期，喜之郎曾占有 70%的市场份额。目前，其生产规模和销售量均跃居全球第一。

三、动态竞争的分析方法

1. 竞争的不对称性

为了反映企业间的互动行为，美国弗吉尼亚大学陈明哲教授以企业与竞争对手间的行动—反应对偶关系为分析单位对动态竞争做了深入研究。这一对偶关系包括攻击者、攻击行动、反应者三个要素。攻击者是率先采取竞争行动的企业，攻击行动是攻击者所采取的竞争行为，反应者是针对攻击行动采取反攻击活动的企业。根据行动—反应对偶关系三要素，可以理解动态竞争理论中的一个重要概念——竞争不对称性。

竞争不对称是指由于存在信息不对称，攻击者与反应者在战略决策时存在认知差异，导致从攻击者到反应者的距离与反应者到攻击者的距离不一样。攻击者对反应者的看法与反应者对攻击者的看法，也会不一样。竞争不对称性是动态竞争理论的重要逻辑起点，需要在战略制定和实施过程中予以考虑。竞争不对称性会影响到竞争对手识别。例如，苹果公司在推出 iPad 电脑时，没有内置 ibook 阅读软件，未将亚马逊的 kindle 电子书阅读器视为竞争对手。但亚马逊的电子书销量却受到显著影响，为了与 iPad 竞争，亚马逊公司在 kindle 的降价与营销方面均做出了极大努力。

2. 识别竞争对手

识别企业的主要竞争者是竞争分析的首要工作。在静态环境下，竞争对手识别是一项简单的工作。传统理论认为,竞争对手是指两个以上在同一行业运营、提供相似产品、覆盖相近客户群的企业。但随着市场复杂性的提高和技术的飞速发展,准确识别竞争对手变得越来越困难。动态竞争理论认为,竞争者是指在相同市场中、针对相似顾客群提供相似产品的企业,或者在不同市场但采用相似的关键资源或能力开展竞争的企业。在此基础上,陈明哲教授的动态竞争理论提出市场共同性和资源相似性两个概念,对竞争企业的市场形态与企业资源进行比较和分析,来判断它们是否是真正的竞争者。

市场共同性是指企业与竞争对手共同涉及的市场的数目,以及每个单独市场对于各方的重要程度,即攻击者与反应者之间所呈现的市场交叠程度,亦即双方产品的相似与替代程度,或者在多个市场同时展开竞争和对抗的情况。如果两个企业在多个市场相互竞争,它们即处于多市场竞争状态。例如,淘宝网与京东商城目前销售的商品已有很大重合,覆盖人们衣食住行、文化教育、医疗卫生等方方面面。通常,同一种商品在淘宝与京东上都有销售,顾客也经常在这两个网站中对比和选择商品。在这种情况下,淘宝与京东即处于多市场竞争状态。

资源相似性是指处于动态竞争的企业之间具有相似的资源类型和数量。资源包括组织拥有的财务资源和设备、厂房以及组织文化、经营团队、管理流程等有形和无形方面的资源。拥有相似种类和数量的资源的两家企业很可能有相似的优势和劣势,也可能使用类似的战略。不同行业的企业也可能因为拥有或需要相似的关键资源而成为竞争者。例如,新东方和新航道是外语教育市场上的两家知名培训机构。由于新航道创始团队成员多来自新东方,这两家企业在课程风格、教师聘用、教学方法、培训目标等资源方面具有很大的相似性,彼此成了竞争对手。

识别竞争对手包括对竞争者的市场目标、拥有的资源、市场力量和当前战略等要素进行评价。其目的是了解竞争对手的优势和劣势,了解竞争对手的战略目标,并且预测竞争者可能采取的竞争行动,从中找出自身在竞争中的相对竞争优势,从而决定自己的竞争行动。动态竞争强调竞争者分析的目的是能够预测竞争对手的行动。因此,企业在采取攻击行动时,也要能够预测对手可能进行的反击。长期观察竞争对手的行动,分析对方决策者的决策风格以及行动背后的假设，有助于深入了解它们的竞争手法。动态竞争理论认为，企业都有自身的薄弱环节。从竞争的角度出发，一方面，企业应充分了解自身的优势，从中提出竞争对手的薄弱环节；另一方面，企业也应分析自己的劣势，因为竞争对手很有可能从这些环节发起攻击。如果企业在动态竞争中能做到扬长避短，避难就易，就会逐渐达到明察秋毫、所向披靡的境界。

3. AMC 分析法与预测竞争性反应

在企业识别出竞争对手之后，需要分析竞争对手会如何对己方发起的竞争性行动进行反应。分析竞争者，可以预测竞争对手反击的对抗性有多大。如果企业在采取竞争性行动时，能够有效降低竞争对手的对抗性，就会在竞争中处于有利地位。陈明哲教授提出了“觉察—动机—能力”(awareness-motivation-capability)的三要素分析模型，即 AMC 分析法，来对竞争对手进行分析。[①]

觉察力是 AMC 模型的第一个要素，是指反应者是否知晓攻击者所采取的竞争行动。攻击者的某些竞争行动容易被觉察，而某些竞争行动则不易被觉察。影响到反应者觉察力的因素包括攻击者的知名度和竞争行动的特性。攻击者的知名度反映在攻击者的大小及行业地位上，如较大规模的企业和行业排名靠前的企业，其一举一动都会受到其他竞争对手的关注。攻击行动的特性是指该攻击行动的明显性和复杂性，是否需要推理，是否涉及许多环节。当反应者对攻击者所发起的竞争行动感受越强烈，其进行回应的可能性也越大。例如，电商降价是对其他同类型电商的竞争行动，通过互联网很容易被其他竞争对手察觉，引发价格战。改善产品和服务品质，秘密与供应商和批发商结盟，则是较隐蔽的竞争行动，不易被竞争对手察觉。觉察力可以预测竞争对手反应的速度。当企业在核心市场对竞争对手采取强有力的竞争行动时，竞争对手为了留住客户与捍卫声誉，往往会立即做出公开回应。觉察力随着市场共同性与资源相似性的增加而提高。例如，当当网与京东商城销售的书籍有很多重合，消费者在选择某种书籍时往往会在这两个网站间对比价格、包装及物流服务。在这种情况下，当当与京东对彼

① 陈明哲著：《动态竞争》，北京大学出版社 2009 年版，第 268—270 页。

此的商品价格、产品包装和物流速度都格外关注。

动机是AMC模型的第二个要素，是指反应者在攻击者采取某竞争行动时进行反攻击的意向。市场共同性会影响竞争对手采取反击行动的动机，当竞争企业之间具有比较高的市场共同性时，反应者对攻击者采取反击行动的可能性比较高。同时，企业会对反击行动的收入与成本进行比较，以确定是否采取反击行动。当攻击者对竞争对手的主要利润市场发起进攻时，竞争对手反击的动机会比较高。当攻击者对竞争对手的非核心利润市场发起进攻时，竞争对手的反击动机会比较低。例如，在智能手机普及之前，诺基亚公司在全球手机行业中处于领先地位，非智能手机市场是诺基亚公司手机业务的主要利润来源。诺基亚的竞争对手苹果公司没有在传统的非智能手机市场对诺基亚发起进攻，而是选择当时并没被诺基亚注意的智能手机作为突破点。等到诺基亚察觉到智能机的挑战时，为时已晚。苹果公司在短短几年里发布了iPhone系列产品，开启了智能手机新时代，最终取代诺基亚成为了手机行业的新领头羊。资源相似性也会影响竞争对手反击的动机。相似的资源意味着企业双方具有相似的攻击与反击能力。如果双方的资源相似性较高，降价等掠夺性的竞争行动会造成两败俱伤，因而企业采取这种竞争行动的可能性较低。在企业间的资源相似性较高时，理想的情况是企业通过创新改变产品或商业模式，创造新的竞争规则，使竞争对手无法反击。

此外，反应者进行反击的动机还受到反应者目前的绩效、攻击行动的潜在影响等因素的影响。如果受攻击市场对反应者很重要，具有较大的潜在影响，则反应者很可能采取反击行动。如果反应者目前绩效较差，则对攻击者有可能采取“破釜沉舟”的反击行动。例如，酒店预订是携程旅行网和艺龙旅行网的核心业务，2012年，双方在这一领域打起了激烈的价格战。为了保护市场份额，双方寸步不让，以牙还牙。尽管艺龙网首先出现亏损，但仍不终止价格战，与携程血拼到底。

能力是AMC模型的第三个要素，是指反应者有没有实力组织反击行动，即反击所需要的资源和能力与防守所需要的资源和能力。反击能力与反攻击者的资源调度及决策能力相关，这种能力决定了反击的种类，可能是差异化的反击（如提供新的产品和服务），也可能是相似性的反击（以牙还牙）。如果反应者能够以简单、经济而不会引起组织分裂的方式进行反击，则更有可能做出反击行动。如果反击行动需要大量的资源支持，反击的可能性会降低。此外，反应者的规模、资源实力、冗余资源也会影响到反击能力的大小。反应者规模越大、资源实力越强，也越有可能对攻击者的竞争行动做出反击。

AMC 模型对竞争对手的反击行动分析包括“知不知”、“会不会”、“能不能”三个要素，即前面谈到的觉察—动机—能力。这三个要素缺少任何一个，竞争对手都不会做出反击行动。企业的任务，是尽可能降低竞争对手的注意力，尽可能降低竞争对手的反击动机，以及尽可能降低竞争对手的反击能力，以达到降低竞争对手反击可能性的目的。

4. 竞争行动与预测竞争性反应

在识别了竞争对手，对竞争对手进行觉察力、动机及能力分析后，攻击者需要采取竞争行动，并预测竞争对手可能采取的反应行动的内容。竞争行动与竞争对手反应的内容包括可能性、速度、类型、程度、范围和场所。竞争行动和反应行动的形式包括“市场活动”和“内部活动”。前者如开辟新的区域市场、收购、价格变动及新产品上市等，后者如研究与开发、全球资源搜寻、组织架构调整等。由于竞争行动与反应行动的内容和形式丰富多样，所以行动—反应可能以多种方式呈现。

陈明哲教授以美国航空业的竞争数据为研究样本，发现了如下一些研究规律：第一，竞争行动的影响力越大，反应行动的数目越多；第二，竞争行动的平均攻击强度越高，反应行动的数目越多，反应行动的速度越慢；第三，竞争行动的执行条件越高，反应行动的数目越少，反应速度越慢；第四，相对于战术性竞争行动，战略性竞争行动所引起的反应行动数目较少，反应速度较慢；第五，竞争行动越明显，受攻击企业的反应行动数目越多；第六，对竞争行动的反应难度越高，竞争性相应数目越少；第七，当受攻击者的关键市场受到攻击时，反应行动的速度会比较慢，但反应行动的数目会比较多。

动态竞争理论认为任何的竞争优势都是暂时的，企业需要不断进行竞争对手分析，发起竞争行动或对竞争行动进行反应，以此保持竞争优势。

四、动态能力

在动态竞争的环境下，企业仅仅依靠资源和能力的静态存量来维持竞争优势变得越来越困难，正是在这样的背景下，学者们提出了“动态能力”概念，用来探索企业在动荡变化的环境中实现不断成长的途径。

1. 动态能力的内涵

动态能力，意指企业整合、创建、重构企业内外资源从而在变化多端的外部环境中不断寻求和利用机会的能力，也就是企业重新构建、调配和使用企业核心竞争力从而使企业能够与时俱进的能力。

动态的资源和能力观点与传统的观点有些不同。它强调更新甚至重构资源和能力的必要性，从而与变化的环境保持一致。这种能力在技术变化迅速、未来竞争难以预料的产业中尤为重要。当在位企业不具备这样能力的时候，即使是强大的企业也会被那些准备树立新产业标准的竞争对手所超越。之所以说企业资源与能力组合的价值直接受到动态能力的影响，也正是因为竞争环境不断变化给企业重新配置资源带来挑战。

2. 动态能力的表现方式

从上述定义和分析中我们可以看到，动态能力最大的特征就是它能重新组合资源和能力。下面是通过整合不同资源与能力从而创造新型高回报产品和服务的动态能力的几个典型例子。

首先，我们看到迪士尼通过其发布的公主系列产品获得了意想之外的收益。公主系列产品就是以迪士尼故事中的著名人物为基础开发出来的产品，这体现了迪士尼整合开发和营销活动的动态能力，它把已经成功开发出来的任务形象和相分离的营销活动合为一体。

其次，动态能力的另一种形式是在不同部门间将资源和能力重新配置或转化。UPS 收购邮政中心说明了这种情况。UPS 通过将自身在主要业务领域中特许经营获得的知识进行编码，然后在邮政中心创造出了未来特许经营的模板。在新领域中的特许经营者需要准备复制模板，然后才能根据当地市场的需求进行适度调整。因为 UPS 内部的研究表明，预先复制模板的特许经销商要比先把经营模式定制化的经销商表现得出色。

另外，通过联盟和收购的方式也是企业重新组合资源和能力的重要途径。资源和能力通过这样的方式既可以得到也可以失去。思科公司过去一直致力于通过战略性收购在整个网络架构中的一些片段或局部从事运营的企业来发布新产品。

英特尔内部的组合流程和组织文化使英特尔能够从一个技术平台戏剧性地转换到另一个平台，尤其是能把稀缺的生产资源在非常短的时间内从存储芯片产业转换到微处理器产业中。这种基于流程和文化的动态能力也是最难拥有和构建的。

从上述几个运用动态能力的例子中，我们可以总结出动态能力是外部动荡环境和激烈竞争的产物，企业往往可以通过培养、构建动态能力来有效面对动态的竞争环境。

第三节　网络化战略

一、网络“嵌入”的概念

网络化战略理论源自新经济社会学中的“嵌入性”思想。这种思想强调，企业行为和其他社会行为一样，不是孤立存在的，而是嵌入于企业所处的社会关系网络中。从企业社会关系方面看，一个企业既要处理好企业内部部门与部门、人与人、人与部门之间的关系，又要处理好与竞争对手、供应商、客户、政府以及其他社会组织的关系，从而使企业的社会资本最大化。也即是说，每个企业或组织都是镶嵌于一个复杂的社会关系网络之中，企业之间的关系是一种社会网络关系，企业的内部关系也可以认为是一种社会关系网络，企业集团以及战略联盟也可以视为一种网络形式。

企业采取什么样的网络化战略，取决于它在网络中所处的位置。企业的网络位置可分为微观位置和宏观位置。微观位置是指企业与行业市场中某个企业之间的关系特征，包括相对于对方而言自身的角色、自身企业对对方的重要性以及与对方关系的力度。宏观位置是指相对于整个网络企业在其中的地位关系，包括与自身有直接或间接联系的企业的身份和地位、自身企业在整个网络中的角色、自身企业在网络中的重要性、企业与其他企业关系的力度。网络位置刻画了企业与其他企业和其行业环境的关系特征，也体现了企业所面临的机会和限制。

企业间的关系网络由众多从事生产、销售、服务等活动的企业构成。这个网络具有动态演化的特性，企业在建立新关系和维持、发展现有关系的同时，一些旧关系也会因某种原因而终止。在不同的时点上，企业所处的网络位置不同,某个网络位置是企业之前市场活动的结果,也构成了企业未来发展的网络机会和某些可能约束。

二、关系网络与知识获取

网络嵌入的构成主要包括两个维度:结构性维度和关系性维度。相应地,网络参与者的嵌入性分为结构嵌入性和关系嵌入性。

结构嵌入理论认为网络成员按照不同位置有差别地占有稀缺资源和结构性地分配这些资源,资源在网络系统中并非均匀或随机地流动,不同位置的网络参与者获得资源的方式有很大差异。企业关系网络的结构性嵌入主要指企业在其行业关系网络中的结构性特征,包括两个方面:一是整个网络的特征,如行业中企业的数量、行业关系网络密集程度、行业中企业的相互协作与分工程度等;二是企业在行业关系网络中的相对网络位置,表现为是否居于网络中心、能否以最短距离到达尽可能多的网络成员等。

关系嵌入理论认为网络参与者可以直接通过网络中节点间的相互联系纽带来获取信息收益,其主要关注网络参与者间相互联系的内容,如信任关系、协作关系等。这个概念来自于格拉诺维特的“连接”观点。格拉诺维特指出,“连接”分为两种:强连接和弱连接。网络参与者间互动频率高、感情强度大、亲密程度高、互惠交换广的连接称为强连接,反之则为弱连接。连接是网络分析的最基本单位,企业关系网络的嵌入性是指企业与行业中其他网络参与者如供应商、客户等所具有的二元双边关系特征,以及这种关系特征对双方交易行为和结果的影响。

知识是企业的重要属性。企业嵌入在特定的关系网络中,关系网络为企业从外部获取知识创造了条件。从结构性嵌入的角度看,企业在网络中的位置会影响其知识获取。当企业处于网络中心位置时,意味着企业控制了网络中信息、资源流动的关键路径,信息资源的获取效率最高。同时,处于网络中心位置的企业能够以较短的距离到达网络中的其他成员,与各个成员的关系较为密切。在商业关系网络中,具备绝对技术、规模优势的核心企业往往能够居于网络中心位置,其他企业愿意与之建立连接,核心企业因而取得资源流向的支配权,可以更快获取商业网络发展动向的信息,有利于其在商业网络中的知识获取和创造。

从关系性嵌入的角度看，网络参与者可以直接通过网络中节点的相互联系纽带来获取知识。在知识传递中，弱连接往往比强连接更有力度。这是因为，强连接是在多方面都相似的节点间发展起来的，这些节点所了解的知识经常是相同的，因而企业通过强连接所获得的知识往往重复性很高。相反，弱连接是在多方面都差异较大的节点间发展起来的，网络中的知识来源的分布范围较广，拥有的非重复知识更丰富，因而弱连接往往可以跨越不同群体，将其他群体的知识传递给不属于这些群体的个体。在商业网络中，拥有大量而广泛弱连接的企业，更有可能从其他企业获得不同于自身知识结构的新知识，避免行为趋同化。

无论是特定知识还是一般知识，企业都不能进行简单复制与转移，而只能通过“干中学”获取。“干中学”的过程是企业作为网络行动主体与网络中的其他企业交流互动的过程。在“干中学”的过程中，企业的决策不仅仅取决于自身的经验知识，还受到网络中其他成员知识的影响。同时，“干中学”为企业间的知识交流创造了一个良好的平台，企业通过“干中学”建立的信任使得双方的知识交流更为详尽，甚至包括隐性的、难以用语言描绘的经验知识。

由以上分析可知，所谓网络化战略并不是一种独立的战略类型，而是说企业都嵌入在某种关系网络中，企业要根据自身的目标和要求以及在网络中的位置，采取合适的战略，从而创造和强化企业的竞争优势。反之，如果一个企业没有意识到关系网络的客观存在及其对自身生存和发展的重要影响，认为企业只是一个孤立的个体，从而我行我素，势必会造成不必要的麻烦，甚至会“四面楚歌”。事实上，随着互联网的发展和各领域技术的互相渗透，过去那种靠“单打独斗”闯荡“江湖”的做法已经不能适应时代的发展和环境的变化，相反，企业必须与其他企业一起构建一个共生和共享的商业生态圈。

第四节　商业生态系统理论

环境的变化和技术的发展，尤其是移动互联的广泛应用改变了人们的生产和生活方式，也加速了企业管理思想和战略指导方针的转变。传统的经济学理论和企业管理理论主要强调企业之间竞争的敌对性和竞争结果零和博弈的特点，即一个企业的成功代表着一个甚至多个竞争对手的失败，所以，企业在竞争过程中倾向于采取遏制和封杀竞争对手的战略和行动，如打价格战，封锁竞争对手进入市场的渠道，甚至造谣中伤等，结果往往两败俱伤。竞合理论的倡导者意识到企业之间竞争与合作的两重性以及实现"双赢"的可能性，从而指出了企业可以通过合作来破解"囚徒困境"的途径，为企业的良性发展开辟了又一条途径。上一节的网络化战略思想则是从更广泛的视角来看待企业在环境和社会中的位置，强调关系网络在资源和知识获取方面的重要作用以及对战略决策过程和结果的显著影响。本节介绍的商业生态系统理论则是上述理论思想的进一步的拓展和升华。

美国学者穆尔(James F. Moore) 1996 年出版的《竞争的衰亡》标志着商业生态系统理论的诞生。他以生物学中的生态系统这一独特视角来描述当今市场中的企业活动，但又不同于将生物学原理简单地运用于商业研究的狭隘观念。后者认为，在市场经济中，达尔文的自然选择似乎仅仅表现为最合适的公司或产品才能生存，经济运行的过程就是驱逐弱者。

而穆尔提出的"商业生态系统"试图打破传统的以行业划分为前提的战略理论的限制，主张企业可以在同一生态系统下"共同进化"。穆尔认为从生态系统均衡演化的层面上，企业的商业活动可以分为开拓、扩展、领导和更新四个阶段。在不同的进化阶段，生产者、消费者、竞争者和供应商的位置和作用都在发生变化，例如，在新的商业生态系统中，消费者不再是企业产品和服务的被动接受者，而是可以进行个性化定制，直接参与产品的设计和研发乃至生产过程，还可以参与产品的销售和推广。在这一过程中，消费者已经不仅仅是产品的被动消费者，而是产品价值的主动创造者；竞争者也不再是单纯的竞争对手，而是可以在共同拓展市场范围的同时实现合作共赢。苹果公司的 iPhone 就是构建了一个包括了手机用户、硬件制造商、软件开发商、电信运营商、广告商以及其他企业在内的商业生态系统，其中每一类参与者都能在这一商业生态系统的繁荣中获得仅靠自身单打独斗难以获得的价值，同时也在这一过程中为商业生态圈的均衡发展做出了贡献。

随着移动互联的普及和广泛应用，在商业活动的四个阶段，企业之间的交互作用将更加频繁，互相渗透和依赖将成为一种新常态，将来的商业生态系统将具有分布式、点对点、自适应和自生长等特点。所谓分布式是指企业之间的关系不再是过去的链式或垂直分工模式，而是横向协同模式。在这种模式下，并不是由哪一个处在关键环节上的企业主导和控制整个系统的运营，其他企业处于从属和次要的地位，而是各企业都是平等的参与者，是在共创的过程中实现共享。所谓点对点是指处在商业生态圈中的任意两个企业之间都可能产生直接的交易和配合，无须经过复杂的中间环节，不再通过刚性的契约来约束合作企业的活动，而是自愿地通过敏捷互适应模式促进整个商业生态圈的发展，并从中实现自我价值和利益的最大化。

所谓自适应和自生长是指企业会通过调整自己的战略和行为来适应整个商业生态圈发展的需要，这种调整不再是过去那种迫于竞争压力或供应商和客户的要求的被动性反应，而是一种主动做出的可以保持自身持续性成长的战略性选择。

商业生态系统的理论虽然仍处在不断发展和完善的过程中，企业在这种复杂的商业系统中与其他利益相关者的关系也并不十分清楚，而且企业之间的相互影响和作用随时都在发生着变化，但毋庸置疑的是，企业必须适应这种商业生态系统的变化和要求，而不能对这种挑战熟视无睹。只有不断调整自身在整个生态系统中的定位与角色，重构与其他参与者的新型关系，才能适应这个多变的世界并实现自身的再生与持续繁荣。

第五节　平台战略

一、平台战略的特点及演变

平台战略是一种独特的企业成长战略，它通过创造让不同用户群互动的环境，使他们满足彼此的需求来创造价值。这种战略可以在许多产业中出现，如信用卡（持卡人与商家互动）、医院（病人和医生互动）、黄页（广告商和消费者互动）、电子商务网站（买家和卖家互动）等。平台战略的特点是通过使每个用户群在与其他用户群互动中得到价值来吸引更多的人，最终实现企业自身的成长。

平台战略不是近人新创。在人类历史进程中，它已广泛地应用在商业中。例如，《元史・刑法志三》中记载，“诸在城及乡村有市集之处，课税有常法”。市集这个平台规定了交易规则和互动环境。在古代社会中，商家可以在市集中摆设摊位，销售商品，但必须向官府交纳税费。随着市集规模的扩大，更多的人被吸引而来，这进一步促进了商品种类的增加和商家声誉的提升，而这又会吸引更多的人参与到市集当中。随着市集的发展，管理部门从中获得了丰厚的税收，各种基础设施建设也相应开展起来，越来越多的人选择定居在市集附近，城市逐渐兴起。事实上，世界上许多大的城市，如伦敦、巴黎，都是从市集发展而来。城市本身就是一个容纳多边群体的平台，具备丰富的功能。

进入 21 世纪，互联网的发展为平台战略的实施创造了绝佳的条件。例如，为了使处于不同地域、不同年龄、不同身份的人们可以一起在网上进行互动、交流信息、互通有无，一批以交友为主要功能的平台网站应运而生。再如，互联网上的小说、音乐、影视等体验式产品复制成本几乎为零，许多平台网站借此吸引网民观看和广告商进驻。又如，互联网降低了商品的营销成本，店家可以在网上店铺内通过文字、视频、图片等各种媒介以极低的费用推销自己的产品，不再需要设立专门的实体店，传统产业链大大缩短。淘宝、京东等电子商务网站正是抓住这样的契机，搭建了吸引买卖双方的平台得以迅速崛起。本节从企业成长的角度，介绍平台战略的构成要素和主要实施方法。

二、平台战略中的网络效应

传统的经济理论将消费者在消费产品或服务时所获得的价值视为个人层面的东西，与他人无关，然而在现实生活中，存在一些这样的产品或服务，当使用者越来越多时，每一位用户所得到的消费价值都会呈跳跃式增加，形成网络效应。

实现网络效应是平台战略推动企业成长的关键。网络效应，又称网络外部性，或需求方规模经济，是指在商业活动中，当且仅当消费者选用某些商品或服务所得的效用，因使用该商品或服务的其他用户人数增加而产生更大效用的现象，典型的例子如电话、传真机、储备货币、即时通讯软件、SNS 社交网络服务等。平台战略的特点，就是借助网络效应给某种产品或服务带来无限增值的可能性。

比如微信的成功，在于它激发了用户之间的网络效应。2011 年，腾讯公司发布微信手机聊天软件，它可以快速发送文字和照片、支持多人语音对讲，这大大提高了人与人之间网上交流的便捷性，一时间人们对这种新的交流方式有很大的兴趣。每个微信用户都有一个账号，用户可以对自己的账号进行个性化设置，好友之间可以互发信息。随后，腾讯公司将更多的应用添加到微信软件中，用户之间可以玩游戏、传视频等。仅仅三年的时间，微信用户规模就实现了巨大飞跃，2013 年，微信用户数量已超过 6 亿，到 2014 年底，用户达到 12 亿。随着微信用户规模的扩大，人与人之间的线上互动不断丰富和持续增值，微信逐渐成为了中国人的生活必需品。

网络效应给平台带来的增值是自然产生的，用户在使用平台的产品或服务时并非是为了给他人创造价值，但在使用的过程中，却使整个平台的价值在无形中获得提升，促进企业成长。

三、平台战略的基本要素

1. 双边(或多边)群体

分析或设计平台战略首先需要界定双边(或多边)使用群体。许多典型的平台连接了两个不同的群体，例如世纪佳缘网的“男方”与“女方”，智联招聘网的“招聘方”和“应聘方”，天涯社区中的“作家”和“读者”等。涉及三方不同群体的平台，例如，搜狗搜索引擎提供的信息检索服务，使网民能够迅速接触到无数的“内容网站”，以此吸引商家广告的投放。更复杂的平台，其搭建的生态圈甚至包含了更多的群体，例如上海浦东、天津滨海高新技术产业开发区等，都需要企业、技术劳工、医院、学校、商店等各种配套设施及群体的入驻。

无论一个平台连接了多少边群体，双边都是平台的基本分析单位，如图 7-2 所示。[①] 企业实施平台战略，首先就要确定第一边和第二边用户群体是谁，这两边群体有怎样的特点和需求。例如，淘宝、京东等电子商务网站的崛起已经使人们在互联网上几乎可以购买到任何新产品。但有些人希望买入或卖出二手品时，却找不到有效的渠道。58 同城抓住了这个商机，建立起以二手品买卖为主的电子商务信息平台，让买方和卖方能够相互匹配，实现交易。此外，58 同城还引入了管赔、全程担保等机制，进一步确保二手品交

① 陈威如、余卓轩著:《平台战略》，中信出版社 2013 年版，第 30 页。

易质量。在二手品交易平台的基础上，58 同城还涵盖了找工作、租房、装修建材等其他生活信息提供服务。正是找到了连接供给和需求的契机，58 同城一跃成为国内领先的生活分类信息平台。

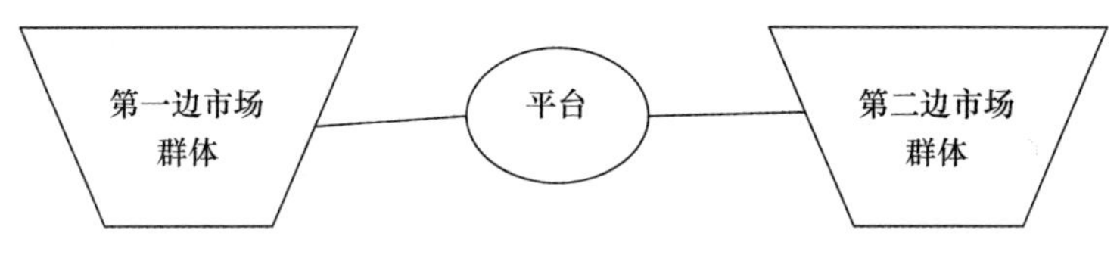

图 7-2　双边模式基本结构

多边模式的平台，是以双边为基本建构单位，连接起两方不同的群体。但也有的平台，需要三边共同构成平台的核心单位。这三个群体以循环的方式彼此吸引，去掉任何一边，平台战略都不能实施。意造 3D 打印云平台是典型的三边平台模式，如图 7-3 所示。它以精致的 3D 打印设计吸引客户，再以客户吸引加盟商，连接了"设计方—加盟商—客户"三方群体。从某种程度上可以说，3D 打印产品设计师是意造平台整合的内容，它以免费的方式帮助用户找到感兴趣的 3D 打印产品，因而受到大量用户的依赖，进而吸引其他能够完成 3D 打印服务的加盟商。

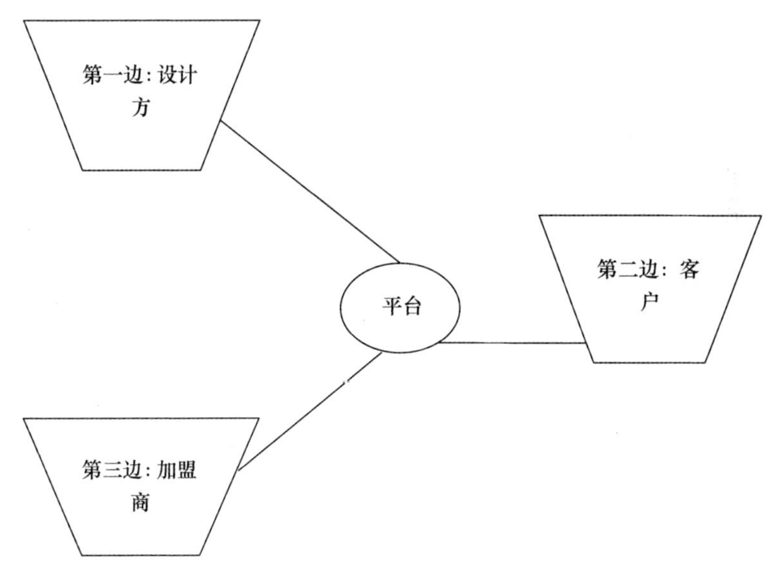

图 7-3　三边模式基本结构

2. 网络效应

平台网络效应包含两类:同边网络效应和跨边网络效应。同边网络效应是指,某一边市场群体的用户规模增长将会影响同一边群体内的其他使用者所得到的效用;跨边网络效应是指,一边用户的规模增长将影响另外一边群体使用该平台所得到的效用。效用增加则称为"正向网络效应",效用减少则称为"负向网络效应"。平台战略的目的,就是通过激发网络效应的"正向循环"推动企业成长。

新浪微博是一个由新浪网推出的提供微型博客服务的网站。用户可以通过网页、WAP页面、手机客户端、手机短信、彩信发布消息或上传图片。通过将看到的、听到的、想到的事情写成一句话,或发一张图片,用户可以随时随地与朋友分享生活点滴;通过关注朋友,用户可以即时看到朋友们发布的信息。2009年11月,新浪微博上线,可通过API用第三方软件或插件发布信息。截至2010年10月底,新浪微博用户数已达5000万,新浪微博用户平均每天发布超过2500万条微博内容。越多的人参与到新浪微博中,用户就可以看到越多的朋友分享生活点滴,同一边群体的效用也进而增加,这即是正向的同边网络效应。2014年3月15日,新浪与阿里巴巴展开了账号、产品和广告等8个方面的合作。通过合作,淘宝获得了接触新浪微博注册用户的机会,并可以借此找到获利渠道。通过传递各种可能符合用户需求的商品信息、提高交易的便捷性,淘宝加强了用户对新浪微博的体验与黏性,这即是正向跨边网络效应——不同群体之间的产生的吸引力。

3. 过滤机制

平台战略成败的关键是能否激发用户规模扩大带来的网络效应。然而,并不是所有的用户都会促进平台的健康成长。例如,有的用户在电商平台上卖假货,引起消费者的反感,给平台声誉带来损失。如果某些用户不符合平台发展的要求,就可能阻碍企业成长。企业在平台上选择怎样的用户事关产品的定位以及平台的声誉,因而需要采用一定的机制对这些用户进行过滤。

用户身份鉴定是进行用户过滤的基本方法。有些平台企业强制要求用户提供真实身份信息,例如阿里巴巴等电子商务平台、腾讯网络游戏,均需实名注册。新浪微博则需要用户绑定手机后才能正常使用,避免有人发表不负责任的言论。也有些平台企业通过设立奖励机制引导用户提供真实身份信息。例如,用户在人人网上上传真实照片后,会获得积分反馈,使用更多的功能。通过提供真实身份信息,用户在平台中的声誉也会提升,获得更多的关注,而这又会进一步增强用户对平台生态圈的依赖。用户身份鉴定对进入平台中的人们进行了初步筛选:愿意提供真实信息的用户往往更愿意遵守平台规则,长期在平台中互动;而不愿意提供真实信息的用户往往缺乏对平台的忠诚度。通过筛选,那些可能对平台发展造成损害的用户被剔除出来。

用户彼此评分也是实现用户过滤的有效方式。当今各大电子商务平台,如淘宝、京东、凡客、当当、卓越等,均邀请消费者为购买的产品打分,为未来有需要购买相同产品的消费者提供参考。当某商户的评分数量达到一定规模时,汇集而成的总评价便具备了一定公信力,为人们提供了借鉴。为了提高在平台中的公信力,商户需要提供更好的产品和服务。平台企业可依据公众的评价,对那些没有公信力的商户设定限制甚至将他们剔除出平台。

4. 补贴模式

商业模式的核心是盈利模式,而基于平台战略的商业模式,其盈利的方式是对某些群体进行补贴,而对另外一些群体进行收费。通过补贴,平台可以吸引到足够多的用户以激发网络效应;通过收费,平台可以弥补补贴的成本进而实现盈利。因此,在实施平台战略时,企业需要确定平台中谁是被补贴方,谁是付费方。例如,淘宝网等电子商务平台的“卖家”就是付费方。卖家通过支付额外费用,取得多项增值服务,包括付费让自己的商品出现在更显眼的地方,获取更高的曝光率。“买家”则是被补贴方,他们不需要付钱就能登陆电子商务平台的庞大数据库,找到自己所需的商品。

平台战略的成功,需要企业能够准确地确定哪一边市场群体为“付费方”,哪一边市场群体为“被补贴方”。常用的区分被补贴方与付费方的战略参考依据包括:对价格弹性反应较高的一方进行补贴,对价格弹性反应较低的一方进行收费;对成长时给平台带来的边际成本较低的一方进行补贴,对成长时给平台带来的边际成本较高的一方进行收费;对同边网络效应为正的一方进行补贴,对同边网络效应为负的一方进行收费;对具有多地栖息可能性较高的一方进行补贴，对具有多地栖息可能性较低的一方进行收费；对现金流汇集较困难的一方进行补贴，对现金流汇集较容易的一方进行收费。[①]

总之，设定补贴模式，就是为了在一个平台中的不同群体之间制造不平衡，推动被补贴群体鱼贯而入，进而激发平台的网络效应。

5. 用户归属

许多平台企业在进行机制设计的初期，往往聚焦于其硬性功能，忽略客户的心理特征。如果平台能够建立起一套运行机制，使用户产生对平台的归属感，往往会带来惊人的效果。例如，苹果公司每推出一款新产品，都会在全球掀起宗教式的狂热。除了拥有设计高度美观的硬件外，苹果的最大成功就在于，它能够形成品牌与使用者身份之间的连接意识，让用户产生深深的共鸣，认为该品牌是自己人格特质的投射。为了达到这一效果，苹果用户可以在 APP Store、iTunes 等软件平台挑选自己喜欢的软件来安装，将手中的产品个性化，这种通过行为参与和自我决策所建立的归属感，是根深蒂固的。一旦平台培育出用户归属感，便具备了相当的能量。首先，用户黏性随着用户归属感的形成会大幅提升，企业不需付出额外的成本或设定强制机制就可以锁定用户。其次，这些具有高平台归属感的用户，往往会成为平台的代言人，吸引更多的用户加入到平台中来。

小米公司成立于 2010 年 4 月，创始人为雷军。在短短的四年时间里，小米公司迅速崛起。从一开始，小米公司就坚持用做互联网的思维来做硬件。他们设计了多种平台和工具，从多种渠道来收集和分析用户的反馈和喜好。例如，他们在论坛和微博上想办法，一方面，选择熟悉的论坛进行操作，来沉淀老用户；与此同时，当时微博刚刚兴起，小米开始研究微博的玩法，逐渐找到了一条以互联网方式做品牌的路径。传统行业的品牌路径是，先提高知名度，再做美誉度，最后维护忠诚度；而小米的路径是一开始只专注忠诚度，通过口碑传播不断强化这一过程，到了足够量级后，才投入做知名度。为了邀请用户参与硬件测试，小米专门推出“工程机”，这是小米在正式推出新版小米手机前向极少部分“发烧”客户出售的测试版手机，拿到工程机的客户

① 陈威如、余卓轩著：《平台战略》，中信出版社 2013 年版，第 45—49 页。

必须按照小米的要求进行测试并写出报告。小米论坛专门开辟出一个版块收集米粉对测试机提出的建议，同时还设有专门的 bug 库。所有问题汇总后，工程师会在下一次批量生产前实现改进。拿到工程测试机的米粉可以选择个人收藏，也可以最后选择换一台新的量产机。一般的智能手机都强调产品的设计唯美、功能至上，而小米公司则更加倡导"让用户参与、让用户爽"，这是用户参与的开放创新的一个重要体现。小米公司形成了极具特色的小米公司粉丝文化，可谓将用户参与发挥到了极致。众多的小米粉丝群成为小米手机客户的代言人，他们不断地为产品的创新和改进提供意见。尊重用户、赋予用户权限、增强用户的话语权是小米获得用户归属感的关键。

6. "边"的开放性

当平台企业与某群体的关系是通过"中立的机制选择"被纳入生态圈时，该群体即成为平台一个开放的"边"。如果某个群体能否加入平台完全由企业自行决定，即使该群体与平台企业有商业往来，也不能成为平台生态圈的一个"边"。

例如，苹果公司 iPhone 手机的硬件制造商在产业链中扮演着重要角色，它们的生产质量会直接决定 iPhone 在消费者心中的地位。然而，这些硬件制造商不能成为 iPhone 生态圈的一"边"。这是因为苹果公司并未将这些硬件制造商打造为开放的群体，他们不能参与到苹果产品的设计中来。苹果的每一款产品的设计都是完全由自己把关，并且由自己决定将产品交由哪些制造商负责生产。而谷歌公司的安卓系统，硬件部分则完全开放给手机制造商如三星、HTC、摩托罗拉等。这些手机制造商可以参与到安卓系统的开发中，成为安卓平台生态圈中的一边群体。①

平台对某一群体的开放性不只有完全开放和完全封闭两种选择，这其中有多种可能性。例如，毫无阻碍的全面开放策略、准则宽松的高度开放策略，或是过滤机制极度严谨的低度开放策略。这些不同的开放策略会给企业的盈利模式带来影响。

以苹果 iOS 系统和谷歌安卓系统对此进行说明。苹果的 iOS 生态圈连接了三边群体：手机用户、软件开发商、广告商。iOS 的硬件具有统一规格，

① 陈威如、余卓轩著：《平台战略》，中信出版社 2013 年版，第 59—60 页。

苹果公司自己把关制造程序，这方面苹果没有对外开放。对于“软件开发商”这一边，苹果公司则保持非常谨慎的审核，以确保软件质量。“广告商”虽然是苹果的第三边，却不是其主要的盈利来源。在这种模式下，苹果的盈利来源于收费软件的利润分成与手机终端本身的销售额。谷歌的安卓生态圈则连接了四边群体：手机用户、手机制造商、软件开发商与广告商。由于安卓系统高度开放，几乎所有“手机制造商”都能在其手机安装安卓系统。“软件开发商”则在安卓平台上提供大量应用吸引“用户”。在这种模式下，安卓的大部分收入则来源于“广告商”，这是谷歌生态圈盈利的命脉。可以看出，“边”的开放性会影响到平台战略的盈利模式。

7. 核心盈利模式

平台战略的盈利方式千变万化，但其核心是从“付费方”获得收入，对另一边群体进行补贴，使其茁壮成长，进而吸引更多的付费方进入。也就是说，平台战略的根基是多边群体的互补需求所激发出来的网络效应。因此，平台战略若要有效盈利，必须找到双方需求引力之间的“核心环节”，设置获利关卡。例如，世纪佳缘是一家以择偶平台为主要定位的社交网站，用户可以免费注册，登陆平台后马上可以浏览众多异性的数据。与许多西方收费交友网站不同的是，浏览某位异性的信息不需要付费，用户可以免费根据自己的选择条件找到心仪的对象。但一旦用户想发起即时聊天，或与对方打招呼，或打开来自陌生异性的电子信，都需要付费才能实现。世纪佳缘盈利模式的核心就是控制会员之间的沟通渠道。

在实际商业活动中，平台企业可能会做出战略性调整，更正“补贴模式”，原来的“被补贴方”可能会成为“付费方”。例如，互联网招聘平台前程无忧网原本向其“付费方”——企业群体——进行收费，之后由于战略变动，开始向原来的“被补贴方”——求职者——提供付费增值服务。可以看出，平台的盈利方式是持续衍生、转化的。

平台企业的另一个特点是，它并非仅是直线性、单向价值链中的一个环节，而是价值的整合者、多边群体的连接者，更是平台生态圈的主导者。[①] 因而，平台企业可以通过挖掘多方数据来拟定多层级的价值主张，进而实现盈

① 陈威如、余卓轩著：《平台战略》，中信出版社 2013 年版，第 82 页。

利。例如,美团网团购平台拥有一支强大的线下团队,对每个城市、每个地区的消费者习性进行信息搜集,连续几个月加以追踪,并持续分析买方客户的行为与爱好演变。美团网的话语权,在于它能给所有商家客户提供精确的消费者行为数据,协助其制订营销方案。此外,美团网还培养了一支优秀的"创意团队",为商家撰写营销文案,刊登在每日产品的页面上。对于商家来说,美团网不仅是一个销售渠道,更是一个提升客户体验的营销媒体。因而,许多商家愿意以极低的利润将产品投入美团网平台进行销售。美团网的商业成功正是来源于"数据"及"创意团队"打造出的核心价值。

三、平台生态圈的成长

1. 跨越临界用户规模

平台企业连接起多边市场后,采取合适的补贴模式是促使平台圈成长的核心战略。而对于某些企业,在平台创建初期,如图 7-4 中的 X 点,市场占有率很小,面临的最大挑战是如何引发网络效应并确保其持久性。企业必须突破缺乏网络效应的真空地带——图 7-4 的 X 点与 Y 点之间——才能挖掘出用户之间关系的增值潜能。一旦人们相信该平台生态圈将持续发展、壮大,"从众效应"就会发生,引爆网络效应,如图 7-4 中的 Y 点与 Z 点之间。[1]

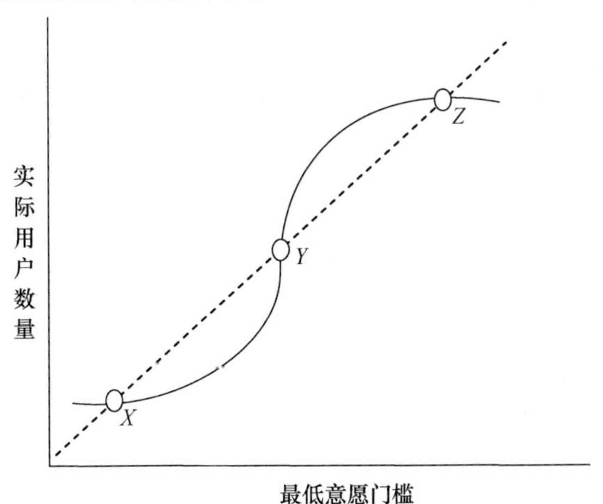

图 7-4　平台生态圈用户的加入意愿与实际用户数量的 S 曲线

① 陈威如、余卓轩著:《平台战略》,中信出版社 2013 年版,第 89 页。

这些平台企业获得网络效应的一个前提是，生态圈里的用户必须达到存活的最低临界数量——图 7-4 中的 Y 点。在平台模式中，临界数量意为平台吸引用户的规模达到一个特定的门槛，让平台生态圈能自行运转与维持。若平台能够推进使用者的加入，使其规模达到引爆点，那么生态圈带来的加值效应将会自动吸引新的使用者进驻平台，促使生态圈有机地发展壮大。平台企业需要采取一定的手段，明确传达平台生态圈的发展前景，在用户心中树立良好的预期。在正面的预期下，这些期望发生自我应验的可能性就会增大，推动人们迅速进驻。

总的来看，平台初创时期的网络效应非常微弱，企业在这段时期的发展策略需要侧重在给潜在用户提供其他的“非网络效应的价值”，平台企业才有可能引诱早期使用者进入。常见做法是，企业可以为初次进入平台的消费者打些折扣，为其提供赠品甚至奖金，或者主动协助不熟悉平台服务的消费者完成他们的初次体验。这些举措可以提供明确的非网络效应诱因，引导人们深入了解平台生态圈将提供怎样的产品和服务。

例如，滴滴打车开始时对乘车人和出租车司机同时实行补贴，吸引他们加入滴滴打车的行列，在大量人群采用这种出行方式并形成习惯以后，它再取消这些补贴。虽然这种促销方式有“卸磨杀驴”之嫌，但却帮助滴滴打车实现了有效扩大市场需求的初始目标。再如，携程网在创建初期，对酒店、机票的供应商仅收极低的平台使用费，为它们提供销售渠道。由于这两种服务都具有很强的期限性，过期后所有成本都转变为沉没成本，因而它们的供应商很希望在携程的帮助下减少空位子和空房间。携程以低廉的使用费为诱因，成功吸引到第一批客户。随着携程网上航空公司、酒店数量的增加，消费者也更多地使用携程订票、订房，进而带动更多的商户进驻，达到正向循环。

2. 提升平台质量

平台质量的提升既依赖于用户群质量的提高，也依赖于平台企业不断满足用户的需求细节。

并非所有的平台都以提升用户规模为第一目标。对于某些平台，用户群的质量比规模更加重要，盲目追求用户规模的扩大反而会对平台的发展产生不利影响。例如，爱思想网是一个定位为终身学习平台的公益性纯学术网站，在网站上发表观点的学者均在人文社科领域具有一定的高度，通过专家学者的文章补贴在网上浏览的潜在读者。它所针对的用户群是学术水平较高的专业人士，过滤掉了不从事专业研究工作的一般作者，不希望参差不齐的文章降低了学者前来发表文章的兴趣。通过用户过滤机制，平台企业可以维持生态圈的品牌和信誉，从中获益。

引入“知名用户”是平台企业提升用户群质量的重要方式。“知名用户”是指已在大众脑中有一定声望的用户或是使用频率高的用户，既可以是个人，也可以是企业和其他组织。连接双边市场的平台生态圈若能网罗到具有高度相关性的知名用户，其引发的网络效应能量将迅速而强大。对于淘宝、美团等电子商务交易平台，商家群体的知名用户可能是像联想、麦当劳、阿迪达斯等国际连锁品牌；对于新浪微博、开心网等社交平台，知名用户可能是青少年偶像或演艺明星。这些知名用户的加入能够让整个生态圈的价值获得提升，使平台企业的品牌被肯定、质量得到认可，大幅提升平台的同边或跨边网络效应。

除了提高用户群质量，开发细分市场也是平台提升质量的有效策略。在同一个平台上，用户对产品和服务的需求细节不尽相同，在平台成长时，企业需要设立相应的个性化机制来满足这些差异化的需求。例如，淘宝网以产品和服务的类型进行市场细分，让需要不同产品和服务的卖家能够与提供不同产品和服务的卖家进行连接。这样的划分能让买家在海量的商品中，选取自己需要的细分产品。在淘宝的主页上，有孕婴童、中老年的链接，吸引对此类产品有兴趣的买家对其直接进行点击，同时，这也是有效的营销方法。

维基百科是全球目前规模最大的网络百科全书。任何人都能够在上面发表和编辑信息，且任何人都能够免费获取这些信息。作为信息的汇整体，维基百科几乎是细分系统最极端的状态：每一个词汇都可以看成是一个“细分市场”，用户可自行搜寻想了解的任何词汇，并在一个词汇的相关页面中，搜出所有由公众集思广益而生成的精选信息。此外，维基百科的信息还依语言进行归类，语言类型高达 279 种，这实际是将全世界的网民依据语言进

行市场划分。[①]

对于一个成长中的平台企业，如果没能打造出有价值的细分市场，就有可能被新的竞争者占领细分市场的一部分。例如，百度就是通过提供MP3下载服务这一独特的细分市场，弥补了当时其他搜索引擎的不足，逐渐吸引了大量用户。

值得一提的是，细分市场要取得成功，需要以一定的用户规模为基础。在平台的用户规模达到某个水平之前，过早的种类划分可能会起到反效果。一个完善的商业生态圈，其质量和规模应是相辅相成的。

3. 平台企业的话语权操控与定价策略

平台中的协商、交涉关系包括两类：(1)各边群体彼此之间的交涉关系；(2)各边群体与平台企业的交涉关系。平台企业具备的话语权多寡决定其在协商、交涉过程中的影响力。[②]

各边群体彼此之间的交涉关系存在于各边群体之间，未涉及平台本身。例如，淘宝网上，平台仅提供了一个交涉场所，负责建立起完善而中立的沟通机制、交易机制，接下来则由各群体自由互动。

各边群体与平台企业的交涉关系则反映了平台企业与其所服务的各边群体进行的博弈。身为生态圈建立者的平台企业需要与栖息在生态圈的各边群体进行协商，甚至谈判利润分成准则、促销责任归属等。例如，携程旅行网每时每刻都与平台各边的连锁酒店、机票公司进行交涉，团购平台则需与商家进行分成方面的谈判。

平台话语权的提升取决于其能否使一方群体吸引到一定规模的另一方群体，能否为特定用户提供好的盈利机会，以鼓励用户参与。一旦平台对一边群体的话语权加强，与另一边群体的交涉将更容易。

平台中的市场群体也会对平台企业产生影响。随着某边市场群体规模的扩大，它们会与平台企业进行交涉，要求对其所栖息的生态圈进行“改造”和“升级”。同时，某边群体规模的扩大不仅提升了自身与平台交涉的话语权，也提升了平台企业本身的话语权，因为平台企业此时拥有了更大规模的筹码与另一边群体进行交涉。平台企业的策略是循序渐进地推动各边群体

---

① 陈威如、余卓轩著:《平台战略》，中信出版社2013年版，第101页。

② 同上书，第104—110页。

相互刺激，提升彼此的话语权。平台战略的本质，就是平台企业通过巧妙掌控双边市场的互动，在扩大双方势力的同时也提升平台自身的价值。

平台企业的定价策略是其操控各边群体话语权的重要工具。通常，平台企业的产品和服务具有三个特点：(1) 平台企业的产品不是可以精确计算成本的硬件产品，而多为无形的服务；(2) 平台企业的服务不是直接为用户提供解决方案，而是建起生态圈连接多方群体，让他们来满足彼此的要求；(3) 平台企业服务的边际成本很低，沉没成本很高。由于平台企业的产品和服务有自身的特点，因而其产品的定价也与传统产业存在差异。在定价时，以下三点是企业需要考虑的重点：(1) 每一边群体的定价策略都会对其他群体产生影响；(2) 平台生态圈的发展阶段；(3) 产业竞争格局。

第一，平台企业对一边群体的定价会影响到各边群体的消费及互动。由于不同边群体的价格敏感度不同，对某一边群体定价时，平台要考虑他们的支付意愿。例如，企业可根据不同客户的需求，推出一系列不同价格的产品，实施分级定价。然后，平台企业要将一定比例的分级定价盈余让利给其他群体，以使平台连接的各方群体不断受到鼓励，促进彼此的发展。

第二，在平台商业圈的不同发展阶段，企业的定价策略不同。平台企业的成长过程分为两个阶段：用户规模达到引爆点之前的阶段以及用户规模达到引爆点之后的阶段。在平台企业初创期，补贴策略最重要。此时定价策略的主要目标扩大用户规模，有时甚至需要采取免费策略。当用户规模跨越临界数量后，平台的定价策略则需有所转变。此时，创造多种利润来源、实现分级定价是这一阶段的核心。

第三，产业内的竞争格局也会影响平台企业的定价策略。若产业内的竞争对手以更低的价格甚至是免费提供相同的产品或服务时，平台企业若维持正常定价就会面临客户流失的风险。此外，若平台中的一方群体可以选择“多地栖息”，不仅会影响平台企业对它的定价策略，也会影响其对“另一边”群体的定价策略。例如，只有当“被补贴方”的多地栖息成为行业内的常态时，竞争对手对“付费方”展开的价格战才会更具威胁。

4. 平台营销

平台搭建起来后，企业需要对平台的产品和服务进行营销，以实现用户吸引与锁定。

首先,平台企业需要采取有效的策略将消费者吸引到平台中来。根据市场营销学对消费者行为进行的研究,平台企业吸引用户的策略可分为四个步骤进行:察觉、关注、尝试、行动。[①]

用户吸引策略的第一步是使消费者察觉到平台企业产品或服务的价值。为了达到这一目标,平台企业可以选择在知名度较高的网络媒体上做广告,提高平台的曝光率和知名度,也可以选择在目标受众时常出入的场所安装硬件设备,吸引消费者的注意力。例如,猫眼网站在电影院门前设置终端设备,为在线选座用户提供自助取票服务。

用户吸引策略的第二步是进一步激起消费者对平台产品或服务的关注和兴趣。例如,微信在软件中添加"分享"和"收藏"工具,使用户可以将喜欢的内容添加在自己的"朋友圈"和"收藏"中。这种网络分享和收藏工具将各类信息平台与有分享和收藏需求的用户连接起来。

用户吸引策略的第三步是通过提供产品或服务的试用版本,促进消费者对产品或服务的接受。例如,软件开发商免费提供功能较为简化的版本吸引用户;投资信息平台免费向用户提供旧的报告数据;网络期刊平台将论文的摘要免费提供给用户阅读。

用户吸引策略的第四步是通过提高"支付方式的便捷性与可靠度"推动消费者完成付费。安全可靠、方便迅速的支付模式能够降低消费者的疑虑,支持他们平稳顺利地完成消费体验。在电子商务刚刚兴起的年代,网络交易充满了诈骗风险,网络商户们正是借助了支付宝提供的第三方托管担保模式,解决了交易双方所担忧的诚信问题,从而获得巨大成功。

在将用户成功吸引到平台后,接下来,平台营销的目标是锁定用户。平台企业需要采取一定的策略提高用户黏性,将他们锁定在平台上。

提高用户黏性的一种策略是增加用户的转换成本。所谓转换成本,是指当用户离开平台时所需承担的损失。转换成本以多种形式出现,包括用户使用平台所投入的时间、精力,进入新平台所需的投入,转换平台带来的商机损失。这些成本能够提高用户对平台的黏性,对用户离开平台起阻碍作用。

---

① 陈威如、余卓轩著:《平台战略》,中信出版社 2013 年版,第 118—130 页。

增强用户黏性的另一种策略是增强用户对平台的归属感和信心。归属感表现为用户在平台中所获得的身份，这一身份赋予用户权利与选择，使他们能够对平台环境施加影响，形成对平台的依赖。例如，许多网络游戏就是使用这种方式，通过在游戏中设置各种虚拟等级、财富，赋予玩家在游戏生态圈以归属感。信心表现为平台在用户心中建立了便捷有效的心理预期，用户相信应用平台的服务能够迅速帮助他们实现目标。这类平台通常不依赖转换成本作为留住用户的壁垒。信心使用户在不考虑转换成本时，仍然愿意使用该平台的服务。例如，生活分类信息门户网站赶集网提供"内容发表方"和"需求方"这样一个彼此互动的平台。在这个平台中，用户会基于特定需求而到来，希望迅速得到有效的解决方案，需求满足后即离开。用户对平台能够提供便捷有效服务的信任是这类平台锁定用户的关键。

在经济全球化、网络化和竞争日益激烈的条件下，平台战略的重要性正在日益增加，如何搭建并巩固有效的平台是一个非常复杂的问题，不仅需要更多的理论探索，而且也需要从实践中不断总结。

第八章　战略管理学科代表人物

如前所述，虽然军事战略的思想可以追溯到公元前360年前我国伟大的军事家孙武撰写的《孙子兵法》，企业战略管理的实践活动也由来已久，但战略管理作为一门独立的管理学科却仅有五十年左右的历史。由于它是一个交叉和边缘学科，与其他管理学科分支的边界比较模糊，某些战略思想尤其是早期的战略思想和原则并不是出现在战略管理的专著与教材里，因此，我们根据战略管理学科产生和发展的四个不同时期或阶段，对其代表人物作简要介绍，以期帮助读者厘清战略管理学科发展的脉络，同时缅怀优秀学者在学科发展过程中所奉献的智慧和贡献。

第一节　早期战略管理思想萌芽时期的代表人物

一、切斯特·巴纳德(1886—1961)

切斯特·巴纳德(Chester Barnard)，美国人，西方管理理论中社会系统学派的创始人，对中期管理思想和早期战略管理思想作出卓越贡献的学者之一，被誉为“现代管理理论之父”。

他早年就学于蒙特赫蒙学院，1906—1909年在哈佛大学读完了全部经济学课程，但因缺少实验学科的学分而未获得学位，后来却因在研究企业组织的性质和理论方面的杰出贡献而获得了7个博士学位。

他于1909年进入美国电话电报公司，前期主要从事参谋工作，后来开始担任实际的领导职务，并从1927年起担任新泽西贝尔电话公司总经理，直到退休。

他的代表性著作是1938年出版的《经理人员的职能》和十年后出版的《组织与管理》，这两本书被誉为现代管理科学的经典著作，被世界各国的学者广泛引用和关注。他的开创性研究奠定了现代组织理论的基础，对后来的组织理论和管理思想产生了深远的影响。其中有关组织目标和组织决策的战略要素理论是早期战略管理思想的重要组成部分。

二、亨利·法约尔(1841—1925)

亨利·法约尔(Henry Favol),法国人。1858—1860年期间,就读于圣艾蒂国立矿业学院;1860年毕业后,进入科门特里公司担任工程师;1868—1918年间担任该公司的总经理,将该公司从濒临破产的边缘上挽救回来,显示了杰出的管理才能。

从1866年开始,结合自己的管理实践,法约尔开始了管理研究工作。在1908年的矿业学会五十周年大会上,他发表了论文《论管理的一般原则》,引起了学术界的关注;1916年,发表了代表作《工业管理与一般管理》,标志着一般管理理论的形成,奠定了他在管理思想发展史上的重要地位。他与巴纳德一样享有"管理理论之父"的美誉。

法约尔最主要的学术贡献在于以下三个方面:第一,从经营职能中分离出独立的管理活动;第二,强调通过教育可以获得通用管理技能;第三,提出管理活动的五大职能和14条管理原则。其中计划职能是企业管理的首要职能,而计划思想正是战略规划学发展的前奏。

第二节　经典战略理论时期的代表人物

一、阿尔弗雷德·杜邦·钱德勒(1918—2007)

阿尔弗雷德·杜邦·钱德勒(Alfred Dupont Chandler,Jr.),美国人。钱德勒先后就读于埃塞克特学院、北卡纳大学和哈佛大学并获得博士学位。在攻读博士学位期间,他的导师、著名的社会学家帕森斯(Talcott Parsons)提出的"角色理论"和"结构功能理论"对他后来的学术生涯产生了深远的影响。他还是著名经济学家熊彼特建立的企业家历史研究中心的研究助理,后者的"创新"理论同样对他产生了深刻的影响。

1952年钱德勒从哈佛毕业后,先后在麻省理工学院、霍普金斯大学和哈佛大学任教和从事企业史研究。1962年,他出版了《战略与结构:美国工商企业成长的若干篇章》。这部著作后来被称作"钱氏三部曲"的第一部,奠定了他在学术界的地位。在这部著作里,他首先提出了经营战略的思想,指出战略要适应环境的变化,同时阐明了战略与结构的关系——战略决定结构,结构跟随战略，这些正是战略设计学派关注的内容。

1977年和1994年，钱德勒分别出版了他的三部曲中的第二部《看得见的手：美国企业的管理革命》和第三部《规模与范围：工业资本主义的原动力》，这两部著作同样对后来的管理理论研究产生了深远影响。

二、肯尼思·安德鲁斯(1916—2005)

肯尼思·安德鲁斯(Kenneth R. Andrews)，美国人。安德鲁斯1936年从卫斯理大学获得英语专业学士学位。一年后，又获得美国文学专业硕士学位。而后，他去伊利诺伊大学(香槟分校)攻读英语专业博士学位，其间随着第二次世界大战的爆发而应征入伍。"二战"结束后，1946年他又回到伊利诺伊大学继续完成博士论文，并于1948年获得博士学位。

博士毕业后，安德鲁斯来到哈佛大学教授工商管理硕士课程并做案例研究。在这期间，他被邀请参加专门审查商学院课程"经营策略"的专门小组，这对他后来的研究和学术道路产生了深远的影响。

正是这一研究小组把公司战略管理理念发展为"经营策略"这门课程的基本构架，并随着安德鲁斯的努力而不断获得完善。1965年，他们的基础教科书《经营策略：内容和案例》一书首次出版，并迅速成为该领域最流行的教科书，也是战略管理设计学派的重要传播工具。这部著作多次再版，在战略管理领域影响深远，曾获得麦肯锡基金会图书奖。

安德鲁斯还和《哈佛商业评论》有着不解之缘。他在1972到1979年担任编辑部主任，在1979年到1985年任编辑，为《哈佛商业评论》的发展做出了巨大贡献。

三、伊戈尔·安索夫(1918—2002)

伊戈尔·安索夫(Igor Ansoff)，俄国人。去世前是美国圣地亚哥美国国际大学特级教授、安索夫联谊会主席和杰米尼咨询公司的董事。

他先后毕业于美国史蒂文斯技术学院(获工程硕士学位)和布朗大学(获应用数学博士学位)。1950年，他加盟美国军方智囊机构兰德基金会，参与研究美国军事战略的研制和计划工作。1963年，他进入卡内基—梅隆大学经营管理研究生院，开始专门从事战略管理研究和教学工作。1973年到

1983年，他在比利时的欧洲高级管理学院任教。

1957年，他在《哈佛商业评论》上发表了有关多角化战略的论文，提出了产品市场匹配的概念。1965年、1976年和1979年，他分别出版了《公司战略》、《从战略计划到战略管理》和《战略管理》三部著作，奠定了其在战略管理领域一代宗师的地位。在这些著作中他首先提出了公司战略的概念、战略管理和战略规划的系统理论以及安索夫矩阵等实用性工具，对战略管理理论的形成影响深远。

四、迈克尔·波特(1947—)

迈克尔·波特(Michael E. Porter)，美国人。他大学本科在普林斯顿大学学习机械和航空工程，随后转攻商学和经济学，先后获哈佛大学MBA和经济学博士学位。到目前为止，他还拥有瑞典、荷兰和法国等国家的大学的8个荣誉博士学位。

波特分别于1980年、1985年和1990年出版了《竞争战略》、《竞争优势》和《国家竞争优势》，即著名的"战略三部曲"，在学术界、企业界乃至政府部门都产生了深远的影响。另外他还有十几部著作和数十篇论文。

波特对竞争战略理论做出了非常重要的贡献。他所提出的五力模型、价值链分析、三种基本竞争战略和"钻石"模型等都是竞争战略理论中的经典，被广为引用和传播，他也因为在这一领域的巨大贡献而被誉为"竞争战略之父"。

五、吉姆·柯林斯(1958—)

吉姆·柯林斯(Jim Collins)，美国人。1980年在斯坦福大学获得数学学位；1983年获得斯坦福大学MBA学位，毕业后在斯坦福大学商学院任教；离开斯坦福大学以后，先后任职于麦肯锡咨询公司、默克公司和惠普公司等，曾任高级经理和CEO。

他于1994年和2001年分别出版了《基业常青》和《从优秀到卓越》两本著作。《基业常青》一书在商业类畅销书排行榜上停留了6年，也是《哈佛商业评论》评选出的"1990年代最重要的两本管理书籍"之一；《从优秀到卓越》一书同样广受关注和重视。

他在两本著作中提出的伟大公司的领导人都是“造钟”而不是“造时”，以及他们具有的文化和精神才是公司发展的原动力等思想，都发人深省，丰富了企业家学派的内涵。

六、赫伯特・西蒙(1916—2001)

赫伯特・西蒙(Herbert Simon)，美国人。他1936年从芝加哥大学毕业并取得政治学学士学位。三年后，他进入伯克利加利福尼亚大学攻读博士学位，博士论文是关于组织机构如何决策的，这一论文成为其代表作《管理行为》的雏形。

1942年西蒙转至伊利诺伊理工学院政治科学系并在那里工作了7年，又于1943年获芝加哥大学政治学博士学位。他还有另外9个博士学衔，涉及经济学、法学和哲学几个学科。其博学和重大贡献足以让世人折服和敬仰。

1949年开始，西蒙开始在卡内基—梅隆大学的经济管理研究生院任教，后转入该校的心理学系。他一生中最辉煌的成就是在这里做出的。他的代表作有《管理行为》、《管理决策新科学》等。

1956年，因与纽厄尔共同开发了当时唯一可以工作的人工智能软件，他和纽厄尔、麦卡锡和明斯基被公认是人工智能的奠基人，被称为“人工智能之父”。

1957年西蒙与别人合作开发了最早的AI程序设计语言，其基本元素是符号，因此荣获美国心理学会杰出贡献奖。1969年他又获得美国心理学会杰出科学贡献奖。

20世纪60年代末和70年代初，西蒙提出决策模式理论这一核心概念，奠定了决策支持系统DSS的理论基础。他还发展和完善了语义网络的概念和方法。

西蒙与纽厄尔于1975年因为在人工智能、人类心理识别和列表处理等方面的研究成果而荣获计算机科学最高奖——图灵奖。

1978年，西蒙由于对经济组织内的决策过程进行的开创性研究而荣获诺贝尔经济学奖。

七、彼得·圣吉(1947—　)

彼得·圣吉(Peter M. Senge),美国人。1970年获斯坦福大学航天及太空工程专业学士学位,之后进入麻省理工学院斯隆管理学院,先获社会学硕士学位,1978年获博士学位。

1990年,他在麻省理工学院斯隆管理学院创立"组织学习中心"。1990年,他出版了《第五项修炼——学习型组织的艺术与实践》。1994年,他出版了《第五项修炼——实践篇》和《第五项修炼——寓言篇》。1999年,他出版了《变革之舞:学习型组织持续发展面临的挑战》。2001年,他与彼得·德鲁克的对话《领先于变革时代》出版。

他的代表作《第五项修炼——学习型组织的艺术与实践》于1992年荣获世界企业学会开拓者奖。美国商业周刊将其誉为当代最杰出的管理大师之一,是学习学派的又一代表性人物。

八、亨利·明茨伯格(1939—　)

亨利·明茨伯格(Henry Mintzberg),加拿大人。高中毕业后,明茨伯格进入麦吉尔大学攻读机械工程学。大学毕业后,他在加拿大国家铁路公司从事操作研究工作。

明茨伯格1965年和1968年分别在美国麻省理工学院斯隆管理学院获得硕士和博士学位。

博士毕业后,明茨伯格回到麦吉尔大学任教。他的管理和学术思想常常被人指为"离经叛道",他在1973年出版的第一本书,也是他的成名作《管理工作的本质》,曾遭到15家出版社的拒绝。

除了《管理工作的本质》外,他还发表了《组织的结构化》(1979)、《手艺式战略》(1987)、《战略计划的兴衰》(1994)、《战略历程》(1998)和《管理者而非MBA》(2004)。

1980年,明茨伯格成为加拿大皇家学会会员;1995年,《战略计划的兴衰》一书获得管理学会的乔治·泰瑞奖;1998年被授予加拿大国家勋章(加拿大最高荣誉);2000年因对管理学的贡献获得管理学会颁发的杰出学者奖。

第三节 20世纪90年代战略管理理论的代表人物

一、普拉哈拉德(1941—2010)

普拉哈拉德(C. K. Prahalad),印度人。他本科毕业于金奈的马德拉斯大学物理系,但同时学习了管理学课程,后在联合碳化电池公司的一个分部担任经理。20岁后他留学美国继续深造,先后获得哈佛大学MBA和博士学位。

他先后在印度和美国担任教职,最终加盟密歇根大学商学院。他从大学退休以后,担任一家位于美国圣地亚哥的软件公司的主席和合伙创始人。

在攻读博士学位期间,他开始在学术界渐露头角。他1976年提出的全球化观念,为跨国思想研究开辟了一个新领域。十年后他将这一观念发展为一部巨著《跨国公司的使命》。

1990年他与加里·哈默尔在哈佛商业评论发表《核心竞争力》一文。该文奠定了他在学术界的地位,使商业界巨头成了他的门徒,其中包括比尔·盖茨和乔布斯等商业传奇人物。

他的另外几部有影响的著作包括1994年出版的《竞争大未来》、1995年出版的《为未来而竞争》和2004年出版的《金字塔底层的财富》等。

其中,《核心竞争力》一文至今仍然是哈佛商业评论再版次数最多的一篇论文。《竞争大未来》被认为是20世纪90年代最有影响的管理学著作之一。

普拉哈拉德在战略管理领域贡献卓著,《商业周刊》称誉他是密歇根大学最杰出的教授,是当今战略管理领域最有影响的思想家。美国竞争力协会1995年为他颁奖,表彰他对竞争力研究的学术贡献。

二、罗伯特·卡普兰(1940—)

罗伯特·卡普兰(Robert Samuel Kaplan),美国人。他先后在美国麻省理工学院获得电气工程专业的学士和硕士学位。研究生毕业后,他在企业里干了两年系统设计师和咨询顾问工作,后又重返校园,在康奈尔大学获得运筹学专业的博士学位。

卡普兰拿到博士学位后，于1968年到卡内基—梅隆大学商学院，从事会计学教学。从1977年开始，他担任卡内基—梅隆大学商学院院长，这一任职一直持续了7年之久。

1984年，卡普兰从卡内基—梅隆大学商学院跳槽到哈佛大学商学院任教，并结识了两位重要的合作伙伴罗宾·库珀(Robin Cooper)和大卫·诺顿(David P. Norton)。

卡普兰虽然在会计学领域尤其是在作业成本法上著述颇丰，但真正确立其学术地位的成果是他与合作伙伴开发出的平衡计分卡。它被《哈佛商业评论》誉为"七十五年来最伟大的管理工具"。

卡普兰在这方面的代表性著作有《平衡计分卡——化战略为行动》、《战略中心型组织：平衡计分卡的制胜方略》、《战略地图：化无形资产为有形成果》、《组织协同：运用平衡计分卡创造企业合力》以及《平衡计分卡战略实践》，这五本书奠定了卡普兰在战略管理领域的学术地位。

三、杰恩·巴内(1955—　)

杰恩·巴内(Jay B. Barney)，美国人。他1975年在杨百翰大学取得学士学位，1978年和1982年在耶鲁大学取得硕士与博士学位；先后任教于加州大学洛杉矶分校、德克萨斯大学A&M分校和俄亥俄州立大学费雪商学院；2010年加入犹他大学，现为大卫埃克尔斯商学院战略管理首席教授和社会企业家讲座教授。

1991年，杰恩·巴内以《企业资源和持续竞争优势》一文引起学术界和实业界的关注。他的代表作还有《公司经济学：研究和认知组织新的范式》《管理组织：战略、结构和行为》《获取持续竞争优势》等，在这些著作中，他提出和完善了VRIO分析框架。巴内认为战略性资源才是持续竞争优势的真正来源，它们具有价值性、稀缺性、难以模仿性和不可替代性。这些思想和研究成果被国内外主流教材引用，在研究领域和实业界都有广泛而深刻的影响。

2001年，巴内当选为美国管理学会院士，并于2005年荣获管理学会授予的杰出教育奖。巴内现在被公认为战略管理领域的权威专家、资源基础观(RBV)的主要奠基人。

第九章 战略管理学科经典文献、国际刊物和其他重要著作

第一节 战略管理学科经典文献

一、著作

1.《战略管理》(*Strategic Management*, 1979)

《战略管理》一书是伊戈尔·安索夫的代表作。在该著中,他的研究范围从美国扩展到欧洲,而且首先采用了假设—证明以及多学科研究方法,因此得到的研究结论更具代表性和普适性。在这本书中,他创造性地将数学的逻辑论证方法引入管理学领域,分析了在复杂和动荡的外部环境下企业和非营利组织应当如何根据实际情况做出理性的战略决策,同时,还分析了哪些外部和内部因素决定了组织的行为及其绩效差异。此书是战略管理领域的奠基之作。

2.《战略历程》(*Strategic Safari*, 1998)

《战略历程》一书是亨利·明茨伯格的一部重要著作。在这本书里,明茨伯格全方位、多视角地向读者展示了战略管理各理论学派的发展脉络和全景图像。这本书不仅可以使读者了解该领域很多精彩的旧著,也介绍了有关理论的新进展,而且趣味性强,引人入胜。

3.《战略管理——过程、内容和环境》(*Strategy—Process*, *Content*, *Context*, 1998)

该书是德·维特和迈耶有关战略管理理论的一部重要著作,为读者提供了认识论和方法论的钥匙。该书阐述了企业家和高层管理人员所面临的主要战略窘境问题,而这些问题是每个企业家和领导者都要遇到的战略选择问题。怎样认识这些问题是企业家和领导者面临的最大的困惑,也是他们做出战略决策的认识论基础,对这些问题的不同认识和回答,不仅一定意义上决定了战略决策的走向,而且决定了企业家解决具体管理实践问题的思路和方法。

4.《竞争战略》(*Competitive Strategy*, 1980)

《竞争战略》是迈克尔·波特"战略三部曲"的第一部，在全球有着广泛和深入的影响，已经再版了53次，并被译为17种文字。这部著作中所提出的行业结构分析框架"五力模型"和三种竞争战略，即成本领先战略、差异化战略和目标集聚战略，在全球被广泛接受和实践。同时，该书还分析了决定竞争特征的基本因素，以及如何辨别竞争者传递出的市场信号并作出恰当的反应。此外，针对几类典型行业的战略分析和对策也让人耳目一新。

5.《竞争优势》(*Competitive Advantage*, 1985)

《竞争优势》是波特"战略三部曲"的第二部，同样在全球有着广泛和深入的影响，已经再版32次。在这部著作中，波特教授提出了"价值链"这一重要概念，阐述了价值链与竞争环境和竞争优势之间的关系。在以上工作的基础上，该书对三种基本竞争战略展开了全面而深入的分析，研究了它们的适用条件以及如何实现这些战略。此外，该书对技术与竞争优势以及替代的分析也独树一帜。另外，该书还阐述了进攻性战略和防御性战略的概念。

6.《国家竞争优势》(*Competitive Advantage of Nations*, 1990)

《国家竞争优势》是波特"战略三部曲"的第三部，是从国家和地区角度研究竞争优势的开山之作，已在世界各国多次印刷并被译成12种以上的文字。在这部著作中，基于对10个主要发达国家的研究，波特提出了学术界、企业界及各国政府都广为接受的"钻石"模型，比较科学地解释了为什么一些国家和地区在某些产业有竞争优势，而另外一些国家和地区在另外一些产业有竞争优势，从理论上阐释了世界各地广泛存在的产业集群现象，为企业和政府的决策提供了指南。

7.《基业长青》(*Built to Last*: *Successful Habits of Visionary Companies*, 1994)

《基业长青》是柯林斯和波勒斯花了6年时间、对18家卓越的公司深入研究后推出的一部力作，在学术界和企业界产生了广泛而深刻的影响。这部著作以全新的视角阐释了这些卓越的公司之所以长盛不衰的深层次原因，以及企业家要破除的阻碍企业成长和进步的12个迷思。企业要成为伟大的基业长青的公司，领导人要成为造钟者而不是报时人，公司要同时具有理想和务实的精神，还要有富于进取的精神和宗教般的文化，对理想和目标孜孜以求。

8.《从优秀到卓越》(*Good to Great*, 2001)

《从优秀到卓越》是柯林斯带领的21人研究团队花了5年时间,对《财富》500强的1400多家公司深入研究后写出的又一部力作。这部著作揭示了刚开始业绩平平的公司如何实现从优秀到卓越。在这部著作中,柯林斯提出了第5级经理人和刺猬理念,认为实现从优秀到卓越的公司都遵从先人后事的原则,勇于直面残酷的现实,都是运用技术的先锋,但技术本身从来不是走向卓越或衰落的首要的原因。

9.《第五项修炼——学习型组织的艺术与实务》(*The Fifth Discipline: The Art and Practice of the Learning Organization*, 1990)

《第五项修炼》是学习型组织领域的一部重要著作,该书于1992年荣获世界企业协会最高荣誉开拓者奖。在这部著作中,彼得·圣吉借助啤酒游戏提出了系统思考的概念,即第五项修炼。与此同时,该书也系统地介绍了另外四项核心修炼:自我超越、改善心智模式、建立共同愿景和团体学习。进而,该书提出了学习型组织也要终身学习的理念,对个人和组织都有重要的参考价值。

10.《平衡计分卡——化战略为行动》(*The Balanced Scorecard: Translating Strategy into Action*, 1996)

《平衡计分卡》一书是罗伯特·卡普兰和大卫·诺顿的代表作,已被译成19种文字在全球发行。在这部著作中,两位作者指出了过去单纯财务评价的局限和不足,进而提出了对公司业绩进行全面评价的评价系统——平衡计分卡。作为战略实施的有效工具,平衡计分卡建立了四个维度——财务层面、客户层面、内部业务流程层面和员工学习与成长层面——之间的有机联系,使战略化为行动成为现实。

二、论文

1. Henry Mintzberg, The Strategy Concept I: Five Ps For Strategy, *California Management Review*, Vol. 30, No. 1, Fall 1987, pp. 11—24

该文提出了战略的5P模型,即战略作为一种计划、作为一种计策、作为一种模式、作为一种定位和作为一种观念的含义。实际上,5P是从不同的视

角解释了战略的内涵和本质。该文还进一步阐释了战略的溪流模型，对认识战略的形成过程大有裨益。

2. Margaret A. Peteraf, The Cornerstones of Competitive Advantage: A Resource-Based View, *Strategic Management Journal*, Vol. 14, 179—191 (1993)

这篇文章从资源基础观的视角阐释了竞争优势产生的经济学内涵，将现有的理论整合在资源与企业业绩之间关系的综合模型中。这一模型揭示了维持持续竞争优势的四个条件。论文的最后部分讨论了该模型在业务层战略和公司层战略上的应用。

3. C. K. Prahalad and Gary Hamel, The Core Competence of the Corporation, *Harvard Business Review*, May—June 1990, pp. 79—90

这篇论文明确提出了核心能力理论，认为核心能力是分布于组织内部以及跨越组织边界的累积性学识，是协调多种生产技能以及整合众多技术流的能力。换句话说，核心能力是一种知识和技能的有效聚合，它能给企业带来持久的竞争优势。这篇文章还以多角化公司为例给出了一个关于企业核心能力的形象化说明。

4. Gary Hamel and C. K. Prahalad. Strategic Intent, *Harvard Business Review*, May—June 1989, pp. 1—14

在这篇文章中，哈默尔和普拉哈拉德提出了"战略意向"的概念。他们认为，尽管企业的资源和能力总是不充分的，但这并不妨碍其向更高挑战性的目标努力。因此，一个杰出的公司战略应清晰地表明公司的战略意向，并由此确定企业的总体方向。这种战略意向可以发挥组织成员的创造性并使企业处于更佳的状态。

5. Henry Mintzberg, Crafting Strategy, *Harvard Business Review*, July—August 1987, pp. 65—74

这篇文章强调战略管理的过程并非这样的过程：由一位或多位高层管理者坐在办公桌前，通过理性和系统的分析方法分析竞争对手和市场以及公司的优势与劣势，从而提出清晰明确的战略，下属按照既定的流程加以执行。战略的形成类似于一个雕塑的过程，依赖于长期的经验积累、手头的材料或资源以及直觉，是一个不断修改和完善的渐进的过程。

6. Dorothy Leonard-Barton, Core Capabilities and Core Rigidities: A Paradox in Managing New Product Development, *Strategic Management Journal*, Vol. 13,111—125(1992)

这篇文章讨论了企业核心能力的本质及其与新产品和新工艺开发之间的关系,提出了两个新概念:第一,核心能力植根于组织的价值观和文化,这是第四个也是最重要的核心能力构成要素;第二,核心能力可能会产生核心刚性,从而阻碍产品和工艺的创新。

7. David B. Yoffie and Michael A. Cusumano, Building a Company on Internet Time: Lessons From Netscape, *California Management Review*, Vol 41, No. 3, 1999, pp. 8—28

这篇文章以网景公司(Netscape)为例,探讨了如何在互联网环境下建立一家大规模的公司,主要包括四个步骤:明确一个有关产品、技术和市场的愿景,并与行动紧密联系;招聘或通过收购聘用到有经验的管理专家;建立大的资源库,但却维持小的组织规模;通过建立外部联系弥补内部资源的不足。

8. Carl Shapiro and Hal R. Varian, The Art of Standards Wars, *California Management Review*, Vol 41, No. 2, 1999, pp. 8—32

这篇文章重点阐述了在标准化之争中应该采取的策略。文章介绍了历史上铁轨轨距、电力系统以及彩电产业的标准之争,进而提出了标准战的4种类型以及企业应该采取的对策。

9. David B. Yoffie and Michael A. Cusumano, Judo Strategy: The Competitive Dynamics of Internet Time, *Harvard Business Review*, January—February 1999, pp. 71—81

这篇文章以网景(Netscape)和微软之间的竞争为例,讨论了在网络化时代的动态竞争,提出了柔道战略:快速移动、保持灵活性和借力打力。

第二节 战略管理学科重要学术刊物

1. *Academy of Management Journal*
2. *Academy of Management Review*
3. *Administrative Science Quarterly*

4. *Strategic Management Journal*

5. *Entrepreneurship Theory and Practice*

6. *Harvard Business Review*

7. *International Journal of Technology Management*

8. *Journal of Business Venturing*

9. *Journal of International Business Studies*

10. *Journal of Management*

11. *journal of Management Studies*

12. *Journal of Product Innovation Management*

13. *Leadership Quarterly*

14. *Research Policy*

15. *Strategic Organization*

16.《管理世界》

17.《南开管理评论》

18.《中国社会科学》

19.《中国管理科学》

20.《北大商业评论》

21.《清华管理评论》

第三节　战略管理学科其他重要著作

除了在战略管理学科代表人物部分所列出和介绍的重要著作外，建议读者关注和阅读以下一些重要著作：

1. Richard A. D'Aveni, *Hyper-Competition-Managing the Dynamics of Strategic Maneuvering*, The Free Press, New York, 1994;

2. Sharon M. Oster, *Modern Competitive Analysis*, Second Edition , New York, Oxford University Press, 1994;

3. Gerry Johnson and Kevan Scholes, *Exploring Corporate Strategy*, Third Edition, Prentice Hall, 1993;

4.〔美〕杰斯帕·昆德著，王钰译，《公司精神》，云南大学出版社，

2002 年；

5.〔美〕郭士纳著，张秀琴、音正权译，《谁说大象不能跳舞?》，中信出版社，2004 年；

6.〔韩〕W.钱·金，〔美〕勒尼·莫博涅著，吉宓译，《蓝海战略》，商务印书馆，2006 年；

7.〔美〕克里斯·祖克著，曾育菁译，《从核心扩张》，中信出版社，2004 年；

8.〔美〕陈明哲著，林豪杰等译，《动态竞争》，北京大学出版社，2009 年；

9.〔美〕阿维纳什·K.迪克西特，巴里·J.奈尔伯夫著，王尔山译，《策略思维》，中国人民大学出版社，2002 年；

10. 陈威如、余卓轩著，《平台战略》，中信出版社，2013 年。